Tino Mager / Bianka Trötschel-Daniels (Hrsg.)

BetonSalon
Neue Positionen zur Architektur der späten Moderne

Tino Mager / Bianka Trötschel-Daniels (Hrsg.)

BetonSalon

Neue Positionen zur Architektur der späten Moderne

Neofelis Verlag

Gedruckt mit freundlicher Unterstützung durch das Bundesministerium für Bildung und Forschung sowie durch das Deutschen Zentrum für Luft- und Raumfahrt.

Bibliografische Information der Deutschen Nationalbibliothek
Die Deutsche Nationalbibliothek verzeichnet diese Publikation in der Deutschen Nationalbibliografie; detaillierte bibliografische Daten sind im Internet über http://dnb.d-nb.de abrufbar.

Umschlaggestaltung: Marija Skara
Lektorat & Satz: Neofelis Verlag (fs/ae)
Druck: PRESSEL Digitaler Produktionsdruck, Remshalden
Gedruckt auf FSC-zertifiziertem Papier.
ISBN (Print): 978-3-95808-130-7
ISBN (PDF): 978-3-95808-181-9

Inhalt

Vorwort

Im Rahmen des BMBF-Forschungsprojekts *Welche Denkmale welcher Moderne?* (WDWM) der Bauhaus-Universität Weimar und der Technischen Universität Dortmund hat sich der Workshop „BetonSalon" im Sommer 2016 mit Fragen der Erfassung, Bewertung und Kommunikation von Bauwerken der 1950er bis 1990er Jahre befasst, sein Themenspektrum aber auch fallweise in die Architektur-, Sozial- und Materialgeschichte ausgedehnt. Dabei stellen die Betonbauten nach den Backsteinbauten die einzige Gruppe von Bauwerken dar, die unabhängig von Alter und Funktion in der öffentlichen wie fachlichen Wahrnehmung eine zusammenfassende Betrachtung erfahren. Anders als bei Backsteinbauten sind hier die mit dem Material verbundenen Assoziationen jedoch mehrheitlich negativ. Nach wie vor evozieren Betonbauten Bilder einer unwirtlichen, maßstabslosen, normierten, autogerechten und vermeintlich identitätslosen Nachkriegsmoderne, die nicht zuletzt im Europäischen Denkmalschutzjahr 1975 für die Zerstörung der Altstädte verantwortlich gemacht und als denkmalunfähig abqualifiziert wurde.

Hat sich diese Prophezeiung des damaligen Direktors des Zentralinstituts für Kunstgeschichte, Willibald Sauerländer, auch bereits binnen weniger Jahrzehnte als überholt erwiesen, so erfolgt die Rezeption dieser Zeitschicht doch nach wie vor zögerlich und konzentriert auf herausragende Einzelobjekte im Bereich des Sakral- oder Verwaltungsbaus. Dabei stehen seit Längerem die Masse des Gebauten und damit auch die Wohnbauten zur Inventarisation und denkmalpflegerischen Bewertung an. Was soll wie und warum erhalten und in das kulturelle Erbe integriert werden? Sind das nur die Ikonen, jene herausragenden Werke berühmter Architekten? Oder haben auch bescheidenere, serielle Architekturen Denkmalqualitäten? Und reichen die vorhandenen Instrumentarien für ihre Ermittlung aus oder ist über eine neuerliche Erweiterung des Denkmalbegriffs nachzudenken?

Diese und ähnliche Fragen waren Gegenstand eines theorieorientierten Teilprojekts des oben genannten Forschungsvorhabens, in dessen Rahmen auch intensiv über mögliche interdisziplinäre und transnationale Zugänge zu den skizzierten Problematiken diskutiert wurde, ist es doch augenscheinlich, dass das massenhafte Vorhandensein jüngerer Relikte nicht nur Bauwerke betrifft, sondern in gleichem Maße für andere dinghafte Hinterlassenschaften gilt und die Museologie, Archäologie, Volks- oder Archivkunde mit ähnlichen Bewertungsproblemen konfrontiert wie die Denkmalpflege. Darüber hinaus ist es ebenfalls evident, dass der Betonbau der fraglichen Zeit ein internationales Phänomen darstellt, das folglich in vielen Ländern gleichzeitig ähnliche Bewertungsfragen auf die Tagesordnung rückt und insofern auch einen geeigneten Gegenstand für eine nicht nur dem Namen nach transnationale Forschung darstellt. Einschlägige Publikationen des Internationalen Rats für Denkmalpflege (ICOMOS) in Berlin oder dem Institut für Raumbezogene Sozialforschung in Erkner haben dafür wichtige Grundlagen gelegt. Dennoch stehen wir – was eine gemeinsame wissenschaftliche Terminologie, vergleichbare Auswahlverfahren oder das Erbe- und Identitätsverständnis betrifft – noch vor großen Herausforderungen.

Insofern sind die wissenschaftlichen Ergebnisse des von Nachwuchswissenschaftlerinnen und Nachwuchswissenschaftlern getragenen BetonSalons für die einschlägige Forschung von großer Bedeutung und verbunden mit der Erwartung, dass das erfolgreiche Format auch über das Projektende hinaus eine Fortsetzung erfährt. Dies wäre für alle sammelnden Disziplinen von Belang, nicht zuletzt für die praktische Denkmalpflege, stellt die Auswahl potentieller Denkmale der für Europa so wichtigen Nachkriegsjahrzehnte angesichts der begrenzten Lebens- und Sanierungszyklen der fraglichen Bauten, der immer kürzeren Abschreibungsfristen und des gesellschaftlichen Drucks im Kontext der sogenannten Energiewende doch einen Wettlauf mit der Zeit dar. Die Bündelung der Aktivitäten, der Austausch von Best-Practice-Erfahrungen, die interdisziplinäre Präzisierung der Fragestellungen scheint insofern dringend angeraten – desgleichen die internationale Verständigung über Formen und Formate der Partizipation. Nicht zuletzt deshalb wünsche ich der vorliegenden Tagungsdokumentation eine engagierte Leserschaft.

Ich danke dem Bundesministerium für Bildung und Forschung und seinem Projektträger, dem Deutschen Zentrum für Luft- und Raumfahrt (DLR), für die großzügige Unterstützung des Workshops und der nun vorliegenden Veröffentlichung. Bianka Trötschel-Daniels und Tino Mager danke ich für die ebenso umsichtige wie kreative Vorbereitung von Workshop und Publikation.

Prof. Dr. Ingrid Scheurmann, TU Dortmund,
Leiterin des WDWM-Teilprojekts „Noch eine Erweiterung des Denkmalbegriffs",
Dortmund, im September 2016

Grundstein

Die Wertschätzung des nicht mehr Aktuellen und gleichzeitig noch nicht historisch Gewordenen verlangt stets nach besonderer intellektueller Anstrengung. Insbesondere in Bezug auf Architektur, die aufgrund ihrer umfassenden Sichtbarkeit auf triviale Weise vertraut erscheint, scheint das nicht mehr gänzlich Aktuelle keinen wesentlichen Beitrag mehr für gegenwärtige Entwicklungen zu liefern und vermag das noch nicht gänzlich Historische noch keine Einsichten in Epochen zu bieten, die wegen ihrer zeitlichen Entfernung faszinierend und fremdartig erscheinen. Doch gerade Architektur ist ein bedeutendes Spiegelbild gegenwärtiger und vergangener gesellschaftlicher Vorstellungen. John Drummonds bezeichnende Aussage „Of all the arts, architecture is the hardest to avoid"[1] bezieht sich nicht lediglich auf Architektur als Kunst, sondern allgemein auf Gebautes. Gerade die seit Ende des Zweiten Weltkriegs entstandenen Werke, die in vielen Fällen die kriegszerstörten historisch gewachsenen Strukturen nicht nur ersetzten, sondern radikal neue Raumstrukturen schufen, fügen sich heute nicht mehr vorbehaltlos in das von neu entstehenden Altstädten und Townhouses geprägte urbane Wunschbild des 21. Jahrhunderts. Was in Bezug auf die Wiederentdeckung des Blockrandes und die Altstadtproduktion als überdimensional und unterkühlt erscheint, war einst wegweisend und zukunftsträchtig, wohldurchdacht konzipiert und ästhetisch ausgereift.

1 John Drummond: Foreword. In: Alec Clifton-Taylor / British Broadcasting Corporation (Hrsg.): *Spirit of the Age*. London: BBC 1975, S. 7.

Architektur bedenken

Die Architektur der späten Moderne bezeichnet für uns Bauten, die zeitlich den unmittelbaren Nachkriegsjahren und architektonisch der Eleganz der mittlerweile etablierten 1950er Jahre[2] folgten und reicht bis zu den Anfängen der mit der Strenge der Moderne brechenden Postmoderne.[3] Die geistigen Vorarbeiten der unmittelbaren Nachkriegszeit sind dennoch elementarer Bestandteil des Untersuchungszeitraums. Bereits zu dessen Beginn zeichnet sich mit der Auflösung der Congrès Internationaux d'Architecture Moderne (CIAM) 1959 das theoretische Ende des Städtebaus der Moderne ab. Doch während dieser praktisch noch andauerte, stellte Charles Jencks 1972 den ‚Tod der Moderne' fest; die erfolgte Sprengung des erst Anfang der 1950er Jahre errichteten sozialen Wohnungsbauprojektes Pruitt-Igoe (St. Louis, Missouri, USA) gab den Ausschlag für Jencks Urteil.[4] Das nur vage greifbare Ende des Städtebaus der Moderne geht einher mit der allmählichen und dann tatsächlichen Überwindung des Kalten Krieges und einer daraus folgenden neuen architektonischen Freiheit, die sich wieder stärker auf Historisches bezieht. Die Architektur dieser späten Moderne wird assoziiert mit Beton, Großwohnsiedlungen, autogerechter Stadtplanung, Überdimensionalität oder Schlafstädten.[5] Sie ist oft nicht auf den ersten Blick gefällig, selbsterklärend oder leicht zu verstehen. In ihren Charakteristika und Besonderheiten spiegeln sich jedoch die Ereignisse des 20. Jahrhunderts wider. Eine Architektur mit Qualitäten offenbart sich – oftmals erst „auf den zweiten Blick"[6]. Die Architektur der späten Moderne umfasst auch zum Himmel strebende Bürohochhäuser, die den damaligen Fortschrittsglauben verkörpern; Die Zeit der späten Moderne steht für Investitionen in Kultur und Bildung und den Traum vom Eigenheim, der für einige in Erfüllung ging. In dieser Architektur vereinen sich in teils utopischen Gesellschaftsidealen

2 Werner Durth / Niels Gutschow: *Architektur und Städtebau der fünfziger Jahre*. Bonn: Deutsches Nationalkomitee für Denkmalschutz 1990; Roman Hillmann: *Die Erste Nachkriegsmoderne. Ästhetik und Wahrnehmung der westdeutschen Architektur 1944–1963*. Petersberg: Imhof 2011; Andreas Butter / Ulrich Hartung / Deutscher Werkbund Berlin (Hrsg.): *Ostmoderne. Architektur in Berlin 1945–1965*. Berlin: Jovis 2005.

3 Heinrich Klotz: *Moderne und Postmoderne, Architektur der Gegenwart 1960–1980*. Braunschweig: Vieweg 1984.

4 Charles Jencks: *The Language of Post-Modern Architecture*. New York: Rizzoli 1977; zur kontrovers diskutierten Verbindung zwischen Architektur und dem Scheitern der Wohnsiedlung: Katharine G. Bristol: The Pruitt-Igoe Myth. In: Keith Eggener (Hrsg.): *American Architectural History. A Comtemporary Reader*. London: Routledge 2004, S. 353–364.

5 Bund Heimat und Umwelt (Hrsg.): *Klötze und Plätze. Wege zu einem neuen Bewusstsein für Großbauten der 1960er und 1970er Jahre*. Bonn: Selbstverlag 2012.

6 Sonja Hnilica / Markus Jager / Wolfgang Sonne (Hrsg.): *Auf den zweiten Blick. Architektur der Nachkriegszeit in Nordrhein-Westfalen*. Bielefeld: Transcript 2010.

feinsinnige, kluge Lösungen für tradierte und neuartige Bauaufgaben. Die Architekten bedienten sich hochwertiger Materialien, leuchtender Farben und innovativer technischer und ästhetischer Lösungen. Die Architektur der späten Moderne ist ein bewusster und konsequenter Ausdruck der damaligen gesellschaftlichen, kulturellen und politischen Wertvorstellungen.
Dabei ist sie kein nationalstaatliches, vielmehr ein internationales Phänomen. Die Bauaufgaben ähneln sich hier wie dort, Architekt*innen werden in der ganzen Welt aktiv, die bereits lange zuvor nach dieser Internationalität benannte Strömung wird ihres Namens vollends gerecht.[7] Diese damit auch europäische Perspektive ist mit Blick auf das anstehende Europäische Kulturerbejahr 2018 unter dem Motto „Sharing Heritage" reizvoll.[8] Im Vergleich zum Jahr des Europäischen Kulturerbes 1975,[9] das in Deutschland kurz und verkürzend als das Europäische Denkmalschutzjahr bezeichnet wurde, kann 2018 nach einem verbindenden europäischen Erbe und nicht erneut lediglich nach dem jeweiligen nationalstaatlichen kulturellen Erbe in Europa gefragt werden. Die Architektur aus der Zeit nach dem Zweiten Weltkrieg gehört als verbindendes, gemeinsames Moment zu diesem europäischen Erbe.

Architektur überdenken

Die wissenschaftliche Auseinandersetzung mit dieser Architektur und dem Schaffen ihrer Architekten, deren Ideen und Theorien ist derweil erst im Beginn begriffen. Sie bietet daher Potential, unerwartete und neuartige Ergebnisse zu Tage zu fördern. Das Fundament der momentanen Forschungen bilden avantgardistische Projekte etablierter Wissenschaftler*innen.[10] Ihre Ergebnisse werden nun von einer neuen Forscher*innengeneration weitergedacht, Desiderate aufgearbeitet.

7 Der Internationale Stil, so bezeichnet von Henry-Russel Hitchcock / Philip Johnson (Hrsg.): *The International Style: Architecture since 1922*. New York: Norton 1932.

8 http://www.sharingheritage.de (Zugriff am 23.09.2016).

9 Michael Falser / Winfried Lipp (Hrsg.): *Eine Zukunft für unsere Vergangenheit. Zum 40. Jubiläum des Europäischen Denkmalschutzjahres (1975–2015)*. Berlin: Bäßler 2015.

10 Adrian von Buttlar / Christoph Heuter (Hrsg.): *Denkmal!Moderne. Architektur der 60er Jahre. Wiederentdeckung einer Epoche*. Berlin: Jovis 2007; Christian Welzbacher / Michael Braum (Hrsg.): *Nachkriegsmoderne in Deutschland: Eine Epoche weiterdenken*. Hannover: Birkhäuser 2009; Mark Escherich / Gabi Dolff-Bonekämper / Hans-Rudolf Meier / Jürg Sulzer (Hrsg.): *Denkmal Ost-Moderne*. Berlin: Jovis 2012; Olaf Giesbertz (Hrsg.): *Nachkriegsmoderne kontrovers – Positionen der Gegenwart*. Berlin: Jovis 2012; Adrian von Buttlar / Kerstin Wittmann-Englert / Gabi Dolff-Bonekämper (Hrsg.): *Baukunst der Nachkriegsmoderne. Architekturführer Berlin 1949–1979*. Berlin: Reimer 2013; Thomas Großbölting / Rüdiger Schmidt (Hrsg.): *Gedachte Stadt – Gebaute Stadt: Urbanität in der deutsch-deutschen Systemkonkurrenz 1945–1990*. Köln: Böhlau 2015.

Doch während in den Räumlichkeiten der Universitäten noch nachgedacht wird, wird mit der baulichen Substanz gerungen.[11] Denn gleichzeitig mit ihrer wissenschaftlichen Erforschung, muss mit der Architektur dieser Jahre praktisch und alltäglich umgegangen werden. Dabei geht es nicht nur um baukünstlerische Qualitäten, sondern um empfundene wie reale ästhetische und funktionale Mängel. Die sich mitunter gerade erst erschließenden Qualitäten können nicht immer mühelos vermittelt werden.

Besonders herausfordernd gestaltet sich die Vermittlung, wenn Bauten dieser Zeit als Denkmal klassifiziert werden. Die Denkmalqualität dieser Objekte ist vielschichtig und basiert nicht in erster Linie auf ästhetischen Werten. Daher ist auch die Denkmalpflege selbst ein Teil der wissenschaftlichen Betrachtung. Es geht im vorliegenden Werk nicht lediglich um eine Bestandsaufnahme gängiger Ansätze und Praxen der heutigen Denkmalpflege, sondern gleichermaßen um deren diskursive Weiterentwicklung. Diese muss, nicht ohne eine gewisse Kontinuität zu wahren, neue Wege einschlagen und neue Werte formulieren. In der DDR wurden gezielt Objekte und Bauwerke aus der Zeit der späten Moderne – damals aus der jüngsten Vergangenheit – als Denkmale deklariert und die heute herrschende Spannungslage damit antizipiert. Daher ist die Denkmalpflege der DDR auch Teil der vorliegenden Betrachtung.

Da also aktuell gleichzeitig die Objekte als Zeitgenossen erforscht und eine Strategie für den Umgang mit ihnen gefunden werden muss, ergibt sich die Notwendigkeit, die Architektur der späten Moderne aus sowohl zeithistorischer als auch aus gegenwärtiger Perspektive zu untersuchen. Fachlich vielfältige Forschungen sind nötig, um die Gebäude als Bau- oder Kunstwerke in ihrer Zeit, als wichtige Objekte in der gegenwärtigen Stadtlandschaft oder gar als mögliche Gegenstände für die Denkmalpflege einzuordnen. So ergibt sich, dass die Architektur von 1960 bis 1990 nicht nur aus architekturgeschichtlicher Perspektive in den Blick genommen wird. Auch in den Kultur-, Literatur- und Sprach-, Gesellschafts- und politischen Wissenschaften findet eine Annäherung an die Objekte der späten Moderne statt. Dies führt dazu, dass gegenwärtig Akteure verschiedener Wissenschaftsdisziplinen die gleichen Archive aufsuchen, mit ähnlichen Quellen arbeiten, die gleichen Methoden und Theorien anwenden. Wozu führt diese Gleichzeitigkeit in Vorgehen und Betrachtungszeitraum? Der bisher in der Wissenschaft eher sporadisch stattfindende disziplinübergreifende Austausch kann auf dieser Basis weiterentwickelt werden.

11 Siehe das Beispiel der Ruhr-Universität Bochum, errichtet zwischen 1964 und 1974; sie steht seit Ende 2015 unter Denkmalschutz. Gegen die Unterschutzstellung hatte die Universitätsleitung Rechtsmittel eingelegt.

Architektur anders denken

Der Forschungsverbund *Welche Denkmale welcher Moderne?*, ein Kooperationsprojekt der Bauhaus-Universität Weimar und der Technischen Universität Dortmund von 2014 bis 2017, nimmt die Bauwerke und Stadträume der 1960er bis 1990er Jahre in den Blick. Er bietet den Rahmen, Werte der Architektur dieser Zeit aus architektonischer, denkmalpflegerischer und sozialwissenschaftlicher Perspektive zu hinterfragen. Neben Tagungen, Publikationen von Forschungsergebnissen[12] und der Konzeption und Durchführung einer Ausstellung,[13] ist es dem Forschungsverbund ein Anliegen, die noch junge Forschung in diesem Bereich zusammenzuführen und zu intensivieren. Aus diesem Grund fand am 2. und 3. Juni 2016 in Berlin der Workshop „BetonSalon“ statt. Eingeladen waren 20 Nachwuchswissenschaftler*innen verschiedener Disziplinen, die einem öffentlichen Call for Papers folgten und die sich im Rahmen von Projekt- sowie Qualifikationsarbeiten mit Architektur von der unmittelbaren Nachkriegszeit bis circa 1990 befassen. Im Vordergrund standen einerseits der frische Blick und das wissenschaftliche Interesse von noch nicht etablierten Forscher*innen. Andererseits sollten Synergieeffekte erzeugt und die Möglichkeiten wissenschaftlicher Zusammenarbeit im Rahmen des Forschungsgebiets reflektiert werden. Die Fachrichtung und der Stand der eigenen gegenwärtigen Untersuchung spielte dabei keine Rolle. Im Gegenteil: Von der diversen Arbeitsgruppe waren besonders anregende Impulse zu erwarten. Der Workshop bot die Gelegenheit, einen unverstellten Blick auf verschiedene und disziplinübergreifende Aspekte eines bedeutenden Abschnitts der Architekturgeschichte zu werfen, und eine wertvolle Chance, eigene Positionen zu entwickeln. Die Überschneidungen zwischen den Forschungsfragen in den unterschiedlichen Disziplinen waren beachtlich und letztendlich auch der Anlass für den unkonventionellen Aufbau des vorliegenden Buches.

Architektur weiterdenken

Der vorliegende Band setzt sich aus 18 Beiträgen zusammen, die thematisch in sieben Kapitel gegliedert sind. Sie befassen sich mit theoretischen Positionen, die nach dem Zweiten Weltkrieg, teils anknüpfend an Ideen aus dem

12 Frank Eckardt / Hans-Rudolf Meier / Ingrid Scheurmann / Wolfgang Sonne (Hrsg.): *Welche Denkmale welcher Moderne? Zum Umgang mit Bauten der 1960er und 70er Jahre.* Berlin: Jovis 2017 (im Erscheinen).

13 *Big Heritage. Welche Denkmale welcher Moderne?*, Ausstellung in Halle-Neustadt und Marl von September bis Dezember 2016.

frühen 20. Jahrhundert, wieder aufgegriffen und weitergeführt wurden – mit werkbezogenen Zugängen zu Architekten, mit der Verwirklichung neuer Bauaufgaben und den Herausforderungen, denen wir uns heute bei der Pflege dieser Objekte stellen müssen, mit Denkmalpflege und Städtebau in der DDR sowie der Großwohnsiedlung als dominanter Siedlungsform der 1960er und 1970er Jahre und schließlich mit der zunehmenden medialen Repräsentation von Architektur in dieser Zeit. Es handelt sich dabei sowohl um eigenständige Beiträge als auch um Artikel, die im Rahmen von größeren Forschungsarbeiten entstanden sind und diese, beziehungsweise Teilaspekte davon, ausschnitthaft und ergebnisorientiert wiedergeben. Jedem Kapitel ist eine gemeinsame Einführung durch die jeweils darin vertretenen Autor*innen vorangestellt, um die Gemeinsamkeiten und verbindenden Elemente der thematisch mitunter disparat erscheinenden Beiträge hervorzuheben.

Das erste Kapitel „Utopien & Theorien" widmet sich Betrachtungen, die dem Gebauten vorausgingen und unabhängig von dessen Realisierung einen Eindruck von der Bandbreite der hinter der Architektur der späten Moderne stehenden sichtbaren und nicht sichtbaren Überlegungen vermitteln. *Simone Bogner* untersucht die transnationalen Architekturdiskurse der Jahre 1943 bis 1959 am Beispiel der CIAM. Sie wirft einen erkenntnisreichen Blick auf das Verhältnis der Protagonisten der Moderne zur Geschichte und revidiert den weithin verbreiteten Vorwurf der Geschichtsfeindlichkeit. *Christian Sander* betrachtet die Architekturtheorie des französischen Architekten Claude Parent. Insbesondere bezieht er sich auf Parents Zusammenarbeit mit Paul Virilio. Beide haben als die Gruppe Architecture Principe die fonction oblique eine Theorie der Funktion der Schräge in der Architektur entwickelt. Sander vollzieht den Weg der Entwicklung von Parent nach, der bei Gedanken zum Überwinden konventioneller Wohnraumlösungen beginnt und zur Theorie einer sozialkritischen und ausdrucksstarken Architektur führt. Parents Gedanke, der Nutzer könne sich die Architektur erst aneignen, nachdem er sie abgelehnt, ja geradezu verabscheut hat, und diese Haltung sodann überwindet, stellt eine für die heutige Denkmalpflege an Objekten der 1960er und 1970er Jahre verblüffende Parallele dar.

Das zweite Kapitel „Fokus Architekten" widmet sich über werk-biographische Zugänge zwei Architekten, die mit ihrem Werk ihre jeweilige Region geprägt haben. *Verena Pfeiffer-Kloss* wirft einen erhellenden Blick auf das Œuvre Rainer Gerhard Rümmlers, der zwischen Anfang der 1960er und Mitte der 1990er Jahre 56 Berliner U-Bahn-Stationen entwarf. Rümmler setzte sich zum Ziel, die wenig wirtlichen Betonhüllen im Untergrund zu unverwechselbaren und einzigartigen Orten zu machen. Pfeiffer-Kloss zeichnet dabei die vielschichtigen Überlegungen nach, die Rümmlers Planungen zugrunde liegen und verdeutlicht dabei, dass es ihm über die bloße Gestaltung eines Funktionsbaus hinaus um die Einbindung weitreichender historischer, stadträumlicher und sozialer Bezüge ging. *Ute Reuschenberg* fokussiert auf den Neubau des Nordwestdeutschen Rundfunks in Köln. Dessen Architekt Peter Friedrich Schneider steht in direkter Tradition zu Peter Behrens; die Kontinuität der Ideen aus den 1920er Jahren bis in die 1960er Jahre hinein wird sichtbar. Die Gestaltung des Baukörpers ist indes auch eine Hommage an den Vertreter des modernen Industriedesigns. Das Funkhaus wird gleich den U-Bahnhöfen in Berlin zu einem unverwechselbaren Ort.

Im dritten Kapitel „Bau(t)en im Gebrauch" stehen zwei typische Bauaufgaben der 1960er und 1970er Jahre im Fokus: Einfamilienhäuser und Universitätsgebäude. *Katherin Wagenknecht* nähert sich dem Einfamilienhaus aus kulturwissenschaftlicher Perspektive. Sie untersucht räumliche Phänomene in dieser typischen Wohnform, etwa eine Garage, die zwar so bezeichnet wird, aber durch alltägliche Praktiken zu anderer Bestimmung gelangt. Mit einer Analyse der Umnutzung des technischen Universitätsgebäudes, dem Doppelinstitut für Strömungs- und Kolbenmaschinen von Walter Henn in Braunschweig, verfolgt *Laura Nardi* das Anliegen, weiche Faktoren wie die Intention des Architekten in Überlegungen zur Art und Weise des Erhalts und der Nutzung einzubeziehen. Der Einblick in ihre laufende Forschung überführt Überlegungen zu Henns Architekturtheorie und der strukturellen Organisation seiner Bauten in die Sphäre der denkmalgerechten (Nach-)Nutzung. Die beiden Beiträge verbindet, dass Gebäude und Räume, die ihre ursprünglich zugedachte Funktion durch Umnutzung und Aneignung durch ihre Nutzer einbüßen, gleichsam zu einer neuen Funktion gelangen.

Im vierten Kapitel wird die „DDR im transnationalen Gefüge" untersucht. *Franziska Klemstein* widmet sich einem frühen Kompetenz- und Richtungsstreit in der DDR-Denkmalpflege. Anhand der Debatte um die Klassifizierung von Denkmalen zeichnet Klemstein die Suche nach Struktur im damals neu aufzubauenden Denkmalpflegesystem nach. Darüber hinaus analysiert sie, wie der Frage nach der Klassifizierung in anderen europäischen Ländern begegnet wurde. Ebenfalls mit einen vergleichenden Blick, allerdings auf die Denkmalpflegegesetzgebung der DDR und der Bundesrepublik in den 1970er Jahren entwirft *Bianka Trötschel-Daniels* ein Bild des damaligen Denkmalbegriffs nach 1975. Ein besonderer Fokus liegt dabei auf der zeitgenössischen Betrachtung der Denkmalfähigkeit von Bauten der damals jüngsten Vergangenheit. Aus polnischer Perspektive präsentiert *Magdalena Kamińska* die Möglichkeiten und Herausforderungen der Zusammenarbeit zwischen der DDR und Polen. Dabei ist Beton das verbindende Element: Das polnische Institut für Bautechnik vernetzte sich europaweit, ermöglichte seinen Fachkräften Fabrik- und Plattenbaubesichtigungen. Polnische Wissenschaftler*innen waren indes auch an der Entwicklung des erfolgreichen ostdeutschen Plattenbautyps WBS 70 beteiligt. Die Beiträge verdeutlichen, dass die europäischen Entwicklungen in der DDR sehr aufmerksam wahr- und aufgenommen wurden.

Im fünften Kapitel „Historizität & Autonomie“ werden ostdeutsche Strategien im Umgang mit Altstädten und die geistige Einstellung gegenüber der Postmoderne beleuchtet. Anhand dreier Beispielstädte untersucht *Katharina Sebold* den Umgang mit historischen Zentren kleinerer Städte in der DDR. Die individuellen Lösungen verdeutlichen, dass es keine allgemeingültigen Planungsrichtlinien gab und daher mit dem Altbaubestand sehr unterschiedlich verfahren wurde. *Paul-Friedrich Walter* fokussiert auf ein konkretes Gebäude in der Nördlichen Altstadt Rostocks, die einen bedeutenden Ort des Baugeschehens zwischen 1983 und 1987 darstellt. Er vollzieht die Bemühungen der Verantwortlichen nach, aus dem limitierten Formenrepertoire des industriellen Bauens ein abwechslungsreiches und kleinteiliges Stadtbild entstehen zu lassen. Anhand der zwischen 1982 und 1989 stattfindenden Seminare zur Architekturtheorie zeichnet *Kirsten Angermann* ein bereicherndes Bild bezüglich der ostdeutschen Haltung gegenüber den praktischen Tendenzen und dem Begriff der Postmoderne. Der Beitrag vermittelt die Bedeutung sprachlicher Nuancierungen, mit denen im Grunde ähnliche Phänomene für gegensätzliche Positionen politisch vereinnahmt wurden. Die dargestellten Entwicklungen können dabei als Vorboten des weltpolitischen Umbruchs erkannt werden, der sich am Ende des Untersuchungszeitraums um 1990 vollzieht.

Das sechste Kapitel „Zeugnis Großsiedlung“ widmet sich einer typischen Bauaufgabe der zweiten Hälfte des 20. Jahrhunderts: den damals in zahlreichen Städten weltweit entstehenden Großsiedlungen. *Jascha Philipp Braun* analysiert die spätmodernen Konzepte der Stadtzentrumsbildung anhand eines vergleichenden Blicks auf die Berliner Großsiedlungen Marzahn und Märkisches Viertel. Dabei kommen vielschichtige und subtile Überlegungen zu Tage, die den Gestaltungen zugrunde lagen. Die Konzepte sind heute durch den kurzsichtigen und unverständigen Umgang mit den Siedlungen nur noch rudimentär nachvollziehbar und in ihrer Wirkung stark eingeschränkt. *Mark Escherich* beschreibt in seinem Beitrag ein universitäres Lehrprojekt der Bauhaus-Universität Weimar zur Denkmalwürdigkeit und den Möglichkeiten der Erhaltung von Halle-Neustadt. Anhand der Art und Weise der studentischen Auseinandersetzung mit der ab 1964 erbauten Plattenbausiedung verdeutlicht er, dass die Forschungsthemen auch in die Lehre übernommen und an die wiederum nächste Generation von Wissenschaftler*innen und Praktiker*innen weitergegeben werden.

Das letzte Kapitel des Buches, „Bau, Bild & Sprache“, widmet sich der medialen (Re-)Präsentation von Architektur und bildet darin einen Anknüpfungspunkt an die Beiträge zur Theoriebildung im ersten Kapitel. Mittels eines analytischen Blicks auf die zeitgenössischen Auseinandersetzungen mit der Ästhetik der frühen Plattenbauten in Jugoslawien zeigt *Lea Horvat*, dass diese Bauten keineswegs als ahistorisch und lediglich ökonomisch zu verstehen sind, sondern vielmehr ein komplexes und facettenreiches Geschichtsbild offenbaren. Anhand der begrifflichen Eckpfeiler Modernismus, Sozialismus und Bauindustrie beschreibt Horvat ein reiches Kapitel der Architekturgeschichte. In einer Betrachtung der medialen Repräsentation von Hoyerswerda zeigt *Felix Richter*, wie die Stadt von einem in die Zukunft weisenden Symbol des Wiederaufbaus zu einem Ort der Gegenwart wurde. Die Vision einer besseren Welt wich dabei zusehends einer gebauten Erzählung der politischen Legitimation des damaligen Staatsapparates und spiegelt darin die soziokulturellen Veränderungen der DDR wider. Mit Architekturfotografie, der bedeutendsten Form der massenmedialen Vermittlung von Architektur, setzt sich *Maike Streit* auseinander. Fotografien bieten eine Möglichkeit, die visuelle Rezeption der Bauwerke zu verschiedenen Zeiten nachzuvollziehen. Streit betrachtet die Möglichkeiten der Ikonisierung von Bauwerken der Nachkriegsdekaden und deren Verankerung im gesellschaftlichen Bewusstsein. Mit *Anna Klokes* Beitrag, in dem sie fünf funktionale Ebenen des Manifests im Architekturdiskurs analysiert, schließt der vorliegende Band und knüpft an die zu Beginn des Buches verfolgten Themen an. Indem die Schriften der Präsentation von Gedanken zur Architektur dienen, manifestieren sich in ihnen gleichsam theoretische und utopische Ideen. Dies verdeutlicht, was auch anhand des vielfältigen Zusammenspiels der anderen Beiträge evident wird: Die Schnittmengen und verbindenden Elemente zwischen den Beiträgen sind nicht nur zahlreich, sondern auch tiefgründig und mannigfaltig. – Es lohnt sich, weiter zu denken.

Dank

Dass der Workshop „BetonSalon“ eine erfolgreiche und gewinnbringende Veranstaltung war und sich ein Teil seiner Ergebnisse nun in dieser Publikation widerspiegelt, ist vor allem der Unterstützung und dem Wohlwollen unserer Kolleginnen und Kollegen zu verdanken. Danken möchten wir in erster Linie Professorin Dr. Ingrid Scheurmann, die unser Ansinnen von Beginn an vorbehaltlos und motivierend mitgetragen und uns ermutigt hat, sowohl Workshop als auch Publikation zu verwirklichen. Professor Dr. Wolfgang Sonne und dem Team des Lehrstuhls Geschichte und Theorie der Architektur an der TU Dortmund danken wir für die Unterstützung bei der Organisation des Workshops, ebenso der TU Berlin und Professorin Dr. Gabi Dolff-Bonekämper. Darüber hinaus möchten wir den am Forschungsverbund *Welche Denkmale welcher Moderne?* Beteiligten an der TU Dortmund sowie an der Bauhaus-Universität Weimar, dort unter der Projektleitung von Professor Dr. Hans-Rudolf Meier und Professor Dr. Frank Eckardt, für den idealen Rahmen zur Vertiefung vieler themenspezifischer Fragen und den interessanten Austausch danken. Dem Bundesministerium für Bildung und Forschung sowie dem Projektträger unseres Forschungsprojektes, dem Deutschen Zentrum für Luft- und Raumfahrt danken wir herzlich für die finanzielle Förderung.
Für die außerordentlich gute Zusammenarbeit und vor allem das Interesse an unseren Forschungen danken wir dem Neofelis Verlag; unser Dank gilt insbesondere Herrn Frank Schlöffel für die kompetente und freundliche Betreuung der Publikation.
Den wichtigsten Beitrag haben natürlich die Teilnehmerinnen und Teilnehmer des Workshops geliefert. Die entspannte Atmosphäre und die vielen Anregungen, die erfrischenden Überlegungen und die zielstrebigen Diskussionen waren schlicht überwältigend. Der Erfolg des Workshops und die rasche Umsetzung des vorliegenden Buches ist allen gemeinsam zu verdanken.

Bianka Trötschel-Daniels und Tino Mager, Berlin, Oktober 2016

1.
Utopie & Theorie

Zunächst soll ein Blick auf das Ursprüngliche, das im Denken liegt und allem Handeln vorausgeht, geworfen und anhand von theoretischen, teils utopischen Perspektiven wichtiger Protagonisten der Architekturdebatten im Zeitraum der 1940er bis 1960er Jahre untersucht werden. In zwei Beiträgen werden Umgang, Aneignung sowie Transformation historischer Vorbilder und bestehender Stadtstrukturen innerhalb des Modern Movement sowie Claude Parents innovative Ansätzen, insbesondere seine Auseinandersetzung mit der Funktion der Schräge untersucht. Das Kapitel offenbart Verbindungen zwischen den jungen Architekten Claude Parent und Ionel Schein sowie dem 1928 von Le Corbusier, Sigfried Giedion, Walter Gropius und anderen in La Sarraz ins Leben gerufenen Netzwerk der Congrès Internationaux d'Architecture Moderne (CIAM). Insbesondere wird dabei die Intention, an der großen Utopie der Moderne mitzuwirken und sowohl individuelle Bauwerke zu schaffen als auch das Bestreben weitreichenden Einfluss auszuüben, deutlich.
Le Corbusiers Charta von Athen, die erstmalig unter dem Namen der CIAM 1943 auf Französisch erschien, und der funktionalistische Städtebau sind als ‚geschichtsfeindliches' Erbe der progressiven Moderne in die Architektur- und Stadtplanungsgeschichte eingegangen – ein Vorurteil, das sich hartnäckig hält. So sprach der ehemalige Senatsbaudirektor Berlins, Hans Stimmann, in seinem Beitrag „Berliner Hansa-Viertel war ein Irrweg" in *Die Welt* vom 19. April 2007 von der

> inzwischen viel geschmähten „Charta von Athen", die 1933 von den damals führenden modernen Architekten verabschiedet wurde und die strikte Trennung der Funktionen Wohnen, Arbeiten, Erholung und Verkehr forderte. [...] Ein größerer Gegensatz als der zwischen der traditionellen, kompakten europäischen Stadt einerseits und der funktional sauber getrennten Stadt der Moderne andererseits ist kaum denkbar.

Die Formen der modernistischen Geschichtsaneignung sowohl in Entwürfen und Projekten als auch in theoretischen Beiträgen und Diskussionen – eingegrenzt durch die exemplarische Untersuchung dieser Aspekte in den transnationalen Debatten der internationalen Vereinigung CIAM ab 1943 bis zu ihrer Auflösung 1959 – stehen im Zentrum von Simone Bogners Forschungsinteresse.

Christian Sander setzt sich mit den theoretischen Debatten der 1960er Jahre auseinander, die sich dezidiert in den Bereich der Philosophie auszuweiten begannen und denen Sander exemplarisch anhand der Gruppe Architecture Principe nachgeht. Im Zentrum des Beitrags steht das Frühwerk des Architekten Claude Parent. Zusammen mit dem späteren Kulturtheoretiker Paul Virilio formulierte Parent in den 1960er Jahren die *fonction oblique*, die *Funktion der Schräge*, laut der sowohl die Innenräume als auch die Stadt mit geneigten Böden zu organisieren seien. Die Theorie blieb jedoch eine Utopie – neben einigen Wohnungen, darunter seine eigene, konnte Parent keine weiteren Projekte nach seinen unkonventionellen Vorstellungen gestalten.

„But How Can You Do Without History?“

Anmerkungen zur Aneignung von Geschichte in den Debatten der Congrès Internationaux d'Architecture Moderne der Nachkriegszeit

Simone Bogner

Die Congrès Internationaux d'Architecture Moderne (CIAM) wurden 1928 von sich zur Moderne bekennenden Architekten, darunter Le Corbusier und der Historiker Sigfried Giedion, im schweizerischen La Sarraz gegründet. Sie lösten sich 1959 auf ihrem letzten Kongress im niederländischen Otterlo auf. Anfangs nur eine lockere Arbeitsgruppe, wuchs die Zahl ihrer Mitglieder in den darauffolgenden Jahren stark an und die CIAM wurden – auch bedingt durch die Emigration einiger ihrer Hauptvertreter*innen – zu einer internationalen Arbeitsgemeinschaft, die sich nicht nur aus Architekt*innen, sondern auch aus Stadtplaner*innen, Historiker*innen und Publizist*innen rekrutierte. Während der Zeit ihres Bestehens fanden, meist im Zweijahresturnus, zehn Kongresse statt. Hinzu kam die Publikation der Tagungsbände sowie die Verbreitung ihrer Ideen in internationalen Ausbildungsstätten, darunter die Graduate School of Design (GSD) der Harvard University.[1]

1 Zur Lehrtätigkeit von Walter Gropius und Josep Lluís Sert an der GSD siehe u. a. Eric Paul Mumford / Hashim Sarkis (Hrsg.): *Josep Lluís Sert. The Architect of Urban Design, 1953–1969*. New Haven / Cambridge: Yale UP / Harvard University Graduate School of Design 2008; Jill Pearlman: *Inventing American Modernism. Joseph Hudnut, Walter Gropius, and the Bauhaus Legacy at Harvard*. Charlottesville: University of Virginia Press 2007.

Ein Hauptbestandteil des Fundaments, auf das die CIAM gegründet worden war, so resümiert der italienische Architekt Giancarlo de Carlo in einem Interview kurz vor seinem Tod 2005, sei ihre Geschichtsfeindlichkeit gewesen.[2] De Carlo gehörte zusammen mit Alison Smithson und Peter Smithson zum inneren Zirkel jener Gruppe junger Architekt*innen, die den letzten Kongress der CIAM in Otterlo mitorganisiert und auf dem sie als Team 10 das Ende der CIAM erklärt hatten.

Die angeblich ablehnende Haltung gegenüber Geschichte sieht de Carlo in den Anfängen des Modern Movement begründet, der ‚heroischen Phase der Moderne', die im Allgemeinen auf die 1930er Jahre datiert wird. Eines der Hauptziele ihrer Vertreter*innen sei es gewesen, sich gegenüber dem akademischen Eklektizismus abzugrenzen, denn „[e]clectic academics spoke of nothing else apart from history, the cult of the past and the historical styles."[3] Aus dieser Perspektive sei es deshalb für viele Architekten so wichtig gewesen, die Geschichte hinter sich zu lassen und bei Null anzufangen.[4] Ein Gefühl, das in besonders radikaler Form im italienischen Futurismo, hier in den oft zitierten Zeilen von Antonio Sant'Elia, zum Ausdruck gebracht wurde:

> Wir müssen unsere Stadt der Moderne *ex novo* erfinden [...]. Architektur muss etwas Lebensvolles sein, und wir können das am besten erreichen, indem wir erst einmal alle Monumente, alle gepflasterten Bürgersteige, Arkadengänge und Treppenfluchten in die Luft sprengen.[5]

Legitim als revolutionärer Gestus in Opposition zum als verkrustet wahrgenommenen Akademismus zu Beginn des 20. Jahrhunderts sei diese Haltung auf lange Sicht jedoch nicht tragbar gewesen:

> But how can you do without history? How can you afford to ignore it in architecture? If you refuse to accept history you also deny the broader context of architecture, you no longer understand the city, you no longer understand what a street or a square is, you loose the great richness of heteronomy. Architecture simply can't afford this.[6]

2 Siehe Clelia Tuscano: How Can You Do Without History? Interview with Giancarlo de Carlo. In: Max Risselada / Dirk van den Heuvel (Hrsg.): *TEAM 10. 1953–81. In Search of a Utopia of the Present*. Rotterdam: NAi 2005, S. 340–344, hier S. 341.

3 Ebd.

4 Ebd.

5 Antonio Sant'Elia: *Città Nuova. Milano 2000 (1912–1914)*, zit. n. Reyner Banham: *Die Revolution der Architektur. Theorie und Gestaltung im Ersten Maschinenzeitalter*. Reinbek: Rowohlt 1964, S. 104–105.

6 Tuscano: How Can You Do Without History?, S. 341.

„[H]istory“, so de Carlo, „returned, in a full flood which perhaps helped sweep away the dogmatic structures to which CIAM was anchored.“[7]
Schon aus de Carlos Aussagen, die einer internen Kritik entstammen – de Carlo war 1958 auf Einladung seines Mentors, dem italienischen Architekten und Publizisten Ernesto Nathan Rogers zu den CIAM hinzugestoßen – lassen sich einige Thesen und Fragen entnehmen, die es genauer zu beschreiben gilt. Haben die CIAM ‚Geschichte‘ außen vor gelassen, sie sogar willentlich ignoriert? Waren ihre international zirkulierten Ideen abgeschnitten von Überlegungen zur Stadt und deren konstituierenden Elementen, negierten sie in ihren Entwürfen und Planungen den urbanen Kontext?
Mit den dogmatischen Strukturen, auf die sich de Carlo bezieht, ist insbesondere die Charta von Athen[8] angesprochen. Dieses Dokument ist als Erbe des Modernismus in die Architektur- und Stadtplanungsgeschichte eingegangen und hält sich in den Köpfen und Debatten beharrlich als Manifest einer vermeintlich unitaristischen Gruppe von progressiven Architekt*innen und Stadtplaner*innen, die damit die moderne Stadtplanung einzuläuten suchten. Kenneth Frampton beschreibt sie beispielsweise als „the most Olympian, rhetorical and ultimately destructive document to come out of CIAM“.[9] Schon John R. Gould wies darauf hin, dass es sich jedoch bei der Charta keineswegs um ein konsensuelles Ergebnis des 1933 auf dem Kreuzfahrtschiff Patris II stattgefundenen 4. CIAM handelte, sondern um ein – wenn auch unter dem Namen der CIAM 1943 veröffentlichtes – als eigenständig zu wertendes Werk Le Corbusiers.[10]
In einem größeren Kontext betrachtet wird der architektonischen Moderne eine grundsätzliche Zerstörungswut unterstellt. Schon Hans Sedlmayr legte Le Corbusier die Worte in den Mund: „Der Kern unserer alten Städte mit ihren Domen und Münstern muß zerschlagen und durch Wolkenkratzer ersetzt werden.“[11] Wolfgang Sonne stellt modernistische und traditionalistische Autoren wie Arthur Korn und Camillo Sitte einander gegenüber und kommt zu dem Ergebnis, dass von den Modernen die Städte zwar akribisch historisch analysiert wurden, jedoch nur zu dem Zweck, sie anschließend der

7 Ebd.

8 Le Groupe CIAM-France: *Urbanisme de CIAM. La Charte d'Athène, avec un discours liminaire.* Paris: Plon 1943.

9 Kenneth Frampton: *Modern Architecture. A Critical History.* London: Thames & Hudson 1992, S. 270.

10 Siehe John R. Gold: Creating the Charter of Athens. CIAM and the Functional City, 1933–43. In: *The Town Planning Review* 69,3 (1998), S. 225–247.

11 Hans Sedlmayr: *Verlust der Mitte. Die bildende Kunst des 19. und 20. Jahrhunderts als Symptom und Symbol der Zeit.* Salzburg: Müller 1951, S. 99.

damnatio memoriae zu übergeben.[12] Problematisch erscheint zudem, dass als repräsentativ für das mittlerweile kanonisierte Geschichtsbild der ersten Phase der heroischen Moderne(n) immer die gleichen Beispiele angeführt werden, insbesondere Le Corbusiers *Ville contemporaine* respektive sein *Plan Voisin* und Antonio Sant'Elias bereits erwähnte *Città Nuova*. Denise Scott Brown und Robert Venturi fassen zusammen:

> Early Modern architects scorned recollection in architecture. They rejected eclecticism and style as elements of architecture as well as any historicism that minimized the revolutionary over the evolutionary character of their almost exclusively technology-based architecture.[13]

Die Vielstimmigkeit, das Reflexionsvermögen und auch die Elastizität von Haltungen, gerade nach der Zäsur des Zweiten Weltkriegs und der damit einhergehenden Verlusterfahrung, gehen dabei verloren. Ziel soll es daher sein, eine weniger dichotomische, weniger polemische Untersuchung des Bezugs des Modern Movement der Nachkriegszeit zum Topos Geschichte innerhalb des zeitlichen und institutionellen Rahmens der CIAM der Nachkriegszeit vorzunehmen.

Stand der Forschung

Obwohl seit den 1980er Jahren durch Giorgio Ciucci, John R. Gold oder Sarah Williams Goldhagen auf die recht einseitige Sicht auf das Modern Movement und die CIAM hingewiesen wurde und gerade die neueren Publikationen von Annie Pedret, Konstanze Sylva Domhardt und Eric Mumford mit vielen Vorurteilen und Mythen aufräumen,[14] ist die Frage nach dem Umgang mit Geschichte auf städtebaulicher Ebene in der Nachkriegsmoderne nicht differenziert bearbeitet. Tomáš Valena weist auf die seit Bergamo verstärkt aufkommende interne Kritik am Dogma der funktionellen Stadtplanung hin.[15] Werner

12 Wolfgang Sonne: „History Builds the Town". Paradoxe Beziehungen zwischen Städtebau und Stadtbaugeschichte der Moderne. In: Kai Kappel (Hrsg.): *Geschichtsbilder und Erinnerungskultur in der Architektur des 20. und 21. Jahrhunderts*. Regensburg: Schnell + Steiner 2014, S. 23–43.

13 Denise Scott Brown / Robert Venturi / Steven Izenour: *Learning from Las Vegas. The Forgotten Symbolism of Architectural Form*. Cambridge: MIT Press 1977, S. 104–105.

14 Giorgio Ciucci: The Invention of the Modern Movement. In: *Oppositions* 24 (1981), S. 69–91; Gold: Creating the Charter of Athens; Sarah Williams Goldhagen: Coda: Reconceptualizing the Modern. In: Dies. / Réjean Legault (Hrsg.): *Anxious Modernisms. Experimentation in Postwar Architectural Culture*. Cambridge: MIT Press 2000, S. 301–324; Annie Pedret: *Team 10. An Archival History*. London: Routledge 2013; Konstanze Sylva Domhardt: *The Heart of the City. Die Stadt in den transatlantischen Debatten der CIAM 1933–1951*. Zürich: gta 2012; Eric Mumford: *The CIAM Discourse on Urbanism, 1928–1960*. Cambridge: MIT Press 2002.

15 Tomáš Valena: *Beziehungen. Über den Ortsbezug in der Architektur*. Berlin: Ernst 1994, S. 135–136.

Sewing konstatiert, dass „[s]pätestens seit dem sechsten Kongreß in Bridgwater 1947, nachdem paradoxerweise die Kriegszerstörungen in vielen Städten nun erstmals die Voraussetzungen für die funktionelle Stadt geschaffen hatten“, auf den CIAM „die humanistische Frage nach der Identität der Stadt ins Zentrum der Debatte“ rückte.[16] Im Folgenden soll deshalb anhand einiger konkreter Beispiele angedeutet werden, dass offensichtlich gerade der Einbezug von und die Auseinandersetzung mit Geschichte und in keiner Weise deren Auslöschung eine wesentliche und kontinuierliche Rolle innerhalb der Debatten der CIAM – besonders nach dem Zweiten Weltkrieg – spielte.

Was will der „Common Man“?

Der erste Nachkriegskongress, der 6. CIAM, fand 1947 im englischen Bridgwater statt. Organisiert wurde er von der M.A.R.s (Modern Architectural Research) Group, der britischen CIAM-Ländergruppe. Von zentralem Interesse war eine Bestandsaufnahme der modernen Architektur in den Mitgliedsländern sowie die Reaktivierung von Netzwerken nach dem Krieg.[17] Auf diesem Kongress war es der britische Architekt, Architekturhistoriker, Journalist und Publizist James Maude Richards, M.A.R.s.-Mitglied und Redakteur des *Architectural Review*, der die wesentlichen Argumente hinsichtlich eines Bezugs auf Bestehendes und auf lokale Bautraditionen formulierte. Er forderte eine „emotionale Basis“ des Städtebaus und berührte mit seinen Ausführungen auch eine andere, sehr virulente Frage: Inwieweit sollen und müssen die modernen Architekt*innen und Stadtplaner*innen den „Common Man“ berücksichtigen?

> Existing towns have personalities and traditions of their own, by which their inhabitants naturally set great store. As well as being a way of earning the allegiance of the man in the street, it is clearly the duty of the town planner to make a point of preserving and even intensifying local character rather than destroying it., […] Operating on the larger scale of the landscape designer, can the architect not utilise old buildings – whatever their style or material – in their scenic compositions […]?, […] And by doing so – and emphasizing thereby historical continuity of a town's growth – is it possible to give the ordinary man on whose behalf the work is done a renewed sense that architectural art is something in which he can participate?[18]

16 Werner Sewing: *Bildregie. Architektur zwischen Retrodesign und Eventkultur*. Basel: Birkhäuser 2003, S. 72.

17 Siehe Mumford: *The CIAM Discourse on Urbanism*, S. 170–171. Das erste Mal überhaupt waren Mitglieder aus Indien und Kuba anwesend.

18 Diese Gedanken finden sich in seinem Essay „Architectural Expression“, welcher der Kongressmappe beilag und im gleichen Jahr im *Architect's Journal* veröffentlicht wurde, siehe GSD, CIAM Collection B4.

In eine ähnliche Richtung, jedoch mit radikaleren Konsequenzen, argumentierte Helena Syrkus von der polnischen Ländergruppe. Als Verfechterin eines sozialistischen Realismus war sie der Meinung, dass die CIAM einem Formalismus verfallen seien, der aus der durch den Kapitalismus hervorgerufenen Kluft zwischen „Dichtung und Wahrheit" entstanden war. Doch: „Art belongs to the people and must be understandable by the people [...]. [T]he countries of the East have come to the conclusion that we should have a greater respect for the heritage of the past."[19] Als Beispiel führt sie die Rekonstruktion der Altstadt in Warschau ins Feld, „where defending our national culture we also defend international culture. We of CIAM must revise our attitude; the Bauhaus is as far behind us as Scamozzi. It is time to pass from the Athens Charter into reality."[20]

Interne Kritik an der Charta von Athen

Beim 7. CIAM 1949 im italienischen Bergamo standen vor allem zwei Themen offiziell auf dem Tagungsprogramm: die Synthese der Künste mit der Architektur und die „application de la Charte d'Athènes". Wie immer wurden Arbeitsgruppen gebildet, um die unterschiedlichen Fragestellungen zu bearbeiten. Der Niederländer Cornelis van Eesteren leitete die Gruppe, die nicht die Anwendung der Charta diskutieren wollte, sondern deren Prinzipien grundsätzlich in Frage stellte. Van Eesteren erkannte innerhalb der Moderne zwei unterschiedliche Standpunkte bezüglich des Wohnungs- bzw. Siedlungsbaus: Auf der einen Seite die Vertreter von Corbusiers Unité d'Habitation, d. h. eines Konzepts, das, einmal entwickelt, mit leichten Modifikationen überall auf der Welt angewandt werden könne. Sich selbst sah er auf der anderen Seite: „The other conception is aiming at differentiation of living quarters in accordance with demografic circumstances and special local conditions and also from an architectural point of view."[21] Nicht nur die durch die Funktionstrennung herbeigeführten langen Wege waren für ihn problematisch: „In fact, certain districts of a town are in danger of being sacrificed to an excessive schematism."[22] Deshalb müsse die Frage im Vordergrund stehen, wie neu entstehende Quartiere besser in die bestehenden Städte integriert werden könnten.[23] Darüber hinaus forderte die

19 Helena Syrkus: Les Actes officiels du VIIe CIAM, S. 59, zit. n. Mumford: *The CIAM Discourse on Urbanism*, S. 193–194.

20 Ebd., S. 194.

21 Report of Sub-Committee b). CIAM Archiv des gta an der ETH Zürich, ETH GTA 42-JT-4-154/155, S. 2. Abgedruckt in: *Documents, CIAM 7. Bergamo 1949*. Nendeln: Kraus 1979.

22 Ebd.

23 Ebd.

Gruppe, mit Bezug auf Josep Lluís Serts und Paul Lester Wieners Planungen für die peruanische Hafenstadt Chimbote, eine Auseinandersetzung mit dem Civic Center, und zwar auch durch das Studium von bestimmten alten Stadtkernen und Stadtzentren. Sert und Wiener hatten ihren Plan für Chimbote auf dem Kongress vorgestellt. Besonderes Gewicht hatte das Zentrum der neu anzulegenden Stadt: Es lehnte sich mit seiner Platzausbildung, und so formulierten es auch Sert und Wiener, an die „old and good traditions of the colonial ‚Plaza de Armas‘“ an und war somit ein Renaissance-Platz in moderner Übertragung.[24]

In der Forderung nach einer Auseinandersetzung mit sowohl dem konkreten Ort, an dem neue Zentren oder Stadteile entstehen sollen, als auch nach der Beschäftigung mit konkreten bestehenden Orten, um daraus Lösungen für die Stadtplanung zu generieren, war das Thema des nächsten Kongresses umrissen. Sert schlug während der Vorbereitungen zum 8. Kongress vor, dass sich ein Subkomitee mit einem bis dato stark vernachlässigten und isolierten Aspekt beschäftigen sollte, dem „historical aspect“; von einem Vergleich zwischen historischen und zeitgenössischen Lösungen versprach er sich fruchtbare Debatten.[25]

Die Suche nach dem Herz der Stadt – die Humanisierung der Stadt(Planung)

1951 fand der 8. CIAM unter dem Titel „The Heart of the City. Towards the Humanization of Urban Life“ im britischen Hoddesdon statt. Man versuchte, sich den aktuell in der Stadtplanung vorherrschenden Kernproblemen – wie sind bestehende Zentren zu erweitern, zerstörte Zentren wiederaufzubauen oder alte Zentren zu entlasten? – durch eine Art freies thematisches Umkreisen, vorwiegend mit Bezügen zur Architektur- und Städtebaugeschichte und durch Analysen und Eigenartszuweisungen[26] von konkreten Orten, anzunähern. Die Beeinflussung der Disziplinen Psychologie und Soziologie, die sich zu

24 Siehe Mumford: *The CIAM Discourse on Urbanism*, S. 189–191.

25 Mars Group Proposal for CIAM 8, November 1949. CIAM-Archiv des gta an der ETH Zürich, ETH GTA 42-JT-7-76/78.

26 Eigenartszuweisungen sind als essentialistische Beschreibungen von Orten zu verstehen, die in Architektur und Städtebau oft als Entwurfsgrundlagen für das Weiterbauen an einem bestimmten Ort herangezogen werden. Diese sind kontext- und zeitgebunden. So wird beispielsweise Bezug genommen auf den sogenannten *genius loci*, die Atmosphäre, den Stadtgrundriss, lokale und regionale Bautraditionen oder lokal vorgefundene und verwendete Materialien oder Formen.

dieser Zeit diskursiv in die Gesellschaft auf allen Ebenen in der Sprache und im Denken einschrieb, ist bemerkenswert.[27] Der zentrale Bezugspunkt des Kongresses war dementsprechend die „Humanisierung" der Stadt, ausgedrückt in von allen Beteiligten verwendeten Begriffen wie „human scale", „humanization", „human relations" oder aber auch „collective memory". Die Ergebnisse des Kongresses wurden 1952 unter der Herausgeberschaft von Ernesto Rogers, Jaqueline Tyrwhitt und Josep Lluìs Sert in einem reich illustrierten Tagungsband veröffentlicht.[28]

J. M. Richards setzt sich in seinem Beitrag mit dem negativ behafteten Bild der gründerzeitlichen Stadt auseinander.[29] Dabei erläutert er seine Sichtweise auf die bestehende Stadt:

> Except in the rare instance of the new town planned on a virgin site [...] every city, town and village – the fact is so obvious as to be hardly worth stating – carries evidence of its growth and history on its face.[30]

Erneut nimmt er Bezug auf sein bereits in Bridgwater skizziertes Interesse am Common Man und wird spezifischer – dazu dient ihm das zeitgenössisch rezipierte Konzept des kollektiven Gedächtnisses:[31]

> To the inhabitant of the town – for whose benefit the Core exists – it is not primarily a work of art, to be apprehended as an aesthetic experience, but a collection of symbols and a familiar assembly of objects having certain associations and reviving certain memories – since *the Core is the repository of the community's collective memory.*[32]

Richards war, wie weitere Redakteure des *Architectural Review*, in die Townscape-Bewegung in Großbritannien involviert, die die Stadt als Bildfolge aufzufassen vorschlug und daher forderte, die konkreten bestehenden Bauten, egal aus

27 Bereits 1948 hatte der schwedische Kunsthistoriker Gregor Paulsson im Zusammenhang mit Sigfried Giedions Symposium „In Search of a New Monumentality" eingeworfen, dass sich die Architektur stattdessen – in Anlehnung an die Forderungen von Regionalist*innen wie Catherine Bauer oder Lewis Mumford – mit Psychologie, Soziologie und Ökologie beschäftigen müsse. Vgl. hierzu Liane Lefaivre / Alexander Tzonis: *Architecture of Regionalism in the Age of Globalization. Peaks and Valleys in the Flat World*. New York: Taylor & Francis 2012, S. 122. Zur Untersuchung des psychologischen Diskurses in der Gesellschaft aus kultursoziologischer Perspektive siehe Eva Illouz: *Die Errettung der modernen Seele. Therapien, Gefühle und die Kultur der Selbsthilfe*. Frankfurt am Main: Suhrkamp 2009.

28 Ernesto N. Rogers / Josep Lluís Sert / Jaqueline Tyrwhitt (Hrsg.): *The Heart of the City. Towards the Humanization of Urban Life*. London: Lund Humphries 1952.

29 James Maude Richards: Old and New Elements at the Core. In: Ebd., S. 60–63.

30 Ebd., S. 60.

31 Maurice Halbwachs: *La mémoire collective*. Paris: PUF 1950.

32 Richards: Old and New Elements at the Core, S. 61. (Herv. i. Orig.)

welcher Epoche, also auch aus dem 19. Jahrhundert, in die Gesamtwahrnehmung der Stadt miteinzubeziehen. Auch beschreibt er, worin er die Bedeutung der Analyse des baulichen Erbes sieht:

> All the architect can do is to intensify what is already there. [...] [T]he true significance of a given site can often be found by analysing the role it has performed throughout history, and if its significance has been destroyed during the past century [...], the architect's role may be to recreate it in a modern spirit.[33]

In der Einführung zu seinem Beitrag „Historical Background of the Core“[34] stellt Sigfried Giedion die Fragen: Was kann der Architekt aus der Geschichte lernen? Sind repetierende Momente oder Aspekte auszumachen, die darauf hinweisen, dass es so etwas wie grundlegende Bedürfnisse des menschlichen Zusammenseins gibt? Eines dieser Grundbedürfnisse ist für Giedion das Recht des Fußgängers auf Gemeinschaftsleben im Stadtzentrum – von ihm sogar zum „human right“[35] ausgerufen. Anschließend interpretiert er die Stadtgrundrisse von der Antike bis in die Renaissance – von der *agora* von Priene über das *forum* in Pompeii bis hin zur mittelalterlichen Stadtneugründung Bern – als Vorbilder für eine moderne Stadtplanung. All diese Planungen neuer Städte, so Giedion, seien bemerkenswert regelmäßig, auch die des Mittelalters. Und in allen Fällen sei eine Korrelation zwischen der sozialen (den Bürger und den Fußgänger ins Zentrum stellenden) und physischen Struktur der Stadt vorhanden, auch wenn dies nicht der Regelfall sein müsse. Michelangelos Kapitol sei beispielsweise während der Gegenreformation entstanden und doch drücke seine Komposition – „piazza, staircase and the visual relation with the old medieval city of Rome“[36] – die Hoffnung auf eine noch nicht vorhandene, demokratische Zukunft aus. Dieses antizipierende Denken, das Giedion Michelangelo zuschreibt, hält er für die Leitlinie des modernen Städtebaus:

> Once more we realise that a great artist is able to create the artistic form for a phase of future social development, long before that phase has begun to take tangible shape. This is our task today.[37]

Ernesto Rogers, seit 1947 Mitglied der italienischen CIAM-Gruppe, kommt in seinem Beitrag auf den Verlust von historischem Erbe im Zuge der im

33 Ebd.

34 Sigfried Giedion: Historical Background of the Core. In: Rogers / Sert / Tyrwhitt (Hrsg.): *The Heart of the City*, S. 17–25.

35 Ebd., S. 18.

36 Ebd., S. 24.

37 Ebd.

19. Jahrhundert vorgenommenen Eingriffe zugunsten des Verkehrsflusses zu sprechen.[38] Er prangert die aktive Zerstörung der alten Stadtzentren an, kritisiert aber ebenso deren vermeintliches Gegenstück – die das historische Vorbild (oder das Bild dieses Vorbildes) imitierende Rekonstruktion:

> Blind destruction and passive conservation, even though apparent opposites, are the results of an equally arid mentality: they are moral sins [...]. Unfortunately in the past, and at the time in which we now live, the centres of many cities have suffered from some calamity or another which has mortally wounded their Hearts.[39]

Was Rogers unter einem moralischen, aktiven Umgang mit der Geschichte versteht, wird sich auf dem letzten Kongress 1959 in Otterlo zeigen.

Das Leitmotiv der italienischen Piazza

In Hoddesdon wird auffallend oft als Paradebeispiel für einen besonders gelungenen „Core" auf die italienische Piazza und Piazzeta, manches Mal sogar konkret auf die Piazza San Marco in Venedig, Bezug genommen. Im Tagungsband wird gar eine eigene Rubrik, „Discussions on Italian Piazzas", eingeführt.[40] Walter Gropius lobt dort den traditionellen, zentralen Platz und illustriert mit einer Anekdote sein Anliegen: Nach einer Mexiko-Reise schlägt er seinen Studenten in Harvard vor, doch die Zentren der dortigen Kleinstädte zu studieren: „I thought here was something in existence that we could study as being ubiquitously valid and applicable for the creation of Cores of a similar character in the United States."[41] Seine Studenten jedoch lehnten diesen Vorschlag ab, und zwar mit der Begründung, dass die Idee eines Platzes mit Arkaden zum Schutz vor Sonne und Regen einer alten Zeit entstamme, die in die gegenwärtige USA nicht passen würde. „So I wondered whether it was just being old-fashioned of me to suggest it to them."[42] Die Suche nach Archetypen, nach ewigen Gesetzen der guten Raum- und Platzgestaltung, zeigt überraschenderweise Analogien zu Camillo Sittes *Der Städtebau nach seinen künstlerischen Grundsätzen* von 1889 auf. Auch Wolfgang Sonne schreibt in seinem modernismuskritischen Aufsatz:

38 Ernesto N. Rogers: The Heart: Human Problem of the Cities. In: Rogers / Sert / Tyrwhitt (Hrsg.): *The Heart of the City*, S. 69–73, hier S. 73.

39 Ebd., S. 70.

40 CIAM 8: Discussion on Italian Piazzas. In: Ebd., S. 74–80.

41 Ebd.

42 Ebd.

> So versuchte Camillo Sitte […] auf der Basis der Naturgesetze der menschlichen Wahrnehmung ewig gültige Regeln des städtebaulichen Entwerfens aus historischen Beispielen zu destillieren.[43]

In Hoddesdon stellte Le Corbusier seinen „Pilot Plan" für Bogota vor.[44] In seinem Entwurf für das neue Civic Center werden bestehenden Gebäuden neue hinzugefügt, um ein vornehmlich geschlossenes Platzgefüge zu schaffen. Er selbst äußert sich über seine Idee:

> The Civic Centre gathers, in a spiritual and material harmony, the collective functions capable of expressing the spirit of a social group, of a city, or of a society. It connects the past to the present. It constitutes the non-ruptured, not neglected history of the city.[45]

María Cecilia O'byrne konnte aufzeigen, wie stark er sich dabei auf seine über viele Jahrzehnte entstandenen venezianischen Studien stützt:

> The final result [of the Bogota-Plan, Anm. S. B.] is a succession of open spaces of different scales. The esplanade is analogous to the Piazza, while the historic Plaza de Bolivar is fulfilling functions similar to the piazzetta San Marco, and the small square that serves as a link between the Carrera 7ª and the Plaza is similar to the piazzetta dei Leoncini.[46]

Doch nicht alle Mitglieder stimmten in das Loblied auf San Marco ein. Der schwedische Kunsthistoriker Gregor Paulsson wies beispielsweise darauf hin, dass man, so gelungen die Piazza San Marco auch sein möge, nicht vergessen dürfe, dass sie gegenwärtig eben kein zentraler Platz mehr für die Bevölkerung sei, sondern doch eher ein Ort für Touristen, der ohne diese genau so tot wäre wie die Stadt selbst.[47] Stattdessen vergleicht er die Piazza della Signoria, die für ihn ein großartiges Kunstwerk darstelle, mit der Piazza Vittorio San Emmanuele, in seinen Augen aus architektonischer Sicht ein „horrid place". Der erste Platz sei jedoch abends unbelebt, während sich auf dem zweiten die Leute versammelten. Das liege daran, dass die Piazza della Signora ein Ausdruck des plutokratischen Florenz des 15. Jahrhunderts sei, die Piazza Vittorio Emmanuele hingegen des italienischen Risorgimento, welches den „dominating sentiments of the Italy of

43 Vgl. Sonne: „History Builds the Town", S. 32.

44 Le Corbusier / Paul Lester Wiener / Josep Lluís Sert: The Core of a Government Center. Bogota, Columbia. In: Rogers / Sert / Tyrwhitt (Hrsg.): *The Heart of the City*, S. 150–152.

45 *Le Corbusier en Bogotá 1947–1951. Elaboración del Plan Regulador de Bogotá. Establecimiento del Plan Director por Le Corbusier en París, 1949–1950 (Edición Facsimilar)* [1950], Bd. 1. Bogotá: Universidad de los Andes 2010, zit. n. María Cecilia O'byrne: San Marco in Le Corbusier, San Marco in Bogota. In: *Journal of Architecture and Urbanism* 40,2 (2016), S. 75–86, hier S. 83.

46 Ebd., S. 85.

47 Gregor Paulsson: Discussion on the Italian Piazza. In: Rogers / Sert / Tyrwhitt (Hrsg.): *The Heart of the City*, S. 74–80, hier S. 75.

today" näher stehe; er folgert: „[I]f the Core is made too consciously a repository of the history of the town there is a danger that it will only sing like the golden nightingale of the fairy tale."[48]

Eine neue CIAM-Generation – ein neuer Umgang mit Geschichte?

Auf den nachfolgenden CIAM wird bis zum Otterloer Kongress 1959 das Thema Geschichte nicht mehr in dieser thematischen Dichte und Explikation behandelt. Doch in den Entwürfen gerade der jüngeren Mitglieder – wie Alison und Peter Smithson – ist die Auseinandersetzung mit historischen Vorbildern weiterhin virulent und zwar sowohl auf strukturalistischer als auch auf der materiellen Ebene der Einbindung von historischen Monumenten. Auf dem 9. CIAM 1953 im französischen Aix-en-Provence – es war der letzte, an dem Le Corbusier und Gropius teilnahmen – kamen über 3.000 Delegierte, Mitglieder und Beobachter*innen aus 31 Ländern zusammen. Bereits auf dem Vorbereitungstreffen im schwedischen Sigtuna war von der jüngeren Generation gefordert worden, aktiver die Kongresse und Themen der CIAM mitzubestimmen, was allgemeine Zustimmung, besonders durch Giedion, Le Corbusier und Alfred Roth fand. In Aix-en-Provence waren die Smithsons dann gleich mit zwei *grids* vertreten: mit ihrem Wettbewerbsentwurf von 1952 für die Golden Lane in der City of London sowie ihrem daraus hervorgegangenen theoretischen Konzept der „Urban Reidentification".[49] Für das „Urban Reidentification"-grid hatten sie das Golden Lane-Projekt zu einem Teilstück einer Superstruktur weiterentwickelt – der *ad infinitum* erweiterbaren Multi-Level-City. Wegweisend in der Darstellung war vor allem die Kombination von Zeichnung, Text und Street Photography, die in eine neue mediale Sprache mündete. Diese Art der Zusammenschau war zwar nicht gänzlich neu in den CIAM. Auch Sert hatte mit einem ähnlichen Mix in „Can Our Cities Survive?"[50] gearbeitet. Diesmal waren die Vorzeichen jedoch umgekehrt: Statt das Elend in den Slums oder Ghettos, in den dunklen Hinterhöfen und beengten Wohnungen zu zeigen, wird gerade das Positive, das Lebendige des Arbeiterlebens betont und zum Ausgangspunkt des Entwurfs gemacht. Neu war auch die Vorgehensweise, von

48 Gregor Paulsson: Discussion on the Italian Piazza. In: Rogers / Sert / Tyrwhitt (Hrsg.): *The Heart of the City*, S. 74–80, hier S. 75.

49 Die *grids* liegen als Faksimile im GSD Smithsons Archive A010, die Originale im Centre Pompidou, Musée National d'Art Moderne, Paris.

50 Josep Lluís Sert: *Can Our Cities Survive? An ABC of Urban Problems, Their Analysis, Their Solutions Based on the Proposals Formulated by the C.I.A.M. / International Congresses for Modern Architecture / Congrès Internationaux d'Architecture Moderne*. Cambridge: Harvard UP 1942.

alltäglichen Beobachtungen ausgehend und dargestellt im Medium Fotografie, entwerferische Strategien zu entwickeln, die zu analogen Strukturen führen sollten, mit dem Ziel, diese Räume der sozialen Interaktion, in diesem Fall des „working class street life“, neu zu implementieren.[51]
Die Auseinandersetzung mit den lokalen Gegebenheiten, den Gewohnheiten der Menschen, war generell ein zentrales Thema in Aix-en-Provence und bedingt durch die Diskussion der Projekte aus den afrikanischen und lateinamerikanischen Ländern auch beim nächsten Kongress im jugoslawischen Dubrovnik 1956. Architekturhistoriker*innen wie Tom Avermaeate und Zeynep Çelik nennen diese Entwicklung *epistemological turn*[52], Giedion fasst sie als „New Regionalism“ zusammen.[53] Peter Smithson formuliert die Haltung des Team 10 manifestartig:

> Wir glauben, daß das Entwerfen und Planen eher ein Problem der Fortsetzung als des Neuanfangs auf einem unbeschriebenen Blatt ist [...]. Unsere augenblicklichen ästhetischen und ideologischen Ziele sind eine Sache der Auseinandersetzung mit den gegebenen Situationen.[54]

Der letzte Kongress der CIAM

In Otterlo kam es zu einem Zusammenprall sehr gegensätzlicher Positionen, deren Protagonisten in Ernesto Rogers und Peter Smithson auszumachen sind. Das eher in intimer Arbeitsatmosphäre abgehaltene und vom Team 10 organisierte Arbeitstreffen – die Größe der bisherigen Kongresse und die dadurch entstandene Unmöglichkeit, konzentrierte Diskussionen zu führen, war einer der Hauptkritikpunkte gewesen – sollte zum letzten offiziellen der CIAM werden. Die Smithsons präsentierten ihre „London Roads Study“.[55] Darin visualisie-

51 Vgl. Mumford: *The CIAM Discourse on Urbanism*, S. 236

52 Mit dem *epistemological turn* in der Architektur wird die ethnographische und anthropologische Untersuchung des Alltäglichen und die Nutzung des Raumes durch die Bewohner*innen im Design-Prozess bezeichnet. Siehe u.a. Tom Avermaete: *Another Modern: The Post-War Architecture and Urbanism of Candilis-Josic-Woods*. Rotterdam: NAi 2005, S. 106; Zeynep Çelik: Learning from the Bidonville: CIAM Looks at Algiers. In: *Harvard Design Magazine* 18 (2003), S. 476–479.

53 Der Begriff *New Regionalism* wurde von Sigfried Giedion nach dem 9. CIAM in Aix-en-Provence unter dem Eindruck der *bidonvilles*-Studien der algerischen und marokkanischen CIAM-Gruppen geprägt, siehe Sigfried Giedion: *Architektur und Gemeinschaft*. Reinbek: Rowohlt 1956.

54 Peter Smithson zit. n. Alison Smithson (Hrsg.): *Team 10 Primer*. Cambridge: MIT Press 1968, S. 85.

55 Alison Smithson / Peter Smithson: London Roads Study / Discussion / Criteria for Mass Housing. In: Oscar Newman (Hrsg.): *CIAM '59 in Otterlo. Arbeitsgruppe für die Gestaltung soziologischer und visueller Zusammenhänge*. Stuttgart: Krämer 1961, S. 71–79.

ren und erörtern sie, wie bei der Neuordnung und Anlage von Straßen „fixes" festgelegt werden, die z. B. historische Gebäude oder Stadtteile sein können, aber auch Straßen selbst. Diese „fixes" generierten laut den Smithsons „lokale Identität"[56] für die Bewohner. Diese Auseinandersetzung mit Geschichte kann jedoch nicht ohne Weiteres als ein Aufkommen von denkmalpflegerischem Interesse gewertet werden. Dies lässt sich sicherlich auch daran ablesen, dass die Smithsons von Rogers für ihren mangelnden Respekt an der bestehenden Stadt kritisiert wurden, schließlich sollte zugunsten eines neuen Straßengefüges ein großer Teil Sohos geopfert werden: „[...] I think that your contribution to history destroys history completely."[57] Vielmehr zeigt sich in der theoretischen Modellierung der Smithsons, die sich aus der Urban Reidentification entwickelt hat, ein neues Verständnis im Städtebau für die zeitliche Dimension und die kontinuierliche Veränderlichkeit des städtischen Gefüges.[58]

De Carlo stellte in Otterlo seine Wohn- und Geschäftshäuser im süditalienischen Matera vor, welche das Ergebnis einer Auseinandersetzung mit den vorhandenen Bauformen und lokalen Materialien waren.[59] Er wurde dafür kritisiert, sowohl von älteren Mitgliedern wie André Wogenscky, aber auch von seinem Team 10-Kollegen Peter Smithson, da er – wie auf dem gleichen Kongress auch Ernesto Rogers – kein neues architektonisches Vokabular erfinde, sondern sich nur aus bereits vorhandenem bediene. Problematisch sei dies deshalb, da „any form – not only the form, but the whole vocabulary of that form – carries with it its social content."[60] Aus den Reihen der älteren Generation präsentierte Rogers seine Mailänder „Torre Velasca", ein Entwurf seines Büros BBPR. Der die Stadt überragende, zwanzig Stockwerke hohe Wohn- und Geschäftsturm südlich des Doms an der Piazza Velasca schockierte die CIAM-Mitglieder.[61] Die auskragende Form des sich in den oberen Etagen befindlichen Wohnturms zitiert die Torre del Filarete des Castello Sforzesco. Peter Smithson kritisierte Rogers Entwurf scharf und warf ihm nicht nur „historical revivalism", sondern

56 Alison und Peter Smithson zit. n. Smithson (Hrsg.): *Team 10 Primer*, S. 52.

57 Ebd., S. 77.

58 Vgl. dazu Laurent Stalder: Monumente der unmittelbaren Zukunft. In: Carsten Ruhl (Hrsg.): *Mythos Monument: Urbane Strategien in Kunst und Architektur nach 1945*. Bielefeld: Transcript 2011, S. 63–76.

59 Giancarlo de Carlo: Talk on the Situation of Contemporary Architecture / Discussion / Shops and Apartment Buildings in Matera, South Italy. In: Newman (Hrsg.): *CIAM '59 in Otterlo*, S. 80–91.

60 Ebd., S. 91.

61 Ernesto Rogers et al.: The Torre Velasca / Discussion. In: Ebd., S. 92–97.

auch unmoralisches Verhalten vor.[62] O. M. Ungers, der ebenfalls in Otterlo teilgenommen hatte, konstatierte viele Jahre später rückblickend:

> In dieser Diskussion hat das ‚Team Ten' den entscheidenden Punkt nicht getroffen: Rogers wurde mehr oder weniger unschön abqualifiziert mit seinem Torre Velasqua [*sic*], bei dem er direkte geschichtliche Bezüge auf Mailand durch formale Erscheinungsbezüge im Bild der Stadt aufgenommen hatte.[63]

Auch die Meinungen Rogers und Smithsons zu Kenzo Tanges Entwurf für die Tokyo City Hall und das Kagawa Prefectural Office, bei dem er sich auf die Traditionen japanischer Architekturen bezog, standen sich antagonistisch gegenüber.[64] Während Rogers sich durch das Projekt in seiner Ansicht bestärkt sah, dass es die zukünftige Aufgabe der CIAM sei, „to look back into our own national history of forms", war Smithson der Überzeugung, es handele sich nur um einen historischen Zufall, dass die Verbindung von älterer japanischer Architektur mit einer unter den CIAM-Mitgliedern vorherrschenden Sensibilität für eine Ästhetik des Offenen korrespondiere.[65]

Ausblick

In der Kritik an der Nachkriegsmoderne werden Geschichtslosigkeit und Geschichtsvergessenheit gleichgesetzt mit der Befürwortung des Abrisses älterer Wohnbebauung, mit einer Architektur und Stadtplanung, die auf die Einbindung von historischen Zitaten und den *genius loci* verzichtet. Die nähere Betrachtung der Diskussionen in den CIAM zeigen jedoch, dass gerade der Einbezug von und die Auseinandersetzung mit Geschichte und in keiner Weise deren Auslöschung eine wesentliche und kontinuierliche Rolle spielten – ganz besonders verdichtet sich die Tendenz seit der Zeit kurz vor dem Ende des Zweiten Weltkriegs. Zum einen ist es daher von Interesse, die Aneignung von Geschichte am Beispiel der CIAM der Nachkriegsphase herauszuarbeiten.

62 Ebd., S. 95. Die Präsentation der beiden italienischen Projekte stieß anschließend die durch Reyner Banham initiierte und polemisch geführte publizistische Debatte über den damit angeblich eingeläuteten Rückzug der Italiener aus der Moderne an. Siehe Reyner Banham: Neoliberty. The Italian Retreat from Modern Architecture. In: *Architectural Review*, 04/1959, S. 230–235; Ernesto Nathan Rogers (Hrsg.): Continuità o crisi? In: *Casabella Continuità* 215 (1957), S. 3–6.

63 O.M. Ungers zit. n. „Das war eine ungeheuer kreative Situation ...". Thomas Sieverts, Oswald Mathias Ungers, Georg Wittwer im Gespräch mit Nikolaus Kuhnert. In: *Stadtbauwelt* 76 (1982), S. 369–392, hier S. 369.

64 Kenzo Tange. Tokyo City Hall, Kagawa Prefectural Office / Discussion / Ideas of the Reorganization of Tokyo, Kikutake Kiyonori. In: Newman (Hrsg.): *CIAM '59 in Otterlo*, S. 170–185.

65 Ebd., S. 182.

Wie und – vor allem auch – warum erschließen sich der Moderne verpflichtete Architekt*innen und Stadtplaner*innen Geschichte – gerade in der besonderen Situation nach dem Zweiten Weltkrieg: in einem zerstörten Europa, in unabhängigen Staaten nach dem Ende der Kolonialherrschaft, in der Sehnsucht nach Stadtzentren in den USA? Welche Praktiken sind auszumachen, d. h., wie wurde theoretisch argumentiert, wie zeigen sich diese Haltungen in den Entwurfspraktiken und wie wurden diese Aspekte auf der internationalen Bühne der CIAM diskutiert?

Zum anderen erscheint es sinnvoll, die späteren Analysen von Historiograph*innen des Modern Movement wie Kenneth Frampton oder postmodernen Kritikern wie Robert Venturi und Denise Scott Brown heranzuziehen, um die Basis der Kritik in Perspektive zu setzen. Damit soll auch ein Beitrag zur Konturierung der unscharfen Begriffe ‚geschichtslos', ‚geschichtsvergessen' oder gar ‚anti-historisch' in Bezug auf das Modern Movement anhand des Beispiels CIAM geleistet werden.

Komfortable Offenheit

Eine Etappe in Claude Parents Weg zur *fonction oblique*

Christian Sander

In seinem Buch *Megastructure. Urban Futures of the Recent Past* von 1976 nennt der Architekturkritiker Reyner Banham das Jahr 1964 ein „Megayear"[1]. In diesem Jahr entwarfen Warren Chalk, Peter Cook und Dennis Crompton von Archigram die *Plug-in City*, in der Wohneinheiten je nach Bedarf in ein tragendes Erschließungsgitter eingesetzt werden können. Ron Herron, ein weiteres Mitglied von Archigram, entwickelte im selben Jahr die Idee einer *Walking City*, einer Stadt als eine bewegungsfähige Einheit, und bereits vor diesem „Megayear", im Jahr 1960, erstellte Kenzō Tange seinen Plan für die Expansion von Tokio, die er mithilfe einer erweiterbaren urbanen Struktur über der Bucht vor der Stadt vorsah. Tange beeinflusste die Metabolisten, in deren Entwürfen die Stadt dem Architekten und Städtebauhistoriker Vittorio Magnago Lampugnani zufolge „zu einem sich unentwegt erneuernden Organismus [wird], für den die Gesetze des Stoffwechsels ebenso gelten wie für den Menschen."[2] Die *Plug-in City* erlaube wiederum „einen ständigen Austausch nach den Gesetzen des organischen Metabolismus – und des kapitalistischen Konsums"[3].

1 Siehe Reyner Banham: *Megastructure. Urban Futures of the Recent Past*. London: Thames & Hudson 1976, S. 70–83 (Kap. „Megayear 1964").

2 Vittorio Magnago Lampugnani: *Die Stadt im 20. Jahrhundert. Visionen, Entwürfe. Gebautes*, Bd. 2. Berlin: Wagenbach 2010, S. 764.

3 Ebd., S. 772.

Schließlich bespricht Lampugnani die „Internationale der Stadtutopie"[4] in seinem umfangreichen Überblickswerk *Die Stadt im 20. Jahrhundert* von 2010 noch bis zu den Ideen des 1975 gegründeten Office for Metropolitan Architecture (OMA).

OMA setzte in zahlreichen Bauten geneigte Böden ein, um eine Kontinuität zwischen den einzelnen Geschossen sowie den Erschließungs- und Nutzräumen zu gewährleisten. Der Architekturkritiker Andreas Ruby erkennt darin „eine direkte Aneignung der *fonction oblique*"[5], der Theorie der *Funktion der Schräge*, die der Architekt Claude Parent zusammen mit dem damals vor allem als Urbanist tätigen Kulturtheoretiker Paul Virilio in programmatischen, oftmals polemischen Texten für die 1966 in neun Nummern erschienene Zeitschrift *Architecture Principe*,[6] dem „ständigen Manifest"[7] der gleichnamigen Gruppe als die Parent und Virilio in dieser Zeit auftraten,[8] formulierte. Das Schaffen von Architecture Principe wird seit den 1990er Jahren ausgiebig von Architekten und Architekturkritikern rezipiert;[9] in der deutschsprachigen Architektur- und

4 Siehe Lampugnani: *Die Stadt im 20. Jahrhundert*, S. 753–787 (Kap. „Die Internationale der Stadtutopie. Technikeuphorie und Megastrukturen").

5 Andreas Ruby: Informierte Oberflächen. Kontinuität als Narration der Neunziger. In: *werk bauen + wohnen* 89,11 (2002), S. 39–45, hier S. 40.

6 Die neun Ausgaben der Zeitschrift wurden 1996 – erweitert um einen Text des Architekturkritikers Frédéric Migayrou und neuen Beiträgen von Parent und Virilio sowie um eine zehnte Nummer, die neben weiteren Artikeln von Parent und Virilio Texte von Coop Himmelb(l)au, Daniel Libeskind, Jean Nouvel, François Seigneur und Bernard Tschumi enthält – als Faksimile wiederveröffentlicht und ins Englische und Deutsche übersetzt. In diesem Aufsatz wird aus der französisch-deutschen Ausgabe zitiert (Claude Parent / Paul Virilio: *Architecture Principe. 1966 und 1996*, aus d. Franz. von Bernd Wilczek. Besançon: Les Éditions de l'Imprimeur 2000).

7 Auf der letzten Seite jeder Nummer von *Architecture Principe* findet sich die folgende Erklärung: „Cette revue constitue le manifeste permanent du groupe architecture principe" (ebd.).

8 Laut der Zeitschrift *Architecture Principe* waren der Maler Michel Carrade und der Bildhauer Morice Lipsi ebenfalls Mitglieder der Gruppe (siehe ebd.). Beide waren jedoch lediglich an der Inneneinrichtung der von Parent und Virilio entworfenen Kirche Sainte-Bernadette du Banlay (Nevers, 1963–1966) beteiligt (wobei Carrades Entwurf eines Wandteppichs nicht umgesetzt wurde), siehe Frédéric Migayrou (Hrsg.): *Nevers. Architecture Principe. Claude Parent. Paul Virilio*. Orléans: HYX 2010, S. 136–137. Carrade und Lipsi steuerten keine Texte zum „ständigen Manifest" bei.

9 Migayrou macht das Werk von Architecture Principe seit den 1990er Jahren durch zahlreiche Ausstellungen, Bücher und Konferenzen bekannt, siehe zum Beispiel Frédéric Migayrou (Hrsg.): *Bloc. Le monolithe fracturé*. Ausstellungskatalog des französischen Pavillons auf der 6. Architekturbiennale Venedig. Orléans: HYX 1996; *Parent-Virilio. Grandes Conférences* (F 1996, R: Gilles Coudert, präsentiert von Frédéric Migayrou); Migayrou (Hrsg.): *Nevers. Architecture Principe. Claude Parent. Paul Virilio*; ders. / Francis Rambert (Hrsg.): *Claude Parent. L'Œuvre construite / L'Œuvre graphique*. Ausstellungskatalog Cité de l'architecture & du patrimoine. Orléans: HYX 2010.

Städtebaugeschichte kann es jedoch als weitgehend unbeachtet gelten,[10] und auch Lampugnani erwähnt es in seiner *Stadt im 20. Jahrhundert* nicht. Dabei sind die monumentalen urbanen Ordnungssysteme in Parents und Virilios Zeichnungen ähnlich utopisch wie Archigrams Projekte und die Stadtentwürfe der Metabolisten.[11] Darüber hinaus ist ihnen eine Kontinuität zu eigen, wie sie auch in den erweiterbaren Strukturen der letzteren zu finden ist. Anders als bei der technisierten *Walking City* handelt es sich bei Architecture Principes geneigten Ebenen jedoch um statische Träger, die wiederum die Stadtbewohner zur Bewegung animieren sollten. Die schrägen Böden sollten „den Körper im Gegensatz zu den Fortbewegungsprothesen jeder Art […] wieder zu einem *sich selbst in Bewegung setzenden* Körper"[12] machen – weshalb es wiederum plausibel erscheint, dass Lampugnani das Schaffen von Parent/Virilio nicht in sein Utopie-Kapitel mit dem Untertitel „Technikeuphorie und Megastrukturen" aufgenommen hat.

Die *fonction oblique* war die generelle Maxime von Parent und Virilio, unter der auch die erste Nummer ihres „ständigen Manifests" erschien. Die dritte Ausgabe von *Architecture Principe* trug den Titel „Potentialisme", wobei Parent in seinem gleichnamigen Text unter „Potentialismus" den

> Einsatz aller spezifisch architektonischen Mittel durch die Schöpfer [versteht], mit deren Hilfe beim Menschen zunächst die Aufnahmebereitschaft, dann die Teilhabe und schließlich die endgültige Zustimmung erreicht werden soll.[13]

10 Eine Studie aus dem Fach Kunstgeschichte, die sich Parents und Virilios gemeinsamem Werk in einem umfangreichen Kapitel widmet, ist die Dissertation von Carolin Höfler: *Form und Zeit. Computerbasiertes Entwerfen in der Architektur*. Dissertation, Humboldt-Universität zu Berlin 2009. Wie bereits der Titel der Arbeit verrät, bespricht aber auch Höfler Architecture Principes Schaffen vor allem als Vorbild für spätere Architektengenerationen.

11 Parent und Virilio setzten sich mit dem Werk ihrer internationalen Kollegen auseinander: 1965 kuratierten sie zusammen mit dem Architekturkritiker Patrice Goulet in der von Claude-Nicolas Ledoux errichteten Königlichen Saline in Arc-et-Senans die Ausstellung *Exploration du futur*, in der sie unter anderem Arbeiten von Archigram und den Metabolisten präsentierten, siehe Paul Virilio: Exploration du futur. In: *Aujourd'hui. Art et Architecture* 52 (1966), S. 94–97. Außerdem wurden sie von Archigram zum International Dialogue of Experimental Architecture (IDEA) eingeladen, der 1966 in Folkstone stattfand und an dem neben Archigram und Architecture Principe Architekten wie Yona Friedman, Hans Hollein und Cedric Price teilnahmen. Parent zeigte sich jedoch sehr enttäuscht von der Veranstaltung, während der Architecture Principes Vortrag vom überwiegend politisch linken Publikum gestört worden sei, siehe Claude Parent: Colloque sur l'architecture prospective à Folkstone. In: *L'Architecture d'Aujourd'hui* 126 (1966), S. XXI.

12 Paul Virilio: Desorientierung. In: Ders. / Parent: *Architecture Principe*, S. 7–14, hier S. 12. (Herv. i. Orig.)

13 Claude Parent: Der Potentialismus. In: Ebd., S. XII.

Paradoxerweise bestehe der erste Schritt laut Parent jedoch darin, „so sehr zu ‚mißfallen', daß der Mensch zu einer ablehnenden Haltung, zu Abscheu gezwungen wird."[14] Darauf müsse er „in eine unbewußte Aktivität einbezogen werden, die das freigesetzte Potential der Architektur auslöst"[15], um schließlich „zu einer neuen Form des Verständnisses und einer bewußten Teilhabe an der Architektur [zu] gelangen."[16] Ein Ziel von Architecture Principe war es, durch Zwang zur körperlichen Anstrengung den durch Komfort und Konsum „entwurzelten Menschen" aufzurütteln, so der Titel – „l'homme déraciné" – eines ebenfalls in der dritten Nummer von *Architecture Principe* erschienenen Texts Parents, in dem der Architekt denjenigen, „die vom menschlichen Maßstab der Architektur schwafeln"[17], nichts weniger als „den Krieg"[18] erklärt. Genauso sei gegen diejenigen vorzugehen, „die sowohl die Ziele als auch die Dimensionen der Architektur dem Menschen unterwerfen und im Begriff des ‚Komforts' ihren höchsten Ausdruck, ihr höchstes Ziel erkennen."[19] Um diese Position zu problematisieren, soll ihr im Folgenden ein Ausschnitt aus Parents Frühwerk gegenübergestellt werden, das der Architekt zusammen mit seinem damaligen Arbeitspartner, Ionel Schein, in der ersten Hälfte der 1950er Jahre realisierte.

Kurz und einfach: die Wege der Maison G.

Parent und Virilio arbeiteten in einer Zeit zusammen, in der in den französischen Ballungsräumen der Wohnungsbau in Form der sogenannten *grands ensembles* in vollem Gange war. Die Großwohnsiedlung in Sarcelles nördlich von Paris etwa erstreckte sich im Jahr 1968 auf mehr als 170 Hektar, auf denen 51.674 Menschen lebten, in monotonen Türmen und Riegeln, in denen die Wohnungen nach vermeintlich funktionalen Grundrissen organisiert wurden: Die Küchen maßen in der Regel weniger als zwei Quadratmeter und öffneten sich zu einem Zimmer, in dem Wohn- und Essbereich vereint waren. In einer Ecke dieses Raums befand sich üblicherweise der Schlafbereich, der nur mithilfe einer faltbaren Wand abgetrennt war.[20] Der Bau an der *cité* in Sarcelles begann im Jahr 1955. Obwohl sich die seit Jahrzehnten anhaltende Wohnungskrise in

14 Claude Parent: Der Potentialismus. In: Ebd., S. XII.

15 Ebd.

16 Ebd.

17 Claude Parent: Der entwurzelte Mensch. In: Ebd., S. VIII–IX, hier S. IX.

18 Ebd.

19 Ebd.

20 Siehe Brian W. Newsome: *French Urban Planning. 1940–1968. The Construction and Deconstruction of an Authoritarian System*. New York: Lang 2009, S. 109.

Frankreich durch die Zerstörungen des Zweiten Weltkriegs noch einmal verschärft hatte, trieb man in den ersten Nachkriegsjahren zunächst die Modernisierung der Industrie sowie die Umsetzung einer ganzheitlichen rationalen Stadtplanung voran, wie sie von Mitgliedern der Société française des urbanistes bereits seit über drei Jahrzehnten diskutiert worden war.[21] So sei der Zeitraum vom Herbst 1947 bis zum Sommer 1954 laut der Städtebauhistorikerin Danièle Voldman derjenige gewesen,

> in dem die schlimmsten Wunden geschlossen wurden und in dem deren langsame Vernarbung es Frankreich erlaubt [habe], in seine wahre Phase der Urbanisierung einzutreten, die im Anschluss an den Ersten Weltkrieg eingeleitet worden [sei].[22]

In diese ‚Heilungsphase' fiel Parents Zusammenarbeit mit Ionel Schein, der 1927 in Bukarest geboren wurde und 1948 nach Frankreich emigriert war.[23] Die beiden Architekturstudenten lernten sich 1949 an der École des Beaux-Arts in Paris kennen, an der einflussreiche Architekten wie etwa Charles Lemaresquier, in dessen *atelier* Parent zunächst ging,[24] auch nach dem Zweiten Weltkrieg noch auf den Akademismus der Belle Époque setzten, der sich durch eine eklektische Verwendung historischer Stile auszeichnete.[25] Von dieser Lehre regelrecht abgestoßen, überredeten Parent und Schein Georges-Henri Pingusson dazu, ihr *patron* zu werden. Pingusson war Mitglied des Patronatskomitees der Zeitschrift *L'Architecture d'Aujourd'hui*, bei der es sich damals um *die* Plattform für die frustrierten Architekturstudenten an der École des Beaux-Arts handelte, die sich an der Architektur der Moderne orientierten. Die Zeitschrift wurde 1930 von dem mittlerweile vor allem künstlerisch tätigen Ingenieur André Bloc gegründet, mit dem Parent und Schein 1951 persönlich in Kontakt traten. Darüber hinaus absolvierten sie 1953 ein Praktikum im Architekturbüro Le Corbusiers, wo sie an Plänen für die Unité d'habitation in Rezé

21 Siehe Danièle Voldman: *La reconstruction des villes françaises de 1940 à 1954. Histoire d'une politique*. Paris: L'Harmattan 1997, S. 119–152, 220–229, 250–251.

22 „Durant le temps des grands chantiers (automne 1947–été 1954) s'est accompli l'essentiel du retour à la normale. Ce fut le moment où les plaies les plus vives ont fini d'être pansées et où leur lente cicatrisation a permis à la France d'entrer dans sa véritable phase d'urbanisation amorcée à la suite de la Première Guerre." (Voldman: *La reconstruction des villes françaises de 1940 à 1954*, S. 12.)

23 Siehe Stéphanie Peyrissac: Ionel Schein. In: Marie-Ange Brayer (Hrsg.): *Architectures expérimentales 1950–2012. Collection du Frac Centre*. Orléans: HYX 2013, S. 544–546, hier S. 544.

24 Siehe Michel Ragon: *Claude Parent. Monographie critique d'un architecte*. Paris: Dunod 1982, S. 31.

25 Vgl. Donald Drew Egbert: *The Beaux-Arts Tradition in French Architecture*. Princeton: Princeton UP 1980, S. 81–82.

Abb. 1: Claude Parent / Ionel Schein / Gilles-Louis Bureau: Maison G., Ville d'Avray, 1952–1953. In: *La Maison Française* 69 (1953), S. 3.

mitarbeiteten.[26] Im selben Jahr stellten sie auch ihr erstes eigenes Bauwerk fertig: das nach seinem Auftraggeber, dem Zahnarzt Ismar Gosselin, benannte Einfamilienhaus Maison G.

Die Maison G. nimmt einen wichtigen Platz in Raphaëlle Saint-Pierres Buch *Villas 50 en France* von 2005 ein, in dem Parent prinzipiell als eine Art Stichwortgeber fungiert (neben zahlreichen Zitaten ist er mit einem Vorwort präsent). In der Einleitung zu ihrer Studie schreibt Saint-Pierre, dass „der Partikularismus der modernen französischen Villa" in einem Land, das zwischen „architektonischem Konservativismus und massiver Industrialisierung der grands ensembles" gespalten sei, wie „einer der seltenen Räume der schöpferischen Freiheit" erscheine.[27] Zwar blieb das französische Wohnhaus auch

26 Siehe Silvia Berselli: Claude Parent et Ionel Schein. Une collaboration symbiotique en équilibre instable. In: Migayrou / Rambert (Hrsg.): *Claude Parent*, S. 56–61.

27 „[...] dans un pays divisé entre conservatisme architectural et industrialisation massive des

in den 1950er Jahren in seiner Mehrheit dem Regionalismus verhaftet,[28] dennoch wurden einige Exemplare realisiert, in denen man die klassische Moderne mittels US-amerikanischer, japanischer, skandinavischer und südamerikanischer Vorbilder zu einer spezifisch französischen Nachkriegsmoderne weiterentwickelte. Maßgeblich für die Verbreitung dieser ausländischen Tendenzen waren Architekturzeitschriften, insbesondere *L'Architecture d'Aujourd'hui*, welche die Maison G. in ihrer Ausgabe 49 (Oktober 1953) vorstellte, oder aber Dekorationszeitschriften wie etwa *La Maison Française*, die 1952 den nationalen Architekturwettbewerb ausschrieb, auf den der Bau von Parents und Scheins erstem Bauwerk zurückgeht. In ihrem Wettbewerbstext erbat *La Maison Française* Entwürfe für

> zwei in ihrer Konzeption wirklich zeitgemäße, das heißt die optimalen Qualitäten des Komforts und der Ästhetik vereinende sowie mit funktionalen Einrichtungs- und Arbeitsgegenständen ausgestatte Häuser.[29]

Weil sie als Architekturstudenten nicht alleine ein Projekt einreichen durften, erarbeiten Parent und Schein zusammen mit dem *architecte D.P.L.G.*[30] Gilles-Louis Bureau einen Entwurf für den ‚type B', ein Haus für eine fünfköpfige Familie, der in dieser Kategorie als Siegerprojekt aus dem Wettbewerb hervorging und schließlich in der südwestlich von Paris gelegenen Kleinstadt Ville d'Avray realisiert wurde.[31]

grands ensembles, le particularisme de la villa moderne français apparaît comme l'un des rares espaces de liberté créatrice." (Raphaëlle Saint-Pierre: *Villas 50 en France*. Paris: NORMA 2005, S. 11.)

28 Siehe Jean-Louis Cohen: *L'architecture du XXe siècle en France. Modernité et continuité*. Paris: Hazan 2014, S. 166–167.

29 „Permettre aux organisateurs de présenter deux maisons réellement contemporaines dans leur conception, c'est-à-dire réunissant les qualités optimales de confort et d'esthétique, et dotées d'un aménagement et d'un équipement fonctionnels." (*La Maison Française* 69 (1953), S. 3.)

30 Als *architecte D.P.L.G.* (*diplômé par le gouvernement*) konnte man sich in die Architektenkammer (*Ordre des architectes*) eintragen lassen, die den Gebrauch des Titels des Architekten schützt. Parent und Schein erwarben nie das Architekturdiplom, weshalb sie während ihrer Zusammenarbeit auch nicht im Ordre des architectes eingetragen waren. In Artikeln über ihre Arbeiten werden sie deshalb nicht Architekten genannt, siehe z. B. die Überschrift in *La Maison Française*: „Maison type B. MM. G.-L. Bureau, architecte ; C. Parent et Y. Schein." (*La Maison Française* 69 (1953), S. 3). Sie wurden schließlich aufgrund ihrer jahrelangen praktischen Erfahrungen in die Architektenkammer aufgenommen. Laut Parent geschah diese Aufnahme in seinem Fall im Jahr 1966, siehe Claude Parent: *Architecte*. Paris: Robert Laffront 1975, S. 61.

31 Siehe Audrey Jeanroy: Maison G. In: Migayrou / Rambert (Hrsg.): *Claude Parent*, S. 62.

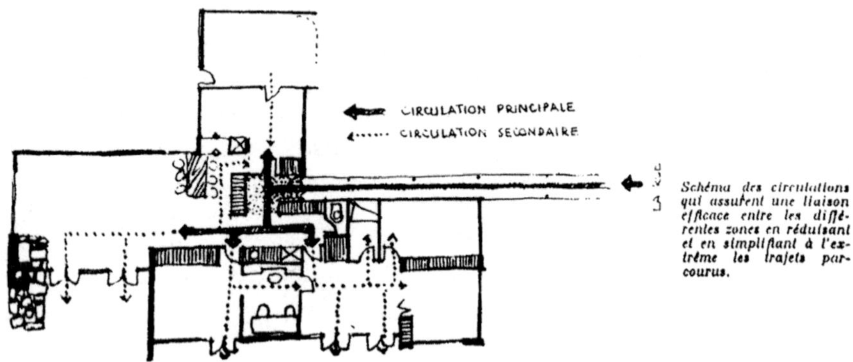

Abb. 2: Maison G., Bewegungsschema in *La Maison Française*, 1953.
In: *La Maison Française* 69 (1953), S. 5.

Die „optimalen Qualitäten des Komforts und der Ästhetik" zeichnen zum Beispiel die von Pierre Guariche entworfenen Möbel aus, die im Wohnzimmer der Maison G. aufgestellt wurden.[32] Besonders hebt *La Maison Française* die klare Gliederung des Grundrisses des Gebäudes hervor, die sich auch am Außenbau niederschlage:

> Die plastische Form der Masse bringt die verschiedenen internen Funktionen des Hauses klar zum Ausdruck: links der Bereich der Kinder, im Zentrum und rechts derjenige der Erwachsenen sowie das Gemeinschaftsleben, im Vordergrund der Wirtschaftsbereich.[33]

In einer den Artikel illustrierenden grafischen Darstellung der grundlegenden Wege des Hauses, die für eine Deckung der soeben zitierten Nennung der generellen Bereiche um 180 Grad gedreht werden muss, kennzeichnet eine dicke Linie die primäre Route durch das Bauwerk – vom Laubengang in den Eingangsbereich und von dort entweder in die Küche oder den Flur, von dem wiederum das Wohnzimmer und die privaten Bereiche erreicht werden können –, während eine gestrichelte Linie die wesentlichen Wege in den unterschiedlichen Zimmern darstellt. Prinzipiell laufen die Bewegungen durch das Haus ohne viele Windungen ab; laut der Bildlegende erlaubten sie „eine effiziente Verbindung zwischen den verschiedenen Bereichen, indem die zurückgelegten

32 Siehe ebd.; *La Maison Française* 69 (1953), S. 11.

33 „La plastique de masse exprime clairement les différentes fonctions internes de la maison : à gauche, la zone enfants ; au centre et à droite, la zone adultes et vie en commun ; au premier plan, la zone d'activité ménagère." (Ebd., S. 5.)

Wege bis zum Extrem reduziert und vereinfacht"[34] worden seien. In der Küche wurden die Tür zur Garage und der Zugang zum Raum vom Eingangsbereich des Hauses aus in einer Flucht angelegt, entlang der man die zweckmäßige Aufstellung der unterschiedlichen Gerätschaften vornahm:

> Konservierung (Kühlschrank), Präparierung (Arbeitsfläche), Kochen (Herd), Abwaschen (Spüle) wurden auf der einen Seite der Passage angeordnet. Auf der anderen Seite wurden die Ablageelemente sowie die Waschmaschine aufgestellt.[35]

Alles in allem lässt sich also sagen, dass die Maison G. „funktionales Wohnen für reibungsloses Leben" bot.

Unter diesem Titel – „Functional Housing for Frictionless Living" – veröffentlichte die amerikanische Urbanistin Catherine Bauer in ihrem einflussreichen Buch *Modern Housing* von 1934 einige Bewegungsdiagramme des Architekten Alexander Klein,[36] der sich neben seinen praktischen Tätigkeiten im Wohnungsbau in Berlin ab den frühen 1920er Jahren „methodisch mit der ästhetischen, funktionalen und wirtschaftlichen Verbesserung von Kleinwohnungsgrundrissen"[37] beschäftigte. Im Jahr 1927 veröffentlichte er in *Wasmuths Monatsheften für Baukunst und Städtebau* den „Versuch eines graphischen Verfahrens zur Bewertung von Kleinwohnungsgrundrissen", mit dem „die wichtigsten (primären) Eigenschaften jedes Grundrisses" – „1. *Anordnung der Verkehrswege und Verlauf der Ganglinien*", „2. *Konzentration der Bewegungsflächen*", „3. *Geometrische Ähnlichkeit und Zusammenhang der Grundrißelemente*"[38] – einer objektiven Bewertung unterzogen werden könnten. Zur Verdeutlichung seines Systems stellt Klein in seinem Text Plänen von J. J. P. Ouds Reihenhäusern für die Weißenhofsiedlung in Stuttgart eigene Zeichnungen gegenüber, in denen die gleiche Fläche vermeintlich effektiver genutzt wird als in Ouds Bauten.

34 „Schéma des circulations qui assurent une liaison efficace entre les différentes zones en réduisant et en simplifiant à l'extrême les trajets parcourus." (Ebd.)

35 „Une circulation étant prévue entre la porte du garage et celle de l'entrée, les centres : conservation (réfrigérateur), préparation (surface de travail), cuisson (cuisinière), lavage (bloc-évier) ont été groupés d'un seul côté de ce passage. De l'autre côté sont disposés des éléments de rangement et la machine à laver." (Ebd., S. 12.)

36 Vgl. Paul Emmons: Intimate Circulations. Representing Flow in House and City. In: *AA Files* 51 (2005), S. 48–57, hier S. 50–52.

37 Jennifer Meyer: Klein, Alexander. In: *Allgemeines Künstlerlexikon (AKL). Die Bildenden Künstler aller Zeiten und Völker*, begr. v. Günter Meißner, hrsg. v. Andreas Beyer / Bénédicte Savoy / Wolf Tegethoff. Berlin: de Gruyter 2013, S. 409–410, hier S. 409.

38 Alexander Klein: Versuch eines graphischen Verfahrens zur Bewertung von Kleinwohnungsgrundrissen. In: *Wasmuths Monatshefte für Baukunst und Städtebau* 11,7 (1927), S. 296–298, hier S. 296. (Herv. i. Orig.)

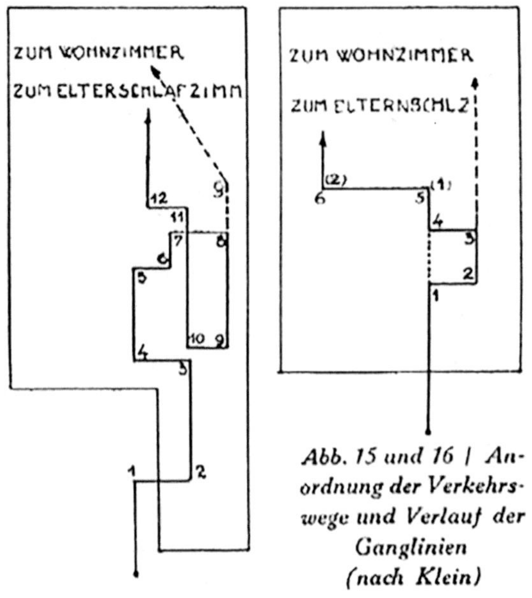

Die Ganglinien links zeigen (bei Oud) vom Hof ins Wohnzimmer 9, vom Hof ins Schlafzimmer 12 Windungen. Der Hofeingang ist gewählt, weil er laut Lageplan (Abb. 30) zugleich Straßeneingang ist; der zweite Eingang ist nur durch den Garten erreichbar.

Die Ganglinien rechts (bei Klein) haben nur 2 und 6 Windungen; da die Wendelung der Treppe (Abb. 12) fortfallen kann, ist weitere Vereinfachung (schwach gestrichelt) möglich.

Vgl. Text Seite 296 und 298

Abb. 3: Anordnung der Verkehrswege und Verlauf der Ganglinien (nach Klein), 1927. In: *Wasmuths Monatshefte für Baukunst und Städtebau* 11,7 (1927), S. 297.

Im Kontext der oben besprochenen Bewegungen in der Maison G. soll im Folgenden der erste Punkt betrachtet werden: „*Anordnung der Verkehrswege und Verlauf der Ganglinien*", die laut Klein „die Bewirtschaftungsmöglichkeit und die Einfachheit der Wohnungsnutzung in Bezug auf rein physikalischen Kraftaufwand"[39] kennzeichneten. Während ein Bewegungsdiagramm für Ouds Bauwerk zahlreiche Richtungswechsel zeigt, welche die Bewohner in der alltäglichen Erschließung ihrer Wohnung vornehmen müssen, wurden diese in Kleins Beispielwohnung auf ein Minimum reduziert. Laut Klein deute „eine große Zahl von Windungen bei kurzen Verkehrswegen einen überflüssigen physischen Kräfteverbrauch an[,] der von dem wiederholten Verlangsamen und Beschleunigen des Schrittes sowie des beständigen Wenden des Körpers bedingt"[40] werde.

Sind Ouds Stuttgarter Reihenhäuser somit nun ‚potentielle' Gebäude, die in einer körperlichen Anstrengung erschlossen werden müssen? Dies ist sicherlich

39 Klein: Bewertung von Kleinwohnungsgrundrissen, S. 296.

40 Ebd., S. 298.

nicht der Fall, dennoch ist es aufschlussreich, hier an Parents und Virilios Konzept aus den 1960er Jahren zu denken, scheinen die kurzen und einfachen Wege der Maison G. doch konträr zu den oben genannten Richtlinien des *Potentialismus* zu stehen. Kleins Diagramme waren vielen Architekten im Umkreis von *L'Architecture d'Aujourd'hui* sicherlich bekannt: In der im August 1951 veröffentlichten Nummer 36 der Zeitschrift erschien der Text „De la modulation à l'industrialisation" von Otto Rode, in dem die funktionale Einrichtung von Kleinwohnungen verhandelt wird. – „Das ist das Problem der Recherche um Komfort."[41] Weiter erklärt Rode, dass jede Wohnstätte „dem menschlichen Maßstab" zu entsprechen habe, wobei es sich bei dieser Forderung um „die Grundlage"[42] von Kleins grafischen Verfahren handele, von dem Rode einige Abbildungen in seinen Text integriert. Wie bereits erwähnt, kann davon ausgegangen werden, dass Parent und Schein *L'Architecture d'Aujourd'hui* in dieser Zeit regelmäßig lasen. Tatsächlich datiert Silvia Berselli das erste persönliche Treffen der beiden Studenten mit André Bloc zwischen den 7. Juni und dem 17. Oktober 1951,[43] also mitten in die Zeit, in der die Ausgabe 36 von Blocs Zeitschrift zusammengestellt wurde. Die Maison G. entwarfen die beiden Studenten dann wie bereits geschildert im darauffolgenden Jahr.[44] In dieser Zeit war die Studie ökonomischer Grundrisse für französische Architekten prinzipiell eine zentrale Aufgabe, um an Aufträge zu gelangen. So veröffentlichte das Ministerium für Wiederaufbau und Städtebau im Rahmen des nach seinem damaligen Minister Pierre Courant benannten Plan Courant im Juni 1953 erste sogenannte *Logeco*-Modelle (*logements économiques et familiaux*), für deren Realisierung private Bauherren Subventionen erhalten konnten. Mehrere frühe *Logeco*-Modelle basierten auf Grundrissen, die das Ministerium bereits in den späten

41 „C'est tout le problème de la recherche du confort." (Otto Rode: De la modulation à l'industrialisation. In: *L'Architecture d'Aujourd'hui* 36 (1951), S. 4–5, hier S. 4.)

42 „Toute habitation doit être à l'échelle de l'homme. L'idée n'est pas neuve mais elle doit être constamment rappelée. Elle est à la base des études de A. Klein portant sur des analyses graphiques de plans destinés à préciser les circuits déterminés par la disposition interne des éléments du plan, puis les ‹ surfaces de circulation ›, surfaces demeurées libres une fois l'ameublement mis en place." (Ebd.)

43 Siehe Berselli: Claude Parent et Ionel Schein, S. 57.

44 Prinzipiell geht es hier jedoch nicht darum, Kleins grafisches Verfahren auf den Grundriss der Maison G. anzuwenden. Vielmehr soll die gemeinsame Idee einer rationellen Bewegung aufgezeigt werden. Nichtsdestoweniger sei noch darauf hingewiesen, dass Klein nicht nur Wohnungen mithilfe von Bewegungsdiagrammen analysierte. Er setzte dieses Verfahren auch in einer Studie über den „Südtyp" des Einfamilienhauses ein, siehe Alexander Klein: *Das Einfamilienhaus. Südtyp. Studien und Entwürfe mit grundsätzlichen Betrachtungen*. Stuttgart: Hoffmann 1934.

1940er / frühen 1950er Jahren eingesetzt hatte. Diese waren gekennzeichnet durch die Zusammenstellung einer kleinen Küche mit einem großen, Wohn-, Ess- und Schlafbereich zusammenfassenden Raum, die sich so auch in den oben genannten Wohnungen des *grand ensemble* in Sarcelles finden lässt.[45]

Vom Ideal der offenen Räume zur Utopie der kontinuierlichen Schrägen

Die Entscheidung, ob Wohn- und Essbereich ineinander übergehen oder räumlich strikt voneinander getrennt werden, war im Frankreich der 1950er Jahre eine ‚Glaubensfrage', mit der sich die von der klassischen Moderne inspirierten Architekten von ihren konservativen Kollegen abzugrenzen versuchten.[46] In der Maison G. ist die Küche mit einer Durchreiche ausgestattet und der Essbereich ist nur mittels eines Regals vom Wohnzimmer getrennt. In seinem Vorwort zu Saint-Pierres *Villas 50 en France* schreibt Parent, dass Schein und er die „helle Küche mit Durchreiche" und den „Ess- und Wohnzimmer miteinander verbindenden *living-room*" als „Waffen" eingesetzt hätten, um sowohl gegen „den Akademismus" als auch gegen „das Ziegeldach oder die Korridore, den Werkstein sowie den Pastiche etc."[47] vorzugehen. Konkret nennt Parent den an Le Corbusiers Bauten der Zwischenkriegszeit orientierten Entwurf der *Maison de la hardiesse*: des mit Pilotis, umfangreicher Verglasung sowie Flachdach ausgestatten *Hauses der Kühnheit*, das er 1953 zusammen mit Schein für die Zeitschrift *Elle* als Musterhaus entwickelte.[48] An diesem Entwurf konnten sich die Leser der Zeitschrift für den Bau ihres eigenen Hauses orientieren, was zum Beispiel für die Realisierung der 1954 bei Paris errichteten Maison Le Jeannic geschah, die dank der Förderung durch den Plan Courant gebaut werden konnte.[49] Bei dem Programm von *Elle* handelte es sich also gewissermaßen um den ästhetischen Zusatz zum Plan Courant. Dieser schränkte die architektonische Vielfalt

45 Siehe Newsome: *French Urban Planning*, S. 100–101, 109.

46 Vgl. Saint-Pierre: *Villas 50 en France*, S. 72.

47 „Je signais avec Schein une Maison de la hardiesse, je conspuais l'académisme aussi bien que la toiture de tuile ou les couloirs, la pierre de taille ainsi que le pastiche, etc., car nos armes étaient le vocabulaire et la matière : béton brut, toit-terrasse, grands vitrages, fenêtres en acier ou en aluminium, clôtures basses, gazon sur les toits, cuisines claires avec passe-plat, *living-room* alliant repas et séjour, lit spartiate réduit à son minimum, et n'oublions pas tout le matériel de l'électroménager qui a fait dire que la modernité entrait dans la maison par la porte de la cuisine." (Claude Parent: Préface. In: Saint-Pierre: *Villas 50 en France*, S. 8–9, hier S. 9.)

48 Siehe Berselli: Claude Parent et Ionel Schein, S. 58.

49 Siehe Audrey Jeanroy: Maison Le Jeannic. In: Migayrou / Rambert (Hrsg.): *Claude Parent*, S. 66.

mit den Jahren massiv ein,[50] rückblickend betrachtete Parent die 1950er Jahre jedoch als eine günstige Epoche für den Bau architektonischer Neuheiten:

> Um diesen Enthusiasmus, diesen Glauben an die Zukunft, diese Unschuld und vor allem diese uns zu kühnen Handlungen verleitende Arroganz zu verstehen, muss man wissen, dass sich die pedantischen Kontrollen dieser Herren Beamten auf technische Details konzentrierten [...] aber nur sehr selten den architektonischen Ausdruck betrafen. [...] [In den 50er Jahren] wurde mir niemals eine Baugenehmigung ausgeschlagen, wohingegen ich sie in den 60er und 70er Jahren, in einer Epoche, in der bezüglich des architektonischen Ausdrucks dauerhaft eine repressive Reglementierung in Kraft gesetzt wurde, sammelte.[51]

Tatsächlich markierte Parents Entscheidung für die Schräge in den 1960er Jahren den Beginn einer langen Durststrecke, in welcher der Architekt nur wenige Aufträge erhielt. Nachdem seine Zusammenarbeit mit Schein in der Mitte der 1950er Jahre in einem Bruch geendet hatte,[52] trieb Parent die Öffnung der Räume immer weiter,[53] bis er schließlich Yves Klein bei der Entwicklung einer *Luft-Architektur* der immateriellen Grenzen unterstützte.[54] Zusammen mit Paul Virilio, der sich seit den späten 1940er Jahren neben seiner beruflichen Tätigkeit als Glasmaler mit der Phänomenologie Maurice Merleau-Pontys beschäftigte,[55] die sich unter anderem mit der Wahrnehmung des Menschen im Zusammenhang mit dessen Bewegungsvermögen auseinandersetzt, entwarf Parent dann die körperlich zu erschließenden kontinuierlichen Geflechte aus geneigten und horizontalen Böden, die schließlich so schwer zu vermitteln waren, dass sie ebenso wie Yves Kleins Architekturprojekte Entwürfe blieben oder in reduzierter Ausführung vorzugsweise in Form künstlerischer Aktionen realisiert wurden.

50 Siehe Newsome: *French Urban Planning*, S. 100–103.

51 „Pour comprendre cet enthousiasme, cette foi en l'avenir, cette innocence et surtout cette arrogance qui nous donnait tous les culots, il faut savoir que les contrôles tatillons de ces messieurs les fonctionnaires s'exerçaient sur des détails techniques [...], mais très rarement sur l'expression architecturale. [...] Je n'ai jamais eu de refus de permis de construire alors que je les ai collectionnés dans les années 60 et 70, époque où une réglementation répressive visant l'expression architecturale fut solidement installé." (Parent: Préface, S. 9.)

52 Für einen Rückblick von Parent beziehungsweise von Schein auf diesen Bruch siehe Parent: *Architecte*, S. 22; Ionel Schein: Nous étions des clandestins. In: Ragon: *Claude Parent*, S. 190–192, hier S. 192.

53 Im ersten Haus, das Parent ohne Schein realisierte – die 1957 in Champigny-sur-Marne fertiggestellte Maison Perdrizet –, befinden sich Ess- und Wohnbereich in einem einzigen großen Raum, zu dem hin auch die Küche großzügig geöffnet wurde, siehe Audrey Jeanroy: Maison Perdrizet. In: Migayrou / Rambert (Hrsg.): *Claude Parent*, S. 68.

54 Siehe Peter Noever / François Perrin (Hrsg.): *Air Architecture. Yves Klein*. Ausstellungskatalog MAK Center for Art and Architecture. Ostfildern-Ruit: Hatje Cantz 2004.

55 Siehe Enrique Limon / Paul Virilio: Paul Virilio and the Oblique. In: John Armitage (Hrsg.): *Virilio Live: Selected Interviews*. London / Thousand Oaks / New Delhi: Sage 2001, S. 51–57, hier S. 52.

2.
Fokus Architekten

Rainer Gerhard Rümmler und Peter Friedrich Schneider sind heute kaum mehr namentlich bekannt. Dabei haben sie, Rümmler als Angestellter der Verwaltung, Schneider als freischaffender Architekt, die Bilder West-Berlins und Kölns in den Nachkriegsjahrzehnten entscheidend geprägt und mit ihren Bauten exemplarisch die jeweiligen Leitbilder in Städtebau und Architektur geformt. Architektenbiografien und Stadtgeschichte beeinflussen sich wechselseitig, sodass ein werkbiografischer Ansatz weitere Bausteine zur Architekturgeschichte der zweiten Hälfte des 20. Jahrhunderts hinzufügen und zugleich zu einer facettenreichen Aufarbeitung von Stadtgeschichte beitragen kann.

Mit West-Berlin sind Namen und Bauten bekannter Architekten verbunden. Internationale Bauausstellungen und städtebauliche Modellvorhaben unterstützten die ‚staatenlose', ummauerte Stadt darin, ihren internationalen Verbündeten zu demonstrieren, dass sie gegenüber Ost-Berlin als ein Ort der Freiheit erscheint. Für die Bürger*innen der Stadt nicht minder wirksam, aber viel weniger personell bekannt ist die städtische Abteilung für Entwurf und baukünstlerische Gestaltung. Diese war insbesondere für Infrastrukturbauten zuständig, für Alltagsbauten also, die das Gesicht der Stadt in erster Linie gegenüber den Bürger*innen prägten und mit denen die Stadtverwaltung direkt zu ihrer Bevölkerung sprach. Hier war es der Architekt und Oberbaurat Rainer Gerhard Rümmler (1929–2004), der als Infrastrukturbaumeister West-Berlins knapp 100 realisierte Hochbauten entwarf und mit seinen 56 U-Bahnhöfen den West-Berliner Untergrund unvergleichlich individuell gestaltete. Ihm und

seinem Werk widmet sich Verena Pfeiffer-Kloss in ihrem Beitrag. Die U-Bahn verkörperte die zumindest verkehrspolitische Eigenständigkeit West-Berlins gegenüber der östlichen Stadthälfte und ihre Architektur musste diesem Anspruch Ausdruck verleihen. Mit zunehmender Autonomie stellte sich Rümmler dieser Herausforderung; er beschloss, jeden U-Bahnhof eigens als einen unverwechselbaren Ort zu gestalten und damit einen Teil der Identität West-Berlins herauszuarbeiten. Ein Entwurfsmotto, das zu einem fundamentalen Wandel in der Architektur seiner U-Bahnhöfe führte und beispielhaft die Entwicklung von der Nachkriegs- zur Postmoderne ablesbar macht.
Peter Friedrich Schneider (1901–1981) gehört zu den nahezu vergessenen Architekten des Wiederaufbaus nach dem Zweiten Weltkrieg. Dennoch lancierte er vom Kölner Industriebau des ‚Dritten Reiches' ausgehend eine beachtliche Karriere, in deren Verlauf es ihm in den 1950er und 1960er Jahren gelang, das architektonische Erscheinungsbild vor allem an Rhein und Ruhr entscheidend mitzugestalten. Ute Reuschenberg spürt Schneiders Schaffen in Köln in ihrem Beitrag nach.
Schneiders Architekturverständnis prägten der Essener Architekt Edmund Körner (1874–1940), in dessen Büro er Mitte der 1920er Jahre eintrat, und Peter Behrens (1868–1940): 1925 studierte Schneider ein Jahr an dessen Meisterschule an der Wiener Akademie der bildenden Künste, 1926 beteiligte er sich an der Wanderausstellung der Meisterschule in Essen.
Schneiders 1948–1952 realisiertes, 1953–1954 bereits erweitertes Funkhaus des NWDR in Köln steht mit seinem latenten Klassizismus eindeutig in der Tradition Behrens'schen Schaffens: Rhythmische Gliederungen, harmonische Proportionen und die Einbindung der angewandten Künste sollten dem programmatischen Kulturbau die nötige Würde verleihen – und ihn gleichzeitig zu einem Gegenentwurf zu einer Moderne rationalistischer Prägung machen.

Rainer Gerhard Rümmler

Idee und Deutung des „unverwechselbaren Ortes U-Bahnhof“

Verena Pfeiffer-Kloss

Die Rohbauten der West-Berliner U-Bahnhöfe sind durch die „Richtlinien für den U-Bahnbau“[1] normiert, rechtwinklig, rau verschalt, von kühler Temperatur, ungleichmäßig beleuchtet und erzeugen ein hartes Echo. Die Abwesenheit von Umgebung, weiteren Bauten, Einrichtungen, Menschen und insbesondere von Tageslicht erschwert eine Orientierung. Die Räume sind unüberschaubar, die Proportionen maßstabslos. Im Rohbau wird der U-Bahnhof als künstliches, unterirdisches, im Grunde lebensfeindliches Bauwerk deutlich. Die Herausforderung, die der Ingenieur damit an den Architekten stellt, ist groß: Innerhalb dieses Rohbaus soll ein Raum entstehen, der Wände, Stützen, Decke und Boden klar definiert, das Fehlen von Himmel, Erde und Licht vergessen macht und ein angenehmes Klima, eine einladende Atmosphäre erzeugt. Der Architekt und Oberbaurat Rainer Gerhard Rümmler, geboren am 2. Juli 1929 in Leipzig und gestorben am 16. Mai 2004 in Berlin, nahm sich für seine Entwürfe von 56 U-Bahnhöfen in West-Berlin noch mehr vor: Nicht bloß ein Bauwerk wollte er auskleiden, sondern aus jedem U-Bahnhof einen Ort machen.

1 Die Richtlinien für den U-Bahnbau liegen der Verfasserin als Originaldokumente aus der Senatsbauverwaltung in der Fassung und Ordnung durch den Ingenieur Rudolf Eisenbach vor, der von 1963 bis 1996 (1975 bis 1996 als Referatsleiter) für den Rohbauentwurf zuständig war und die Richtlinien in dieser Zeit mitentwickelt hat.

Rainer Gerhard Rümmler und die U-Bahn in West-Berlin

Als Leiter der Unterabteilung Entwurf beim Senator für Bauen und Wohnen in West-Berlin wurde Rümmler Anfang der 1960er Jahre unter anderem die Aufgabe zuteil, die Architektur für mehr als 50 neu zu errichtende U-Bahnstationen auf verschiedenen neu zu bauenden unterirdischen Streckenverlängerungen des West-Berliner U-Bahnnetzes zu entwerfen. Eine Aufgabe, der er sich 30 Jahre lang, bis zu seiner Pensionierung 1994, mit hoher Motivation und wechselnder Zustimmung widmete. Als Grundsatz für sein Entwerfen entwickelte Rümmler ab 1971 sein Gestaltungscredo vom „unverwechselbaren Ort U-Bahnhof“[2] und war damit einer der frühen Protagonisten dieser Vorgehensweise, die spätestens seit den 1980er Jahren auch im U-Bahnbau anderer Städte angewandt wurde. Mit seinem Motto setzte Rümmler den Anspruch, für jeden U-Bahnhof individuelle architektonische Narrative zu entwickeln, die stets in höchstem Maße vom Zeitgeschmack beeinflusst sein und zugleich seine Handschrift tragen sollten. So schuf er mit seinen U-Bahnhöfen ein Gesamtensemble, das die Architektur der Infrastruktur in West-Berlin entscheidend prägte und auf exemplarische Weise die architektonische Entwicklung von der Nachkriegs- zur Postmoderne buchstäblich erfahren lässt.

Ziel dieses Artikels ist es, das vom Architekten gesetzte Kompositum „unverwechselbarer Ort“ als Anker und Antrieb dieses architektonischen Wandels aufzuzeigen und Rümmlers Architektur in den Wertewandel bezüglich der gebauten Umwelt einzuordnen. Rümmler entwickelte sein Motto ab 1971 in zwei Schritten. 1971 formulierte er lediglich das Ziel der Unverwechselbarkeit und meinte damit die formale Idee der sofortigen Erkennbarkeit jeder einzelnen Station. Kurz darauf wurde die Schaffung eines Ortes mittels der Abbildung lokaler Identität zum Ziel seines architektonischen Handelns. Die Veränderung des Gestaltungsziels wirkte sich fundamental und stilbildend auf seine Architektur aus. Ausgangspunkt von Rümmlers Gedanken, die den Wandel seiner Architektur bestimmten, waren seine frühen Entwürfe aus den 1960er Jahren, in denen er in Übernahme der laufenden Arbeiten seiner Vorgänger dem gestalterischen Paradigma der Nachkriegsjahrzehnte folgte, an dessen Überwindung ihm aber alsbald gelegen sein sollte.

Markierung des Raums

Die Stationen der 1960er Jahre – Alt-Mariendorf, Westphalweg, Ullsteinstraße, Auguste-Viktoria-Straße, Johannisthaler Chaussee, Wutzkyallee, Zwickauer

2 Erstmals in dieser Form von Rainer Gerhard Rümmler publiziert in ders.: Fünf neue U- Bahnhöfe in Berlin. In: *Bauwelt* 33 (1978), S. 1206.

Abb. 1: Tunnelwand im U-Bahnhof Yorckstraße (U7) mit weißem Band auf orangem Grund, Keramikriemchen (1964–1971), 2014.

Damm, Lipschitzallee, Mehringdamm, Yorckstraße, Möckernbrücke – gestaltete Rümmler klar gegliedert und rechtwinklig, verkleidete sie mit kleinteiligem Glasmosaik und Industriekeramik, wobei er mitunter durch starke Farbigkeit Akzente setzte. Seine damals publizierten Texte und Reden verdeutlichen, dass die individuelle Herausarbeitung einer Architektur für den jeweiligen U-Bahnhof zu dieser Zeit noch kein Schwerpunkt war. In seinem ersten veröffentlichten Artikel zur Gestaltung von U-Bahnhöfen stellte er 1969 die Markierung der jeweiligen U-Bahnlinie als vorrangiges Gestaltungsprinzip dar:

> Um bei der Vielzahl von U-Bahnlinien in einer Stadt Fahrgäste rechtzeitig aufmerksam zu machen, daß sie mit einer falschen Linie fahren, sollten Teilstrecken mit einheitlichem Material bzw. besonderen Erkennungsmarkierungen versehen werden. Auf einer neuen Teilstrecke z. B. sind die Wände sämtlicher Bahnhöfe mit keramischen Platten [...] bekleidet worden, während auf einer anderen Strecke jede Wand einen durchgehenden weißen Streifen [...] erhalten hat, auf dem der Bahnhofsname angebracht wurde.[3]

3 Rainer Gerhard Rümmler: Gedanken zur architektonischen Gestaltung von U-Bahnhöfen im Berliner Raum. In: *Die Bauverwaltung* 7 (1969), S. 360–365, hier S. 363.

Mit dem weißen Band an der Tunnelwand brachte Rümmler zum ersten Mal ein Gestaltungsmotiv ein. Das Band markierte die Zugehörigkeit des Bahnhofs zu einer bestimmten U-Bahnlinie – in diesem Fall zur U7 – und damit zu einer größeren Einheit, dem Raum der U-Bahn, der aus einer Vielzahl von Bahnhöfen und Tunnelstücken besteht und durchfahren werden soll. Entsprechend steht das Band für die Abbildung dieses funktionalen Transitraums, es symbolisiert Geschwindigkeit und zielgerichtetes Verhalten. Nicht der einzelne Bahnhof, sondern der Raum, dessen Teil er ist, steht hier im Vordergrund. Nicht die Anzeige des Haltepunkts, sondern der Imperativ des Vorwärtsstrebens wird mit der Linie verbunden. So wird die Linie auch hier synonym für das Durchschreiten des Raums einmal mehr als das klassische Zeichen der Moderne verwendet, wie es insbesondere Wolfgang Schivelbusch für den Eisenbahnraum und Tim Ingold in seiner Abhandlung über die Linie deutlich machen.[4] Es sei die fordistische Produktion, die ihre eigene Ästhetik hervorbringe, nämlich

> Räume, die einseitig durch Effizienz, Funktionalität, Geschwindigkeit definiert sind. [...] Transit-Räume, Räume der Geschwindigkeit, Ruhelosigkeit und Sterilität. [...] Räume, welche die Maximen des Immer-Schneller, Immer-Höher und Immer-Weiter zur Anschauung bringen.[5]

Mit diesen Worten reflektiert der Stadtsoziologe Dieter Hassenpflug das Verhältnis zwischen moderner und postmoderner Stadt mitunter auf einer raumtheoretischen Basis, setzt dabei die Kategorie des Raums mit den Maximen der Moderne gleich und macht diesen so zum Ebenbild dieser Geisteshaltung, ähnlich wie es die Linie bei Tim Ingold ist oder praktisch angewandt in der architektonischen Umsetzung bei Rümmler war.

Von der weißen Linie zur Unverwechselbarkeit

Rümmler kritisierte bald sein eigenes raumbezogenes, modernes Gestaltungsprinzip und formulierte 1971 ein neues gestalterisches Ziel:

> Als ich vor einigen Jahren mein jetziges Arbeitsgebiet übernahm, zu dem u. a. auch der Ausbau von U-Bahnhöfen gehört, unternahm ich den Versuch dieses allgemeine Bild [von U-Bahnhöfen, Anm. V. P.-K.] zu ändern. Ich stellte mir vor, dass bei jedem einzelnen

4 Vgl. Tim Ingold: *Lines. A Brief History*. London: Routledge 2007; Wolfgang Schivelbusch: *Geschichte der Eisenbahnreise. Zur Industrialisierung von Raum und Zeit im 19. Jahrhundert*. Frankfurt am Main: Fischer 2007.

5 Vgl. Dieter Hassenpflug: Die urbane Stadt. Von der Maschinenstadt zum postmodernen Citytainment. In: Institut für Auslandsbeziehungen (Hrsg.): *Die Stadt als kultureller Ort*. Stuttgart: ifa 1998, S. 12–23, hier S. 18.

Abb. 2: U-Bahnhof Fehrbelliner Platz (U7), Stationsnamen an der Tunnelwand (1967–1971), 2014.

> Bahnhof verschiedene Kriterien zusammentreffen, die es galt herauszuarbeiten, um dem jeweiligen Bahnhof sein typisches Gesicht zu geben.[6]

Dies ging für Rümmler mit einer Erneuerung der Architektur von U-Bahnhöfen einher, wobei „durch jeweils individuelle Form- und Farbgebung sowie Beleuchtung [...] jeder Bahnhof seine eigene unverwechselbare Note erhalten"[7] sollte. Jeder Bahnhof sollte für sich stehen, sich vom nächsten und vorherigen grundlegend unterscheiden, sodass der Fahrgast ohne aufzublicken seinen Zielbahnhof erkennen konnte. Prinzipien, die dies unterstützten, waren eine expressive Farbigkeit, intensive Farbkontraste sowie reduzierte, symbolhafte Motive. Diese machten die U-Bahnhöfe dieser Zeit – Bayerischer Platz, Eisenacher Straße, Berliner Straße, Fehrbelliner Platz, Walther-Schreiber-Platz, Rathaus Steglitz, Konstanzer Straße, Osloer Straße, Nauener Platz, Pankstraße, Adenauer Platz, Bismarckstraße, Richard-Wagner-Platz, Rudow – zu seltenen

6 Rainer Gerhard Rümmler: Manuskript eines Vortrags auf einer Konferenz „Ride 71" der Deutschen Bundesbahn zum Thema Eisenbahn – Design, Mai 1971. Landesarchiv Berlin, E Rep. 300-70 Nr. 23.

7 [Rainer Gerhard Rümmler]: Bahnhofsgestaltung gestern und heute am Beispiel der Linie 9. In: Der Senator für Bau- und Wohnungswesen, Berlin: *U9 Neuer Endpunkt im Norden*. April 1976, o. P.

Exemplaren der sogenannten Pop Art-Architektur. In Rümmlers Artikeln zu den U-Bahnhöfen Fehrbelliner Platz und Bayerischer Platz tauchte 1971 dann auch der Begriff der Unverwechselbarkeit auf. Der Zugangspavillon am Fehrbelliner Platz sollte ein „unverwechselbares Orientierungssymbol in der Stadtlandschaft“ sein.[8] Auch mit dem Pavillon am Bayerischen Platz wollte Rümmler ein „unverwechselbares Verkehrssymbol in der Stadtlandschaft“ setzen, was im Bahnhofsinneren durch „unverwechselbare Orientierungssymbole“ [9] fortgesetzt wurde.

Von der Unverwechselbarkeit zum Ort

In seiner Betonung der Unverwechselbarkeit im Sinne von Einzigartigkeit und Eigenart zeigte Rümmler, welch hohe Bedeutung er diesen Parametern beimaß, ohne dass er dabei bereits an den raumtheoretischen Begriff des Ortes dachte, den wesentlich später, 1988, Michel de Certeau unter anderem durch eben diese Merkmale definierte:

> Ein Ort ist die Ordnung […,] nach der Elemente in Koexistenzbeziehungen aufgeteilt werden. Damit wird die Möglichkeit ausgeschlossen, daß sich zwei Dinge an derselben Stelle befinden. Hier gilt das Gesetz des „Eigenen“: die einen Elemente werden neben den anderen gesehen, jedes befindet sich in einem „eigenen“ und abgetrennten Bereich, den es definiert. Ein Ort ist also eine momentane Konstellation von festen Punkten. Er enthält einen Hinweis auf eine mögliche Stabilität.[10]

Als Rümmler Mitte der 1970er Jahre[11] den Begriff des Ortes zu dem der Unverwechselbarkeit hinzunahm und 1978 zum ersten Mal als Motto des „unverwechselbaren Ortes“ [12] publizierte, ging er qualitativ über sein bislang formales Prinzip hinaus. Er ergänzte es um den Topos der bei de Certeau mitschwingenden Lokalität und leitete daher die Gestaltung der U-Bahnhöfe fortan aus der Geschichte und Architektur des Ortes über der Erdoberfläche ab. Er machte es zum Prinzip,

8 Rainer Gerhard Rümmler: U-Bahnhof Fehrbelliner Platz. In: *Bauwelt* 4 (1971), S. 139–141, hier S. 140.

9 Rainer Gerhard Rümmler: U-Bahnhof Bayerischer Platz. In: *Bauwelt* 4 (1971), S. 142–143, hier S. 142.

10 Michel de Certeau: *Die Kunst des Handelns*. Berlin: Merve 1988, S. 218.

11 Vgl. Ludwig Rase, Werner-von-Siemens-Institut: Brief an Rainer Gerhard Rümmler, 09.07.1976, Betreff: U-Bahnstation Siemensstadt. Landesarchiv Berlin, E Rep. 300-70-20, Texte und Korrespondenz mit dem Siemens-Archiv.

12 Rümmler: Fünf neue U-Bahnhöfe, S. 1206.

> aus dem oberirdischen Bereich oder aus dem Namen geistige Inhalte zu entwickeln, die eine Unverwechselbarkeit des Ortes ergeben. Diese Schaffung der unverwechselbaren Orte und das Hereinnehmen von abstrakten Begriffen in die architektonische Gestaltung aus den oberirdischen Bereichen ergibt z. B. bei dem Bahnhof Siemensdamm eine Wandgliederung aus der Welt der Technik.[13]

Hier wird Rümmlers konkretes Verständnis von Ort deutlich, das Form, Inhalt und Geschichte einer spezifischen Stelle im Raum meint. Mit seiner Sichtweise stand er Ende der 1970er Jahre nicht allein. Denn mit Ort, so 1982 der Architekturwissenschaftler Christian Norberg-Schulz, ist

> offensichtlich [...] mehr gemeint als die abstrakte Lokalisierung. Wir meinen eine Totalität, die aus konkreten Dingen mit materieller Substanz, Form, Oberfläche und Farbe gebildet wird. Zusammengenommen determinieren diese Dinge [...] das Wesen eines Ortes. Im Allgemeinen existiert ein Ort als ein derartiger Charakter oder eine „Atmosphäre". Ein Ort ist deshalb ein qualitatives „Gesamt"-Phänomen.[14]

Bald reicherte Rümmler sein Konzept des unverwechselbaren Ortes mit emotionalen Kriterien an, die sich in den U-Bahnhöfen der 1980er Jahre als historische ‚Verwurzelung' und Anspruch an ‚Heimatlichkeit' zeigten – de Certeaus ‚Stabilität'.

Interpretation und Abbild des Genius Loci

Damit befand er sich im Trend der Zeit, denn die theoretische Kritik am Funktionalismus der Moderne, die von Martin Heidegger (1951) oder Jürgen Bollnow (1963)[15] in Bezug auf das Phänomen des Wohnens formuliert worden waren, wurden in Planung und Architektur rezipiert und oftmals geteilt. Gleichwohl waren sie aber für die praktische Umsetzung wenig aneignungsfähig, sodass Christian Norberg-Schulz mit seinem 1982 auf Deutsch erschienenen Buch *Genius Loci. Landschaft, Lebensraum, Baukunst*[16] hier eine Lücke füllte.[17] Seine praxisnahe Theorie gilt als eine der zentralen Genius-Loci-Konzepte des 20. Jahrhunderts, da sie großen Einfluss auf die Architektur- und Stadtplanung

13 Rainer Gerhard Rümmler: *Gestaltung von U-Bahnhöfen. U-Bahnlinie 7 erreicht den Bezirk Spandau von Berlin*. Sonderdruck aus *Berliner Bauwirtschaft*, Sonderheft: Berliner Bauwochen 1980, S. 380–385, hier S. 381.

14 Christian Norberg-Schulz: *Genius Loci. Landschaft, Lebensraum, Baukunst*. Stuttgart: Klett-Cotta 1982, S. 6–7.

15 Vgl. Eduard Führ: ‚genius loci'. Phänomen oder Phantom? In: *Wolkenkuckucksheim* 3,2 (1998). http://www.cloud-cuckoo.net/openarchive/wolke/deu/Themen/982/Fuehr/fuehr_t.html (Zugriff am 06.10.2016).

16 Ebd.

17 Vgl. ebd.

der 1980er Jahre hatte.[18] Rümmlers Konzept vom U-Bahnhof als unverwechselbaren Ort und dessen Umsetzung zeigt auffällig viele Parallelen zum Konzept des Genius Loci von Christian Norberg-Schulz, auch wenn Rümmler diesen Begriff nie nutzte. Rümmler und Norberg-Schulz arbeiteten zeitgleich an ihren Ortstheorien und verarbeiten darin sehr ähnliche damalige Sichtweisen auf den Zusammenhang zwischen Architektur, Ort und lokaler Geschichte, weshalb die Beschäftigung mit Norberg-Schulz hilft, Rümmlers Vorgehen zu kontextualisieren und seine Ideen anhand von Begriffen Dritter verständlicher zu machen.

Norberg-Schulz versteht es als Aufgabe der Architektur, die Gesamtumgebung sichtbar zu machen, „den genius loci zu konkretisieren"[19], oder wie Rümmler es nennt, „die Unverwechselbarkeit sicherzustellen."[20] „Einen Ort schaffen heißt, das Wesen des Seins auszudrücken"[21], also „das Verständnis des Menschen von seiner Umwelt […] sichtbar zu machen, zu ergänzen und zu symbolisieren"[22], so Norberg-Schulz weiter. „Der wichtigste Vorgang in der Architektur ist es deshalb, den ‚Ruf' des Ortes zu verstehen"[23], formulierte er, so wie Rümmler die Notwendigkeit formulierte, dass der Architekt „das notwendige Feeling und Gespür für ortstypische Merkmale besitzt."[24] In der Praxis, so Rümmler, galt es,

> die Unverwechselbarkeit aus den oberirdischen Bereichen mit nach unten in den betreffenden Bahnhof hineinzutragen und aus Begriffen und Merkmalen einen creativen Gedanken zu entwickeln und diesen entsprechend für den einzelnen Haltepunkt herauszuarbeiten und für den Fahrgast ablesbar zu machen.[25]

Es ging Rümmler darum, das jeweils Unverwechselbare, Eigene jeden Ortes über der Erde zu erkennen und in der Architektur des Bahnhofs auszudrücken, ohne sich allerdings darin zu erschöpfen, den oberirdischen Ort oder

18 Vgl. Robert Josef Kozljanic: *Der Geist eines Ortes. Kulturgeschichte und Phänomenologie des Genius Loci*, Bd. 2: Neuzeit – Gegenwart. München: Albunea 2004, S. 309.

19 Norberg-Schulz: *Genius Loci*, S. 23.

20 Rainer Gerhard Rümmler: Die Gestaltung von U-Bahnhöfen. Fünf neue Bahnhöfe im erweiterten Berliner U-Bahn-Netz. In: *Die Bauverwaltung* 4–5 (1985), S. 142–146, hier S. 146.

21 Norberg-Schulz: *Genius Loci*, S. 50.

22 Ebd., S. 56.

23 Ebd., S. 23.

24 Rainer Gerhard Rümmler: Architektur, unveröffentlichtes Manuskript, o. D. [1987], S. 13. Landesarchiv Berlin, E. Rep. 300-70 Nr. 20.

25 Rainer Gerhard Rümmler: Gestaltung von fünf U-Bahnhöfen der Linie 7 – Anreize zur Erarbeitung einer Gestaltung des unverwechselbaren „Ortes U-Bahnhof". In: *Berliner Bauwirtschaft* 18 (1984), S. 431–434, hier S. 431.

Abb. 3: U-Bahnhof Rathaus Spandau (U7), Blick auf Mittelstützenreihe und Bahnsteig mit Originalbeleuchtung und Mobiliar (1980–1982), 2014.

ein vorhandenes Bauwerk bloß durch direkte architektonische Zitate zu reproduzieren oder fotografisch abzubilden, sondern durch „Verfremdung“[26] des historisch Überlieferten in eine eigene und zeitgenössische Interpretation umzusetzen. So entstanden mit den 1980 und 1984 eröffneten U-Bahnhöfen Siemensdamm, Rohrdamm, Paulsternstraße, Zitadelle, Altstadt Spandau und Rathaus Spandau höchst individuelle Orte, die mit bildhaften Motiven teilfiktive Geschichten erzählen und sich durch eine ruhige, farblich sanft abgedunkelte und manchmal historistisch-eklektizistische Wirkung auszeichnen. Beim U-Bahnhof Rathaus Spandau, so Rümmler, waren

> kleinteilige visuelle Splitter aus dem oberirdischen historischen Umfeld [...], Stützen, Leuchten in der Halle und schwarz-weiß-farbene Strukturen des Hallenfußbodens [...], repräsentative Einzelleuchten mit Einwirkungen auf die Formensprache durch die beginnende Elektrifizierung, ein leiser Hauch von Gaslicht [...] Anreiz für die gestalterische Umsetzung und Verfremdung.[27]

26 Ebd., S. 433.
27 Ebd., S. 434.

Noch weiter ging Rümmler mit den 1983 entstandenen Entwürfen für den U-Bahnhof Residenzstraße. Mit eigens gezeichneten Ansichten der historischen Mitte Berlins, des Stadtschlosses und gründerzeitlicher Karyatiden wollte er dem „Fahrgast [...] die Bedeutung der Residenzstraße vermitteln“[28], da diese „Hinweis gibt auf die Entwicklung der Stadt Berlin“[29]:

> Es war daher legitim, dem auf die Bahn wartenden Fahrgast durch Hinweise auf den Wandflächen und Gestaltungselemente in Form historischer Zitate Anregungen zu geben, um über die ehemalige Residenz nachzudenken, über einen Komplex zwischen Spree und Kupfergraben, der den brandenburgisch-preußisch-deutschen Staat architektonisch repräsentierte.[30]

Rümmler wollte zum Nachdenken über das historische Zentrum Berlins anregen, das zur Eröffnung des U-Bahnhofs 1987 zu Ost-Berlin gehörte. Die im U-Bahnhof abgebildete Residenz, das Berliner Stadtschloss, war bereits vor Jahrzehnten bombardiert, gesprengt und abgetragen worden und hatte längst dem Palast der Republik seinen Standort überlassen. Bedenkt man, dass 1987 in West- wie Ost-Berlin das 750. Jubiläum der Stadt gefeiert wurde, verweist Rümmlers U-Bahnhof am Rande der Stadt auf das generell hochpolitische Wesen Berlins und gibt einen Blick auf damalige West-Berliner Geschichts- und Erinnerungsdiskurse preis.

Der Ort und die Erneuerung der Architektur

Ob nun der U-Bahnhof tatsächlich in allumfassender Perspektive ein ‚Ort‘ sein kann ist abhängig von der Definition des Begriffs. Legt man den Nicht-Ort Marc Augés[31] als Maßstab an, so kann er kein Ort sein: Den komplett künstlichen Ort U-Bahnhof, der zweckgebunden geschaffen wurde, keine natürliche soziale Aneignung und gewachsene Relation zu seinem Umfeld aufweist, würde Augé als Nicht-Ort bezeichnen. Nach Dieter Hassenpflugs würden Rümmlers U-Bahnhöfe, insbesondere die der 1980er Jahre, zu den Atopien zählen, da sie nur vorgeben, Orte zu sein, und sich zu diesem Zweck an den Formen tatsächlicher Orte bedienen.[32] Bei Norberg-Schulz stehen Künstlichkeit, Ort und Genius Loci in einem kausalen Zusammenhang, denn „durch das

28 Rainer Gerhard Rümmler: Gestaltung von U-Bahnhöfen. Drei neue Haltepunkte im Berliner U-Bahnnetz. In: *Die Bauverwaltung* 1–3 (1988), S. 61–63, hier S. 61.

29 Ebd., S. 61.

30 Ebd., S. 62.

31 Vgl. Marc Augé: *Orte und Nicht-Orte. Vorüberlegungen zu einer Ethnologie der Einsamkeit.* Frankfurt am Main: Fischer 1994.

32 Hassenpflug: Die urbane Stadt, S. 21.

Bauen werden künstliche Orte geschaffen, die ihren individuellen genius loci haben, der durch das bestimmt ist, was sichtbar gemacht, ergänzt, symbolisiert oder versammelt wird."[33]

Indes ist aber vor allem Rümmlers Intention, einen Ort schaffen zu wollen, von Interesse. Ihm waren die Komplexität und Konnotationen dieses Begriffes bewusst und willkommen, denn die Uneindeutigkeit, Vielseitigkeit, Emotionalität und gleichzeitige geografische Konkretheit des Begriffes ermöglichten ihm einen großen schöpferischen Spielraum und eine breite, abwechslungsreiche und sich stets wandelnde Palette an Inspirationen, Motiven, Formen und Farben. Nicht zuletzt machte Rümmlers Deutung des Ortes die Erneuerung seiner Architektur notwendig, wie er es seit Beginn seines Berufslebens anstrebte.[34]

Norberg-Schulz zielt mit seinem ortstheoretischen Ansatz auf eine Erklärung für die von ihm und Zeitgenossen empfundenen Schwachstellen der architektonischen und städtebaulichen Moderne, die „den Ort als das konkrete ‚Hier' mit seiner je eigenen Individualität außer acht"[35] ließ. Er wirft der modernen Stadt- und Verkehrsplanung eine Reduzierung der Lebenswelt auf den Raum als ein technisch zu lösendes ökonomisches Hemmnis vor und schließt sich damit der vehementen Kritik am zeitgenössischen Städtebau an, die Ende der 1970er Jahre von weiten Teilen der Gesellschaft getragen wurde. In praktisch orientierter Weiterführung seiner Gedanken stilisiert er den gegensätzlich zum Raum verstandenen Ort zum postmodernen Normativ mit dem Ziel, die Unzulänglichkeiten der nach Prämissen der Moderne gebauten Umwelt zu überwinden.[36]

Als Augé die Räume der Moderne 1992 als Nicht-Orte bezeichnete und sie als „Orte ohne Eigenschaften, ohne Qualitäten, [...] ohne Erinnerungspotential, ohne lokalen Umweltbezug, ohne regionale Eigenart und ohne Bedeutung"[37] charakterisierte, implizierte auch er damit, dass ein Ort also das Gegenteil dessen zum Inhalt haben muss.

Dieses Gegenteil lässt sich aus Hassenpflugs rückblickender Analyse auf Ort und Raum in der postmodernen Stadt extrahieren. In seinem Text von 1998 werden die Werte deutlich, die sich im Begriff des Ortes konzentrierten[38] und

33 Norberg-Schulz: *Genius Loci*, S. 58.

34 Rainer Gerhard Rümmler: Durchschrift des Antwortbriefes an Prof. Rudolf Schoch, Universität Stuttgart, 10.02.1969. Landesarchiv Berlin, E Rep. 300-70 Nr. 79.

35 Norberg-Schulz: *Genius Loci*, S. 8.

36 Ebd., S. 191.

37 Vgl. Hassenpflug: Die urbane Stadt, S. 18.

38 Ebd.

die in der Stadt der Moderne als abwesend empfunden wurden: Mensch, Kommunikation, Geschichte, Identität, Emotion, Beziehung, Phantasie, Stabilität, Individualität, Unverwechselbarkeit, Leben, Sinn. Mit diesem komplexen, hochemotionalen Bedeutungsbündel lud sich auch Rümmlers U-Bahnarchitektur seit Mitte der 1970er Jahre auf. Damit überführte er den U-Bahnhof aus der raumtheoretischen Kategorie des technisch geschaffenen Zweckraums in die Kategorie der Orte und damit in die Postmoderne.
So wird in Rümmlers U-Bahnhöfen nicht nur der architektonische Leitbildwandel von der Nachkriegs- zur Postmoderne sichtbar, sondern auch der Bedeutungszuwachs und die Ausdifferenzierung der Begriffe Raum und Ort. Die enge wechselseitige Verbindung von architektonischer und ortsbegrifflicher Intention, die Rümmlers U-Bahnhöfen zugrunde liegt, wirft einmal mehr ein Licht auf den damaligen gesellschaftlichen Wertewandel bezüglich der gebauten Umwelt. Rümmlers Inszenierung der Rohbauhülle U-Bahnhof begann in den 1960er Jahren mit der Symbolisierung des technischen Systems U-Bahn, das als maschinell optimierbarer Raum der hohen Geschwindigkeit und Serialität gezeigt wurde. Sie entwickelte sich in den frühen 1970ern über das Ziel der Individualität zur Prämisse der Lokalität und letztlich zu einer postmodernen Idee von Identität, Kommunikation und heimatlicher Ortsverbundenheit, symbolisiert in jedem einzelnen U-Bahnhof, der eine Visualisierung des Genius Loci, ein beredtes Abbild West-Berlins über der Erde sowie der Empfindungen des Architekten in dessen eigener Handschrift darstellt.

Das Funkhaus des NWDR als programmatische Architektur des „Gesamtkünstlerischen“

Zum Nachwirken von Peter Behrens in der frühen Nachkriegsmoderne Kölns

Ute Reuschenberg

Wer sich dem auf den ersten Blick unspektakulären Kölner Funkhaus des Westdeutschen Rundfunks (WDR) heute über den Wallrafplatz nähert, wird kaum vermuten, dass es sich bei diesem Gebäude um einen programmatischen Nachkriegskulturbau der ersten Stunde handelt. Doch der noch vor der Währungsreform im April 1948 nach Plänen von Peter Friedrich Schneider begonnene, im Juni 1952 durch den damaligen Bundespräsidenten Theodor Heuss feierlich eröffnete Großbau sollte dem Medium Rundfunk schon durch die bedeutsame Einbindung der Künste wieder ein ‚menschliches Gesicht‘ verleihen.

Dass das Funkhaus – in Köln immerhin das erste dieses erst in den 1920er Jahren entstandenen Bautyps – im Herzen der Stadt in unmittelbarer Dom- und damit auch Bahnhofsnähe errichtet wurde, war keineswegs selbstverständlich. Dies war vor allem dem Beharren des seit 1947 amtierenden Kölner Intendanten Hanns Hartmann zu verdanken, der sich dem Veto des damaligen Kölner Generalplaners Rudolf Schwarz am Ende erfolgreich entgegenstemmte. Schwarz, der den Wiederaufbau Kölns 1946 bis 1952 leitete, sah für die Domumgebung einen stillen heiligen Bezirk vor. Auch Hauptbahnhof

Abb. 1: Das Funkhaus des Nordwestdeutschen Rundfunks kurz vor der Fertigstellung, um 1952.

und Hohenzollernbrücke sollten daher weichen.[1] Doch für Intendant Hartmann waren Publikumsnähe und die damit verbundene Lage im Stadtzentrum grundlegend für den erforderlichen Paradigmenwechsel: Im Kontrast zu den wehrhaften Funkhaus-Planungen der Nationalsozialisten im Grüngürtel sollte sein Haus, einem Theater oder einer Oper vergleichbar, zum Ort der Begegnung mit dem Publikum werden.[2]

Der Funkhausbau erfolgte gleichzeitig vor dem Hintergrund heftigster Kontroversen im Zusammenhang mit der Neuordnung des Rundfunks in der britischen Besatzungszone, in der Hamburg zum Sitz des neugegründeten zentralistisch organisierten Nordwestdeutschen Rundfunks (NWDR) avancierte. Köln hingegen wurde mit seinem notdürftig wieder instandgesetzten alten Funkhaus in der Dagobertstraße, ursprünglich ein Verwaltungsbau der insolventen Schlosserinnung, zur organisatorisch abhängigen ‚Nebenstelle' Hamburgs mit

1 Vgl. Franz Berger: *Das Funkhaus in Köln und seine Gestaltung*. Stuttgart: Koch o.J. [1954], S. 33–37.

2 Vgl. Birgit Bernard: Funkhausarchitektur als Ausdruck eines Paradigmenwechsels in der Vorstellung von „Öffentlichkeit", dargestellt am Kölner Funkhausbau (1926–1952). In: Markus Behmer / Bettina Hasselbring (Hrsg.): *Radiotage, Fernsehjahre. Studien zur Rundfunkgeschichte nach 1945*. Münster: Lit 2006, S. 291–305, hier S. 300.

deutlich weniger Programmanteilen degradiert.[3] Durch die schon früh aufflammenden Unabhängigkeitsbestrebungen des Kölner Senders geriet das ehrgeizige Neubauprojekt zum Politikum. Planungs- und Bauprozesse wurden nicht nur erheblich belastet, sie stockten auch immer wieder und spiegelten letztlich das nordrhein-westfälischen Ringen um Medienautonomie wider.[4] Erst 1954/55 führten die politischen Weichenstellungen mit dem Ende des Besatzungsrechtes dazu, dass der neugeschaffene WDR zu Jahresbeginn 1956 auf Sendung gehen konnte.[5]

Trotz der ungünstigen Rahmenbedingungen hatte es sich Schneider gerade bei diesem Projekt – seinem größten realisierten überhaupt – zur Aufgabe gemacht, einen von den ihn prägenden Architekten Peter Behrens und Edmund Körner tradierten gesamtkünstlerischen Anspruch im Geiste von Kunstgewerbereform und Werkbund zu verwirklichen. Von den beteiligten Künstlern war es vor allem Ludwig Gies, der maßgeblich dazu beitrug, dass Kunst zum integralen Bestandteil des Gebäudes werden konnte. In der Weimarer Zeit hatte dieser sowohl mit Peter Behrens als auch mit Edmund Körner zusammengearbeitet. Für den Bauherrn, den WDR als Nachfolger des NWDR, ist der 1986 bis 1991 generalsanierte und 1996 unter Denkmalschutz gestellte Bau Keimzelle des sukzessive erweiterten Rundfunk-Quartiers zwischen Dom und Appellhofplatz.[6]

Von der Hotelruine zum modernen Funkhaus

Im Gegensatz zu den aufgrund der Kriegszerstörungen auch andernorts einsetzenden Funkhaus-Planungen[7] gab es in Köln nicht nur eine unter Lärm- und Schallschutzaspekten besonders herausfordernde Lage zu bewältigen: Der

3 Vgl. Petra Witting-Nöthen: Der Nordwestdeutsche Rundfunk in Köln 1945/46. In: *Halbjahreszeitschrift für Landes- und Zeitgeschichte* 10,1 (1995): Geschichte im Westen, S. 29–37, hier S. 32.

4 Vgl. Alexander Keller: *Das Kölner Funkhaus 1945–1960 – Probleme und Kontroversen: Zur politischen Geschichte eines Massenmediums.* Münster: Lit 2002, S. 60–63.

5 Vgl. Wolf Bierbach: „Ohne Mikrofon…" Der Neubeginn des Rundfunks. In: Jost Dülffer (Hrsg.): *„Wir haben schwere Zeiten hinter uns": Die Kölner Region zwischen Krieg und Nachkriegszeit.* Vierow: SH 1996, S. 391–402, hier S. 402.

6 Zu Denkmalschutz und Sanierung vgl. v. a. Hiltrud Kier / Bernd Ernsting: Wallrafplatz, Unter Fettenhennen, An der Rechtsschule (bis Einfahrt Privatstraße): Funkhaus des WDR (1985). In: Der Stadtkonservator (Hrsg.): *Köln: 85 Jahre Denkmalschutz und Denkmalpflege 1912–1997.* Köln: Bachem 1998, S. 321–328.

7 Funkhaus des NWDR in Hannover (1948–1951, Architekten: Friedrich Wilhelm Kraemer in AG mit Gerd Lichtenhahn und Dieter Oesterlen); Funkhaus des Südwestfunks in Baden-Baden (um 1954, Architekt: Dietrich Heinz Eber).

Gesamtplan des Entwurfs wurde von der Notwendigkeit bestimmt, aus Gründen der Kosten- und Materialersparnis die Bausubstanz der Ruine des Hotels Monopol-Metropol im Scheitelpunkt des Grundstücks am Wallrafplatz an der Ecke Unter Fettenhennen/An der Rechtschule einzubeziehen. Dabei wurde sie „schon aus ihrer Lage heraus, mit ihrer Geschoßzahl und Geschoßhöhe von bestimmende[m] Einfluß auf Konzeption und Gestaltung".[8] Hiervon ausgehend legte sich der 1948 bis 1952 errichtete fünfgeschossige Baublock mit zurückgesetztem Dachgeschoss mit seinen vier Flügeln um einen teils überbauten Innenhof. Leitmotiv der Außengestaltung war die durch unterschiedliche Fenstergruppierungen rhythmisierte horizontale Entwicklung des Baublocks in bewusster Rücksichtnahme auf die städtebauliche Situation. Ausschlaggebend in der zu über 90 Prozent zerstörten Innenstadt war vor allem die durch die Trümmerwüste damals noch gegebene direkte Nachbarschaft zum Dom, „dem man keine kleinliche Vertikale gegenüberstellen durfte."[9] Dazu galt es, am Wallrafplatz selbst wieder einen prägnanten Stadtraum auszubilden und hierdurch die Intimität der Platzsituation zu erhalten.

Dabei gab die Ruine nicht nur die Lage des Haupteingangs zum Platz, sondern auch die großzügig geöffnete Sockelzone im Erdgeschoss vor. Bis heute bewahrt die hier befindliche Gastronomie die Erinnerung an das alte gründerzeitliche Künstlercafé Monopol. Die Verglasungen zeigen nicht nur die öffentlichen Publikumsbereiche von Teestube, Haupteingang mit Vestibül und Foyers an. Die sechsachsige Fensteranlage, die den Sendesaaltrakt an Unter Fettenhennen fast fassadenhoch in Glas auflöst, hat gleichzeitig die Aufgabe, den Druck der Baumassen auf die enge Gasse zurückzunehmen.

Im Altbauteil der Ruine am Wallrafplatz wurden die Eingangshalle mit zentraler Erschließungsfunktion sowie die schalltechnisch weniger anspruchsvollen Redaktions- und Verwaltungsräume untergebracht. Einzig der Kammermusiksaal fand im Bereich des ehemaligen Hotel-Wintergartens Platz. Die beiden an den Altbau anschließenden Neubautrakte nahmen zur Gasse Unter Fettenhennen den großen Sendesaal mit den dazugehörigen Foyers sowie insgesamt sieben weitere Studios mit den entsprechenden Räumen des technischen Betriebsablaufs auf. Im Staffelgeschoss auf dem Altbau befand sich

8 Peter Friedrich Schneider: Vom Werden des Hauses. In: NWDR Pressestelle (Hrsg.): *NWDR/Funkhaus Köln*. Köln 1952. (Broschüre zur Einweihung des Funkhauses am 21.06.1952).

9 Peter Friedrich Schneider: Architektur im Dienste des Rundfunks. In: *Technische Hausmitteilungen des Nordwestdeutschen Rundfunks* 5 (1953): Das neue Funkhaus des Nordwestdeutschen Rundfunks (Sonderausgabe), S. 80–86, hier S. 82.

damals ein Erfrischungsraum für die Angestellten. Von dort aus waren auf zwei Ebenen platzseitige Dachterrassen mit fulminantem Domblick zugänglich. Bereits Hans Poelzig, der den vergleichsweise jungen Bautypus ‚Funkhaus‘ mit dem Berliner Haus des Rundfunks 1929 bis 1930 in Deutschland aus der Taufe hob, hatte seinen Bau mit einer Dachterrasse ausgestattet. An den Abschluss des südlichen Baublocks positionierte Schneider eine geschosshohe Durchfahrt zu einer damals neu angelegten Privatstraße. Von dieser aus erfolgte auch die Zufahrt für motorisierte Konzertbesucher*innen: Der hier gelegene, auf zwei mächtige Pilzstützen aufgeständerte Techniktrakt gab den Weg über den Innenhof bis zum wettergeschützten Nebeneingang der beiden Sendesäle frei. Die Privatstraße wurde aufgrund der geänderten Verkehrsführung im Domareal ursprünglich als öffentliche Straße konzipiert, daher sind die Fassaden hier ebenfalls durchgestaltet worden.

Öffentliche Konzerte versus störungsfreier Sendebetrieb: Konstruktion und Grundrisskonzeption einer verschränkten Nutzung

Die den dezentralistischen Planungsidealen der „gegliederten und aufgelockerten Stadt“ entgegenstehende und auch deswegen kritisierte Lage des Kölner Funkhauses im verkehrsreichen Stadtzentrum verhinderte nicht nur die im Fachdiskurs favorisierte günstigere Pavillonlösung,[10] sie erforderte besondere akustische und schalltechnische Maßnahmen, die auch das konstruktive Gerüst einschlossen.[11] Der alte Gebäudeteil ist wieder als Mauerwerksbau ausgeführt worden und die Neubautrakte schließen in Stahlbetonskelettbauweise an. Eine Ausnahme bildet der Sendesaaltrakt: Da er besonders schnell fertig werden sollte, um den im kriegszerstörten Köln dringend benötigten Konzert- und Sendesaal zu erhalten, kommen Stahlrahmenkonstruktionen mit mehrschichtigen Wänden und Decken aus Fertigbetonteilen zur Anwendung. Der große Sendesaal sowie die über ihm geordneten Studios weisen unabhängige Konstruktionen auf eigenen Fundamenten auf, um die Schallübertragung zu bannen. Die Grundrisskonzeption unterstützt diesen konstruktiven Schallschutz: So puffern geräuscharme Archivräume und Bibliotheken über dem Sendesaal diesen ab, aber auch die neben dem Sendesaal platzierten zweigeschossigen Seiten-Foyers mit galerieartigem Zwischengeschoss schirmen ihn ab – und vermitteln gleichzeitig ausgleichend zwischen Alt- und Neubautrakt. Eine weitere Aufgabe galt es für die neue Rolle des Rundfunks nach 1945 zu

10 Vgl. Berger: *Das Funkhaus in Köln und seine Gestaltung*, S. 37–38.

11 Vgl. Schneider: Architektur im Dienste des Rundfunks, S. 83.

lösen: Die öffentlichen und nichtöffentlichen Bereiche waren so zu verschränken, dass ein störungsfreier Sendebetrieb auch bei öffentlichen Veranstaltungen möglich war. Indem Schneider die beiden Konzertsäle nebeneinander legte, war eine gemeinsame Nutzung der (öffentlichen) Foyers und der (internen) Regie- und Technikräume möglich. Zentrale Erschließungsfunktion übernahm die Eingangshalle im Altbau, von der aus alle öffentlichen Räumlichkeiten ebenso wie die internen Redaktions- und Verwaltungsräume – über die hier gelegene Haupttreppe mit Paternoster – erreichbar waren.

Eine Schwierigkeit stellte der um den reaktivierten Hotel-Altbau gruppierte Sendebetrieb mit den Studios dar: Von den Studios konnte hier einzig der Kammermusiksaal im Bereich des ehemaligen Wintergartens untergebracht werden, die restlichen Studios verteilten sich auf die Neubautrakte. Durch eine feste Zuordnung der Studios zu bestimmten Orchestern als „Klangkörper"[12] ließ sich die für den Betriebsablauf ungünstige Situation auflösen. Das Raumvolumen der Studios konnte fest auf eine Nutzung ausgerichtet werden, jene und die ihnen zugeordneten Räume bildeten dabei eine „Produktionseinheit".[13]

„Großflächiges Gliedern, übersichtliches Kontrastieren, gleichmäßiges Reihen" – die äußere Gestaltung der Baukörper als Hommage an Peter Behrens

Proportion und Maßstäblichkeit sollten dem Funkhauskomplex bewusst Wucht und Massivität nehmen, die Rhythmisierung der leicht konvex ausschwingenden Fassaden durch unterschiedliche Fenstergruppierungen lockert ihn auf und verleiht ihm eine gewisse Eleganz. Unterstrichen wurde dies ursprünglich durch die heute leider nicht mehr vorhandenen, horizontal geteilten und schmal profilierten Dreh- und Kippflügelfenster aus Stahl. Die enggestellten, bänderartig gereihten Fenster des vierten Obergeschosses fungieren gleichzeitig als Attika und lassen die tektonischen Ordnungsprinzipien der Klassik aufscheinen, die in den Vorentwürfen, die als Modellfotos überliefert sind, noch wesentlich ausgeprägter ausfielen. Die reiche künstlerische Innenausstattung kündigt sich bereits außen in Form von zwei, den Haupteingang seitlich flankierenden Reliefs von Ludwig Gies an, die das Funkhaus als Kulturbau ausweisen.

Eine durchgehende Travertinverblendung lässt den dreiteiligen Baublock als Einheit erscheinen. Auch dieses Material bewahrt die Erinnerung an den

12 Werner Nestel: Überlegungen bei der technischen Planung des neuen Kölner Funkhauses. In: *Technische Hausmitteilungen des Nordwestdeutschen Rundfunks* 5 (1953): Das neue Funkhaus des Nordwestdeutschen Rundfunks (Sonderausgabe), S. 78–79, hier S. 78.

13 Vgl. ebd., S. 79.

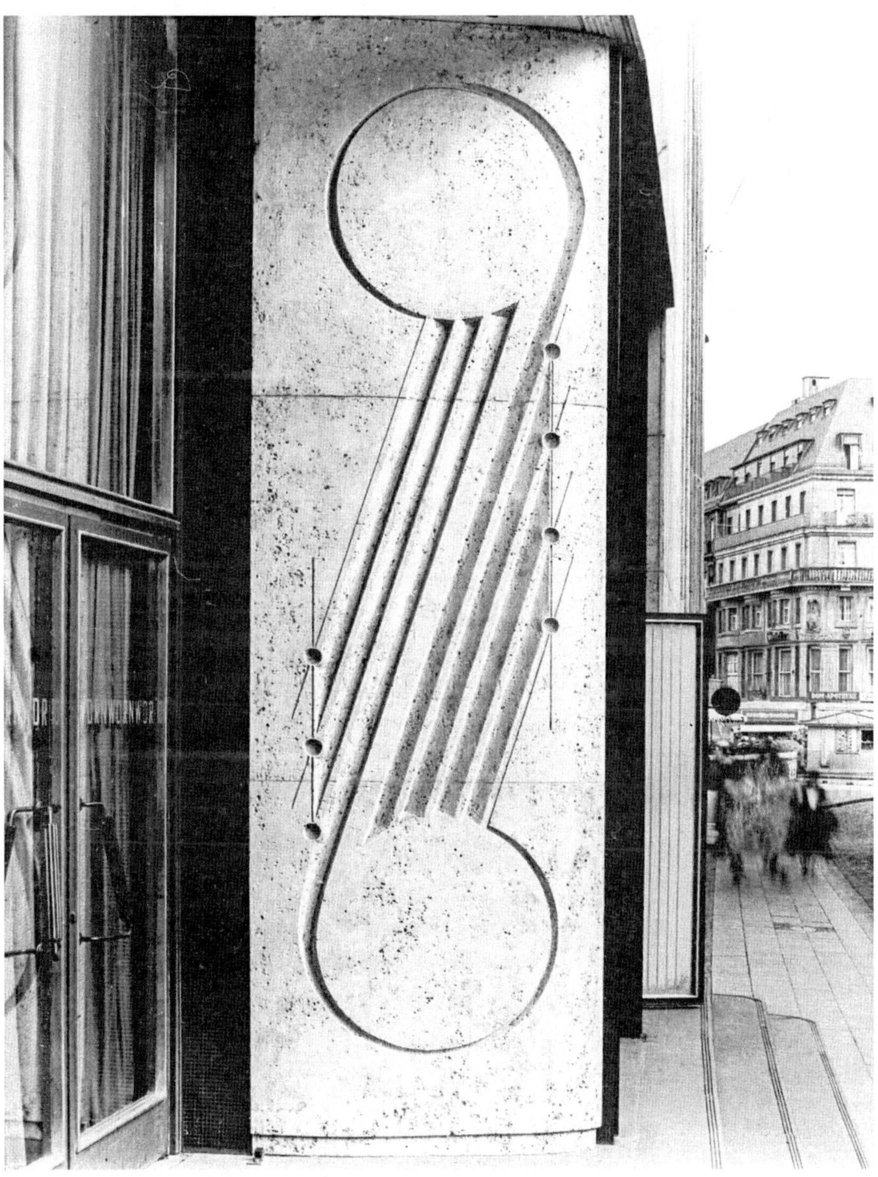

Abb. 2: Künstlerischer Akzent am Haupteingang des Kölner Funkhauses: stilisiertes Notenrelief von Ludwig Gies, um 1954.

Vorgängerbau: Eine unproportionale Aufstockung des Gründerzeit-Hotels in Formen der Neuen Sachlichkeit durch Emil Fahrenkamp wurde 1928 nur mit der Auflage genehmigt, dass „die gesamte Aussenwand des Hotels mit Travertinsteinen ausgekleidet würde.“[14]
Insgesamt fällt auf, dass die äußere Gestaltung des Baus weniger dem *form follows function*-Prinzip des Neuen Bauens folgt, als dem Oberprinzip einer harmonischen proportionalen Gestaltung im Sinne von Peter Behrens, für den die Proportionen „das Alpha und Omega von allem Kunstschaffen“ waren.[15] So hat Schneider an der Platzseite des Baublocks die zerstörten Achsen des Altbaus so rekonstruiert, dass die Grenze von Alt- und Neubautrakten exakt in den Goldenen Schnitt der Gesamtansicht fällt.[16] Dies war Schneider offensichtlich wichtiger als die Übereinstimmung von Form und Zweck: Denn hinter den beiden rechten Fenstern im ersten Obergeschoss der Altbaufassade lagen nicht wie vorgetäuscht Büroräume, sondern das obere Seitenfoyer. Innen wird der Widerspruch der Nutzung durch eine Glasschiebewand kaschiert. Ebenso wird Innen die konstruktive Schnittstelle zwischen Alt- und Neubau überspielt: Dort, wo das zweigeschossige Haupt-Foyer vor dem großen Sendesaal in das eingeschossige Seitenfoyer überführt wird, bildet es eine Stirnwand aus, die durch ein Hartstuckrelief von Ludwig Gies gestaltet und künstlerisch aufgewertet wird. Die Widersprüche, bedingt durch die notwendige Integration des Altbaus in einen technisch anspruchsvollen Neubau, werden also dort, wo es erforderlich ist, so gelöst, dass sie an der Außenfassade nicht sichtbar werden. Innen werden sie mithilfe einer künstlerischen Gestaltung umgedeutet.
Die Unterteilungen der Gesamtansichten im Sinne des Goldenen Schnitts erfolgen auch an den Fassaden zu Rechtsschule und Privatstraße an signifikanten Punkten.[17] Die Maßverhältnisse des Goldenen Schnitts werden als harmonisch wahrgenommen, denn sie entsprechen einer idealen menschlichen Proportionalität. Dies korrespondiert mit Schneiders Absicht, einen menschlichen Maßstab

14 Firma Monopol-Metropol: Schreiben an die Stadt als „Ortspolizeibehörde“, 01.02.1944. Bauaufsichtsamt der Stadt Köln, Bauakte.

15 Peter Behrens zit. n. Fritz Neumeyer: Zwischen Monumentalkunst und Moderne – Architekturgeschichte eines Wohnhauses. In: Ders. / Wolfram Hoepfner (Hrsg.): *Das Haus Wiegand von Peter Behrens in Berlin-Dahlem. Baugeschichte und Kunstgegenstände eines herrschaftlichen Wohnhauses*. Mainz: von Zabern 1979, S. 3–56, hier S. 22.

16 Vgl. Tanja Schneider: *Das Funkhaus von Peter Friedrich Schneider am Wallrafplatz in Köln*. Magisterarbeit, Universität zu Köln 1999, S. 25.

17 An der Rechtsschule begrenzt die Linie des Goldenen Schnitts ebenfalls den Altbau, zur Privatstraße verläuft sie – legt man Baukörper inklusive Schnitt durch den Rechtsschulentrakt ohne die bereits 1953 bis 1954 erfolgende Erweiterung am Margarethenkloster zugrunde – in der Mitte der beiden markanten Pilzstützen.

in Umkehrung des nationalsozialistischen Größenwahns in den Fokus rücken zu wollen. Im Sinne dieses Harmonieverständnisses sind auch die Proportionen der unterschiedlichen Fensterformate aufeinander abgestimmt: Die Höhe der Attikafenster etwa entspricht der Breite der Obergeschoss-Fenster im Altbau. An der Fassade des Altbaus zur Rechtsschule ergänzte Schneider sogar im vierten Obergeschoss einen dritten Fensterflügel, um die Gesamtproportionalität und Bündigkeit zu wahren.

Auch dabei wird der Rückbezug auf Behrens – neben dem latenten Klassizismus – deutlich: Fritz Neumeyer wies bereits in seiner brillanten Analyse des Hauses Wiegand von Peter Behrens darauf hin, dass schon Behrens' Schüler an der Kunstgewerbeschule Gestaltungsstrukturen aus Teilung und Proportionierung zu entwickeln lernten.[18] Behrens nahm dabei konstruktive Mängel aus formalen Gründen in Kauf und vertrat das Primat der Form gegenüber dem Zweck: „Die Funktion der Kunst, über den Zweck hinauszugreifen und ihn zu nobilitieren [...], stellte Behrens nicht in Frage."[19] Architektur solle ihm zufolge nicht enthüllen, sondern Raum einschließen:

> Für Behrens bestand Gestaltung aus Rhythmus und Proportion, um „ästhetisch das Gefühl der Stabilität und Formberuhigung" zu schaffen. Seine Entwurfsformel lautete daher: „Großflächiges Gliedern, übersichtliches Kontrastieren, gleichmäßiges Reihen."[20]

Schneider schien mit der Fassadengestaltung des Funkhauses an diese Entwurfsformel Behrens' anknüpfen zu wollen. Zum einen um den neuen Ansprüchen des Mediums Rundfunks zu genügen, zum anderen um seine Auffassung vom künstlerischen Bauen zu untermauern: Zwar sei gerade ein Funkhaus

> so vielfältig zweckgebunden und darum in der Darstellung einem rationalistischen oder gar abstrakten Konstruktivismus zugänglicher. [...] Aber indem ich sie vom Fundament an in die Baukonstruktion einbezog und in der Architektur aufgehen ließ, gewann ich die Freiheit, die eigentliche Idee meiner Konzeption zu verwirklichen, die mehr will, als nur Dienst an Funktion und Zweck. Sie zielt auf den Menschen [...] in der Universalität seines Seins.[21]

18 Neumeyer: Zwischen Monumentalkunst und Moderne, S. 20.

19 Ebd., S. 51.

20 Michael Mönninger: Gestaltung im Zeitalter der Nervosität. In: *Süddeutsche Zeitung*, 13.09.2015. http://www.sueddeutsche.de/kultur/design-gestaltung-im-zeitalter-der-nervositaet-1.2645644?reduced=true (Zugriff am 21.09.2016). Bei dem Beitrag handelt es sich um eine Rezension zu Hartmut Frank / Karin Lelonek (Hrsg.): *Peter Behrens. Zeitloses und Zeitbewegtes. Aufsätze, Vorträge, Gespräche 1900–1938*. München / Hamburg: Dölling & Galitz 2015. Mönninger bezieht sich dort auf Behrens' Vortrag „Kunst und Technik" von 1910 (vgl. ebd., S. 352–367, hier S. 362).

21 Peter Friedrich Schneider: Das Funkhaus und die Krise der Architektur der Gegenwart, Vortragsmanuskript, 1953. Historisches Archiv der Stadt Köln, Bestand 1360, A 16, S. 3.

Schneider bezog sich offensichtlich bewusst auf sein Leitbild Behrens und dessen Anspruch vom „grundsätzlich künstlerischen Charakter der Gestaltungsarbeit und seinem Credo von einer prinzipiellen Vereinbarkeit von Kunst und Technik“[22]. Mit dem Funkhaus bekennt er sich zu einer auf Behrens fußenden Architekturauffassung des „Gesamtkünstlerischen“[23].

Das Verschmelzen von Kunst und Technik – „Grundakkord“ der Innenraumgestaltung

Die Auffassung einer ganzheitlichen Baukunst als Fundament der (angewandten) Künste mit ihrer Nähe zum gestaltenden Handwerk ist auch der ‚Subtext‘ der gesamten Innengestaltung, wenngleich diese zum strenger aufgefassten Außenbau kontrastiert: Denn innen dominieren bereits die für die 1950er Jahre typischen organischen oder asymmetrischen Linienführungen. Vorherrschendes Material sind nach skandinavischem Vorbild warme Hölzer, vor allem in den beiden Sendesälen und ihren dazugehörigen Foyers: Gestäbt oder glatt verblenden Birnbaum, Birke oder Rotbuche Wände oder schräg gesetzte Garderobentische. Diese sind ein Zitat des 1938 bis 1945 erbauten Kopenhagener Funkhauses von Vilhelm Lauritzen, das 1947 in der *Baurundschau* vorgestellt wurde und von Egon Eiermann bis Friedrich Wilhelm Kraemer alle bundesdeutschen Funkhaus-Architekten stark beeinflusste.[24] Wie generell in der deutschen Architektur der 1950er Jahre entstammten auch beim Kölner Funkhaus Materialästhetik und innenarchitektonisches „Vokabular“ der seit den 1930er Jahren in der Schweiz und Skandinavien transformierten „strengen Moderne“.[25] Auch das vor allem beim Anstrich der Stahlrahmenfenster und -türen verwendete kräftige Blau-Grün gehörte zur skandinavischen Farbpalette. Dazu entwarf das Büro Schneider, wie damals üblich, auch die gesamte feste und bewegliche Ausstattung – von der Türklinke bis zum Notenständer. Insbesondere aber die für das Funkhaus entworfenen und von der Solinger Firma Bremshey produzierten, mit farbigen Kunststoffschnüren bespannten

22 Hartmut Frank: Entwerfen Bauen Schreiben. In: Ders./Lelonek (Hrsg.): *Peter Behrens. Zeitloses und Zeitbewegtes*, S. 30–73, hier S. 71.

23 Peter Behrens: Stil? In: *Die Form* 1,1 (1922), S. 5–8, zit. n. ebd., S. 778.

24 Vgl. Sid Auffarth: Wie die Moderne vom Weg abkam. Der Bau des Funkhauses. In: Wolfram Köhler (Hrsg.): *Das Funkhaus Hannover. Beiträge zur Geschichte des Rundfunks in Niedersachsen*. Hannover: Schlütersche 1987, S. 125–142, hier S. 129–130. Siehe ebd., S. 135 in Bezug auf Kraemer und Eiermann.

25 Winfried Nerdinger: Materialästhetik und Rasterbauweise. Zum Charakter der Architektur der 50er Jahre. In: *Architektur und Städtebau der Fünfziger Jahre*. Bonn: Deutsches Nationalkomitee für Denkmalschutz 1990, S. 38–49, hier S. 42.

Abb. 3: Dachterrasse mit Domblick und ‚Spaghetti-Stühle' mit Kunststoffschnüren, um 1954.

stapelbaren Stahlrohrstühle (Modell „Dachgarten“) wurden recht erfolgreich und trugen zur Neupositionierung des deutschen Möbels nach 1945 bei.[26]
Die Erschließung des Hauses wurde zeittypisch besonders inszeniert. Als spektakulär galt damals die freitragende Treppe, die das Hauptfoyer mit dem oberen Rang des großen Sendesaals verbindet: Über einer parabelförmig gebogenen Mittelrippe windet sie sich mit einer Breite von zwei Metern ohne Zwischenpodest ins obere Foyer. Geknickte Stufenplatten erhöhen ihre skulpturale Wirkung, ein Stilmittel, das Schneider möglicherweise vom Kopenhagener Vorbild übernommen hat und das er auch in Haupttreppenhaus und Techniktrakt variierte. Durch ihre Parabelform bildet die Foyer-Treppe gleichzeitig eine visuelle Analogie zur parabelförmig verlaufenden Schwingung von Tönen.
Wie seine Vorbilder Behrens und Körner bezog auch Schneider, wo immer es ihm möglich war, Künstler in die Gestaltung seiner Bauten mit ein. Die 1949 wiederbelebte „Kunst am Bau“-Förderung, die vorsah, einen bestimmten Anteil der Bausumme in die Einbeziehung von Künstlern zu investieren, erleichterte die Umsetzung.[27] Vier Künstler haben bei der Gestaltung des Funkhauses maßgeblich mitgewirkt: Joseph Enseling, ein Düsseldorfer Behrens-Schüler und Edmund Körner sehr verbunden, schuf die bronzenen Portraitmasken an der Empore der Haupttreppe. Anton Wolff, Graphiker und Lehrender der Kölner Werkschulen, stattete Teestube und Kantine mit Wandmalereien aus. Den beiden weiteren, Ludwig Gies und Georg Meistermann, kommt besondere Bedeutung zu: Ludwig Gies, der 1950 während des Funkhausbaus von Berlin an die Kölner Werkschulen berufen wurde, schätzte Schneider ganz besonders.[28] Bereits 1928 schuf Gies die Genien-Skulpturen für das Museum Folkwang in Essen, an dessen Innenausbau Schneider als Mitarbeiter Edmund Körners ab 1926 mitwirkte. Für geplante Intarsienarbeiten am oberen Teil der glatt vertäfelten Sendesaal-Abschlusswand im Hauptfoyer sollte daher auf ausdrücklichen Wunsch Schneiders – und unter Umgehung von Wettbewerbsverfahren – direkt

26 Vgl. Wolfgang Schepers: Stromlinie oder Gelsenkirchener Barock? Fragen (und Antworten) an das westdeutsche Nachkriegsdesign. In: Klaus Honnef / Hans M. Schmidt (Hrsg.): *Aus den Trümmern – Kunst und Kultur im Rheinland und in Westfalen 1945–1952: Neubeginn und Kontinuität.* Ausstellungskatalog Rheinisches Landesmuseum Bonn / Kunstmuseum Düsseldorf / Museum Bochum. Köln: Rheinland 1985, S. 117–175, hier S. 126, 174 (= D 123).

27 Am 21.05.1950 verabschiedete der Deutsche Bundestag ein Rahmengesetz, das zunächst ein Prozent, später zwei Prozent der Bausumme für Kunst an und in der Architektur vorsah.

28 Rüdiger Joppien: Zwischen Kunst und Design. Die Kölner Werkschulen in der Trümmerzeit. In: Honnef / Schmidt (Hrsg.): *Aus den Trümmern*, S. 405–417, hier S. 411. Ludwig Gies (1887–1966), geboren am 03.09.1887 in München, 1904 bis 1906 Metallbildhauerlehre, Studium Akademie München, 1917 bis 1937 Leiter einer Bildhauerklasse am Kunstgewerbemuseum Berlin (später Hochschule der Bildenden Künste), 1950 bis 1961 Lehrer für Bildhauerei an den Kölner Werkschulen.

Abb. 4: Skulpturale Inszenierung: freitragende Treppe im Hauptfoyer des Sendesaaltrakts, um 1954.

Gies herangezogen werden.[29] Gies gestaltete auch die konstruktive Schnittstelle zwischen Alt- und Neubautrakt im oberen Foyer, wo er aus dem Gipsverputz ein dynamisches Strichrelief des Orpheus herausarbeitete und den Übergang der beiden Gebäudeteile künstlerisch veredelte. Im Hauptfoyer versah er die Gussglasfenster mit kristallinen Schliffornamenten und verschmolz dadurch leitmotivisch Kunst mit Technik, wurde doch das gerippte Gussglas zuvor nur für technische Zwecke genutzt.[30] Auch im großen Sendesaal, dem Höhepunkt des Hauses, der bereits ein knappes Jahr vor dem Funkhaus am 19. Oktober 1951 eröffnet werden konnte, wirkte Gies maßgeblich mit: Die Abschlusskanten der hölzernen gestaffelten Wandvorlagen versah er mit Schnitzereien, in Anklängen an eine frühmittelalterliche nordische Flechtornamentik; wie bei fast allen Elementen des großen Sendesaals verbinden sich auch hier Ästhetik und Technik, denn sie sollten zugleich das Auge erfreuen und der Schallstreuung dienen. Auch der nicht mehr erhaltene Vorhang mit Stickereien in Form von Lyra- und Notenmotiven, der den imposanten Orgelprospekt als Höhepunkt des Raumes bei Bedarf verhüllen konnte, stammte von Gies, der den Zuschlag nach einem 1951 ausgelobten Wettbewerb erhielt.[31]

Den sicherlich aufsehenerregendsten künstlerischen Beitrag des Funkhauses aber lieferte Georg Meistermann mit seinem über mehrere Geschosse reichenden farbigen Glasfenster des Haupttreppenhauses. Mit diesem Werk wurde er über Nacht bekannt und zählte bald zu den Hauptvertretern abstrakter Malerei in Deutschland.[32] Ende Januar 1952 hatte der NWDR einen beschränkten Wettbewerb für ein Buntglas- bzw. Schliffglasfenster im Haupttreppenhaus ausgelobt, aus dem Meistermann als Sieger hervorging. Das Fenster, das sich nie ganz, sondern allein in der Bewegung des Treppensteigens erschließt, interpretiert Technisches ebenfalls auf künstlerische Weise: Die Körperlosigkeit des Funk- und Sendewesens übersetzte Meistermann in abstrakte Chiffren in Anlehnung an die Malerei des Informel – und fand damit frühzeitig eine in Deutschland noch ungewohnte Formensprache.[33]

29 Vgl. Joppien: Zwischen Kunst und Design, S. 416, Anm. 38.

30 Vgl. Glas im Funkhaus Köln. In: *Glasforum* 5,6 (1955), S. 22–27, hier S. 26.

31 Vgl. Ausschreibungsunterlagen im Historischen Archiv des WDR Nr. 10609.

32 Georg Meistermann (1911–1990) wurde am 16.06.1911 in Solingen geboren, 1933 Abbruch des Studiums und Ausstellungsverbot, 1947 Gründungsmitglied des Deutschen Künstlerbundes, 1955 Teilnahme an der *documenta I*, 1959 an der *documenta II* in Kassel. 1956 Großer Kunstpreis des Landes NRW. Zu Meistermanns Biografie siehe Liane Wilhelmus: *Georg Meistermann. Das glasmalerische Werk*. Petersberg: Imhof 2014, S. 25–26. Schneider verehrte Meistermann, war ihm freundschaftlich verbunden und bezog ihn in den 1950er Jahren immer wieder in seine Bauprojekte ein.

33 Vgl. ebd., S. 117.

Das Funkhaus und die Nachkriegsdebatten um das ‚richtige Bauen‘

Mit dem Kölner Funkhaus berief sich Schneider nicht zufällig auf sein Vorbild Behrens. Behrens beharrte in der Gestaltung auf dem Primat des Künstlerischen. Dies ließ ihn Ende der 1920er Jahre zunehmend in Widerspruch zu Kritikern aus dem Umfeld des Neuen Bauens geraten, die „um die Begriffe Funktion, Material und Konstruktion ein immer engeres Dogma von einer tendenziell selbsttätigen entpersönlichten Formfindung entwickeln.“[34] Zu einer Revision der Moderne kam es schon durch Weltwirtschaftskrise und den aufkommenden Nationalsozialismus nicht mehr. Stattdessen lebten die alten Auseinandersetzungen um das ‚richtige Bauen‘ nach 1945 wieder auf. Höhepunkt und ergebnisloses Ende der architekturtheoretischen Positionsbestimmungen bildete die Bauhaus-Debatte, die Rudolf Schwarz 1953 in der Zeitschrift *Baukunst und Werkform* entfacht hatte und in der er mit dem Bauhaus-Funktionalismus, verkörpert in der Person von Walter Gropius, abrechnete. Doch nicht nur Gropius, auch Egon Eiermann ist ein – ungenannter – Adressat von Schwarz.[35] Schon beim zweiten Darmstädter Gespräch *Mensch und Raum* 1951 waren die unterschiedlichen Auffassungen der beiden Poelzig-Schüler Schwarz und Eiermann nicht zu übersehen: Schwarz verteidigte seine Version der Moderne gegen Architektur als „Rationalismus und Funktion“[36]. Für Eiermann hingegen war Architektur rationelle Technik, konstruiert auf der Grundlage von Rastern. Entsprechend erinnerte seine fast zeitgleich zum Kölner Funkhaus erfolgte Konzeption für Radio Stuttgart im Grundriss an die „strenge Disziplin von Industriehallen“[37] – ein Weg, dem Schneider, obwohl wie Eiermann ursprünglich Industriearchitekt, nicht folgte. Stattdessen wollte Schneider sein Funkhaus grundsätzlich als Baukunst in Behrens' Sinne und damit als Gegenentwurf zum „abstrakten Konstruktivismus“ verstanden wissen. Daher verwundert es nicht, dass sich auch Schneider letztlich Rudolf Schwarz – dem Sprecher aller, die im Rationalismus das Schöpferische und Organische für einen „Lebensraum der Menschlichkeit“[38] vermissten – unausgesprochen zur Seite stellte.[39]

34 Frank: Entwerfen Bauen Schreiben, S. 54.

35 Vgl. Thilo Hilpert: Nachkriegszwist in Westdeutschland. Die Erneuerung des Rationalismus 1953–1958. In: Philipp Oswald (Hrsg.): *Bauhaus Streit. 1919–2009. Kontroversen und Kontrahenten*. Ostfildern: Hatje Cantz 2009, S. 134–154, hier S. 140.

36 Winfried Nerdinger: Das Bauhaus zwischen Mythisierung und Kritik. In: Ders. / Ulrich Conrads / Margarete Droste / Hilde Strohl (Hrsg.): *Die Bauhaus-Debatte 1953*. Braunschweig / Wiesbaden: Vieweg + Teuber 1994, S. 7–19, hier S. 15.

37 Auffarth: Wie die Moderne vom Weg abkam, S. 135.

38 Rudolf Schwarz, zit. n. Nerdinger: Das Bauhaus zwischen Mythisierung und Kritik, S. 12.

39 Im Umfeld der hohe Wellen schlagenden Bauhaus-Debatte meldete sich auch Schneider mit einem funktionalismuskritischen Beitrag zu Wort, der auf seinem Vortrag „Das Funkhaus und die Krise der Architektur der Gegenwart“ fußte (Peter Friedrich Schneider: Zur Krise der Architektur der Gegenwart. In: *Der Architekt* 2,5 (1953), S. 89–90).

3.
Bau(t)en im Gebrauch

Architektur und der Umgang mit ihr ist so alltäglich wie beiläufig, so zentral wie notwendig. Gebäude formen, strukturieren und organisieren die alltägliche Lebenswelt. Die gebaute Umwelt ist nicht nur Bühne sozialer Prozesse, sondern vielmehr integraler Bestandteil, ermöglichender Aktant oder Hemmnis sozialer Interaktionen. In den folgenden Artikeln geht es um verschiedene Aspekte des Umgangs und Gebrauchs der gebauten Umwelt sowie um methodische und methodologische Fragestellungen möglicher weiterer Forschungen. Der Umgang mit architektonischen Situationen lässt sich unter dem Stichwort der Aneignung diskutieren. In den Blick genommen werden die Praktiken der Aneignung als konkrete und tatsächliche alltägliche Nutzungen der Architektur. Dies bedeutet eine theoretische wie empirische Annäherung an den Untersuchungsgegenstand Architektur, die die routinierten und raumzeitlich verorteten Handlungsabläufe rekonstruiert. Im Mittelpunkt des Erkenntnisinteresses stehen nicht die in Manifesten dokumentierten Intentionen der Architekt*innen oder die Vorstellungen über das gute Leben der Fertighaushersteller*innen, sondern die Art und Weise, wie die soziale Wirklichkeit der materiellen Umwelt im Alltag hergestellt wird. Die nachfolgenden Artikel erproben diesen methodologischen Zugang zu Architektur in unterschiedlichen Kontexten.

Katherin Wagenknecht beschäftigt sich in ihrem Artikel mit den alltäglichen Praktiken der privaten und familialen Wohnform Einfamilienhaus, die konform, konträr oder widerständig zu den gesellschaftlich manifestierten

kulturellen Vorstellungen stehen kann. Sie diskutiert in diesem Zusammenhang einen praxeologischen Zugang zum Phänomen Wohnen. Die Autorin fragt also, was in diesem Raum getan und welche Art von Raum in und durch diesen alltäglichen Gebrauch hergestellt wird.
Laura Nardi diskutiert die Herausforderung, eine Weiterentwicklung von Gebäuden zu erwirken, ohne dabei deren wesentliche gestalterische Elemente zu verlieren. Nardi entwickelt in ihrem Beitrag über Universitätsgebäude in Italien und Deutschland, die technische Funktionen beherbergen, eine Methodologie zum Verständnis grundlegender gestalterischer Elemente dieser Gebäude und deren Potentiale zur Umnutzung. Wie kann ein Gebäude seine durch die Architekt*innen inskribierten Werte und gestalterischen Merkmale erhalten, wie also kann das Geplante in der alltäglichen Nutzung erhalten bleiben? Wie kann sich architektonische Gestaltung im alltäglichen Gebrauch behaupten, vor allem dann, wenn der Gebrauch nicht mehr der ursprünglich geplante ist? Das Ziel des Beitrags ist es, ein Verfahren zu entwickeln, das auch auf andere Architekturen und Bauten anwendbar ist.

Durch die Hintertür ins Einfamilienhaus

Oder: Über die praktische Herstellung architektonischer Situationen

Katherin Wagenknecht

> Ich stehe vor dem Haus der Familie Lehmann. Rechts an das Haus schließt eine Garage. Über der Garage befindet sich ein Zimmer, dessen Fenster mit Gardinen verhangen sind. Die Frau öffnet das Garagentor. Vor der Garage parkt der Dienstwagen des Mannes und der Stadtwagen von Frau Lehmann. In der Garage selbst steht jedoch kein Auto. Mein erster Eindruck: Es wäre auch gar kein Platz dafür. [...] Steht man am Garagentor ergibt sich folgendes Bild: Vorne links stehen Fahrräder, ein Damenrad steht in der Mitte, teilt damit den vorderen Garagenbereich in zwei Hälften. An den Fahrrädern vorbei links an der Wand entlang kommt ein ca. drei Meter langes Schuhregal, was ausschließlich Frau Lehmanns Schuhen vorbehalten ist. Vor dem Regal liegen Schuhkartons, Tüten, Einkaufskörbe, Putzmittel, Besen, Wischer, Lappen. Am Ende dieser linken Wand kommt die Tür, die ins Haus führt. An der Wand gegenüber des Garagentors befinden sich neben der Tür zum Garten zwei Kühlschränke und eine Gefriertruhe, vor diesen stapeln sich Wasserkisten, Saftkisten, Bierkästen und noch mal eine Sammlung von Einkaufstüten und Altpapier. An der rechten Wand befindet sich eine Werkbank, auf dieser liegen in nicht erkennbarer Ordnung Werkzeug und Altpapier. Vor der Werkbank stapelt sich weiteres Altpapier. An der restlichen Wand lagern Baumaterialien und Gartenmöbel. Dazwischen stehen Umzugskartons.
>
> (Feldtagebuch, Interview Dezember 2015, Familie Lehmann)

Die Beschreibung der Garage beantwortet Fragen über die Ansicht des Raums und dessen Einrichtung. Möglich sind Aussagen über den Inhalt, Aussagen über die Art und Weise der Einrichtung. Worüber nichts gesagt werden kann, ist der alltägliche Gebrauch dieser Garage oder die Frage, warum in dem als

Garage baulich gekennzeichneten Raum kein Auto steht. Wie wird also die Garage im täglichen Gebrauch benutzt? Im folgenden Artikel möchte ich einen methodischen Zugang diskutieren, der diese Frage beantwortet. Wie lässt sich der alltägliche Gebrauch, wie lassen sich die alltäglichen Nutzungszusammenhänge und die in räumlichen Ensembles stattfindenden Praktiken erheben und rekonstruieren?

Mein Beitrag formuliert eine Annäherung an das Einfamilienhaus, welche die versteckten, umgenutzten und wenig beachteten Räume des alltäglichen Wohnens in den Blick nimmt. Die Garage ohne Autos ist ein Beispiel für jene räumlichen Phänomene, die integraler Bestandteil der Wohnform Einfamilienhaus sind, über deren tatsächlichen Gebrauch, über deren Nutzungszusammenhänge und alltägliche Sinnhaftigkeit jedoch wenig bekannt ist. Der Artikel beschreibt die Wohnform Einfamilienhaus jenseits von Wohnzimmern, Schlafzimmern, Terrassen und Gartenhecken. Es geht um Orte und Räume, deren alltägliche Bedeutung für das Wohnen im Einfamilienhaus bisher nicht oder zu wenig betrachtet wurde, die aber, so die These dieses Artikels, für die Praxis des Wohnens im Einfamilienhaus und für das Verstehen dieser Praxis, relevant sind.[1]

Let's get the garage moving

Das Bild, welches durch die obige Beschreibung von der Garage entsteht, ist im wahrsten Sinne des Wortes ein Schnappschuss, eine Momentaufnahme, die den Raum als Gesamtheit der in ihm versammelten Artefakte und Dinge begreift und abbildet. Diese Art und Weise der Beschreibung funktioniert ohne die Bewohner*innen. Diese Art und Weise der Beschreibung funktioniert ohne oder gerade durch die Abstinenz von Dynamik. Die Garage wird damit zum gebauten Raum, der zwar durch handelnde Akteure bespielt und verändert wird, jedoch auch ohne diese funktioniert und verständlich ist.

Bruno Latour und Albena Yaneva schlagen in ihrem Artikel „Give Me a Gun and I Will Make All Buildings Move" einen Perspektivwechsel vor. Gebäude, so argumentieren sie, seien keine statischen Objekte, die im Verständnis des absoluten Raums als Bühne und Hintergrund sozialer Interaktionen funktionierten.[2] Latour und Yaneva bestimmen Gebäude als *moving project*, „[...] that even once it is has been built, it ages, it is transformed by its users, modified by

1 Vgl. Elisabeth Timm: „1=Einfamilienhaus": Unbekannte einer Gleichung aus Nation, Heimat, Region und Familie seit dem 19. Jahrhundert. In: Bund Heimat und Umwelt in Deutschland (BHU) (Hrsg.): *Land unter Strom. Die Energiewende als Chance für den ländlichen Raum.* Bonn: BHU 2015, S. 25–31.

2 Vgl. Martina Löw: *Raumsoziologie.* Frankfurt am Main: Suhrkamp 2001, S. 152–161.

all of what happens inside and outside, and that it will pass or be renovated, adulterated and transformed beyond recognition."[3] Gebäude werden errichtet, sie altern, werden umgenutzt, abgenutzt und bis zur Unkenntlichkeit renoviert. Die Annahme einer materiellen Kontinuität greift zu kurz. Gebäude sollen vielmehr in ihrer Veränderung und Dynamik wahrgenommen und beschrieben werden. Ferner argumentieren sie für eine Berücksichtigung der sozialen Wirklichkeit im Sinne der Umnutzung eines Gebäudes, der Renovierung, der Sanierung etc. Wie lässt sich nun diese zweifache Dynamisierung von Architektur konzeptionell ausformulieren und in ein empirisches Erhebungsdesign übersetzen? Oder auch, *let's get the garage moving*.

Gebäude als dynamische Phänomene zu bestimmen, bedeutet einen theoretischen Perspektivwechsel, der Konsequenzen für empirische Analysen hat. Der Fokus der Analyse liegt dabei nicht auf der detaillierten Beschreibung des baulichen Monuments Einfamilienhaus, sondern in der Betrachtung des Gebäudes als Bestandteil und Ergebnis sozialer Praktiken. Praxistheoretische Ansätze konzeptionalisieren die Analyse von Architektur über die Rekonstruktion spezifischer Gebrauchsleistungen, Praktiken und Routinen. Gefragt wird nicht, wie etwas aussieht, sondern wie damit alltäglich umgegangen wird und welcher soziale Sinn im täglichen Gebrauch hergestellt wird.[4]

Gebäude entstehen in und durch praktische Zusammenhänge. Sie sind zugleich Partizipanden[5], die durch ihre besondere materielle Konstitution Praktiken formen und verorten. Die Materialität eines Gebäudes formt das Handeln der Akteur*innen.[6] Latour fasst diese sich in der Architektur materialisierenden Vorstellungen über Nutzungen mit dem Begriff des Skripts, womit er die „[...] Festlegung eines Aktanten auf [...] eine Rolle"[7] meint. So zum Beispiel fordert der Vorraum einer Bank die Akteur*innen auf, sich an die Bankautomaten

3 Bruno Latour / Albena Yaneva: Give Me a Gun and I Will Make All Buildings Move: An ANT's View of Architecture. In: Reto Geiser (Hrsg.): *Explorations in Architecture: Teaching, Design, Research*. Basel: Birkhäuser 2008, S. 80–89, hier S. 80.

4 Vgl. Hanna Göbel: Die atmosphärische Vermittlung der Moderne. Architektur und Gebäude in praxeologischer Perspektive. In: Hilmar Schäfer (Hrsg.): *Praxistheorie. Ein soziologisches Forschungsprogramm*. Bielefeld: Transcript 2016, S. 199–220, hier S. 200–202.

5 Zum Begriff Partizipand siehe Stefan Hirschauer: Praktiken und ihre Körper. Über materielle Partizipanden des Tuns. In: Karl Hörning / Julia Reuter (Hrsg.): *Doing Culture. Neue Positionen zum Verhältnis von Kultur und sozialer Praxis*. Bielefeld: Transcript 2004, S. 73–91, hier S. 74.

6 Zur Handlungsfähigkeit von Dingen siehe Bruno Latour: *Der Berliner Schlüssel. Erkundungen eines Liebhabers der Wissenschaften*. Berlin: Akademie 1996.

7 Vgl. Ingo Schulz-Schaeffer: Akteur-Netzwerk-Theorie. Zur Koevolution von Gesellschaft, Natur und Technik. In: Johannes Weyer (Hrsg.): *Soziale Netzwerke. Konzepte und Methoden der sozialwissenschaftlichen Netzwerkforschung*. München: Oldenbourg 2000, S. 187–210, hier S. 192.

zu begeben und sich entsprechend ihrer Motivation an die Automaten zu verteilen oder, wenn viele Akteur*innen gleichzeitig diesen Wunsch haben, sich in einer Schlange anzuordnen. Es wäre nun nahezu unmöglich, in dem Vorraum der Bankfiliale zu duschen oder sich die Hände zu waschen. Ob ich allerdings meinen Kontoauszug im Handstand abhole oder mich dem Automaten rückwärts nähere, irritiert vielleicht die Mit-Handelnden, ist aber von der sozialräumlichen Anforderung des Raums nicht ausgeschlossen.[8]
Auch das Nicht-Parken der Autos ist durch die bauliche Gestaltung einer Garage nicht ausgeschlossen. Jedoch irritiert die geschilderte Benutzung der Garage. Wie lassen sich die verschiedenen praktischen Zusammenhänge, in denen Architektur als *moving project* entsteht bzw. in denen ihr Charakter als *moving project* festgestellt werden kann, nun empirisch erfassen und analysieren?

Ethnografische Spurensuche im Einfamilienhaus

Latour beschreibt den sozialwissenschaftlichen Forschungsprozess als das stete Bestreben, „den Spuren der Assoziationen zu folgen"[9]. Das Interesse der Vertreter*innen der (Post-)Akteur-Netzwerk-Theorie besteht in den Verbindungen und Assoziationen, die Aktanten miteinander eingehen und in deren Konsequenz ein Netzwerk entsteht. Dieser Aufforderung zur Spurensuche entspricht ein ethnografisches Forschungsdesign, welches die jeweilige Methode an die feldspezifischen Anforderungen anpasst.[10] In meiner Forschung kombiniere ich verschiedene Herangehensweisen. Das erste Instrument sind offene Leitfadeninterviews, die narrative Erzählepisoden generieren. Inhalt des Interviews sind der Hausbau, die Wahl des Wohnortes sowie der Standort des Hauses und der Wohnalltag im Einfamilienhaus als Familie. Das zweite Instrument ist die Hausbegehung. Es handelt sich dabei um einen von der Familie geführten Rundgang durch das Haus. Die Besichtigung der Räume wird begleitet durch Fragen, die typische, sich an die jeweiligen Räume knüpfende Verhaltensroutinen thematisieren. Die Hausbesitzer*innen werden dabei angeregt, Fotos zu machen. Ein weiteres Erhebungsinstrument bildet die Erstellung sogenannter Mental Maps, die subjektive Karten der persönlichen Wohnumgebung darstellen. Sowohl die von den Besitzer*innen gezeichnete Karte als auch der Prozess des Zeichnens sind Teil der Datenerhebung. Prämisse eines solchen

8 Vgl. Albena Yaneva: Making the Social Hold. Towards an Actor-Network Theory of Design. In: *Design and Culture* 1,3 (2009), S. 273–288.

9 Bruno Latour: *Eine neue Soziologie für eine neue Gesellschaft. Einführung in die Akteur-Netzwerk-Theorie*. Frankfurt am Main: Suhrkamp 2007, S. 9.

10 Vgl. Georg Breidenstein / Stefan Hirschauer / Herbert Kalthoff / Boris Nieswand: *Ethnografie. Die Praxis der Feldforschung*. Konstanz: UVK 2013, S. 34.

ethnografischen Forschungsdesigns ist die Annahme, dass sich das Phänomen des Wohnens im Einfamilienhaus in seiner Vielgestaltigkeit nur über eine Kombination verschiedener Methoden erfassen lässt. Die unterschiedlichen Methoden zur Datenerhebung produzieren aufgrund ihrer unterschiedlichen methodologischen Verständnisse heterogene Ergebnisse und Perspektiven auf das Wohnen im Einfamilienhaus.[11]

Den folgenden Beispielen gemeinsam ist, dass sich über die Beschreibung der gebauten Räume im Sinne einer Momentaufnahme zwar eine bauliche Bestimmung und Typisierung erfassen lassen, nicht jedoch die praktizierte soziale Wirklichkeit der Einfamilienhausbewohner*innen.

Die Garage, oder: Warum parken die Autos davor?

In Garagen wird gebügelt, Wäsche getrocknet, gelagert, gesammelt, handwerklich gearbeitet. In der beschriebenen Garage ‚bügelt' Frau Lehmann ihre Wäsche. Sie betont das Wort ‚bügeln', indem sie Anführungszeichen in die Luft malt. Denn es handelt sich nicht um das konventionelle Bügeln am Bügelbrett mit Bügeleisen. Frau Lehmann schwingt die durch den Trockner auf eine bestimmte Temperatur erhitzten Textilien über die Tür, die die Garage mit dem Haus verbindet, und streicht diese daran faltenfrei. Diese Praxis hat wenig mit dem stereotypen Bild der bügelnden Hausfrau vor dem Fernseher gemein. ‚Bügeln' erledigt sie nebenbei und nur für bestimmte Kleidungs- und Stoffsachen. Es bedarf weder eines räumlichen noch zeitlichen Zusatzaufwands für diese Haushaltstätigkeit. Das Bügeln schließt sich direkt an das Trocknen an und wird mithilfe der baulichen Voraussetzungen des Raums Garage erledigt. Frau Lehmann benötigt dafür keine zusätzlichen Geräte und integriert das Bügeln in die Praxis des Trocknerausräumens. Eine andere zu beobachtende Praktik ist das Wäschetrocknen mittels Wäscheständer. Der Wäscheständer steht in der Garage umgeben von anderen Dingen, die dort abgelegt, gelagert und gesammelt werden. Frau Lehmann nimmt die Wäsche aus der Waschmaschine und bahnt sich ihren Weg durch die Garage. Dieser Weg muss immer wieder neu hergestellt werden. Sie schiebt spontan Kartons und Tüten zur Seite. An diesem Beispiel lässt sich eine Überlagerung verschiedener räumlicher Situationen erkennen, die nebeneinander im Raum Garage existieren. Die Praxis des Wäscheaufhängens muss mit den materiellen Voraussetzungen umgehen, die dadurch entstehen, dass die Garage parallel als Abstell- und Trockenraum genutzt wird.

11 Vgl. Herbert Kalthoff: Beobachtung und Komplexität. Überlegungen zum Problem der Triangulation. In: *Sozialer Sinn* 11,22 (2010), S. 353–365, hier S. 354.

Eine andere Funktion, die die Garage als Raum des Einfamilienhauses übernimmt, ist die des Lagerns von Vorräten. In Kühlschrank und Tiefkühltruhe lagern die Vorräte der Familie Lehmann. Mehrmals täglich geht die Familie in die Garage, um Lebensmittel zu holen, die im wesentlich kleineren Kühlschrank mit Tiefkühlfach in der Küche zur Neige gegangen sind oder die aufgrund ihrer Größe dort keinen Platz fanden. Die Einkäufe werden entweder von der Familie aus dem Auto, möglichst dicht vor der Garage parkend, zu ihren Lagerorten transportiert oder sogar durch das Haus getragen, um sie dann letztendlich in der Garage einzulagern. Die Garage entsteht in und durch diese Praktik als Vorratsraum des Einfamilienhauses.

Die Garage der Familie Lehmann ist kein Einzelfall. Zwar werden nicht immer alle Praktiken in allen interviewten Familien ausgeführt; der gemeinsame Befund ist jedoch, dass die Autos vor den Garagen geparkt werden, um in diesen Räumen in unterschiedlichen Zusammensetzungen die oben aufgeführten Praktiken auszuführen. Darin dokumentieren sich unterschiedliche Gebrauchslogiken, die den Raum Garage immer wieder neu und immer wieder anders herstellen. Die dargestellten Praktiken haben in ihren unterschiedlichen Raum- und Gebrauchslogiken eines gemeinsam: Sie rekurrieren auf Tätigkeiten und Motive des Haushalts. Familie Lehmann begründet die Umnutzung der Garage zu einem Hauwirtschaftsraum mit Platzmangel. Aus dem geplanten Hauswirtschaftsraum ist im täglichen Gebrauch das Hundezimmer geworden. Dementsprechend musste ein anderer Raum für Waschen, Bügeln, Trocknen und Lagern gefunden werden. Zwar verwandelt sich nicht in allen Einfamilienhäusern der Hauswirtschaftsraum in ein Hundezimmer, doch das wiederkehrende Motiv ist ein empfundener wie tatsächlicher Platzmangel. Die Garage ist dann der Raum, in dem die unplatzierten Tätigkeiten, Funktionen und Praktiken des Alltags lokalisiert werden. Sie wird dadurch zu einem multifunktionalen Raum, der in bestimmten Momenten und Situationen des Tages und durch bestimmte Praktiken entweder als Bügelzimmer, Abstellraum, Wäschekammer und Vorratsschrank hergestellt und gebraucht wird. Diese alltäglichen Praktiken schließen die herkömmliche Nutzung als Autostellfläche aus. Argumentativ legitimiert wird diese Umnutzung in Frau Lehmanns Fall sowohl mit der Sauberkeit als auch über den Platzmangel. Das Parken des Autos würde die anderen Praktiken ver- und behindern. Zum einen könnte der Wäscheständer nicht mehr inmitten der Garage platziert werde, zum anderen kollidiert die Vorstellung von weißer, frischer Wäsche mit dem Auto als Dreckschleuder.

Die von mir geschilderten Alltagssituationen, in denen der Hauswirtschaftsraum Garage entsteht, beschreiben eine subversive Umnutzung des bautypologisch benannten Raums Garage. Aus der Garage, geplant als Autounterstellmöglichkeit, wird in der täglichen Nutzungspraktik ein Hauswirtschaftsraum. Aus

der funktional eindeutig zugeschriebenen Garage wird in und durch den alltäglichen Gebrauch ein multifunktionaler Raum, der mehrere Praktiken, materielle Partizipanden und unterschiedliche räumliche Situationen in sich vereint und je nach situativem Bedarf aktualisiert und herstellt. Die Bewohner*innen entwickeln in und durch ihre Praktiken einen zur Intention widerständigen Raum der Hauswirtschaft.
Warum aber implementiert Familie Lehmann im Raum der Garage den Ort des Hauswirtschaftens und welches Wissen über Hauswirtschaften im Einfamilienhaus dokumentiert sich darin? Im Einfamilienhaus der Familie Lehmann gibt es kein Bügelzimmer, keine Wäschekammer und keinen Trockenraum. Familie Lehmann praktiziert eine Bündelung dieser unplatzierten Aktivitäten. Bei der Planung des eigenen Eigenheims wurde den hauswirtschaftlichen Tätigkeiten kein Raum zugewiesen. Es scheint auch keine Alternative zu sein, das Bügeln und Zusammenlegen der Wäsche im Wohnzimmer vor dem Fernseher zu erledigen. Die reproduktiven Tätigkeiten der Hauswirtschaft sind an das andere Ende des Hauses ver- und zugleich ausgelagert. Wohnen ist nicht gleich Bügeln. Frau Lehmann erledigt die Wäsche nach eigener Aussage nebenbei und mal eben so. Es gibt weder einen Raum noch eine terminliche Festlegung, nach der die Familie ihre Wäsche erledigt. Die Hauswirtschaft ist weder räumlich noch zeitlich in den Wohnalltag der Familie Lehmann integriert. Sie ist kein Bestandteil dessen, wie sich Familie Lehmann das Wohnen im Einfamilienhaus vorstellt und wird als Praktikenbündel an einer peripheren Stelle des Hauses verortet: der Garage, die dadurch keine Garage mehr ist.

Der Hauswirtschaftsraum, oder: Durch die Hintertür ins Einfamilienhaus

Ich stehe vor dem Haus der Familie Dirks. Rechts neben der Haustür befindet sich die Küche. Unschwer zu erkennen an den auf dem Fensterbrett gesammelten Kochutensilien des täglichen Bedarfs. Links neben der Haustür, wo ich als mittlerweile erfahrene Einfamilienhausbesucherin die Gästetoilette vermuten würde, ist ein etwa zwei Meter langes und ein Meter breites Eckfenster. Ich erfahre, dass es sich bei diesem Raum um den Hauswirtschaftsraum handelt, den Familie Dirks als „Dreckschleuse" ihres Hauses bezeichnet. In dem Raum befinden sich die Heizungsanlage, die Waschmaschine, der Trockner, das Bügelbrett, eine Spüle, Jacken und Schuhe, Fahrradhelme, Gartenhandschuhe und Saftkisten. Der Hauswirtschaftsraum hat drei Türen. Durch eine Tür betritt man den Flur, eine andere ist der direkte Zugang zur Küche und die dritte Tür führt zu den Autostellflächen. Dabei stellen sich mir zwei Fragen. Warum braucht ein

Hauswirtschaftsraum ein Panoramaeckfenster zur Straße? Warum nennt man diesen Raum Dreckschleuse?

Ähnlich wie die Garage ist der Hauswirtschaftsraum ein multifunktionaler Raum im Einfamilienhaus, der sich durch eine Vielzahl von in ihm ausgeführten Praktiken auszeichnet. Der Name Hauswirtschaftsraum deutet bereits die Art der darin ausgeübten Praktiken an. Im Hauswirtschaftsraum der Familie Dirks wird Wäsche gewaschen und Wäsche gebügelt. Neben der Waschmaschine steht der Trockner. Daran angegliedert sind ein Spülbecken und eine Arbeitsfläche. Mit Blick aus dem Panoramafenster ist in der Mitte des Raumes das Bügelbrett positioniert. Dahinter surrt die Heizungsanlage. Daneben befinden sich eine Tür zur Küche sowie eine Tür zum Flur. Während des Bügelns beobachtet Frau Dirks die Straße. Wer kommt, wer geht, wer kommt zu spät und wer hat Besuch? Wo spielen die Kinder und wie ist das Wetter? Die Praktik des Bügelns integriert also die Praktik des Beobachtens der Straße. Das durch die Praktik des Bügelns entstehende Bügelzimmer ermöglicht zugleich das Beobachten der Außenwelt über einen längeren Zeitraum hinweg. Die Position des Bügelbretts ist bestimmt durch die Ausrichtung in Bezug auf das Fenster. Die Platzierung ist somit festgelegt und gleichbleibend. Auch die zeitliche Choreografie ist festgelegt. Frau Dirks hat feste Zeitfenster, in denen sie bügelt. So bügelt sie ungern abends, da sie dann nichts mehr auf der Straße beobachten könne. Der Hauswirtschaftsraum wird in und durch die geschilderten Praktiken als Bügelzimmer mit besonderer Aufenthaltsqualität hergestellt, welches den Kontakt oder vielmehr das Beobachten des Draußen ermöglicht.

Das Motiv der Organisation des Drinnen und Draußen spielt auch in anderen Situationen im und um den Hauswirtschaftsraum eine zentrale Rolle. Mittels des Hauswirtschaftsraums organisiert Familie Dirks das Betreten und Verlassen ihres Hauses. Familie Dirks parkt ihre Autos in der Garage, die sich an der linken Hausseite neben dem Hauswirtschaftsraum befindet. Der Seiteneingang ermöglicht es den Familienmitgliedern, die Einkäufe auf kurzem Weg ins Haus zu schaffen. Der Hauswirtschaftsraum ist zugleich auch Vorratsraum der Familie Dirks. Zum Teil verstaut sie die Sachen direkt im Hauswirtschaftsraum, manche Einkäufe werden durch die direkte Verbindungstür in die Küche gebracht. Ein weiterer Vorteil besteht darin, dass die Wege vom Auto bis Kühlschrank mit Straßenschuhen erledigt werden können. Der Hauswirtschaftsraum darf dreckig werden und wird in dieser Funktion als Dreckschleuse zwischen drinnen und draußen bezeichnet.

Die Benutzung des Seiteneingangs, der ohne Umwege in die Wohn- und Aufenthaltsbereiche der Familie führt, ist praktisch und effizient. Ein Betreten des Hauses über die Eingangstür würde bedeuten, dass die Einkäufe um das Haus herum, durch den Flur und dann in die Küche getragen werden müssten. Die Kinder würden mit dreckigen Schuhen und regennassen Jacken durch den Flur laufen, um dann ihre Sachen im Hauswirtschaftsraum auszuziehen.

Die Bedeutung des Hintereingangs in der täglichen Wohnpraxis der Familien verdichtet sich bei Betrachtung der Begrüßungs- und Verabschiedungsszenen, die sich vor und nach dem Interview ereignen. Werde ich zu Beginn des Interviews am offiziellen Hauseingang begrüßt, verabschiedet man mich später im Hauswirtschaftsraum. Auf Nachfragen berichten die interviewten Familien, dass die offizielle Eingangstür nur von Gästen, Fremden oder unangemeldeten Besucher*innen benutzt würde, die Bewohner*innen des Hauses sowie gute Freund*innen und Bekannte gehen selbstverständlich durch die Tür an der Seite des Hauses direkt durch den Hauswirtschaftsraum in die Küche. Die Eingangstür, welche sich in der Praxis als die Tür der Gäste erweist, ist meist doppelt verschlossen. Während die alternative Eingangstür am Hauswirtschaftsraum, die Hintertür, stets offen steht. Durch das Betreten des Hauses durch den Hintereingang entsteht eine besondere Situation des Eingangs. Unvermittelt steht man im Hauswirtschaftsraum, inmitten der Heizungsanlage, der schleudernden Waschmaschine, dem Trockner, den Kinderschuhen, Kinderklamotten und dem Altpapier. Man steht sofort mitten im familialen Alltag, der sich eben nicht aufgeräumt und dekoriert darstellt.

In den täglichen Situationen des Gebrauchs wird der Hauswirtschaftsraum als multifunktionaler Raum hergestellt, der durch seine besonderen baulich-materiellen Voraussetzungen als Übergangsraum zwischen Drinnen und Draußen funktioniert. In und durch die alltäglichen Praktiken wird der Hauswirtschaftsraum als Haupteingang der Familie zum Einfamilienhaus sowie als Fenster zur Straße hergestellt.

Das Vorhandensein zweier Eingangstüren schafft zwei Zugänge ins Haus, deren spezifischer Sinn sich erst in der praktischen Nutzung erklärt. Während unbekannte Gäste durch den Flur in das Wohnzimmer geführt werden, dürfen die Freund*innen der Familie direkt durch den Hauswirtschaftsraum in die Küche gehen. Das Betreten des Hauses ist abhängig vom jeweiligen Verhältnis des Besuchers/der Besucherin zur Familie. Das zwischenmenschliche Verhältnis der Gäste zu den Bewohner*innen wird in ein räumliches Organisationsmuster übersetzt. Dadurch entstehen räumliche Bereiche im Haus, die exklusiv den einen und den anderen zugänglich sind. Interessant ist dabei die Frage, wer was sehen und betreten darf und was das wiederum über die jeweiligen Räume aussagt. Kennt man Familie Dirks, darf man in der Küche stehen und Frau Dirks beim Kaffeemachen zuschauen. Ist man ein unbekannter Gast, bekommt man den Kaffee im Wohnzimmer serviert. Die Küche sowie die Dreckschleuse funktionieren in der räumlichen (An)Ordnung des Einfamilienhauses als familial exklusive Räume, deren Zugänglichkeit über den Grad der Intimität zur Familie bestätigt wird. Die Orte des Hauswirtschaftens werden erst einsehbar als Bestandteile des Einfamilienhauses, wenn soziale Nähe hergestellt wurde.

Fazit

Während also die Garage als multifunktionaler und disponibler Raum die unplatzierten Praktiken des Hauswirtschaftens außerhalb des Wohnbereichs verortet und dadurch zum wesentlichen Bestandteil des räumlichen Alltagsensembles wird, erweitert sich der Hauswirtschaftsraum im Erdgeschoss funktional zum Eingangsbereich mit Dreckschleuse. Während sich die Garage als subversive Umnutzung beschreiben lässt, handelt es sich beim Hauswirtschaftsraum mit Panoramafenster um eine Erweiterung, die zusätzliche Bedeutungen hinzufügt. In beiden Fällen ist die Um-Schreibung der Präskription[12] eine Anpassung der architektonischen Situation an den tatsächlichen familialen Alltagsbedarf. Die Familien machen sich die materiell-baulichen wie architektonischen Gegebenheiten zu Eigen, auch wenn dieser Nutzen nicht präskriptiver Bestandteil der entsprechenden Räume ist. Die von mir beschriebenen Räume werden entsprechend der alltäglichen Bedürfnisse hergestellt. Dieser Umgang mit architektonischen Situationen und den darin manifestierten Skripten lässt sich unter dem Stichwort der *Aneignungspraktiken* diskutieren.[13] So sind die von mir beschriebenen Praktiken des ‚Bügelns' über der Garagentür, des Wäschetrocknens inmitten des Raumes oder die Praktik des Beobachtens der Straße zugleich Praktiken des Haushalts wie auch Praktiken des Aneignens. Aneignung meint die eigentätige Veränderung einer vorgefundenen Situation, also eine selbstständige Auseinandersetzung mit den in die räumlich-materiellen Situationen eingeschriebenen Skripten, die sich in den Beispielen als

12 Präskription meint die wechselseitigen Verhaltenszuschreibungen wie -erwartungen verschiedener Aktanten. Siehe dazu Albena Yaneva: Grenzüberschreitungen. Das Soziale greifbar machen: Auf dem Weg zu einer Akteur-Netzwerk-Theorie des Design. In: Stephan Moebius / Sophia Prinz (Hrsg.): *Das Design der Gesellschaft. Zur Kultursoziologie des Designs*. Bielefeld: Transcript 2012, S. 71–90.

13 Zum Begriff der Aneignung als sozialräumliches Konzept siehe Ulrich Deinet: Aneignung und Raum – zentrale Begriffe des sozialräumlichen Konzepts. In: Ders. (Hrsg.): *Sozialräumliche Jugendarbeit. Grundlagen, Methoden und Praxiskonzepte*. Wiesbaden: Springer 2005, S. 27–57. Zum Konzept der Aneignung bei Pierre Bourdieu siehe Markus Schroer: *Räume, Orte, Grenzen. Auf dem Weg zu einer Soziologie des Raums*. Frankfurt am Main: Suhrkamp 2006, S. 82–106.

Umnutzung und Erweiterung darstellt. Der Begriff der Aneignung rekurriert auf die Akteur*innen, die in ihrem alltäglichen Gebrauch auf die sozialräumlichen Anforderungen, auf die Präskriptionen des Gebauten reagieren. Diese individuellen Gebrauchspraktiken können sehr unterschiedlich sein und müssen nicht notwendigerweise übereinstimmen mit den von Architekt*innen antizipierten wie intendierten Nutzungen. Dann stehen die Autos eben vor der Garage oder der Hauwirtschaftsraum bekommt ein Panoramaeckfenster.[14]

Ein weiteres Merkmal der geschilderten Situationen ist die in und durch die Praktiken hergestellte Multifunktionalität der Räume. In den und durch die verschiedenen Praktiken werden unterschiedliche räumliche wie soziale Situationen hergestellt, die zum Teil miteinander korrelieren, sich ergänzen, ausschließen oder ein unbeeinträchtigtes Nebeneinander fordern. Das Einfamilienhaus entsteht als *multiples Objekt*, welches in unterschiedlichen Praxiszusammenhängen als unterschiedliche Situation hergestellt wird.[15] Es entsteht niemals *die* Garage, dafür aber das Wäschezimmer, das Bügelzimmer und die Trockenkammer. Das andere Anliegen dieses Artikels war eine methodologische Annäherung an die Frage, wie sich die Herstellung dieser multiplen Räume empirisch untersuchen lässt. Oder anders gefragt: Wie lässt sich die eingangs gestellte Frage nach den vor der Garage parkenden Autos beantworten? Sie lässt sich nicht mit einem Blick auf den Grundriss beantworten, auch nicht mit Verweis auf die baurechtlichen Bestimmungen. Die Frage, warum die Autos vor der Garage stehen, kann erst mit Blick auf den sinnhaften Gebrauch dieser beantwortet werden. Die von mir vorgeschlagene Herangehensweise fragt also weder nach der Planung der Parksituation oder nach den Intentionen der Architekt*innen, sondern nach den täglich darin vollzogenen Praktiken: was in diesem Raum getan und welche Art von Raum in und durch diesen alltäglichen Gebrauch hergestellt wird. Die Konzentration auf den sinnhaften Gebrauch von Architektur, also auf die Praktiken, in denen Architektur hergestellt wird, erreicht eine neue Perspektive auf Architektur als *moving multiple project*.

14 Silke Steets diskutiert Umnutzungs- wie Aneignungsstrategien im Kontext des Wohnens unter dem Stichwort der Schaffung eines eigenen Ortes (Silke Steets: *Der sinnhafte Aufbau der gebauten Welt. Eine Architektursoziologie*. Frankfurt am Main: Suhrkamp 2015, S. 229). Auf der Grundlage ihres Materials bestimmt Steets die Praxis des Wohnens als Schaffung eines eigenen Ortes. Auch Hans-Joachim Roth interpretiert die Inbesitznahme von Balkonen als wohnliche Aneignungspraktiken (Hans-Joachim Roth: Balkone – über die Aneignung urbaner Architektur durch das Wohnen. In: Julia Reuter / Oliver Berli (Hrsg.): *Dinge befremden. Essays zu materieller Kultur*. Wiesbaden: Springer 2016, S. 73–84).

15 Vgl. John Law / Vicky Singleton: Object Lessons. In: *Organization Studies* 12,3 (2005), S. 331–355.

Die Industrieuniversität

Laura Nardi

Ziel meiner im Folgenden skizzierten Forschung ist es, eine Strategie zu entwickeln, die dazu beiträgt, die schwierige Aufgabe des Schutzes, der Erhaltung und der verantwortungsbewussten Wiederverwendung von in den ersten 20 Nachkriegsjahren errichteten und inzwischen leerstehenden Industriebauten zu meistern. Der Zeitraum zwischen den 1950er bis 1970er Jahren ist als Ära bedeutender Versuche und Experimente zu verstehen, die nicht nur den reinen Wiederaufbau der Städte betrafen, sondern auch mit dem Wunsch zusammenhingen, Intention und Eigenarten der Städte wieder zu finden und sie neu zu gestalten.

Meine Absicht ist es, vom Einzelnen auf das Allgemeingültige zu schließen, ergo anhand von Fallstudien ausgehend induktiv ein Verfahren zu entwickeln, das auch auf andere Gegebenheiten anwendbar ist. Zunächst wird daher als erstes relevantes Gebäude das Institut für Kolbenmaschinen von Walter Henn in Braunschweig im Detail analysiert.[1] Hauptziel ist es dabei, die Intentionen des Architekten des Gebäudes nachzuvollziehen. Mit dieser Kenntnis sollen Substanz und Wesen, die sich in den charakteristischen Details des Baus ausdrücken und ihn wertvoll machen und bewahrt werden sollten, besser verstanden werden. Insbesondere werden die Quellen daraufhin untersucht, ob der

1 Die verfügbaren Quellen werden systematisch im Hinblick auf spezifische Informationen zu bibliographischen, archivalischen, grafischen und technischen Aspekten ausgewertet, um die Bauten möglichst ganzheitlich erfassen zu können.

Architekt die Möglichkeiten und den Umfang etwaiger Erweiterungen oder Änderungen seines Gebäudes in Betracht gezogen hat. Insbesondere bei Gebäuden wie Laboren oder anderen Industriearchitekturen, bei denen die Form streng mit der Funktion zusammenhängt, wirkt sich eine Nutzungsänderung stark auf die Substanz aus. Erkenntnisse darüber, wie der Architekt, im vorliegenden Fall Walter Henn, zur baulichen Veränderung seines Werkes stand, können sich positiv auf den Umgang mit dem Gebäude, auch unter anderen als den ursprünglich geplanten Bedingungen auswirken.[2] Inwiefern sich die Intentionen von Architekten gewinnbringend nachvollziehen lassen und inwieweit es möglich und notwendig ist, diese im Zuge von Veränderungen und Sanierungen zu berücksichtigen, wird wesentlicher Bestandteil meiner an die hier vorliegenden Beobachtungen anschließenden Forschung sein.

Das Doppelinstitut für Strömungs- und Kolbenmaschinen in Braunschweig

Das zwischen 1961 und 1965 in Braunschweig gebaute und von dem Ingenieur und Architekten Walter Henn entworfene Institut für Kolbenmaschinen dient als Ausgangspunkt meiner Betrachtungen – es handelt sich bei dem Bau um einen Entwurf, der gleichermaßen einen Industriebau und ein Universitätsgebäude darstellt. Das Institut wurde als ein Versuchslabor für Kolbenmotoren konzipiert, in dem Fahrzeug- und Flugzeugmotoren getestet wurden. Es ist baulich mit dem Institut für Strömungsmaschinen verbunden und somit Teil eines Doppelinstituts. Die Entscheidung, zwei verschiedene Institute, die sich auf vier miteinander verbundene Gebäude verteilen, auf einem gemeinsamen Gelände nebeneinander zu bauen, hatte vor allem wirtschaftliche Gründe.[3] Tatsächlich gab es zur selben Zeit rege Bautätigkeit auf dem Universitätsgelände. Die Baumaßnahmen dienten sowohl dem Neubau des während des Zweiten Weltkriegs schwer beschädigten historischen Universitätsgeländes als auch dem Bau neuer

2 Das Forschungsprojekt *Die Arbeitsplätze in Italien und Deutschland* wird im Rahmen des Internationalen Doktortitels in Bauingenieurwesen und Umwelttechnik (XXX-Zyklus Curricula *Construction, Design, Verification and Control*) in Koordination zwischen den italienischen Universitäten von Florenz, Pisa, Perugia und der Technischen Universität Braunschweig durchgeführt (mit Professor Alexander von Kienlin, Institut für Baugeschichte). Zweck der Studie ist, für die nach dem Zweiten Weltkrieg gebauten und inzwischen stillgelegten Industriegebäude ein Verfahren für deren Erhaltung und Anpassung an neue Nutzungen zu entwickeln. Dieser Artikel gibt die ersten Überlegungen und Ergebnisse wieder.

3 Die gesamte bis dato gesichtete Literatur zeigt diese Motivation, auch in den Dokumenten der Archive sind die offensichtlichen, explizit oder implizit erklärten wirtschaftlichen Schwierigkeiten deutlich erkennbar (siehe Universitätsarchiv Braunschweig, Saib Archiv, Niedersächsisches Landesarchiv Wolfenbüttel, Niedersächsisches Landesarchiv Hannover).

Abb. 1: Institut für Kolbenmaschinen, von Nordwesten, 2015.

Abb. 2: Institut für Kolbenmaschinen, Hof von Süden, 2015.

Institute als nötige Antwort auf die stark angewachsene Studierendenzahl und die inzwischen neu aufgekommenen Anforderungen an Ausrüstung und Technologien der technischen Institute.
Der gesamte Komplex des Doppelinstituts besteht aus vier Gebäuden, die um einen Innenhof angeordnet sind. Von beiden Instituten zugänglich befindet sich im Zentrum der Anlage ein Gebäude, das Hörsäle, Bibliothek, Büros und öffentliche Studienräume beherbergt. Durch verglaste Galerien ist es mit den Flügeln verbunden, in denen die der Forschung gewidmeten Versuchslabore untergebracht sind. Etwas zurückgesetzt und vom Gebäudekomplex getrennt befindet sich ein kleineres Gebäude mit Garagen.
Planimetrisch gesehen sind die Gebäude so angeordnet, dass sie einen deutlich abgegrenzten Hof bilden, der an den Seiten nicht komplett geschlossen ist. Dieser betont im Aufbau sowohl eine Trennung zum städtischen Raum, in den sich der Gebäudekomplex einfügt, als auch die Wechselbeziehungen zwischen den einzelnen Bauteilen.[4] Die Fassaden sind auf jeder Seite unterschiedlich gestaltet, keine Seite wurde als Rückseite konzipiert. Die Fassaden der beiden Versuchslabore sind aus den gleichen Materialien hergestellt und ähneln sich in ihrem Erscheinungsbild. Sie sind aus Stahlbeton gefertigt und in Längsrichtung nach einem Baukastensystem aus einzelnen, deutlich erkennbaren Modulen aufgebaut. Die Abmessungen dieses Moduls belaufen sich auf 4,70 Meter. Dies legt für beide Labore, die dieselbe Ausrichtung besitzen, den gleichen Rhythmus zwischen Aufbau und Verkleidung sowie zwischen massiven Teilen und Leerräumen der Fassaden fest, was zu einem schlüssigen Zusammenspiel der Vorderansichten des gesamten Gebäudekomplexes führt. Das Hauptgebäude hebt sich zugleich flächenmäßig, in den verwendeten Materialien und der Fassadengestaltung deutlich ab. In ihm sind Büros und Hörsäle untergebracht. Bei diesem dreistöckigen Gebäude ist der Aufbau äußerlich nicht ersichtlich, die Wände sind komplett mit vorgefertigten Betonplatten verkleidet. Die Fenster bestimmen die Fassaden, die nicht denselben Wechsel zwischen massiven Teilen und Leerräumen aufweisen wie die Fassaden der Labore. Es scheint geradezu so, als ob das Gebäude zu einem anderen Gebäudekomplex gehören würde. Daher wirkt es im Vergleich zur Gestalt der anderen Gebäude, mit denen es verbunden ist, etwas deplatziert. Das kleine, einstöckige Gebäude der Garagen weist einen sichtbaren Aufbau aus Betonelementen sowie eine Verkleidung aus Ziegelsteinen auf. Stilistisch ist es an die Labore angelehnt.

4 In dem Plan des am 28. März 1961 präsentierten Projekts wird die Absicht deutlich, den Raum zwischen den Gebäuden nicht nur physisch, sondern auch durch ein Zeichen zu verbinden, das die Gebäude der Werkstatt mit dem Institut für Strömungsmaschinen kennzeichnet und identifiziert (Niedersächsisches Landesarchiv Wolfenbüttel, K 20471).

Die Entwurfsaspekte, die kennzeichnend für die Versuchslabore sind, leiten sich in erster Linie von den räumlichen Funktionen ab, das heißt von der Art der Experimente, für die sie vorgesehen sind. Die Versuche, die darin durchgeführt werden, sind mit der Verwendung von spezifischen Maschinen und Technologien verbunden. Infolgedessen sind speziell dafür benötigte Anlagen sowie bestimmte Räumlichkeiten notwendig.
Deutlich ist erkennbar, dass die Gebäude im Laufe der Zeit Veränderungen erfahren haben. Zum Beispiel wurden einige Fensterrahmen ausgetauscht und die Unterteilung der Räumlichkeiten der Gebäude variiert.[5] Es wurden jedoch keine Instandhaltungsmaßnahmen durchgeführt – weder was die Fassaden und die Einrichtung noch was den Aufbau und die Anlagen betrifft. Das hat zu einer fortschreitenden und unaufhaltsamen Verschlechterung aller Elemente, aus denen sich die Gebäude zusammensetzen, geführt. Dort wo Elemente des Aufbaus betroffen sind, stellt dies obendrein ein Sicherheitsrisiko dar.

Das Institut für Kolbenmaschinen

Das Institut für Kolbenmaschinen (IFK), in dem das Versuchslabor des Instituts untergebracht war, wurde seit dem Sommer 2015 radikal umgebaut. Ein beträchtlicher Teilabbruch ging damit einher. Die Umwandlung des gesamten Gebäudekomplexes betraf auch das kleine Garagengebäude, welches bereits Ende 2015 abgerissen wurde. Das IFK und das Gebäude, in dem das Versuchslabor des Instituts für Strömungsmaschinen untergebracht war, dienten bereits seit März 2012 nicht mehr ihrer ursprünglichen Funktion. Zu diesem Zeitpunkt wurden beide Institute in ein neues, eigens dafür errichtetes Gebäude in der Hermann-Blenk-Straße, die sich in der Nähe des Flughafens und außerhalb des Campus befindet, übergesiedelt. In diesem Zusammenhang wurde das IFK oder vielmehr der Bereich, in dem sich das IFK befand, als Standort für ein neues Institut bestimmt, nämlich für das Laboratory for Emerging Nanometrology (LENA).[6] Dies bedeutet, dass in einem Gebäude, das zur Erprobung von Motoren unterschiedlicher Größen gedacht war (von Auto- bis Flugzeugmotoren), nun ein Labor untergebracht wurde, das Mikropartikel erforscht und mit neuester Technologie im Nanometerbereich arbeitet. Zwangsläufig bringt eine so starke Nutzungsänderung auch die Notwendigkeit mit sich, Änderungen am Gebäude selbst vorzunehmen.

5 Im Vergleich zur Planimetrie des Projektplans fallen im Erdgeschoss die zwei zusätzlichen Zimmer rechts und links der zentralen Toilettenräume auf, die sich bis in die zwei großen Räumlichkeiten der Prüfräume erstrecken.

6 Siehe https://www.tu-braunschweig.de/mib/lena/infrastructure/lena-neubau (Zugriff am 17.02.2016).

Das IFK gehörte zu den ersten Instituten, die als Neubauten der Technischen Hochschule in Braunschweig entstanden.[7] Der Bereich Langer Kamp, in dem es sich befindet, wurde bereits 1950 in den Akten der Universität[8] als Bereich zur Erweiterung der sogenannten Universität III ausgewiesen, der gemäß einer idealen Aufteilung der Universitätsbereiche die technischen Forschungsinstitute für Maschinentechnologie und einen Bereich zur Konzentration der Sportinfrastrukturen umfasste. Parallel zur Expansion musste auch der Hauptsitz der Universität in der Pokelstraße 4 umgebaut werden, der im Krieg stark beschädigt wurde. Diese Arbeiten hatten Vorrang vor allen anderen Wiederaufbaumaßnahmen. Damals waren die Hauptschwierigkeiten insbesondere wirtschaftlicher Art;[9] die zahlreichen Finanzierungsanträge aller Universitäten in der Region, die wie Braunschweig die erlittenen Schäden reparieren und zugleich Raum für eine ständig wachsende Studierendenschaft schaffen mussten, kollidierten. Die ersten Fördergelder aus Niedersachsen wurden zu gleichen Teilen für den Wiederaufbau und die Erweiterung des Bereichs Langer Kamp aufgeteilt; das Fördervolumen betrug zunächst 750.000 DM. Dieser Betrag musste mehrfach erhöht werden.

Walter Henn trat sein Amt an der TH Braunschweig am 18. Mai 1955 an[10] und übernahm den Lehrstuhl Konstruktive Gestaltung der Ingenieur-Bauwerke und deren Eingliederung in die Landschaft. Seine Wahl fiel auf Braunschweig, da er hier eine Möglichkeit sah, sich dem zunehmenden Einfluss der Politik auf seine Arbeit am Dresdner Lehrstuhl für Baukonstruktion, Industriebau und Bautenschutz zu entziehen. Dazu wurde er auch von seinem Freund und Kollegen Friedrich Wilhelm Kraemer, der seit 1946 an der TH Braunschweig lehrte, motiviert. Zusammen mit ihm und dem Professor und Architekten Dieter Oesterlen bildete er das solide „Triumvirat der Architekturlehre" der sogenannten Braunschweiger Schule.[11] Diese drei Professoren waren die Protagonisten der Schaffung des neuen Bildes des Universitätscampus von Braunschweig. Sie planten die wichtigsten neuen Gebäude, die in den 1960er und 1970er Jahren

7 Universitätsarchiv Braunschweig, A II A 1.13 I.1 17, Bd. 1, T. 3, Bl. 419, 420.

8 Universitätsarchiv Braunschweig, A II A 1.43, 105.

9 Viele Institute, die keine speziellen Einrichtungen oder Laboratorien erfordern, werden in bestehenden Gebäuden in den Straßen direkt am Hauptquartier untergebracht, die in den 1950er Jahren erworben wurden (die Dokumente zum Verkauf werden im Niedersächsisches Landesarchiv Hannover aufbewahrt).

10 Universitätsarchiv Braunschweig, A II A 1.13 I.1 17, Bd. 1, T. 3, Bl. 454.

11 Siehe Dietmar Brandenburger: Walter Henn und die „Braunschweiger Schule". In: Susann Buttolo / Hans-Georg Lippert (Hrsg): *Walter Henn. Die Ästhetik des Funktionalen*. Dresden: Thelem 2012, S. 106–119.

gebaut wurden (wie den Forumsplatz, den Wolkenkratzer und das Rektorat). Henn war unter anderem Architekt der Zentralmensa, die in den Jahren 1961 bis 1962 gebaut wurde, des Instituts für Verfahrenstechnik, das 1964 bis 1966 entstanden ist, und später, 1969, des neben der Mensa befindlichen ASTA-Gebäudes und des Instituts für Wärme- und Brennstofftechnik, die 1971 entstanden sind. Bei der Gestaltung des IFK musste Henn unterschiedlichen wirtschaftlichen und funktionalen Anforderungen gerecht werden: Mit begrenzten Mitteln musste er ein Industriegebäude erschaffen, das den zu erwartenden Lärm und die vom Labor ausgehende Umweltverschmutzung eindämmt. Belastet werden würden sonst die Umgebung des Gebäudes sowie die Forscherinnen und Forscher selbst. Henns Absicht war es, eine Architektur zu errichten, die möglichst angenehme Arbeitsbedingungen erlaubt.[12] Er entwarf ein Gebäude, das einer Maschine vergleichbar ist, in dem die Anlagenkomponente dominiert und selbst zur Architektur wird.

Das IFK[13] verfügt über zwei oberirdische Geschosse und ist unterkellert. Es hat einen rechteckigen Grundriss mit den Maßen 45 mal 34 Meter, wobei sich die langen Seiten von Nordwest nach Südost erstrecken. Das Gebäude wurde in Skelettbauweise aus Stahlbeton errichtet: Die Pfeiler unterteilen das Gebäude in drei Schiffe; die mittlere hat eine Spannweite von 17,09 Metern und beinhaltete vor dem Umbau die beiden Hauptprüfräume, welche die volle Gebäudehöhe mit fast kubischer Form umfassten und durch einen zentralen Sanitärbereich voneinander getrennt waren. Die Außenwände der beiden Hallen waren ursprünglich vollständig verglast. In den Seitenschiffen, die in zwei Etagen und ihrerseits in Längsrichtung in neun Joche unterteilt waren, befanden sich im Erdgeschoss im Nordwesten die Prüfräume und Leitwarten, im Südosten befanden sich einige Labore und die Toiletten und an den beiden Enden des Gebäudes die vertikalen Verbindungen. In der ersten Etage der Labore waren die Büros untergebracht, während sich auf der gegenüberliegenden Seite in den Prüfräumen die Technikräume zur Belüftung der Prüfräume befanden. Die Belüftung erfolgte

12 Darin weicht Henn von den zeitgenössischen amerikanischen Beispielen der Industriearchitektur ab, die er in jenen Jahren persönlich besuchte. Bei jenen bemängelte er das Fehlen von Öffnungen und den ausschließlichen Einsatz einer künstlichen Belüftung, die seiner Meinung nach nicht die bestmöglichen Arbeitsbedingungen schuf. Henn verwendete letztendlich Thermolux-Scheiben, die diffuses Licht erzeugten und zusätzlich transparente Scheiben auf Augenhöhe, die es ermöglichten, nach außen sehen zu können.

13 Die technischen Daten und Maße wurden bei der Bauaufnahme durch Laser-Scanner gewonnen und stammen ferner aus zahlreichen Zeitschriften, in denen das Projekt veröffentlicht wurde (*Baumeister* 9 (1967); *Zentralblatt für Industriebau* 5 (1970); *Deutsche Bauzeitschrift* 5 (1976); Siegfried Nagel / Siegfried Linke / Deutschen Bauzeitschrift (Hrsg): *Bauten für Bildung und Forschung. Museen, Bibliotheken, Institute.* Gütersloh: Bertelsmann 1971, S. 176–178).

durch ein zur Zeit des Entwurfs hochmodernes System: Die Außenluft wurde in die Halle geführt und in zwei Schritten mit geeigneten Filtern gereinigt; ein Belüftungssystem führte dann die Luft in den darunterliegenden Prüfraum. Ebenso innovativ war das Luftabfuhrsystem für das verschmutzte Abgas, das zwangsläufig durch die an den Motoren durchgeführten Tests in den Prüfräumen entstand. In diesem Fall fand die Luftabfuhr im Untergeschoss mittels einer Abfolge von Kammern statt, die durch eine speziell gestaltete Metallplattform direkt mit der Prüfhalle verbunden waren und auf die die Fahrzeuge während der Prüfungen gestellt wurden. Die Abgase wurden mit einem Ventilator nach unten und durch die schallabsorbierenden Platten in Richtung eines Kamins gedrückt, aus dem die Luft dann ausgestoßen wurde. Diese Maßnahmen gewährleisteten eine auch während der Prüfungen saubere Luft, während die passend an den Wänden und in den Lüftungsschächten verteilten schallabsorbierenden Platten einen Geräuschpegel unter 55 Dezibel garantierten.[14]
Entlang der Nordwestseite befanden sich in 3 Metern Abstand von der Fassade drei Schornsteine, die jeweils aus drei Schichten selbsttragendem Blech konstruiert waren. Sie übernahmen nicht nur ihre Funktion, sondern stellten auch eines der Elemente dar, die das Gebäude visuell am stärksten charakterisierten.
Was die Materialien für die Hochbauten betrifft, so verwendete Henn keine vorgefertigten Elemente (abgesehen vom gemeinsamen Verwaltungsgebäude für die beiden Laboratorien), sondern wählte für die Fassaden traditionelle Materialien wie Ziegel der Stärke 11,5 Zentimeter, die innen mit einer Schicht aus 50 Millimeter dickem Filz verkleidet sind, sowie Stahl für die Fensterrahmen und Türen. Die Außenwände bestehen aus einer doppelten Ziegelschicht, von denen die äußere dunkelbraun ist. Die ursprünglichen Fenster, das zeigen veröffentlichte historische Fotos aus zahlreichen Magazinen, erschienen satiniert hellblau, waren doppelt verglast und 8 bzw. 10 Millimeter stark; viele wurden mit der Zeit durch Klarglas ersetzt, auch wenn vor der zuletzt erfolgten Veränderung (anlässlich derer die ursprünglichen Fenster völlig verlorengingen) noch Gläser aus der ursprünglichen Bauzeit vorhanden waren (im Fall des Labors für Strömungsmaschinen waren die bauzeitlichen Gläser im Juli 2016 noch vorhanden).
Die Abbrucharbeiten – und damit der Baubeginn des LENA – begannen im September 2015. Um eine vollständige Dokumentation zu erhalten, die alle

14 Eines der wichtigsten Probleme, mit dem das IFK vor dem Bau des neuen Gebäudes konfrontiert wurde, war die in den Testphasen hervorgerufene Lärmbelastung. Zahlreiche Anwohner in der Nähe des alten Gebäudes in der Schleinitzstraße beschwerten sich über den Lärm, der auch in der Nacht oder am frühen Morgen aus dem Gebäude zu hören war. (Niedersächsisches Landesarchiv Wolfenbüttel, 7 A Nds Zg. 48/1980 Nr. 383.)

Abb. 3: Institut für Kolbenmaschinen, von Nordwesten, 2016.

Daten über den Zustand des aufgegebenen Gebäudes beinhaltet, wurde eine detaillierte Bestandsaufnahme mit fotografischer Erfassung[15] durchgeführt, die deutlich den sehr schlechten Zustand des vormaligen Gebäudes zeigt. Insbesondere die strukturellen Teile wie der Beton erscheinen schwer beschädigt; die Armierung lag stellenweise bloß und befand sich in einem fortgeschrittenen Korrosionszustand; es gab zahlreiche Lecks im Dach. Schließlich hatten die Fassadenziegel bereits teilweise nachgegeben. Die Frage ist, ob ein solcher Zustand die Folge des völligen Fehlens von Wartungsarbeiten ist oder eher Folge des impliziten Wunsches des Architekten, ein Gebäude mit einer lediglich begrenzten Haltbarkeit zu schaffen. In letzterem Fall wäre die irreversible Umwandlung durch die Absichten Henns gerechtfertigt. Was völlig verloren ging, sind gerade die repräsentativsten Elemente des Projekts, die nicht zufällig am stärksten an die konkrete Funktion gebunden waren: der Teil des Gebäudes, der die Prüfhallen im Erdgeschoss beherbergte wurde zusammen mit dem entsprechenden Belüftungssystem im ersten Stock und den drei daran angeschlossenen Außenkaminen vollständig abgerissen. Hinzu kam der Austausch aller Fenster, Türen und Fassadenelemente.

15 Geführt im Institut für Tragwerksentwurf in Braunschweig unter der Leitung von Herrn Ing. Arch. Sebastian Hoyer.

Reflexionen und erste Ergebnisse

Eine erste wichtige Beobachtung, die aus diesem Beispiel hervorgeht, ist die bauliche Verflechtung der zeitgenössischen Industriearchitektur mit der ursprünglich durch sie beherbergten Funktion. Gleich ob sie der produktiven Tätigkeit diente oder wie in diesem Fall der Experimentiertätigkeit, sind alle Gebäudeelemente bis zu einem gewissen Grad von dieser Tätigkeit funktionell bestimmt (Abmessungen, Raumaufteilung, Gebäudeanlagen, Art der Wandisolierung usw.), weil sie speziellen Anforderungen und Problematiken gerecht werden müssen. Gerade die Industriearchitektur unterliegt jedoch einer schnellen und unvermeidlichen Entwicklung, verbunden vor allem mit der Entwicklung von Technologien und Produktions- bzw. Prüftechniken. Dieses provisorische und ephemere Wesen der Industriearchitektur kollidiert zwangsläufig mit dem Konzept des Industriekulturerbes, denn in dem Moment, in dem Industriearchitektur zu einem bewahrenswerten Erbe wird, tritt der Zwang zur Umwandlung und Anpassung in Konkurrenz zu den Prinzipien der Erhaltung, besonders wenn die Funktion einzigartig und spezifisch ist. Walter Henn spielt wahrscheinlich kaum mit dem Gedanken, dass sein Gebäude eines Tages zu einem bewahrenswerten Erbe würde. Umgekehrt war er sich der Tatsache bewusst, dass seine Industriegebäude eines Tages unvermeidlich verändert werden müssten. So erklärte er ausdrücklich:

> Wenn sich aber die Anforderungen an eine Produktionsstätte innerhalb weniger Jahre so verändern können, dass eine Industrieanlage, obgleich sie noch nicht einmal Spuren der Abnutzung aufweist, schon nach kürzester Zeit überholt ist, so verlieren die Bauwerke im Industriebau ganz allgemein ihren „bleibenden Wert". Sie werden nicht mehr für Jahrhunderte gebaut, sondern bestenfalls für Jahrzehnte.[16]

Ein Kunstgriff, den Henn anwandte, um das Gebäude in Längsrichtung erweiterbar zu gestalten, war eine Struktur mit replizierbarer Modularität. Die gleiche Strategie wurde auch beim Labor des Instituts für Strömungsmaschinen angewendet. Bei dem Gebäude, das den beiden Instituten gemeinsam zugehörig ist, kam sie jedoch nicht zur Anwendung, da dieses keine experimentelle Tätigkeit aufnehmen sollte und somit keine Notwendigkeit einer Veränderung oder Erweiterung bestand. In ähnlicher Weise handelte Henn in anderen Beispielen, immer mit dem Wunsch, die größtmögliche Flexibilität in der Zukunft zu gewährleisten.

16 Siehe Walter Henn: *Bauten der Industrie*, Bd. 1: Planung, Entwurf, Konstruktion. München: Callwey 1955, S. 18.

Die niedrige Qualität der verwendeten Materialien ist wahrscheinlich auf den Mangel an wirtschaftlichen Mitteln zurückzuführen. Da Henn, wie oben zitiert, jedoch kein Denkmal für die Ewigkeit bauen wollte, könnte er auch vorsätzlich entschieden haben, den wirtschaftlichen Schwierigkeiten bewusst mit minderwertigen Materialien entgegenzutreten. Er hat sich wohl kaum die Frage gestellt, wie in Zukunft konkret eingegriffen werden könnte. Angesichts seines Wunschs, durch seine Architektur Spuren zu hinterlassen,[17] ergibt sich aber die Möglichkeit zu der Annahme, dass Henn gehofft hat, dass dieses Werk zu einem Zeugnis seines Schaffens würde, das auch noch in ferner Zukunft zu betrachten ist.

Diese ersten Überlegungen basieren auf der laufenden Analyse und erlauben es noch nicht, Henns Erwartungen bzw. Vorstellungen im Umgang mit seinen Bauten näher zu erörtern. Der nächste Schritt, um dem oben beschriebenen Ziel näher zu kommen, ist eine fortgeführte Analyse von Henns Architekturtheorie sowie die Verallgemeinerung des der Fallstudie zugrunde liegenden Analyseschemas.

17 Aus dem Gespräch mit dem Sohn Gunter Henn, siehe Susann Buttolo / Hans-Georg Lippert: Freiheit, Präzision und Ordnung. Erinnerungen an den Architekten Walter Henn. In: Dies. (Hrsg.): *Walter Henn*, S. 129 –147, hier S. 142.

4.
Die DDR im transnationalen Gefüge

Die folgenden Beiträge verbindet der Ansatz, die DDR nicht als ein in sich geschlossenes, isoliertes System zu betrachten. Vielmehr werden die Beziehungen der Akteure auf staatlicher und gesellschaftlicher Ebene zu den europäischen Nachbarstaaten untersucht. Nach dem Zweiten Weltkrieg ähnelten sich die Herausforderungen im Bereich Architektur und Denkmalpflege in den europäischen Staaten. Wirkungen und Ergebnisse der Debatten in den Nachbarländern wurden in der DDR wahrgenommen und inspirierten die nationalstaatlichen Lösungen. Mehr noch: Für manche Herausforderung wurde intensiv zusammengearbeitet. Umgekehrt konnten auch die Nachbarstaaten von Lösungen, die in der DDR gefunden wurden, profitieren, sodass transnationale Wechselwirkungen beobachtet werden können. Ermöglicht wurde der Austausch durch Institutionen wie dem Rat für gegenseitige Wirtschaftshilfe. Ferner beeinflussten die institutionellen Rahmenbedingungen im neu aufzubauenden System sowohl auf nationaler als auch auf internationaler Ebene den Wissenstransfer. Strukturelle Defizite im Aufbau führten zu Kompetenzstreitigkeiten und behinderten die Arbeit der Akteure. Ihre persönlichen Kontakte, die mitunter auf weitreichende Interaktionsgeflechte schließen lassen, und ihr Engagement für die Sache spielten daher eine herausragende Rolle.

Der Vergleich als wissenschaftliche Methode legt nicht nur Besonderheiten und Unterschiede offen, der Blick über den nationalstaatlichen Tellerrand ist für belastbare und aussagekräftige Forschungsergebnisse elementar. Die transnationale Perspektive mag in einem Bereich wie der national geprägten

Denkmalpflege verwundern. Doch die Ergebnisse zeigen, dass sich nicht nur die Herausforderungen ähnelten, sondern auch die eingeschlagenen Wege. Letztlich ist der Kontext, in dem auch Nationalstaatsgeschichte des 20. Jahrhunderts geschrieben werden muss, ein globaler.
Franziska Klemstein widmet sich in ihrem Beitrag der Debatte um die Frage, ob die Denkmale in der DDR zu klassifizieren seien, also die Erhaltungsstrategien der Bedeutung der Objekte angepasst werden sollten. Schlaglichtartig werden die Debatten zu dieser Frage in den europäischen Nachbarländern beleuchtet. Bianka Trötschel-Daniels widmet sich der Kategorisierung der Denkmale, dem Denkmalbegriff in der DDR. Das Denkmalpflegegesetz der DDR von 1975 ist in einer Zeit entstanden, in der auch die Mehrzahl der Landesdenkmalschutzgesetze in der Bundesrepublik verabschiedet wurde. Ein Vergleich liegt daher auf der Hand. Magdalena Kamińska beleuchtet die technische Zusammenarbeit zwischen der Volksrepublik Polen und der DDR aus polnischer Perspektive. Dabei zeigt sich die Relevanz der transnationalen, gesellschaftlichen Akteure.

Der ‚Klassifizierungsstreit' von 1956

Zuständigkeiten, Kompetenzen und die Suche nach Struktur

Franziska Klemstein

Der ‚Klassifizierungsstreit' von 1956 bezeichnet keinen Streit im eigentlichen Sinne. Vielmehr benennt er eine Thematik, die in der DDR, besonders in den 1950er Jahren im Zuge umfangreicher Wiederaufbau- und Neubauplanungen einzelner Straßenzüge bis hin zu ganzen Städten, wiederholt diskutiert wurde. Diese häufig sehr emotional geführten Auseinandersetzungen lassen Rückschlüsse auf Strukturen zu, innerhalb derer die institutionelle Denkmalpflege in der DDR ihren Tätigkeitsbereich in den 1950er Jahren zu definieren versuchte. Der ‚Klassifizierungsstreit' war daher nicht allein eine (fachwissenschaftliche) Auseinandersetzung mit der Thematik Klassifizierung, sondern zugleich ein Kampf um Kompetenzen und Zuständigkeiten einzelner Personen wie auch Institutionen innerhalb des sozialistischen Staatswesens der DDR.

Im Folgenden soll ein zeitlich begrenzter Ausschnitt dieser Diskussionen erörtert werden, der sich auf Stellungnahmen bezieht, die von Oktober bis Dezember 1956 an den Beirat für Bauwesen gerichtet wurden. Ziel dieses Aufsatzes ist es nicht, die Diskussion um die Klassifizierung von Denkmälern nachzuzeichnen, sondern vielmehr einen punktuellen Einblick zu gewähren, der die Vielschichtigkeit der zeitgenössischen Debatten widerspiegelt. Anhand einer kurzen Darstellung der Denkmalpflege im europäischen Ausland sollen die Diskussionen und Positionen in der DDR gleichsam in einen überregionalen beziehungsweise transnationalen Kontext eingebettet werden. Gleichwohl soll dieser punktuelle Einblick auch die Möglichkeit bieten, der Frage nach möglichen Inspirationen aus dem Ausland nachzugehen und gegebenenfalls Ideenfindungsprozesse nachzuzeichnen.

Ausgangssituation des ‚Klassifizierungsstreits'

Am 31. Oktober 1956 richtete sich der Kunsthistoriker und damalige Direktor des Instituts für Geschichte und Theorie der Baukunst der Bauakademie, Gerhard Strauss, mit einem Schreiben betreffend der „Sicherung wertvoller historischer Substanz"[1] an den Beirat für Bauwesen. Dem Betreff entsprechend setzte sich Strauss in seinem Schreiben zunächst mit dem Problem der Sicherung diverser Objekte auseinander, deren Existenz unmittelbar bedroht sei, und betonte zugleich, dass er diese Informationen von unterschiedlichen Fachleuten auf der Erfurter Konferenz „Siedlungsgeschichte und Urbanistik"[2] erfahren habe. Obwohl Strauss für den Bereich Denkmalpflege keine direkte Zuständigkeit geltend machen konnte, unternahm er den Versuch, mithilfe des Beirats für Bauwesen seinen Kompetenzbereich auszuweiten, da er seiner Pflicht als Mitglied des Beirats nicht nachkäme, wenn er seinen „Standpunkt nicht auch in diesem Rahmen vertreten würde"[3].
Allerdings war es nicht sein Ziel, den Beirat auf einzelne gefährdete Objekte aufmerksam zu machen, sondern diesem weitreichende Entscheidungsbefugnisse einzuräumen, „um endlich eine planvolle Arbeit der Baudenkmalpflege zu garantieren"[4]. Die Garantie hierfür sah Strauss durch eine Klassifizierung der Denkmäler in fünf Stufen gewährleistet, wobei in Klasse I Denkmäler verzeichnet werden sollten, die als „besonders wertvoll" galten und „deshalb vordringlich zu sichern [waren] zwecks späterer Rekonstruktion oder Regeneration."[5] Klasse V sollte hingegen Objekte umfassen, „deren Erhaltung

1 Gerhard Strauss: Stellungnahme an den Beirat für Bauwesen beim Ministerrat der Deutschen Demokratischen Republik, 31.10.1956. Bundesarchiv (BArch), DH 1/39056, [S. 1].

2 Die Konferenz zur „Siedlungsgeschichte und Urbanistik" wurde von der Deutschen Bauakademie ausgerichtet und fand vom 16. bis 19. Oktober 1956 in Erfurt statt. Bereits 1955 hatten sich die Akademien der Wissenschaften Prag, Bratislava und Warschau zusammengefunden, um sich über urbanistische Probleme auszutauschen. Im Anschluss daran erfolgte eine Anfrage an die Deutsche Bauakademie, sich an dem Austausch zu beteiligen, woraufhin Strauss sich an Kurt Liebknecht wandte. Siehe hierzu Sigrid Brandt: *Geschichte der Denkmalpflege in der SBZ/DDR. Dargestellt an Beispielen aus dem sächsischen Raum 1945–1961.* Berlin: Lukas 2003, S. 45.

3 Gerhard Strauss: Stellungnahme an den Beirat für Bauwesen beim Ministerrat der Deutschen Demokratischen Republik, 31.10.1956. BArch, DH 1/39056, [S. 2].

4 Ebd.

5 Ebd. Das Wort „späterer" ist im Originaltext unterstrichen.

nicht vordringlich, jedoch notwendig ist", da sie über „normale historische Substanz" verfügten und nach Strauss' Vorstellungen „im gegenwärtigen Zustand belassen werden" könnten.[6]

Auch die Rahmenbedingungen zur Umsetzung der Klassifizierung der Denkmäler hatte Strauss bereits durchdacht. So sollte das Institut für Denkmalpflege (Zentrale mit Außenstellen) für die „wissenschaftlich begründete Klassifikation" entsprechend der von ihm definierten Klassen zuständig sein, die Entscheidung über die Klassifikationsvorschläge sollte hingegen einem noch zu gründenden Gremium obliegen, das sich, nach den Vorstellungen von Strauss, aus „Vertretern des Ministeriums für Kultur (Denkmalpflege), des Beirates für Bauwesen beim Ministerrat, der Deutschen Bauakademie und der Deutschen Akademie der Wissenschaften unter Heranziehung einiger Spezialisten der Hochschulen" zusammensetzen würde.[7] Obwohl das entscheidende Gremium erst noch gebildet werden müsste, war Strauss überraschender Weise der Ansicht, dass die Erstellung der Klassifikation in den Aufbaustädten und „anderen Orten intensiver Bautätigkeit"[8] bereits im Dezember 1957 abgeschlossen sein dürfte.

Strukturen und Kompetenzen

Auch wenn sich der ‚Klassifizierungsstreit' vorrangig zwischen der Bauakademie, dem Beirat für Bauwesen und dem Institut für Denkmalpflege abspielte, existierten in den 1950er Jahren weitere Organisationen und Institutionen parallel, die sich mit denkmalpflegerischen Themen auseinandersetzten. Neben dem Institut für Denkmalpflege (zu diesem Zeitpunkt noch: Zentrale mit Außenstellen), dem Institut für Theorie und Geschichte der Baukunst der Bauakademie sowie der Abteilung Denkmalpflege beim Magistrat von Berlin waren auch die Ministerien für Kultur sowie für Bauwesen, durch die ihnen unterstellten Institute, mittelbar mit der Denkmalpflege betraut. Darüber hinaus setzten sich unter anderem auch die Mitglieder des Kulturbundes, insbesondere die Natur- und Heimatfreunde im Kulturbund mit denkmalpflegerischen Aspekten auseinander.

Entscheidend ist, dass die Bauakademie dem Ministerium für Bauwesen und das Institut für Denkmalpflege dem Ministerium für Kultur unterstand, der Beirat für Bauwesen hingegen direkt beim Ministerrat angesiedelt war. Die beteiligten Institutionen waren in voneinander getrennte Sektoren innerhalb

6 Ebd.
7 Ebd., [S. 3].
8 Ebd.

des DDR-Systems angesiedelt, die sehr unterschiedliche Sichtweisen und Interessen auf denkmalpflegerische Themen vertraten.
Die 1951 gegründete und von Kurt Liebknecht geleitete Bauakademie sollte sich voranging den Problemen des (Wieder-)Aufbaus widmen. Nach sowjetischem Vorbild besaß auch sie ein Institut für Theorie und Geschichte der Baukunst, dessen Direktor von 1951 bis 1953 Hermann Henselmann gewesen war. Sein Nachfolger wurde der bisherige stellvertretende Direktor Gerhard Strauss, der dieses Amt bis 1958 bekleidete. Die Aufgabe dieses Instituts bestand hauptsächlich in der Untersuchung der nationalen Bautradition. Neben der Auseinandersetzung mit aktuellen Architektur- und Baufragen sollte vor allem das Institut für Theorie und Geschichte auch auf dem Gebiet der Denkmalpflege mit der Staatlichen Kommission für Kunstangelegenheiten zusammenarbeiten.[9]
Die Gründung des Instituts für Denkmalpflege stand in direktem Zusammenhang mit der Verabschiedung des „Gesetzes zur weiteren Demokratisierung des Aufbaus und der Arbeitsweise der staatlichen Organe in den Ländern der DDR" vom 23. Juli 1952 und der damit einhergehenden Auflösung der Länderstruktur. Das Inkrafttreten dieses Gesetzes führte zugleich zur Auflösung der bis dato bestehenden fünf Landesämter für Denkmalpflege und ließ eine Neustrukturierung der institutionellen Denkmalpflege notwendig werden.[10] Die darauffolgenden Jahre waren nicht nur von der Suche nach Struktur und dem Kampf um Kompetenzen geprägt, sondern vor allem von finanziellen Schwierigkeiten sowie großen personellen Defiziten. Dies wird unter anderem dadurch ersichtlich, dass die Position des Direktors der Zentrale des Instituts für Denkmalpflege erst im Juni 1955, nach langen intern geführten Diskussionen, mit Kurt Lade besetzt werden konnte.
Neben der Bauakademie und dem Institut für Denkmalpflege beschäftigte sich auch der Beirat für Bauwesen mit den anstehenden Wiederaufbauplanungen. Unter dem Vorsitz von Edmund Collein tagte dieses beratende Gremium, ohne ein eindeutig definiertes Aufgabengebiet zu besitzen. Zu den Mitgliedern des Beirats zählte auch Gerhard Strauss, der diese Position hinsichtlich seiner persönlichen Einflussnahme auf denkmalpflegerische Entwicklungen zu nutzen versuchte, wie anhand seiner Stellungnahme an den Beirat ersichtlich wird.
Die personellen und finanziellen Schwierigkeiten des Instituts für Denkmalpflege lähmten den eigentlichen Betriebsablauf. Das Institut integrierte sich nur sehr bedingt in die sich entwickelnden Strukturen des Staates und nutzte seine

9 Siehe hierzu Brandt: *Geschichte der Denkmalpflege in der SBZ/DDR*, S. 40; Deutsche Bauakademie (Hrsg.): *Die Aufgaben der Deutschen Bauakademie im Kampf um eine deutsche Architektur*. Berlin: Henschel 1952, S. 25, 50, 56–59.

10 Siehe hierzu Brandt: *Geschichte der Denkmalpflege in der SBZ/DDR*, S. 25.

Kompetenzen nur selten. Im Gegensatz dazu musste die Bauakademie weder interne personelle Defizite ausgleichen, noch sich der grundsätzlichen Frage zur Bedeutung der Denkmalpflege innerhalb des sozialistischen Staatswesens stellen.

Obwohl der Beirat für Bauwesen keine Entscheidungsmacht besaß, sondern in allen Fragen, die das Bauwesen betrafen, beratend tätig gewesen ist, war seine politisch-ideologische Funktion nicht zu unterschätzen, wie die Stellungnahmen von Strauss und Lade an ihn beweisen.

Klassifizierung von Denkmälern

Das Strauss'sche fünfstufige Klassifizierungskonzept lässt zum einen Rückschlüsse auf den von ihm vertretenen Denkmalpflege-Begriff zu und zum anderen grundsätzliche Differenzen zwischen der Bauakademie und dem Institut für Denkmalpflege zu Tage treten. Nach Strauss sollten nur Objekte der Klassen I und II zu einem späteren Zeitpunkt rekonstruiert werden. Waren sie für eine Rekonstruktion zu stark zerstört, könnten sie in der Klasse III erfasst und als Ruine erhalten werden. Bereits die Bezeichnung der Klasse IV mit „normale historische Substanz" lässt offen, welche Objekte hierunter verzeichnet werden könnten. Weder eine Definition noch eine Beschreibung finden sich in Strauss' Stellungnahme.

Aufschlussreich ist auch die von Strauss vorgeschlagene Vorgehensweise zur Umsetzung der Klassifizierung. So schlug er vor, die Klassifizierung lediglich in den Aufbaustädten[11] und Orten mit intensiver Bautätigkeit anzuwenden, wobei die Entscheidung über die zu klassifizierenden Objekte nicht dem Institut für Denkmalpflege obliegen sollte. Seiner Ansicht nach sollte die Entscheidung einem Gremium obliegen, das sich, wie bereits beschrieben, aus Vertretern des Ministeriums für Kultur (Denkmalpflege), dem Beirat für Bauwesen, der Deutschen Bauakademie sowie der Deutschen Akademie der Wissenschaften – unter Heranziehung einiger Spezialisten der Hochschulen – zusammensetzen sollte.

11 Mit dem „Gesetz über den Aufbau der Städte in der Deutschen Demokratischen Republik und der Hauptstadt Deutschlands, Berlin (Aufbaugesetz)" vom 6. September 1950 sollte der Aufbau der Städte in der DDR eine gesetzliche Grundlage bekommen, um einen „planmäßigen Aufbau" zu gewährleisten. In § 2 wurden hierfür Berlin sowie die „wichtigsten Industriezentren der Republik, Dresden, Leipzig, Magdeburg, Chemnitz, Dessau, Rostock, Wismar und Nordhausen" genannt. Zugleich wurde betont, dass weitere Städte von der Regierung noch zu bestimmen sind und auch Kreise, Gemeinden oder Teile von ihnen zu Aufbaugebieten erklärt werden können. Siehe Gesetzblatt der Deutschen Demokratischen Republik, Nr. 104, 14.09.1950, S. 965–967.

Obwohl Strauss das Ministerium für Kultur und den Bereich der Denkmalpflege innerhalb des Ministeriums benannte, unterließ er es, direkt das Institut für Denkmalpflege zu nennen. Auffällig ist auch, dass Strauss selbst mittelbar durch zwei der von ihm genannten Institutionen an Entscheidungen beteiligt wäre, da er Mitglied des Beirats für Bauwesen und zugleich Direktor des Instituts für Geschichte und Theorie der Baukunst der Bauakademie war. Auf welche Weise die Auswahl der Spezialisten der Hochschulen erfolgen müsste, blieb offen, so dass auch hier bei Entscheidungsfindungsprozessen eine Einflussnahme möglich gewesen wäre.

Am 23. November 1956 reagierte Kurt Lade als Direktor des Instituts für Denkmalpflege (Zentrale) auf Strauss' Stellungnahme, die ihm in Form einer Abschrift zugesandt worden war, indem er sich ebenfalls an den Vorsitzenden des Beirats, Collein, wandte.[12] Obwohl Lade bereits in diesem kurz gehaltenen Schreiben seine Einstellung zu Strauss' Klassifizierungsvorschlägen zum Ausdruck brachte, bat er Collein darum, die „Diskussion im Beirat über die Frage der Klassifizierung von Kunst- und Baudenkmalen [...] zurückzustellen, [um] eine ausführliche Stellungnahme"[13] anfertigen zu können. Diese ausführliche Stellungnahme erfolgte erst am 12. Dezember 1956, fast sechs Wochen nachdem die Diskussion beim Beirat für Bauwesen entfacht worden war.

Obwohl die Forderung nach Erhalt historischer Substanz beim Institut für Denkmalpflege grundsätzlich positiv gewertet wurde, wird schnell deutlich, dass die beiden Kontrahenten kaum unterschiedlichere Auffassungen von der Umsetzung denkmalpflegerischer Belange hätten haben können. Nach Lade verstand Strauss die Denkmalpflege nicht in ihrem umfangreichen Bedeutungsgrad und Tätigkeitsfeld, weshalb Strauss – Lades Argumentation folgend – auch nur einen Teilaspekt der Denkmalpflege nannte: die Erhaltung historischer Substanz. Aus Lades Sicht war das Tätigkeitsfeld der Denkmalpflege in der DDR hingegen weitaus umfassender. Er sah die Richtigkeit seiner Argumentation in der Denkmalschutzverordnung von 1952 begründet. Darüber hinaus argumentierte Lade, dass die Erhaltung eines Denkmals letztlich „im öffentlichen Interesse liegt" und dies „endgültig durch das Institut für Denkmalpflege festgestellt" werden müsse.[14] Die Klassifizierung hielt Lade für die falsche Verfahrensweise, da „sie dem relativen Wert der Objekte nicht gerecht wird". Er begründete dies mit einem Blick auf die französische Denkmalpflege, die seiner

12 Kurt Lade: Schreiben an den Beirat für Bauwesen beim Ministerrat der Deutschen Demokratischen Republik, 23.11.1956. BArch, DH 1/39056.

13 Ebd., [S. 1].

14 Kurt Lade: Schreiben an den Beirat für Bauwesen beim Ministerrat der Deutschen Demokratischen Republik, 12.12.1956. BArch, DH 1/39056, [S. 2].

Ansicht nach die Unzulänglichkeit einer Klassifizierung beweise.[15] Ihm war jedoch bewusst, dass es bei der Stellungnahme von Strauss an den Beirat um weit mehr als die Klassifizierung von Denkmälern ging, weshalb er in Strauss' Vorgehensweise eine Überschreitung seiner Kompetenzen sah.[16] Es überrascht daher kaum, dass, nach Ansicht Lades, der Klassifizierungsvorschlag „in der praktischen Arbeit weder für den Städtebau noch für die Denkmalpflege Anwendung finden"[17] könne. Zudem würde eine Klassifizierung zu einer Schematisierung der Objekte führen, die der Individualität eines jeden Denkmals und seinen lokalen Besonderheiten widersprechen würde.[18]

Dabei war die Frage nach der Notwendigkeit einer Klassifizierung der Denkmäler auch in der DDR nicht neu. Bereits 1953 wurde das Institut für Theorie und Geschichte der Baukunst der Bauakademie im Rahmen einer Haushaltsaufgabe beauftragt, die Notwendigkeit einer Denkmalklassifizierung zur „Verbesserung der Pflege von Baudenkmalen" zu analysieren.[19] Der Verfasser dieser Haushaltsaufgabe war Hans Müther, der im Herbst 1956 zu den Mitarbeitern des Instituts für Denkmalpflege zählte und 1953 als Mitarbeiter der Bauakademie den damaligen Bericht anfertigte. Hierbei beschrieb Müther zunächst die Entwicklung der Denkmalpflege bis 1945, analysierte anschließend die Denkmalpflege in der DDR bis 1953 und unterbreitete dann Vorschläge zur Verbesserung. Zu diesen Vorschlagen zählte unter anderem die fünfstufige Klassifizierung des Denkmalbestandes.

Obwohl man zunächst meinen könnte, dass der Vorschlag von Strauss auf die Haushaltsaufgabe von Müther von 1953 rekurriert, lassen sich grundlegende inhaltliche Unterschiede aufzeigen. So unterschied Müther nicht zwischen „wertvollen" und „normalen" Objekten, sondern erstellte seine Klassen entsprechend dem Erhaltungszustand des jeweiligen Denkmals. Bei Objekten, die als nicht wiederherstellbar einzustufen gewesen wären, waren bei Müthers Vorschlag zwei Verfahrensweisen möglich, die es abzuwägen galt: entweder der Erhalt als Ruine oder die Rekonstruktion nach vorhandenen Unterlagen. Dass Müther seine Klassifizierung als schwierig empfand, wird darin deutlich, dass er im Anschluss an die Auflistung seiner Klassifizierung anmahnte, jeden Fall separat zu diskutieren und die gesellschaftliche Stellung des jeweiligen Objekts

15 Ebd.

16 Ebd., [S. 2–3].

17 Ebd., [S. 5].

18 Ebd.

19 Der gesamte Titel der Haushaltsaufgabe lautet: „Denkmalschutz in der DDR und Verbesserung der Pflege von Baudenkmalen. Eine Untersuchung von Dr.-Ing. Hans Müther (Haushaltsaufgabe 19/1953)" (BArch, DH 2/21188).

individuell zu hinterfragen. Müther vertrat also nicht nur eine moderne Sicht auf denkmalpflegerische Fragestellungen, sondern auch einen durchaus demokratischen Ansatz, demzufolge er schrieb und zugleich zusammenfasste: „Dem ganzen Volke steht hierbei die letzte Entscheidung zu."[20]

Inspirationen aus dem Ausland

Die Diskussionen um Wiederaufbau, Rekonstruktion wie um Abriss und Klassifizierung historischer Objekte lassen sich nicht nur in der DDR nachweisen, sondern prägten zahlreiche Fachdiskurse in ganz Europa nach dem Ende des Zweiten Weltkriegs. Auch wenn sich die DDR im Verlauf der 1950er Jahre und im Zuge des Kalten Krieges immer mehr von seinen westeuropäischen Nachbarn zu distanzieren begann, war der fachliche Austausch über die Grenzen der DDR hinaus weiterhin vorhanden, sodass die Frage nach Inspirationen aus dem Ausland – unabhängig von Ost und West – durchaus legitim erscheint und auch im Hinblick auf die Debatte um eine Klassifizierung des Denkmalbestandes im Folgenden schlaglichtartig dargestellt wird.

Polen

Obwohl sich die Situation der Denkmalpflege in Polen und Deutschland nach dem Ende des Zweiten Weltkriegs ähnelte, große Teile des Landes Zerstörungen in bis dahin unbekanntem Ausmaß zu verzeichnen hatten und vor allem in Polen entsprechend ausgebildete Fachkräfte fehlten, wurde die Einrichtung einer institutionellen beziehungsweise staatlichen Denkmalpflege in Polen verhältnismäßig schnell realisiert.[21]

Auch Personalfragen wurden scheinbar ohne langwierige Diskussionen entschieden, sodass bereits 1945 die Oberste Direktion der Museen und des Denkmalschutzes beim Ministerium für Kultur und Kunst berufen und Jan Zachwatowicz zum Generalkonservator ernannt werden konnte.[22] Obwohl auch Polen sich zunächst in neuen Grenzen als Staat konstituieren musste, wurde der lokale Dienst der Denkmalpflege ebenfalls bereits kurz nach

20 Denkmalschutz in der DDR, S. 47–48.

21 Bereits nach dem Ersten Weltkrieg gab es in Polen einen Konservatorendienst. Zudem wurde 1937 ein Zentralbüro für Inventarisierung eingerichtet. Allerdings verfügte die Denkmalpflege nur über geringe finanzielle Mittel und wenig Personal. Nach dem Ende des Zweiten Weltkriegs hatte die Denkmalpflege in Polen einen hohen Stellenwert innerhalb der Gesellschaft erlangt, sodass sich die institutionelle Denkmalpflege in größerem Umfang etablieren konnte als zuvor. Vgl. Jan Zachwatowicz: *Denkmalschutz in Volkspolen*. Warschau: Polonia 1956, S. 10–14.

22 Ebd., S. 12–13.

Kriegsende organisiert, sodass innerhalb kürzester Zeit in jeder Woiwodschaft Konservatoren eingesetzt wurden.[23]
Ebenso scheint auch die Frage nach Zuständigkeiten oder Kompetenzen innerhalb der polnischen Denkmalpflege und des polnischen Bauwesens unstrittig gewesen zu sein. Es handelte sich um eine beiderseits fruchtbare Kooperation im Sinne des zügigen Wiederaufbaus und der Rettung polnischer Traditionen und Kulturguts, da bereits 1954 spezialisierte und ausschließlich für konservatorische Maßnahmen zuständige Fachkräfte tätig waren.[24] Auch war man sich in Polen darüber einig, dass die Frage des Wiederaufbaus in direktem Zusammenhang mit dem „neuzeitlichen Städtebau"[25] stand und dementsprechend auch der Austausch mit den dazugehörigen Institutionen und Organisationen des Bauwesens gesucht werden musste.
Dennoch stellte sich auch in Polen die Frage nach dem Umgang mit stark beschädigten Objekten, die, so beschrieb es der polnische Generalkonservator Zachwatowicz 1956, „in vielen Fällen fast dem Wiederaufbau gleich"[26] kam.[27] In seinen Ausführungen wird auch deutlich, dass diese Diskussion in Polen weit ab von ökonomischen Richtlinien geführt wurde und es sich hierbei vielmehr um eine emotionale Grundsatzfrage handelte, deren Beantwortung gesamtgesellschaftlich von der polnischen Gesellschaft getragen werden sollte. So schrieb Zachwatowicz, dass der Wiederaufbau ein „Protestausdruck gegen die Möglichkeit des Auslöschens der Errungenschaften der Kultur und Geschichte für immer war."[28]
Die Frage, „ob man auf den Wiederaufbau der historischen Gebäudekomplexe verzichten sollte oder ob es wünschenswert war, ihren Wiederaufbau aufzunehmen, in der vollen Gewißheit, dadurch gegen das konservatorische Grundgesetz zu verstoßen"[29], führte dazu, dass Zachwatowicz als Generalkonservator sein Augenmerk auch auf die Entwicklungen im Bereich der Denkmalpflege im europäischen Ausland richtete. Er verglich die baudenkmalpflegerischen Maßnahmen Polens mit denen Frankreichs und den Niederlanden, da es durchaus auch in Polen zunächst divergierende Ansichten zum Umgang mit Trümmerlandschaften und Ruinen gab. So sieht er im Aufbau Rotterdams in neuen Formen ebenso wie in der neu geschaffenen Umgebung der Kathedrale von

23 Ebd. Mit „Woiwoidschaft" werden polnische Verwaltungsbezirke bezeichnet.
24 Ebd., S. 13–14.
25 Ebd., S. 15.
26 Ebd., S. 19.
27 Ebd., S. 19–20.
28 Ebd., S. 20.
29 Ebd., S. 19–20.

Rouen vor allem den Verlust des historischen Erbes, da „alle Zeichen der Existenz historischer Stadtzentren und Baudenkmäler vertilgt worden“[30] seien. In den 1950er Jahren hatte die Erfassung und Registrierung der noch vorhandenen Denkmäler in Polen oberste Priorität. Erst 1961, mit der Einrichtung eines Dokumentationszentrums für Denkmäler, begann eine Diskussion in Polen über die Kriterien einer Verifikation der registrierten Baudenkmäler.[31]

Frankreich

Die Klassifizierung von Denkmälern ist seit langem ein Bestandteil der französischen Denkmalpflege. Bereits Ludovic Vitet, der erste Inspecteur Général des Monuments historiques, schlug 1833 ein Ordnungssystem nach Materialeigenschaft vor, nach dem die Denkmäler Frankreichs klassifiziert werden sollten, entschied sich aber letztlich für eine chronologische Ordnung.[32] Bis heute hat sich eine Art „Zweiklassengesellschaft“ des französischen Denkmalbestandes erhalten, die zwischen *objet classé monument historique* und *objet inscrit a l'inventaire supplementaire des monuments historiques*, die in ein zusätzliches Inventar der historischen Denkmale eingetragen werden, unterscheidet.[33]

Anders als in Deutschland – unabhängig von Bundesrepublik und DDR – existierte im zentralistischen Frankreich bereits vergleichsweise früh ein Denkmalschutzgesetz. Das noch heute gültige, wenn auch mehrfach novellierte Denkmalschutzgesetz stammt von 1913. Im Gegensatz zu Polen und Deutschland wurde in Frankreich per Gesetz vom 12. Juli 1941 entschieden, dass stark beschädigte oder gänzlich zerstörte Baudenkmäler deklassiert werden können und eine sofortige Sicherung teilzerstörter und beschädigter Baudenkmale unter Aufsicht des zuständigen Architecte en chef anzustreben sei.[34] Auch die Kostenfrage wurde bereits während des Zweiten Weltkriegs geklärt, da die

30 Zachwatowicz: *Denkmalschutz in Volkspolen*, S. 21.

31 Hierbei spielte u. a. auch die Klassifizierung der polnischen Denkmäler eine Rolle. Siehe Georg Weinberg: *Denkmalpflege in Polen. Entstehung und Entwicklung bis 1945. Struktur nach 1945. Charakteristik der durchgeführten Arbeiten und Studien. Probleme des Umbaues und der Anpassung an gewählten Beispielen.* Aachen: Fotodruck J. Mainz 1984, S. 68–72.

32 Sandra Schlicht: *Krieg und Denkmalpflege. Deutschland und Frankreich im II. Weltkrieg.* Schwerin: Helms 2007, S. 26–27.

33 Biagia Bongiorno: Von der französischen Denkmalpflege lernen? Vortrag anlässlich des Symposiums „Nachdenken über Denkmalpflege“ im Haus Stichweh, Hannover am 3. November 2001. In: *kunsttexte.de* 2 (2002), S. 1–5, hier S. 1. http://edoc.hu-berlin.de/kunsttexte/download/denk/bongiorno.PDF (Zugriff am 28.10.2016).

34 Schlicht: *Krieg und Denkmalpflege*, S. 116.

Kosten der Instandsetzung der eingetragenen Baudenkmale vom Staat getragen werden sollten.[35]

Die französische Denkmalpflege musste sich im Gegensatz zu Polen und der DDR weder mit der Konstituierung eines Staates noch mit der Gründung eines neuen Gesellschaftssystems innerhalb eines Staates beschäftigen, das – in Bezug auf Deutschland – zusätzlich eine Schuldfrage zu erörtern hatte. Auch waren bereits lange vor dem Zweiten Weltkrieg grundsätzliche Strukturen und Gesetzgebungen geschaffen worden, die in der Nachkriegszeit zwar angepasst, aber weiterverwendet werden konnten. Die Klassifizierung des Denkmalbestandes in Frankreich war demnach losgelöst von den Entwicklungen der Nachkriegszeit und den Wiederaufbauprojekten, sodass auch keine Diskussion hierüber notwendig erschien.

Die Bedeutung des internationalen Kontextes spiegelt sich auch in den Stellungnahmen von Strauss und Lade an den Beirat für Bauwesen wider. Strauss betonte innerhalb seiner Argumentation für die Notwendigkeit einer Klassifizierung unter anderem den internationalen Charakter der „Erfurter Tagung" an der „so bekannte Fachleute teilnahmen wie Professor Bunin (Moskau), Professor Egli (Zürich), Professor Dr. Fuchs (Brünn) [und] Professor Zachwatowicz (Warschau)"[36], die seine Ansichten – so Strauss – bestätigen würden. Auch Lade verglich die Entwicklungen der Denkmalpflege in der DDR in Bezug zum europäischen Ausland und wandte sich dezidiert von der französischen Denkmalpflege ab, da seiner Ansicht nach eine „Klassifikation [...] auch nach vollständiger Erfassung der Objekte nicht möglich sein [würde], wie die Erfahrungen der französischen Denkmalpflege seit mehr als einem Jahrhundert treffend beweisen."[37]

Niederlande

Seit der Einrichtung der Abteilung Künste und Wissenschaften im Departement für Innere Angelegenheiten im Jahre 1875 und der Gründung der Reichskommission

35 Ebd.

36 Die Bestätigung seines Standpunkts bezieht sich allerdings auf sein Referat auf der Erfurter Tagung und seine dort formulierte Forderung, „mit der historischen Substanz sehr sorgsam umzugehen und sie in der Regel auf schöpferische Weise in die neue städtebauliche Konzeption einzubeziehen", und nicht zwangsläufig auf die Bestätigung der Notwendigkeit einer Klassifizierung. Siehe hierzu Gerhard Strauss: Stellungnahme an den Vorsitzenden des Beirats für Bauwesen, 31.10.1956. BArch, DH 1/39056, [S. 1–2].

37 Kurt Lade: Schreiben an den Beirat für Bauwesen beim Ministerrat der Deutschen Demokratischen Republik, 12.12.1956, BArch, DH 1/39056, [S. 2].

für die Denkmalpflege war die Pflege für die Denkmale eine allgemein anerkannte Regierungsangelegenheit geworden. Obwohl der Erlass eines Denkmalschutzgesetzes mehrfach vorgeschlagen wurde, blieb die rechtliche Unterschutzstellung auf staatlicher Ebene noch lange aus.[38]
Einige Provinzen und Gemeinden hatten Denkmalschutzverordnungen, die eine Anzahl historischer Gebäude unter Schutz stellten – beispielsweise Amsterdam, deren Verordnung 1933 in Kraft trat. Obwohl die Verordnung selbst als positiv gewertet wurde, diskutierten niederländische Denkmalpfleger und Heimatschützer wie Abel Anton Kok die Thematik der Denkmalklassifizierung – auch im Zusammenhang mit der Resolution der Charta von Athen (1931).[39] Kok problematisierte das Nichtvorhandensein eines niederländischen Gesetzes auf dem Gebiet der Denkmalpflege und sah die Ursache in erster Linie in politischen Unstimmigkeiten begründet. Die Reichskommission für Denkmalpflege und auch die niederländischen Heimatschutz- und Geschichtsvereine hatten mit der Verabschiedung von allgemeinen, regional beschränkten Denkmalschutzverordnungen eine (Zwischen-)Lösung gefunden, welche die politische Pattsituation umging.[40] Dabei handelte es sich nicht um eine Klassifizierung zum Schutz der Denkmäler, sondern in erster Linie um eine grundsätzliche Inventarisierung des Denkmalbestandes in der jeweiligen Region. Hierbei sollten Objekte, die aufgrund ihrer künstlerischen und/oder historischen Bedeutung oder aufgrund ihrer „Schönheit"[41] von Belang waren, vor Veränderung und Abriss geschützt werden.[42]

38 Max Polano / Marieke Kuipers: Monumenten in nood. Het ontstaan van de monumentenwetgeving in 1940–1950. In: Rijksdienst voor Monumentenzog (Hrsg.): *Monumenten en oorlogstijd, Jaarboek Monumentenzorg*. Zwolle / Zeist: Waanders 1995, S. 66–78, hier S. 66.

39 Die Charta von Athen zur Restaurierung von historischen Denkmälern (1931) wurde beim Ersten Internationalen Kongress der Architekten und Techniker in der Denkmalpflege verabschiedet. Der Kongress fand vom 21. bis 30. Oktober 1931 in Athen statt. In der *Carta del Restauro* wurden die sieben Hauptbeschlüsse zusammengefasst, die sich unter anderem für ein striktes Bewachungssystem historischer Stätten sowie den Schutz des Umfelds einsetzen. Siehe ICOMOS Deutschland, ICOMOS Luxemburg, ICOMOS Österreich, ICOMOS Schweiz (Hrsg.): *Internationale Grundsätze und Richtlinien der Denkmalpflege*. Stuttgart: Fraunhofer IRB 2012, S. 25–31.

40 Aussagen zu Abel Anton Kok sowie seine Stellungnahme zur Denkmalschutzverordnung von Amsterdam (1933) finden sich in ders.: De Amsterdamsche Monumentenverordening. In: *Heemschut* 4 (1933), S. 37–41.

41 Ebd., S. 40. Im Originaltext heißt es: „welke naar hun oordeel van belang zijn uit een oogpunt van geschiedenis, kunst of schoonheid" (dt.: „diejenigen, die in Bezug zur Geschichte, Kunst oder Schönheit von Bedeutung sind").

42 Ebd.

Die gesetzlichen Bestimmungen zur Pflege und zum Schutz des niederländischen Denkmalbestandes der Nachkriegszeit sind eng mit dem Wiederaufbau verbunden. Die schweren Zerstörungen in Städten wie Rotterdam ließen Entscheidungen auf staatlicher Ebene notwendig werden, sodass im „Besluit op Wederopbouw I" (dt.: „Beschluss zum Wiederaufbau I")[43] von 1940 erstmals auf gesamtstaatlicher Ebene eine Bestimmung zum Schutz historischer Substanz juristisch fixiert wurde. Bis in die 1950er Jahre blieb die niederländische Denkmalpflege eng mit dem Wiederaufbau verbunden, wodurch zugleich die Gefahr bestand, sich für Abriss und Neubau statt für Erhalt und Schutz der historischen Substanz auszusprechen. Das „Tijdelijke Monumentenwet" (1950, dt.: „Provisorisches Denkmalgesetz") versuchte diese Gefahr zu bannen, obwohl es sich nicht um ein umfassendes und vom Wiederaufbau unabhängiges Denkmalschutzgesetz handelte.

Es überrascht daher kaum, dass sich die niederländischen Architekten und Denkmalpfleger in den 1950er Jahren auch mit dem Wiederaufbau von Ost- und West-Berlin beschäftigten, sich mit den Leitlinien in den beiden bereits bestehenden Systemen auseinandersetzen und sich dazu zu positionieren versuchten.[44] Aus niederländischer Perspektive erschienen vor allem die Neubauprojekte der DDR verwunderlich, da sich Bauprojekte wie die Stalinallee zwar auf historische Formen bezogen, jedoch kein einheitliches Meinungsbild zu existieren schien, wenn es um die Frage ging, auf welche Geschichte man sich beziehen sollte. Hinsichtlich der Wiederaufbauprojekte in der Bundesrepublik erschien aus niederländischer Sicht vor allem die föderalistische Struktur des westdeutschen Staates hinderlich zu sein, da keine einheitliche Planungskonzeption bestand, dafür aber viele kleinere Neubauprojekte, die in ihrer Qualität und ihrem innovativen Umgang mit Formen und Materialien durchaus exemplarischen Charakter besaßen.

43 Siehe „Besluit van den Opperbevelhebber van Land- en Zeemacht van 21 mei 1940, Staatsblad O.550" zit. n. Max Polano / Marieke Kuipers: Monumenten in nood. Het ontstaan van de monumentenwetgeving in 1940–1950. In: Rijksdienst voor Monumentenzog (Hrsg.): *Monumenten en oorlogstijd, Jaarboek Monumentenzorg*. Zwolle / Zeist: Waanders 1995, S. 66–78, hier S. 68. Punkt 4 dieses Beschlusses besagt: „Werken en gebouwen, die als monument zijn aangemerkt door de daartoe bevoegde instantie, mogen niet worden gesloopt of veranderd dan na voorafgaande toestemming van de Rijkscommissie voor de Monumentenzorg" (dt.: Kunstwerke und Gebäude, die durch die zuständige Behörde als Denkmal deklariert wurden, dürfen nicht ohne vorherige Zustimmung der Reichskommission für Denkmalpflege abgerissen oder verändert werden).

44 Vgl. Robert Cornelius Hekker: Berlijn – Oost en West. In: *Bouw* 31 (1954), S. 621–636.

Überraschend ist aus heutiger Sicht das Fazit des Autors zum Vergleich der restauratorischen Leistungen in Ost und West: „Im Übrigen ist zu beachten, dass man in der DDR sorgfältiger und fähiger restauriert, als es in West-Deutschland der Fall ist."[45]

Schlussbemerkung

Die Stellungnahmen von Gerhard Strauss und Kurt Lade an den Beirat für Bauwesen können aufzeigen, dass weder die Zuständigkeiten zwischen der Bauakademie und dem Institut für Denkmalpflege noch dem Beirat für Bauwesen und auch anderen Institutionen feststehend oder definiert waren. Zusätzliche personelle Verflechtungen führten darüber hinaus zur Vermischung der jeweiligen Kompetenzbereiche und zur Beschneidung der Handlungsspielräume des Einzelnen. Unterschiedliche Zuständigkeiten der Bereiche Bauwesen und Kultur sorgten für zusätzliche Spannungen, da die einen (Bauwesen) vor allem die Umsetzung des Fünfjahresplanes und die weitere Eingliederung denkmalpflegerischer Projekte in die Planwirtschaft ins Zentrum ihrer Argumentation rückten. Die anderen (Kultur) versuchten die kulturpolitisch-ideologische Funktion der Denkmalpflege im Rahmen des gesellschaftlichen Aufbaus des Sozialismus – und in diesem Sinne die Erschaffung einer neuen Gesellschaftsform – zu realisieren.

Der skizzenhafte Einblick in die denkmalpflegerische Praxis im europäischen Ausland ermöglicht zwar letztlich kein Nachzeichnen von Ideenfindungsprozessen hinsichtlich der Klassifizierungsdebatte zwischen Strauss und Lade, zeigt aber unter anderem, wie entscheidend die Identitätsfrage einer ‚Nation' im Umgang mit ihrem historischen Erbe ist und dass die Diskussionen in mehreren Ländern in Europa geführt wurden. Zugleich konnte aufgezeigt werden, dass auch der jeweilige Entwicklungsstand im Bereich der institutionellen Denkmalpflege vor dem Ausbruch des Zweiten Weltkriegs beim Wiederaufbau und der Rekonstruktion ganzer Straßenzüge und Städte von Bedeutung war und nicht nur in der DDR, sondern auch in anderen Staaten – unabhängig von ihrem Gesellschaftssystem – nach Ansätzen und Lösungen suchten, sich mit anderen Ländern verglichen und sich über diesen Vergleich und zum Teil in Abgrenzung zu anderen zu positionieren versuchten, um ihre Identität, ihr Erbe und ihre Kultur zu erhalten.

45 Ebd., S. 627.

Kann denn Beton Denkmal sein?

Zum Denkmalbegriff im Denkmalpflegegesetz der DDR von 1975

Bianka Trötschel-Daniels

Welche Bauwerke Denkmal sein sollen, zeigt sich in einer Rechts- und Gesellschaftsordnung auf zwei Arten: Zum einen geben rechtliche Grundlagen Auskunft darüber, was unter welchen Voraussetzungen den Schutz des Staates genießen soll; zum anderen zeigen etwaige Denkmallisten, wie das Gesetz interpretiert wird und welche Bauwerke die rechtlichen Voraussetzungen in den Augen der Verantwortlichen erfüllen. Um herauszufinden, welcher Denkmalbegriff in der DDR bedient und genutzt wurde, ist daher ein Blick in die Rechtsgrundlagen und zusätzlich in die Denkmallisten notwendig.

Diese beiden Quellen werden im Rahmen dieses Beitrags konsultiert und analysiert. Die herausgearbeiteten Merkmale des Denkmalbegriffs aus dem Denkmalpflegegesetz von 1975 werden darüber hinaus mit den Denkmalbegriffen aus den Gesetzen aller Länder der Bundesrepublik verglichen. Angereichert wird diese Analyse des Gesetzeswortlauts mit einem Blick auf die Zentrale Denkmalliste der DDR von 1979. Sie enthält den tatsächlichen Denkmalbestand und kann so Auskunft darüber geben, wie das Recht ausgelegt wurde. Dass einige Bauwerke erst wenige Jahre alt waren, als sie 1979 unter Schutz gestellt worden sind, erregt immer wieder Aufmerksamkeit und wirft die Frage auf, ob denn Bauwerke aus der jüngsten Vergangenheit überhaupt Denkmal sein können.[1] Dabei

1 Mark Escherich: „Denkmale unserer Zeit", Inventarisation von Bauwerken der DDR-Moderne zu Zeiten der DDR. In: *Forum Stadt* 1 (2015), S. 55–73, hier S. 58; Hans-Rudolf

zeigt ein Vergleich mit der Praxis in ausgewählten Bundesländern, ob es sich bei der in der DDR praktizierten Auslegung des Denkmalbegriffs bis in die Gegenwart hinein um eine Besonderheit des Sozialismus handelte.

Der Denkmalbegriff im Denkmalpflegegesetz der DDR von 1975

Als das Denkmalpflegegesetz im Juni 1975 erlassen wurde, bestand die DDR bereits seit 25 Jahren. Zuvor gab es allerdings zwei Verordnungen, die den Denkmalschutz regelten. Die erste Verordnung stammte aus dem Jahr 1952.[2] Sie wurde 1961 von einer weiteren Verordnung abgelöst.[3] 1975 wurde das Denkmalpflegegesetz der DDR von der Volkskammer erlassen.[4] Der Erlasszeitpunkt korrespondiert zwar mit dem vom Europarat initiierten Themenjahr des Europäischen Architekturerbes („European Architectural Heritage Year",[5] in Deutschland kurz und verkürzend: „Europäisches Denkmalschutzjahr"[6]), wurde jedoch nicht ursprünglich deswegen angestrebt. Vielmehr beteiligten sich die sozialistischen Länder nicht an den Aktivitäten zum Europäischen Denkmalschutzjahr.[7] Der

Meier / Simone Bogner: Denkmalausweisung von Bauten der Nachkriegsmoderne in der DDR, Projektteil A 1.2. des WDWM-Projektes, in dem explizit gefragt wird: „War die DDR Vorreiterin in Sachen Unterschutzstellung von Bauten der 1960er und 1970er Jahre?" (http://welchedenkmale.info/welche-denkmale-welcher-moderne/projekte (Zugriff am 07.11.16).)

2 Verordnung zur Erhaltung und Pflege der nationalen Kulturdenkmale (Denkmalschutz) vom 26. Juni 1952, GBl. Nr. 84, S. 514–515. Zur Entstehung dieser Verordnung: Sigrid Brandt: *Geschichte der Denkmalpflege in der SBZ/DDR, dargestellt an Beispielen aus dem sächsischen Raum 1945–1961*. Berlin: Lukas 2003, S. 21–35.

3 Verordnung über die Pflege und den Schutz der Denkmale vom 28. September 1961, GBl. II. Nr. 72, S. 475–477.

4 Gesetz zur Erhaltung der Denkmale in der Deutschen Demokratischen Republik (Denkmalpflegegesetz) vom 19. Juni 1975, GBl. I Nr. 26, S. 458–460.

5 Europarat: Resolutionen von Brüssel für ein Europäisches Denkmalschutzjahr vom 27. November 1969. In: Deutsches Nationalkomitee für Denkmalschutz (Hrsg.): *Denkmalschutz. Texte zum Denkmalschutz und zur Denkmalpflege*. Bonn: Selbstverlag 2007, S. 50–51; Europarat: Schlußresolution von Zürich zum Europäischen Denkmalschutzjahr 1975 vom 4. und 5. Juli 1973. In: ebd., S. 76–79; Maren Fürniß: Die Kampagne des Europarates für das Europäische Denkmalschutzjahr 1975, Entstehungsgeschichte, Ziele und Umsetzung. In: Michael Falser / Wilfried Lipp (Hrsg.): *Eine Zukunft für unsere Vergangenheit, Zum 40. Jubiläum des Europäischen Denkmalschutzjahres (1975–2015)*. Berlin: Bäßler 2015, S. 73–85.

6 Zur unsauberen Terminologie: Kerstin Odendahl: *Kulturgüterschutz*. Tübingen: Mohr Siebeck 2005, S. 395.

7 Sigrid Brandt: Die Frage einer Beteiligung am ‚Europäischen Jahr des Kulturerbes' kann nur von den Regierungen der sozialistischen Länder entschieden werden, Positionen und Realisiertes in der DDR. In: Falser / Lipp (Hrsg.): *Eine Zukunft für unsere Vergangenheit*. S. 358–366, hier S. 359.

Gesetzgebungsprozess zum Denkmalpflegegesetz setzte indes schon in den frühen 1960er Jahren ein.[8]

§ 3 Abs. 1 des Denkmalpflegegesetzes von 1975 legte fest, dass Denkmale „gegenständliche Zeugnisse der politischen, kulturellen und ökonomischen Entwicklung" sind, die „wegen ihrer geschichtlichen, künstlerischen oder wissenschaftlichen Bedeutung im Interesse der sozialistischen Gesellschaft durch die zuständigen Staatsorgane" zum Denkmal erklärt wurden. In der heutigen Terminologie wäre also denkmalfähig: etwas Gegenständliches (Immaterielles war folglich nicht denkmalfähig), das die politische, kulturelle und ökonomische Entwicklung bezeugt, also bestätigt oder bekräftigt. Dem Objekt musste eine geschichtliche, künstlerische oder wissenschaftliche Bedeutung zukommen. Denkmalwürdig wäre ein Objekt dann, wenn es durch die Staatsorgane bereits zum Denkmal erklärt worden ist. Diese zirkelschlüssige Formulierung kann als ein Hinweis auf das konstitutive Listensystem gelesen werden. Der Rekurs auf die Erklärung und die Formulierung „im Interesse der sozialistischen Gesellschaft" ist, verglichen mit den Vorgängerregelungen, eine Besonderheit des Gesetzes von 1975.[9]

Vergleich mit den Denkmalbegriffen in den Gesetzen der Länder in der Bundesrepublik

Das Denkmalpflegegesetz der DDR wurde in einer Zeit erlassen, in der auch in der Bundesrepublik Gesetzgebungsaktivitäten auf dem Gebiet des Denkmalschutzes stattgefunden haben. Außer Schleswig-Holstein (1958)[10] und Nordrhein-Westfalen (1980)[11] haben die anderen neun Länder ihre Denkmalschutzgesetze in den Jahren zwischen 1971 und 1978

8 Der Entstehungsprozess des Denkmalpflegegesetzes ist Gegenstand meines Dissertationsprojektes mit dem Arbeitstitel: „Das Denkmalpflegegesetzes der DDR von 1975, Entstehung und Besonderheiten im internationalen Kontext".

9 In der Verordnung von 1952 hieß es noch, die Erhaltung eines Denkmals müsse im „öffentlichen Interesse" liegen (§ 1 Abs. 1 VO 1952), 1961 „im Interesse von Staat und Gesellschaft" (§ 2 Abs. 1 VO 1961).

10 Schleswig-Holstein, Gesetz zum Schutze der Kulturdenkmale (Denkmalschutzgesetz) vom 7. Juli 1958, GVBl. Nr. 19, S. 217–222.

11 Nordrhein-Westfalen, Gesetz zum Schutz und zur Pflege der Denkmäler im Lande Nordrhein-Westfalen (Denkmalschutzgesetz) vom 11. März 1980, GVBl. Nr. 22, S. 226–232.

erlassen.[12] Bis dahin wurde hier mit Rechtsgrundlagen aus dem beginnenden 20. Jahrhundert gearbeitet.[13]

Die Denkmalbegriffe in den Gesetzen der Länder unterscheiden sich in mehrerlei Hinsicht. Der saarländische Denkmalbegriff aus dem Gesetz von 1977 bietet sich für einen Überblick trotzdem an, da er präzise alle Bestandteile eines Denkmalbegriffs (im konkreten Fall sogar eines umfänglichen Kultur-, nicht nur Baudenkmalbegriffs) aufführt. Es heißt in § 2 Abs. 1 DSchG SL 1977:

> Kulturdenkmäler sind Sachen, Mehrheiten von Sachen (Ensemble) und Teile von Sachen, an deren Erhaltung aus geschichtlichen, künstlerischen, wissenschaftlichen, technologischen, volkskundlichen oder städtebaulichen Gründen ein öffentliches Interesse besteht.

Ähnlich sind auch die anderen Denkmalbegriffe aufgebaut. Sie bestehen alle aus den folgenden Bestandteilen: Die Art des Objekts wird benannt (Sache, Zeugnis, Mehrheiten von Sachen), Erhaltung, Nutzung oder Pflege werden als Ziel angegeben sowie die Bedeutungskategorien aufgezählt, die manchmal auch – sprachlich zwar ungenau, aber sinnhaft gleich – Gründe oder Werte sein können. Zudem wird die Denkmalwürdigkeit, also das allgemeine Interesse am Schutzstatus, angeführt. Die Denkmalwürdigkeit muss in den meisten Fällen im öffentlichen Interesse liegen, in Bayern und in Berlin wird vom Interesse der Allgemeinheit gesprochen.

12 Dieter Martin: Teil B System des Denkmalschutzes. In: Ders. / Michael Krautzberger (Hrsg.): *Handbuch Denkmalschutz und Denkmalpflege*. München: Beck 2010, Rn. 29; Berlin, Gesetz zum Schutz von Denkmalen in Berlin (Denkmalschutzgesetz) vom 22. Dezember 1977, GVBl. Nr. 93, S. 2540–2544; Baden-Württemberg, Gesetz zum Schutz der Kulturdenkmale (Denkmalschutzgesetz) vom 25. Mai 1971, GBl. Nr. 13, S. 209–216; Bayern, Gesetz zum Schutz und zur Pflege der Denkmäler (Denkmalschutzgesetz) vom 25. Juni 1973, GVBl. Nr. 13, S. 328–333; Bremen, Gesetz zur Pflege und zum Schutz der Kulturdenkmäler (Denkmalschutzgesetz) vom 27. Mai 1975, GBl. Nr. 30, S. 265–269; Hessen, Gesetz zum Schutze der Kulturdenkmäler (Denkmalschutzgesetz) vom 23. September 1974, GVBl. Nr. 31, S. 450–456; Hamburg, Denkmalschutzgesetz vom 3. Dezember 1973, GVBl. Nr. 57, S. 466–470; Niedersächsisches Denkmalschutzgesetz vom 30. Mai 1978, GVBl. Nr. 35, S. 517–523; Rheinland Pfalz, Landesgesetz zum Schutz und zur Pflege der Kulturdenkmäler vom 23. März 1978, GVBl. Nr. 10, S. 159–169; Saarland, Gesetz zum Schutz und zur Pflege der Kulturdenkmäler im Saarland vom 12. Oktober 1977, ABl. Nr. 44, S. 993–1001.

13 So galten in Hessen zum Beispiel vor Erlass des Denkmalschutzgesetzes von 1974 das „Gesetz, den Denkmalschutz betreffend" von 1902 sowie das preußische Ausgrabungsgesetz von 1914, vgl. § 29 DSchG Hessen 1974, GVBl. I Nr. 31, S. 450–456. Zu Denkmalschutzgesetzen im späten 19. Jahrhundert siehe Winfried Speitkamp: *Die Verwaltung der Geschichte, Denkmalpflege und Staat in Deutschland 1871–1933*. Göttingen: Vandenhoeck & Ruprecht 1996, S. 314–338.

Der Vergleich der Denkmalbegriffe zeigt, dass die Bedeutungskategorien aus dem Gesetz der DDR (wissenschaftlich, künstlerisch und geschichtlich) in den meisten anderen Gesetzen ebenfalls erwähnt werden. Wenn wie in Baden-Württemberg und Bremen nicht von ‚geschichtlich' gesprochen wird, ist dieses Merkmal durch ‚heimatgeschichtlich' ersetzt. Gleichzeitig fällt auf, dass diese drei Bedeutungskategorien eine Basis an Kategorien bilden. Denn in allen Ländern, außer in Schleswig-Holstein und Baden-Württemberg, gibt es mindestens noch eine weitere Kategorie neben den drei genannten Basiskategorien.
In § 3 Abs. 2 DPG allerdings findet sich eine Aufzählung, welche Objekte zu Denkmalen werden können. Abstrahiert bzw. verschlagwortet können die dort aufgezählten Denkmale den weiteren Kategorien aus den verschiedenen Landesgesetzen zugeordnet werden: Der erste Spiegelstrich im Gesetz der DDR enthält die sogenannten Geschichtsdenkmale. Das sind Denkmale, die mit bedeutenden historischen und kulturellen Ereignissen, Entwicklungen oder Persönlichkeiten in Verbindung stehen.[14] Der zweite Spiegelstrich nennt Denkmale zur Kultur und Lebensweise der werktätigen Klassen und Schichten des Volkes. Er zählt z. B. typische Siedlungsformen auf. Diese Kategorien konkretisieren die Objekte, die in den Gesetzen der Bundesrepublik mit geschichtlicher oder heimatgeschichtlicher Bedeutung umschrieben sind. Bayern und das Saarland führen zusätzlich zur geschichtlichen Bedeutung auch die volkskundliche auf. Volkskunde wird wie Heimatgeschichte als Unterfall von geschichtlicher Bedeutung angesehen.
An dritter Stelle werden im Denkmalpflegegesetz der DDR ausdrücklich die Denkmale der Produktions- und Verkehrsgeschichte genannt. Hier geht es um den Schutz von Produktionsstätten, Anlagen, Maschinen und Verkehrsbauten. Dieser Gedanke findet sich auch in den westdeutschen Ländern wieder, die die Kategorie ‚technisch' oder ‚technologisch' in ihren Denkmalbegriff aufgenommen haben. Dies sind Hessen, Bremen, das Saarland und Nordrhein-Westfalen. In Nordrhein-Westfalen heißt es sogar – der Formulierung des fünf Jahre früheren Gesetzes der DDR sehr ähnlich –, dass Sachen dann Denkmal werden können, wenn sie bedeutend für die Entwicklung der Arbeits- und Produktionsverhältnisse sind.
Es folgen beim vierten Spiegelstrich im Gesetz der DDR die Denkmale des Städtebaus. Das Ensemble, ein Begriff, der durch die Charta von Venedig 1964

14 Zu den Geschichtsdenkmalen als besonderer Gattung zur Nation- und Bewusstseinsbildung in der DDR vgl. Simone Bogner: Denkmale der unmittelbaren Vergangenheit, zur Erfassung und Bewertung von baulichem Erbe der 1960er bis 1980er in der DDR. In: Hans-Rudolf Meier et al. (Hrsg.): *Welche Denkmale welcher Moderne?* Berlin: Jovis 2017 (im Erscheinen).

geprägt wurde,[15] wird hier ausdrücklich erwähnt. In der Bundesrepublik kannte Schleswig-Holstein die Kategorie ,städtebaulich' nicht. Dies ist eventuell damit zu erklären, dass das Gesetz bereits 1958, also vor der Charta von Venedig, die eine gewisse Sensibilisierung für diese Bedeutungskategorie bewirkt hat, erlassen wurde. Auch Baden-Württemberg (1971) und Bremen (1975) nehmen die städtebauliche Bedeutung nicht in ihre Gesetze auf. Alle anderen Länder lassen die städtebauliche Bedeutung einer Sache als Denkmalgrund gelten.
Der Denkmalbegriff wird weiter ausdifferenziert durch die Aufzählung von Denkmalen der Landschafts- und Gartengestaltung. Keines der bundesrepublikanischen Gesetze zählt die Gartendenkmale ausdrücklich auf. Ihre Unterschutzstellung musste daher über die anderen Bedeutungskategorien erfolgen, etwa über die geschichtliche Bedeutung.
Als letztes werden im Denkmalpflegegesetz von 1975 die Kunstdenkmale aufgezählt. Sie standen in der ersten Denkmalschutzverordnung der DDR 1952 noch an erster Stelle, rückten dann bei der nächsten Verordnung 1961 an die vorletzte und schließlich im Gesetz 1975 an die letzte Stelle. Aufzählungen im Gesetz sollten nicht überbewertet werden, die Entscheidung für eine bestimmte Reihenfolge muss schließlich getroffen werden. Dennoch ist der ,Abstieg' der Kunstdenkmale bemerkenswert.

Die Zentrale Denkmalliste der DDR von 1979

Wie das Recht ausgelegt wurde, kann in einem Land mit einem konstitutiven Listensystem den Denkmallisten entnommen werden. Konstitutiv bedeutet in diesem Zusammenhang, dass ein Objekt erst dann Denkmalschutz genießt, wenn es in eine Denkmalliste eingetragen wird. Bei einem nachrichtlichen System ist kein weiterer Akt zwischen dem Erlass eines Gesetzes und dem Denkmalschutz notwendig; wenn ein Objekt die Merkmale erfüllt, die im Gesetz als Voraussetzung für den Denkmalschutz genannt sind, wird es automatisch Denkmal. In der DDR gab es zwischen 1952 und 1961 ein konstitutives System,[16]

15 Die Charta von Venedig wurde 1964 auf einem internationalen Architektenkongress beschlossen. Sie entfaltet keinerlei rechtliche Verbindlichkeit (siehe http://www.dnk.de/_uploads/media/135_1964_Charta_von_Venedig.pdf (Zugriff am 05.09.2016); Kerstin Stamm: „Il monumento per l'uomo" Zur Entstehungsgeschichte der Charta von Venedig im Kontext der europäischen Nachkriegszeit. In: *Österreichische Zeitschrift für Kunst und Denkmalpflege (ÖZKD)* 69,1/2 (2015), S. 20–26; Ernst-Rainer Hönes: 50 Jahre Charta zur Konservierung und Restaurierung von Denkmälern und Ensembles (Charta von Venedig). In: *Die Öffentliche Verwaltung (DÖV)* 67,23 (2014), S. 1014–1017.

16 §7 Abs. 1 S. 2 VO 1952: „Durch die Eintragung werden die Denkmale unter Schutz gestellt".

zwischen 1961 und 1975 ein nachrichtliches[17] und schließlich ab 1975 wieder ein konstitutives.[18]

Das Listensystem ab 1975 war dreistufig: Je nach Bedeutung der Objekte kamen sie auf die Kreis- oder Bezirkslisten. Für die Denkmale von besonderer nationaler oder internationaler Bedeutung gab es die Zentrale Denkmalliste, die 1979 veröffentlicht wurde. Innerhalb der Listen waren die Denkmale nach den bereits aufgezählten Spiegelstrichen geordnet, ganz oben standen also Geschichtsdenkmale, an letzter Stelle die Kunstdenkmale. Innerhalb der Kategorien waren die Denkmale alphabetisch nach Orten aufgelistet. Die Zentrale Liste mit Stand vom 25. September 1979 umfasste 399 Positionen. 132 Positionen davon waren Geschichtsdenkmale, quantitativ gefolgt von 118 Denkmalen des Städtebaus, es folgten 97 Kunstdenkmale, 37 Denkmale der Produktions- und Verkehrsgeschichte, 8 Gartendenkmale und 7 Denkmale der Arbeitsweise und Kultur der werktätigen Klassen. Die Reihenfolge aus dem Gesetz spiegelt sich bei der Anzahl der tatsächlichen Denkmale also nicht gänzlich wider.

Der Blick in die Liste offenbart vielerlei. Zu den Geschichtsdenkmalen gehören vor allem Objekte, die wir heute als Erinnerungsorte bezeichnen würden.[19] So sind in dieser ersten Kategorie unter anderem Friedhöfe, Grabmale, Wohnhäuser, Wirkstätten und eingerichtete Museen zu Persönlichkeiten, die für die Geschichte der DDR als wichtig empfunden wurden, zu finden (zum Beispiel Thomas Müntzer, Martin Luther, Friedrich Schiller, Johann Wolfgang Goethe, Wladimir Iljitsch Lenin, Karl Liebknecht, Georg Friedrich Händel, Albert Einstein). Als Denkmale zur Kultur und Lebensweise der werktätigen Klassen und Schichten des Volkes sind vor allem Dorfanlagen eingetragen. Unter den Denkmalen der Produktions- und Verkehrsgeschichte finden sich Wasserwerke, der Fernsehturm in Berlin, Ziegelringöfen und Brücken. Unter den Denkmalen des Städtebaus sind verschiedene Stadtkerne aufgezählt, z. B. die Stadtkerne von Görlitz und Potsdam, sowie begrenzte Bereiche und Ensembles, etwa die Gartenstadt in Dresden-Hellerau. Unter den Einzeldenkmalen finden

17 Eine Formulierung wie in § 7 Abs. 1 VO 1952 gibt es 1961 nicht mehr. In der ersten Durchführungsbestimmung zur VO 1961 (GBl. II Nr. 72, S. 477) heißt es in § 4 aber: „Die Erfassung aller Denkmale im Kreis erfolgt in einer Denkmalkartei, die als Arbeitskartei auch dem zuständigen Bauamt zur Verfügung steht." Verwaltungsinterne Listen ohne rechtliche Wirkung hat es deshalb trotzdem gegeben.

18 § 3 Abs. 1 DPG 1975: „Denkmale […] sind […] Zeugnisse […], die […] durch die zuständigen Staatsorgane gemäß § 9 zum Denkmal erklärt worden sind."

19 Pierre Nora (Hrsg.): *Les Lieux de mémoire*. Paris: Gallimard 1984; Tino Mager: *Schillernde Unschärfe – Der Begriff der Authentizität im architektonischen Erbe*. Berlin: de Gruyter 2016, S. 137 ff.

sich fast ausschließlich Kirchen und Schlösser. Als Denkmale der Landschafts- und Gartengestaltung sind die Potsdamer Schlösser und der Park an der Ilm in Weimar aufgeführt. Als Kunstdenkmale sind vorrangig Altäre eingetragen. Bis auf die erste Kategorie der Geschichtsdenkmale unterscheidet sich die Liste nicht erheblich von Listen aus der Bundesrepublik.

Beton-Denkmale? Junge Bauwerke auf Denkmallisten

Unter den Objekten auf der Zentralen Denkmalliste von 1979 finden sich auch solche, die erst wenige Jahre zuvor erbaut worden sind. Von den ersten 40 Bauwerken aus der Kategorie Geschichtsdenkmale sind elf nach 1945 erbaut worden, davon wiederum drei in den 1960er Jahren. Viel zitiert in diesem Zusammenhang ist der oben erwähnte Fernsehturm in Berlin, der 10 Jahre nach seiner Fertigstellung als Denkmal der Produktions- und Verkehrsgeschichte auf die Liste kam. Ebenso das 1952 erbaute Hochhaus an der Weberwiese. Es steht als Denkmal des Städtebaus und der Architektur unter der Rubrik „Berlin – Hauptstadt der DDR" zusammen mit vielen historischen Gebäuden aus Berlin-Mitte auf der Liste.

Teils wird heute davon ausgegangen, dass ein Denkmal ein Objekt aus „vergangener Zeit" sein muss, d. h. aus einer „abgeschlossenen, historisch gewordenen Epoche" stammt.[20] Freilich ist unklar, was dabei eine Epoche ausmacht. In der Regel wird eine Distanz von 30 Jahren zwischen Errichtung und möglicher frühester Unterschutzstellung angenommen.[21] Der Umstand, dass in der DDR Objekte inventarisiert worden sind, die erst wenige Jahre alt waren, sorgt in der gegenwärtigen Forschung für Aufsehen.[22] Ist diese vermeintlich eigentümliche Auslegung des Denkmalbegriffs eine typisch sozialistische?

20 BayVGH, Urt. v. 10.06.2008, Az. 2 BV 07.762, Rn. 25; zum Forschungsstand: Jan Nikolaus Viebrock: Teil C Denkmalbegriffe. In: Martin / Krautzberger: *Handbuch Denkmalschutz und Denkmalpflege*, Rn. 5, 22.

21 In Nordrhein-Westfalen wurde das Merkmal „vergangene Zeit" 1991, obwohl es nicht im Gesetz verankert ist, seitens der Obersten Denkmalschutzbehörde in einem Verfahren um die Unterschutzstellung eines Kühlturms von 1974 in den Tatbestand hineingelesen und die Denkmaleigenschaft des Objektes (Trockenkühlturm des Thorium-Hochtemperaturreaktors im damaligen VEW-Kraftwerk bei Hamm-Uentrop-Schmehausen) u. a. wegen der fehlenden zeitlichen Distanz verneint, vgl. Christoph Heuter: Zu nahe dran? Bauten der 1960er Jahre als Herausforderung für die Denkmalpflege. In: Adrian von Buttlar et. al. (Hrsg.): *Denkmal! Moderne: Architektur der 60er Jahre, Wiederentdeckung einer Epoche*. Berlin: Jovis 2007, S. 27–35, hier S. 27. Ob dieser Praxis, nicht nur in Nordrhein-Westfalen zu Recht sehr deutlich kritisch: Dieter Martin: Aus vergangener Zeit. In: *Bayerische Verwaltungsblätter* 2008, S. 645–650, hier S. 646.

22 Vgl. Anm. 1.

Dem Denkmalbegriff von § 3 des Gesetzes aus dem Jahr 1975 kann jedenfalls kein Anhaltspunkt für eine zeitliche Grenze entnommen werden. Insofern kann die Auslegung des Gesetzes nicht überraschen. Ein Vergleich mit der Verordnung von 1961 offenbart, dass auch dort im Denkmalbegriff keine Aussagen zum Alter eines Objektes getroffen werden. Lediglich in der Präambel der Verordnung von 1961 steht, dass Denkmale das kulturelle Erbe der Nation seien, das von der sozialistischen Gesellschaft aus „vergangenen Epochen" bewahrt worden ist. In der Präambel zum Gesetz von 1975 findet sich der Passus nicht mehr. Es heißt dort vielmehr, dass Denkmale von Entwicklungen und Leistungen aus der Vergangenheit bis in die Gegenwart zeugen. Eine Präambel ist dem eigentlichen Rechtstext vorgeschaltet und fasst die Intention des Gesetzgebers zusammen. Sie entfaltet jedoch keinerlei Rechtsverbindlichkeit. Höchstens zur Auslegung des Gesetzes kann sie herangezogen werden. Der Denkmalbegriff war folglich im Hinblick auf das Alter eines Objekts offen und erlaubte es, sowohl ältere Objekte als auch gerade erst errichtete Bauwerke unter Schutz zu stellen, sofern sie den Bedeutungskategorien entsprachen.
Um herauszufinden, ob die Auslegung hinsichtlich des Alters eines Denkmals eine sozialistische war oder doch nur eine, die auch im Sozialismus praktiziert wurde, bietet sich ein Vergleich mit der Auslegung der Gesetze der Länder an. Von den ersten Versionen der Denkmalschutzgesetze in der Bundesrepublik kennen lediglich drei eine Zeitbegrenzung: Schleswig-Holstein, Bayern und Rheinland-Pfalz.[23] In allen anderen Gesetzen findet sich, genau wie in der DDR, keine Beschränkung auf Objekte aus vergangenen Zeiten. Im Gegenteil: In Niedersachsen wurde nur in Bezug auf Bodendenkmale ausdrücklich erwähnt, dass das potentielle Bodendenkmal aus einer ‚vergangenen Zeit' stammen muss.[24] Im Umkehrschluss bedeutet das, dass für Baudenkmale gerade keine Zeitgrenze gewollt war. Ein Blick in die Denkmalliste könnte weiterhelfen. In Niedersachsen hatte man sich in den 1970er Jahren allerdings für ein nachrichtliches System entschieden. Eine zugängliche Liste gibt es daher nicht (was nicht ausschließt, dass es verwaltungsinterne Listen oder Karteien gegeben hat). Darüber hinaus müsste eine etwaige Liste auch das Datum der Unterschutzstellung enthalten, damit herausgefunden werden kann, ob es auch in den 1970er Jahren bereits Unterschutzstellungen von Bauten der damals jüngsten Vergangenheit gab.

23 § 1 Abs. 2 DSchG Schleswig Holstein 1958: „Kulturdenkmale sind Sachen *vergangener Zeit …*"; Art. 1 Abs. 1 DSchG Bayern 1973: „Denkmäler sind von Menschen geschaffene Sachen oder Teile davon aus *vergangener Zeit*"; § 3 DSchG Rheinland Pfalz 1978: „Kulturdenkmäler sind Gegenstände aus *vergangener Zeit*, …".
24 § 3 Abs. 4 DSchG NI 1978.

Solche Liste unterhalten z.B. Bremen,[25] Gelsenkirchen[26] und Essen.[27] In Bremen und Nordrhein-Westfalen sind im Gesetz keine ausdrücklichen Zeitgrenzen festgelegt. Anhand der Bremer Denkmalliste wird deutlich, dass es 1973 eine Welle der Inventarisierung gegeben hat. 1973 galt in Bremen noch das Gesetz betreffend den Schutz von Baudenkmälern und Straßen- und Landschaftsbildern von 1909.[28] Unter den Objekten findet sich zum Beispiel die Denkmalgruppe am Lehnhof, deren Hausnummern 1 bis 13 geschützt sind. Dabei sind die Hausnummern 1 bis 10 in den Jahren 1950/51 erbaut worden, Nr. 12 1957 und Nr. 13 von 1969 bis 1971, also nur maximal 13 Jahre, jüngstens zwei Jahre vor Unterschutzstellung. Mehrfach finden sich Gebäude aus den 1950er und 1960er Jahren als Bestandteil einer Denkmalgruppe, z.B. im Schnoorviertel. Dort wurden Häuser unter Schutz gestellt, die 1965 bis 1973 erbaut worden sind. Auch Wiederaufbauten zerstörter Bauten aus den Nachkriegsjahren finden sich auf der Liste. 1975 gab sich Bremen dann ein neues Denkmalschutzgesetz. Auch nach dieser neuen Rechtsgrundlage wurden Bauwerke unter Schutz gestellt, die nicht die Grenze von 30 Jahren erfüllten. So zum Beispiel der 1967 erbaute Theatergarten von Erich Ahlers, 1976 unter Schutz gestellt, das Haus Parchmann von Eberhard Gildemeister, 1962 erbaut, wurde 1981 auf die Liste aufgenommen. Auch die von 1958 bis 1960 wiederaufgebaute Bürgermeister-Schmidt-Gedächtniskirche und das wiedererrichtete Stadttheater in Bremerhaven erfüllten zu den Zeitpunkten ihrer Unterschutzstellung 1976 und 1978 die 30-Jahre-Grenze nicht. In Gelsenkirchen hingegen wurde die nicht kodifizierte 30-Jahre-Grenze bei der Inventarisierung recht genau eingehalten. In Essen wurde die Mehrzahl der Bauwerke aus den 1960er und 1970er Jahren im Südviertel und im Stadtkern erst nach 50 Jahren zeitlichem Abstand eingetragen. Obwohl es also vom reinen Rechtstext ausgehend sowohl in Bremen, Gelsenkirchen und Essen auch möglich gewesen wäre, sehr junge Bauwerke in die Denkmallisten einzutragen, wurde dies sehr unterschiedlich gehandhabt. Nur mit Hilfe der Verwaltungspraxis kann eine belastbare Aussage getroffen werden.

25 http://www.denkmalpflege.bremen.de (Zugriff am 05.09.2016).

26 https://www.gelsenkirchen.de/de/infrastruktur/bauen_und_wohnen/denkmalschutz/_doc/Denkmalliste_Stadt_Gelsenkirchen.pdf (Zugriff am 05.09.2016).

27 https://www.essen.de/leben/planen__bauen_und_wohnen/denkmalschutz/denkmalschutz__denkmalpflege_1.de.html (Zugriff am 05.09.2016).

28 Felix Hammer: *Die geschichtliche Entwicklung des Denkmalrechts in Deutschland*. Tübingen: Mohr Siebeck 1995, S. 133.

Eine Besonderheit des DDR-Rechtstexts ist allerdings der klare Auftrag, der an die Denkmalpflege formuliert wurde: In § 1 Abs. 2 heißt es unter der Überschrift „Ziel, Inhalt und Grundsätze der Denkmalpflege": „Denkmale der revolutionären Tradition [...] sind so zur Geltung zu bringen, dass sie zur Verwirklichung der Ideen des sozialistischen Patriotismus und proletarischen Internationalismus beitragen." Solche Aufträge finden sich in den bundesrepublikanischen Gesetzen nicht. Freilich werden dort auch Aufgaben formuliert, jedoch sind die Formulierungen wesentlich zurückhaltender. Das Beispiel aus Hamburg, das schon zu den extrovertierten Formulierungen gehört, zeigt dies: Aufgabe des Denkmalschutzes und der Denkmalpflege sei es, „Kulturdenkmäler wissenschaftlich zu erforschen und nach Maßgabe des Gesetzes zu schützen sowie darauf hinzuwirken, dass die Denkmale in die städtebauliche Entwicklung, Raumordnung und Landespflege einbezogen werden."[29]

Fazit der Vergleiche von Denkmalbegriffen und deren Auslegung

Der Vergleich zeigt, dass sich die Denkmalbegriffe der DDR und der Länder in der Bundesrepublik hinsichtlich der denkmalfähigen Objekte nicht unterschieden, wobei das Denkmalpflegegesetz der DDR von Zeugnissen sprach, wohingegen in der Bundesrepublik häufig nüchtern von Sachen die Rede war. Für die Denkmalwürdigkeit war in der DDR der Begriff „Interesse der sozialistischen Gesellschaft" gewählt worden. Dies ist ein systemisch geprägter Begriff, der sich von dem sonst üblichen Begriff „öffentliches Interesse" unterscheidet. Bei beiden Begriffen handelt es sich um ausfüllungsbedürftige, sogenannte unbestimmte Rechtsbegriffe. Weder der eine noch der andere ist völlig klar. Im jedoch eklatanten Unterschied zur Bundesrepublik gab es in der DDR allerdings keinen Rechtsschutz, der es ermöglicht hätte, den durch die Verwaltung ausgefüllten unbestimmten Rechtsbegriff gerichtlich überprüfen zu lassen.

Die Bedeutungskategorien wissenschaftlich, künstlerisch und geschichtlich sind in fast allen Gesetzen anzutreffen. Die in manchen Gesetzen der Bundesrepublik verwendeten weiteren Kategorien werden in der DDR im § 3 Abs. 2 ausdrücklich durch eine Aufzählung denkmalfähiger Objekte erwähnt. Sie sind deckungsgleich bzw. gehen noch über die Kategorien in der Bundesrepublik hinaus. So werden die Gartendenkmale ausdrücklich genannt, die in allen Gesetzen der Bundesrepublik unter eine der aufgezählten Bedeutungskategorien

29 § 1 Abs. 1 DSchG 1973 Hamburg.

gefasst werden müssen. In allen Gesetzen waren die Bedeutungskategorien auf einer Stufe angesiedelt und standen gleichberechtigt nebeneinander.[30]
Auffällig ist die Aufgliederung der geschichtlichen Bedeutung in der DDR in zwei Untergruppen, nämlich in die Geschichtsdenkmale und in die Denkmale zur Kultur und Lebensweise der werktätigen Klassen. Diese Aufgliederung ist inhaltlich keine Neuerung im Denkmalpflegegesetz von 1975, sondern schon seit 1952[31] beziehungsweise 1961[32] Bestandteil des Denkmalbegriffs.
Der Denkmalbegriff von 1975 unterscheidet sich also in seiner ausbuchstabierten Breite von seinen Vorgängern und von den Begriffen in der Bundesrepublik. Inhaltlich hat er keine Neuerungen im Vergleich zu den Vorgängerreglungen in der DDR erfahren. In Bezug auf die Zeitgrenze unterschieden sich die rechtlichen Denkmalbegriffe der DDR und der Bundesländer größtenteils nicht. Außer in Schleswig-Holstein, Rheinland-Pfalz und Bayern bestand in keinem der Länder eine Zeitgrenze für Bauwerke. Es ist daher folgerichtig, dass auch Bauwerke jüngeren Datums Denkmalschutz genießen konnten und dies in der Praxis auch umgesetzt wurde. Für Bremen kann nachgewiesen werden, dass auch dort in den 1970er Jahren Bauwerke jüngeren Datums unter Schutz gestellt worden sind. Die Inventarisierung ohne beziehungsweise mit geringer Zeitgrenze war folglich kein Phänomen, das ausschließlich in der DDR auftrat. Vielmehr ist anzunehmen, dass in jedem Bundesland, in dem es keine gesetzlich vorgeschriebene Zeitgrenze in Bezug auf den Denkmalbegriff gab, Bauwerke jüngeren Datums Denkmalschutz genossen. Der Unterschied lag jedoch in der systematischen Erfassung der Denkmale jüngeren Datums. Die Unterschutzstellung von wiederaufgebauten Bauwerken zeigt uns, was in der DDR ebenfalls üblich war: Denkmalschutz hing nicht immer von der Substanz ab, sondern oft auch von den Erinnerungen, die einem Bauwerk zugeschrieben wurden.

30 Anders Escherich: „Denkmale unserer Zeit“. In: *Forum Stadt* 1 (2015), S. 55–73, hier S. 58. Escherich meint dort, dem Denkmalpflegegesetz sei ein „neu justiertes Denkmalverständnis eingeschrieben“ worden, dass „allein schon dadurch, dass ethnografische, technische und erinnerungskulturelle Denkmale mit solchen der Architektur oder der bildenden Kunst auf eine Stufe gestellt wurden,“ sichtbar werde.

31 § 1 Abs. 2 (d): „Gegenstände, die zu bedeutenden Persönlichkeiten oder Ereignissen der deutschen Geschichte in Beziehung stehen.“

32 § 2 Abs. 2 (a): „nationale Gedenkstätten und andere Stätten, die zu bedeutenden Ereignissen oder Persönlichkeiten der Geschichte, besonders auch der Geschichte der Arbeiterbewegung in Beziehung stehen.“

Beton verbindet

Über die wissenschaftlich-technische Zusammenarbeit zwischen DDR und Volksrepublik Polen in den 1970er Jahren

Magdalena Kamińska

Während eines Archivaufenthalts in Warschau konnten im Archiwum Akt Nowych (AAN) mehrere Bestände der Abteilung für Forschung und Entwicklung der Betonindustrie (poln.: Zakład Badań i Doświadczeń Przemysłu Betonów, ZBiDPB; heute: Instytut Ceramiki i Materiałów Budowlanych, ICiMB) durchgesehen werden.[1] Im Fokus stand dabei der wissenschaftlich-technische Austausch unter Ingenieuren des Betonfachbereichs zwischen DDR und Volksrepublik Polen (VRP) der 1970er Jahre. Was bereitete Schwierigkeiten in der bilateralen Zusammenarbeit? Und welche Forschungen wurden gemeinsam betrieben? Die Ergebnisse dieser Analyse stellen den Kern der nachfolgenden Untersuchung dar.

Beton macht mobil: Polnische Experten vernetzen sich

Architektur war schon seit jeher ein Instrument politischer Repräsentation. Verbesserte Baustoffe und -techniken zeugten von Fortschritt und Innovationspotential, insbesondere wenn sie als Gebäude umgesetzt wurden. So verwundert

1 Dies wurde dankenswerter Weise durch ein Forschungsstipendium des Viadrina Center B/ORDERS IN MOTION im Sommer 2015 ermöglicht.

Abb. 1
Briefmarkenentwurf von Joachim Rieß: 25 Jahre Rat für gegenseitige Wirtschaftshilfe (RGW), 1974.

es nicht, dass dem Baustoff Beton und der industriellen Fertigungsweise von Bauelementen aus Beton eine hohe Relevanz zugemessen wurde. Dafür spricht, dass der als supranationale sozialistische Wirtschaftsgemeinschaft bestehende Rat für gegenseitige Wirtschaftshilfe (RGW), welcher von 1949 bis 1990 den Handel und Wissensaustausch auf politischer Ebene zwischen den Ostblock-Staaten koordinierte, auch im Betonfachbereich die Aufgaben verteilte.[2] Welche Kontakte darüber hinaus bestanden, soll im Folgenden untersucht werden.

Vorzeigeausstellung der Betonindustrie

Dass der Baustoff Beton in der VRP eine hohe politische Sendungskraft hatte, bezeugt beispielsweise die Ausstellung der Betonindustrie (*Wystawa Przemysłu Betonów*), die am 11. September 1969 in Warschau eröffnet wurde. In einem eigens dafür entworfenen Pavillon und auf dessen Außenbereich sollte auf

2 Polen war neben dem Initiator Sowjetunion, Rumänien, Ungarn, der Tschechoslowakei und Bulgarien Gründungsmitglied des Rats, welcher von Josef Stalin in Moskau am 18. Januar 1949 ins Leben gerufen wurde. Die DDR trat am 29. September 1950 dem Bündnis bei, später schlossen sich auch die Mongolei (1962), Kuba (1972) und Nordvietnam (1978) an. Zu den Hauptzielen des RGW zählten die Beschleunigung des technischen Fortschritts der sozialistischen Partner, die Entwicklung gemeinsamer Technologiestandards und die Stärkung schwächerer Mitglieder durch stärkere. Insgesamt sollten Entwicklungstempo und -qualität der Ostblockstaaten gegenüber dem Weltmarkt verbessert werden. Die 1963 in Moskau gegründete Internationale Bank für wirtschaftliche Zusammenarbeit (IBWZ) verwaltete die gemeinsame und künstliche Verrechnungseinheit des RGW: den nicht konvertierbaren Transferrubel (XTR). Mit der Umstellung von Transferrubel am 1. Juli 1990 auf konvertible (West-)Währung (das sogenannte „Umrubeln“) wurde der RGW obsolet, bis sich das Bündnis am 28. Juni 1991 endgültig auflöste.

ca. 8.000 Quadratmetern Ausstellungsfläche das 20-jährige Bestehen der polnischen Betonindustrie gewürdigt werden. Ausgeführt wurde die Ausstellung vom ZBiDPB, und der Bau- und Baustoffminister Andrzej Giersz eröffnete sie feierlich. Gezeigt wurden aktuelle Tendenzen und zukünftige Aufgaben der Betonbranche u. a. hinsichtlich vorfabrizierter Bauelemente für den Wohnungsbau von 1969 bis 1975, darunter auch Elemente für das Wohnbausystem WBS-70 (der sogenannten Einheitsplatte) sowie Bebauungspläne, die bis 1980 reichten. Aus den Zielformulierungen geht hervor, dass als wichtigste Herausforderung die Herausbildung eines starken Betonindustriezweiges gesehen werde, der gewährleisten könne, dass die Nachfrage des Industriebaus gestillt werde. Noch stand die Bewältigung der bestehenden Wohnungsnot nicht im Vordergrund. Messebesucher waren u. a. die Mitgliedsländer des RGW, aber auch Vertreter aus der Türkei und den Niederlanden.[3]

Das europaweit vernetzte Institut für Bautechnik

Das polnische Institut für Bautechnik (Instytut Techniki Budowlanej, ITB) in Warschau stellte jährlich Pläne für die wissenschaftlich-technische Zusammenarbeit mit dem Ausland zusammen. Ein Beispiel aus 1959 zeigt, dass mit der DDR, Moskau, Schweden und anderen Ländern ein Austausch unter Fachleuten vorhanden war.[4] Ebenso geht daraus die Teilnahme polnischer Wissenschaftler an Messen (z. B. die Baumessen in Berlin, Moskau, Prag) und an Kongressen (Belgien, Schweiz) hervor. Ferner haben sie im Ausland (DDR, Finnland etc.) mehrwöchige Praktika absolviert.[5] Das ITB war u. a. Mitglied des RILEM[6] mit Sitz in Belgien. Diese aufgebauten Kontakte und Kooperationen bestanden über Jahre hinweg, mit der offiziellen Argumentation, dass das Kennenlernen der außerhalb der Grenzen angewendeten Methoden eine

3 Zur Ehrung der Ausstellung wurden neben einem Katalog und einem dreisprachigen (dt., poln., engl.) Prospekt eine Gedenkmünze herausgegeben (Praca naukowo-badawcza: Wystawa Przemysłu Betonów, 1969. AAN, Zakład Badań i Doświadczeń Przemysłu Betonów (ZBiDPB), Signatur 495).

4 Plan współpracy Naukowo-Technicznej z zagranicą, 1959. AAN, Instytut Techniki Budowlanej (ITB), Signatur 5/27.

5 Współpraca z zagranicą – sprawozdanie ze współpracy z zagranicą w okresie 1968–1970. AAN, ZBiDPB, Signatur 123; Współpraca z zagranicą – sprawozdania, protokoły z wyjazdów zagranicznych 1969–1971. AAN, ZBiDPB, Signatur 125.

6 RILEM (The International Union of Testing and Research Laboratories for Materials and Structures; dt.: Internationale Union der Prüf- und Forschungslaboratorien für Werkstoffe und Strukturen). Der Pole Wacław Olszak war Gründungsmitglied und 1963 Präsident der Vereinigung.

Verbesserung der Methoden im eigenen Land bewirke[7] und – in Bezug auf die Schweiz – „ähnliche klimatische Bedingungen herrschen".[8] Weitere Begründungen für die Zusammenarbeit mit dem Ausland waren, dass im Hinblick auf die Abkehr von traditionellen Baumaterialen (Holz, Stahl) ein Mangel an Erfahrungen herrsche und das eigenständige Aufholen in Technologie und Verfahrensweise viel Geld und Zeit erfordere. Die Interessens- und Forschungsbereiche waren vielfältig: Sie reichten von Betondichte über Kabel bis hin zu Akustik und Farben. Neuste Forschungsergebnisse im Bereich der Wärme- und Schalldämmung erhoffte man sich aus Westeuropa, Sanitäranlagen in Plattenbau-Konstruktionen aus der Sowjetunion, Betondichte und -stärke aus der Tschechoslowakei, Skelettbau aus Frankreich.[9]
Auch das ZBiDPB agierte europaweit. Es organisierte für polnische Fachkräfte Fabrikbesichtigungen in Ungarn, Kongressbesuche in den Niederlanden[10] oder Plattenbaubesichtigungen in Tallinn. Sogar Besuche in Finnland mit Lizenzkäufen waren gängig.[11]

Persönliche Briefkorrespondenzen

Alternative Informationskanäle und Möglichkeiten, Kontakte zu knüpfen waren so zum Beispiel auch private Briefkorrespondenzen. Interessant zu lesen ist in diesem Zusammenhang der Brief des Diplomingenieurs Richard Küng von der Technischen Hochschule in Graz (Österreich) an seinen polnischen Kollegen Jerzy Widera vom 01. Juni 1967. Widera war von 1966 bis 1981 Institutsdirektor des ZBiDPB. Küng äußerte im Brief sein Interesse, im Jahre 1968 an einer internationalen Konferenz über Bauwesen in Warschau teilzunehmen und wollte Widera sowie Bohdan Lewicki treffen, dessen Buch *Hochbauten aus großformatigen Fertigteilen mit Ausnahme von Industriebauten* unlängst auf Deutsch erschienen sei. Widera antwortete Küng umgehend auf

7 „Zapoznanie się z metodami stosowanymi za granicą pozwoli na ulepszenie metod krajowych." (Plan współpracy Naukowo-Technicznej z zagranicą, 1959. AAN, ITB, Signatur 5/27, Bl. 5.)

8 Plan współpracy Naukowo-Technicznej z zagranicą, 1959. AAN, ITB, Signatur 5/27, Bl. 8.

9 Plan współpracy Naukowo-Technicznej z zagranicą, 1959. AAN, ITB, Signatur 5/27.

10 Eine fotografisch dokumentierte Dienstreise in die Niederlande zum 6. Internationalen Kongress der Betonproduzenten vom 18. Mai bis 23. Mai 1969 findet sich in einem Bericht vom 1. März 1969 aus Warschau (Współpraca z zagranicą – sprawodzania, protokoły z wyjazdów zagranicznych 1969–1971. AAN, ZBiDPB, Signatur 125).

11 Ebd.

Deutsch, gab ihm den Kontakt zu Lewicki und bat ihn um die technischen Angaben einer neu errichteten Häuserfabrik in Wien.[12]
Die VRP war in Zeiten des Kalten Krieges keineswegs von internationalen Bautrends und Forschungstendenzen abgeschottet. Die Kontakte und der Wissensaustausch reichten bis auf die persönliche Ebene. Polnische Wissenschaftler waren nachweislich überaus aktiv, gut vernetzt und über die aktuellen internationalen Tendenzen wohl informiert. Die Vorgaben des RGW hinderten sie nicht daran, personelle Kontakte mit WissenschaftlerInnen aus westeuropäischen Ländern zu halten und Informationen auszutauschen.

(Un-)Möglichkeiten der Zusammenarbeit

Gemeinsam hatten die VRP und die DDR ein großes Interesse an einem verbesserten Gasbeton (im Folgenden als Porenbeton[13] bezeichnet), doch die schleppenden Reformierungen des RGW der 1960er und 1970er Jahre wirkten sich nicht positiv auf die Zusammenarbeit aus. Gerade im Betonfachbereich lassen sich Möglichkeiten und Grenzen einer solchen bilateralen Kooperation veranschaulichen.

Unmöglichkeit als Frage der Perspektive

Ein Gutachten des ZBiDPB von 1968 scheint ein vernichtendes Urteil über die Zusammenarbeit zu sprechen. Es wird über den Nutzen der Ausarbeitungen des Instituts für Stahlbeton Dresden für polnische Betonwerke geschlussfolgert, dass die deutsch-polnische Zusammenarbeit durch unterschiedliche Maßeinheiten erschwert wird. Darüber hinaus seien viele interessante deutsche lizenzierte Angebote in Polen ausschließlich ausgewiesenen Spezialisten verständlich und könnten erst nach deren Prüfung und Auswertung Verwendung finden. In einem solchen Fall stelle der Transfer der technischen Lösungen ins polnische System eine weitere Schwierigkeit dar. Nicht zuletzt unterlägen die deutschen Maschinen dem Patentschutz, was es unmöglich mache, sie ebenso in Polen zu verwenden. Zugute hielte man demgegenüber die hohe Zahl an wissenschaftlichen Publikationen von deutscher Seite sowie die zahlreichen

12 Współpraca z Niemiecką Republiką Demokratyczną (NRD) – protokoły z pobytu delegacji niemieckiej w Polsce, korespondencja merytoryczna, informacje, wytyczne, 1967–1969. AAN, ZBiDPB, Signatur 141, Bl. 2, 5.

13 Streng genommen ist Porenbeton kein Beton. Da sich dieser Artikel über den Baustoff Beton hinaus auch mit der bilateralen Zusammenarbeit im Bereich der Bautechnologie befasst, wurde er in die vorliegende Untersuchung einbezogen.

Fotografien, die technische Einzelheiten visualisierten. Die alleinigen technischen Daten seien allerdings nicht vollständig und somit für die polnischen Experten unbrauchbar.[14]
Diese doch sehr negative Analyse belegt, dass ernsthaft und differenziert ausgelotet wurde, welche Aspekte für eine erfolgreiche zukünftige Zusammenarbeit Optimierungsbedarf haben. Ein solcher Bericht ist weniger als resignierte Absage zu verstehen, sondern vielmehr als Bestandsaufnahme und Aufforderung, in Lizenzkäufe und die Ausbildung von Fachspezialisten zu investieren. Das war gar nicht so unrealistisch, denn

> [u]m ihre Wirtschaftsstrukturen zu modernisieren und die Produktivität zu steigern, hatten die UdSSR und einige andere RGW-Staaten ab der Mitte der 1960er Jahre eine Wachstumsstrategie verfolgt, die auf umfangreichen Importen westlicher Technologien basierte. So erfuhr das Gesamtvolumen der RGW-Produktionsgüterimporte aus den OECD-Staaten zwischen 1965 und 1975 einen steilen Anstieg von 998 Millionen Dollar auf 9,84 Milliarden Dollar.[15]

Auf den zweiten Blick zeigt das Gutachten des ZBiDPB mithin das Veränderungspotential der polnischen Forschungslandschaft auf.

Polen forscht an der WBS-70 mit

Ein Hinweis darauf, dass die polnische Bauforschung in den 1970er Jahren nicht allgemein rückständig war, findet sich in Dokumenten zur Zusammenarbeit des ZBiDPB mit dem Wissenschaftlich-Technischen-Zentrum (WTZ) Komplexer Wohnungsbau Berlin. Aus einem Protokoll des Arbeitstreffens vom 31. März bis 4. April 1969 in Berlin geht als gemeinsames Arbeitsthema der industrielle Wohnungsbau mit vorgefertigten Betonplattenelementen hervor.[16]

14 Współpraca z Niemiecką Republiką Demokratyczną (NRD) – protokoły z pobytu delegacji niemieckiej w Polsce, korespondencja merytoryczna, informacje, wytyczne, 1967–1969. AAN, ZBiDPB, Signatur 141, Bl. 52–56.

15 Martin Dangerfield: Sozialistische Ökonomische Integration. In: Bernd Greiner / Christian Th. Müller / Claudia Weber (Hrsg.): *Ökonomie im Kalten Krieg*. Hamburg: Hamburger Edition 2010, S. 348–369, hier S. 363.

16 Die deutsche Seite stellte ihre Arbeiten in der Oberflächenbeschaffung von Außenwänden und ihre teilautomatisierten Produktionslinien vor, die jährlich bis zu 5.000 Wohneinheiten herstellen konnten. Anhand eines Stadtmodells wurden den polnischen Gästen die Bebauungspläne für die Hauptstadt der DDR vorgeführt. Anschließend gab es einen geführten Spaziergang zur Gärtnerstraße und zum Fischerkiez in Berlin, um Großwohnsiedlungen in Plattenbauweise im Original zu demonstrieren. Abgerundet wurde die Exkursion mit einem Besuch des Gasbetonwerks in Parchim (Współpraca z Niemiecką Republiką Demokratyczną (NRD) – protokoły z wyjazdów do Niemiec, porozumienie o współpracy, korespondencja merytoryczna, 1968–1969. AAN, ZBiDPB, Signatur 140, Bl. 31–33).

Am Verhandlungstisch einigte man sich darauf, dass die deutsche Seite eine Methode zur Bestimmung der Betonfestigkeit erarbeiten, wohingegen die polnische Seite an einem verbesserten messtechnischen Verfahren der Betonplattenelemente forschen solle. Entsprechend der RGW-Vorgaben wurde hier eine Arbeitsteilung vorgenommen. Die deutschen Vertragspartner vom WTZ Komplexer Wohnungsbau besuchten wiederum vom 23. bis 26. Juli 1969 die polnischen Kollegen vom ZBiDPB in Warschau. Von polnischer Seite wurde der deutschen Delegation das Gasbetonwerk in Solec Kujawski („SOLBET") präsentiert, in dem anhand einer mechanisierten Produktionslinie Außenwand-Platten hergestellt wurden. Ebenso zeigte man den ostdeutschen Kollegen die Forschungsergebnisse zum offenen System des Wohnungsbaus nach WBS-70. Man besprach, in welcher Weise es möglich wäre, die Zusammenarbeit auf weitere gemeinsame Forschungsgebiete auszuweiten. Dabei einigte man sich auf die Ausarbeitung eines einheitlichen Systems der offenen Typisierung des Wohnungsbaus. Mit dem Austausch von Programmkarten zur Oberflächenbeschaffung von Beton-Außenwänden verpflichteten sich beide Seiten sodann auf eine beidseitige Kontrolle ihrer Produktionsmechanismen. Zusätzlich sollte ein Austausch von Proben und kleineren Gerätschaften dem Kennenlernen der jeweils anderen Produktionsverfahren und Techniken dienen.[17]
Diese Protokollaufzeichnung weisen darauf hin, dass die polnischen Forscher aktiv und erfolgreich an der Optimierung des neuen Wohnbausystems WBS-70 beteiligt waren und die deutschen Kollegen nicht nur großes Interesse an den bautechnischen Fortschritten der VRP hatten, sondern sie als gleichberechtigte Forscherkollegen schätzten. Es gab folglich durchaus fruchtbare Bereiche der Zusammenarbeit und des Wissensaustausches.

Schlagworte der Zukunft: Porenbeton, Robotron, Interbeton

Ein weiteres und letztes Beispiel belegt weitere Möglichkeiten und Grenzen, aber auch Asymmetrien. Hier wird besonders deutlich, welche Ungleichheiten unter den Partnern bestanden und was unternommen wurde, um diese zu überwinden. Im Rahmen eines Besuchs des ZBiDPB vom 29. Juni bis 4. Juli 1970 wurde das in den 1970er Jahren zum VE Betonleichtbaukombinat Dresden gehörige Werk Volkseigener Betrieb (VEB) Betonwerke in Laußig besichtigt.
Dieses wurde im selben Jahr um ein Gasbetonwerk erweitert und hatte die Zielvorgabe, „in den 1970er Jahren" zunächst 6,3 Tonnen und später bis zu

17 Protokoll des Arbeitstreffens WTZ Komplexer Wohnungsbau beim ZBiDPB in Warschau vom 23.–26. Juli 1969. AAN, ZBiDPB, Signatur 141, Bl. 61–65.

7,2 Tonnen industriell vorgefertigte Bauelemente zu produzieren.[18] Im Fokus des Besuchs stand die Präsentation der Anti-Korrosionsmethode Calsilox, die bisher einzigartig in den sozialistischen Ländern war. Sie war relevant für die Stahlbewehrungen, die u.a. mit Porenbeton kombiniert wurden, damit diese nicht rosteten. Die von der niederländischen Firma Peja für diesen Zweck gebaute Maschine nutzte reimportierten Stahl aus der Bundesrepublik Deutschland und kostete in ihrer Produktion insgesamt 80 Millionen DM. Aus den Niederlanden wurden Fachexperten entsandt, die noch lange Zeit eine beratende Funktion im Betrieb hatten. Aufwendig, teuer und arbeitsintensiv waren sicherlich auch die Rechnermaschinen, deren Einsatz der Betriebsdirektor ab 1972 ankündigte und an deren Entwicklung zunächst 20 und später 40 Spezialisten beteiligt gewesen seien. Hierbei handelte es sich vermutlich um ein Lochkartensystem, das eine Vorstufe der Datenverarbeitungsanlage Einheitliche System Elektronischer Rechentechnik (ESER) war und das der exakten Vermessung der einzelnen Bauelemente dienen sollte. Das VEB Kombinat Robotron war in der DDR für die Produktion für Rechentechnik zuständig und stellte diese Geräte her. Polen entwickelte seit 1952 in Warschau und Wrocław ähnliche Rechnermaschinen, aber mit deutlich weniger Forschungsmitteln und nicht derart durchschlagendem Erfolg. Im weiteren Verlauf des Protokolls ist vermerkt, dass die deutsche Seite „sehr großen Wert" auf die Schulung ihrer Spezialisten lege und dass von 10.000 Mitarbeitern des Betonleichtkombinats ungefähr 1.000 durch ein Fachschulsystem auf einen Fachbereich spezialisiert seien.[19] Das Betonwerk in Laußig hatte für die DDR eine Vorzeigefunktion und ließ die polnische Delegation nicht unbeeindruckt. Es wurde ein weiterer Besuch zu dieser Produktionsstätte noch für Ende 1970 vereinbart.

Eine gewisse Ungleichheit an Ausstattung und finanziellen Möglichkeiten lässt sich an dieser Stelle nicht leugnen. Durch das Fachschulsystem und die Lizenzkäufe gab es in der DDR einen deutlichen Effektivitäts- und Wissensvorsprung gegenüber der Volksrepublik Polen. Nichtsdestotrotz wurden die polnischen Kollegen in die Forschung des VEB Betonleichtbaukombinats Laußig aktiv einbezogen. Im Bereich der experimentellen Forschung wurde ihnen im Juli 1970 die Aufgabe übergeben zu überprüfen, ob eine Steigerung der

18 Ausgehend davon, dass eine Wohnungseinheit in der DDR 55 Quadratmeter beträgt. In der VRP wurden die Wohnungseinheiten bis zu 7 Quadratmeter kleiner berechnet (Współpraca z zagranicą – sprawozdania, protokoły z wyjazdów zagranicznych, 1969–1971. AAN, ZBiDPB, Signatur 125, Bl. 140–145).

19 Współpraca z zagranicą – sprawozdania, protokoły z wyjazdów zagranicznych, 1969–1971. AAN, ZBiDPB, Signatur 125, Bl. 140–145.

Porenbetondichte auf 1.200 kg/m³ möglich sei.[20] Üblich waren 500–800 kg/m³. Durch eine so hohe Dichte wird der Porenbeton schalldämpfender, aber gleichzeitig auch weniger wärmeisolierend. Jedoch stellte sich heraus, dass das Ziel durch die schlechte Qualität des von der DDR zu Forschungszwecken bereitgestellten Kalks nicht erreicht werden konnte. Beim Treffen im Dezember 1970 wurde sodann einvernehmlich von einer weiteren Forschungszusammenarbeit in diesem Bereich abgesehen.[21]

Nichtsdestotrotz hatte die DDR weiterhin Interesse am Import polnischer Porenbeton-Wandelemente. Unabdingbar hierfür sei aber ein vereinheitlichtes Bausystem in DDR und VRP. Anhand eines bereits ausgearbeiteten Schemas sollten die polnischen Vertragspartner zunächst ihre Kontrollkriterien synchronisieren sowie ein Projektionsmessverfahren ausarbeiten.[22] Mehrfach wurde die Wichtigkeit gemeinsamer technischer Methoden und eines einheitlichen Bausystems bei gleichzeitiger Hebung der Produktionsstandards unterstrichen.[23] In den Produktionslinien sollten zukünftig gleiche Maschinen und Geräte genutzt werden und auf wissenschaftlicher Ebene ein fortwährender Austausch stattfinden, dies aber nicht nur zwischen DDR und VRP, sondern allgemein zwischen den Ländern des RWG. Ziel war die Schaffung eines Gemeinschaftsverbundes unter dem Namen „Interbeton".

Es liegt nahe, dass ein solcher Zusammenschluss im Betonfachbereich an die Erfolge des bestehenden Wirtschaftsnetzwerks von Stahlexperten, Intermetal, anknüpfen sollte. Die 1964 in Budapest gegründete Organisation basierte auf bis dato bereits bestehenden Wirtschaftsbeziehungen.[24] Besonders attraktiv an diesem Modell waren die Handelsabkommen mit westlichen Ländern, wodurch ein unabhängigeres Handeln möglich wurde.[25]

Die unterschiedlichen Vertragspartner der VRP und DDR handelten entsprechend der Vorschriften der Bauministerien beider Länder. Durch die Nutzung

20 Ebd., Bl. 176.

21 Vom 7.–12. Dezember 1970. In: Ebd., Bl. 175–177.

22 Im ersten Halbjahr 1971 sollte des Weiteren in Warschau zu diesem Zweck ein Treffen von deutschen und polnischen Experten stattfinden.

23 Współpraca z zagranicą – sprawozdania, protokoły z wyjazdów zagranicznych, 1969–1971. AAN, ZBiDPB, Signatur 125, Bl. 140–147.

24 Vgl. Dagmara Jajeśniak-Quast: Polen, die ČSSR und die Europäische Wirtschaftsgemeinschaft während des Kalten Krieges. In: Greiner / Müller / Weber (Hrsg.): *Ökonomie im Kalten Krieg*, S. 370–394, hier S. 386.

25 Friederike Sattler: Unternehmerische und kompensatorische Netzwerke. Anregungen der Unternehmensgeschichte für die Analyse von wirtschaftlichen Netzwerkstrukturen in staatssozialistischen Gesellschaften. In: Anette Schuhmann (Hrsg.): *Vernetzte Improvisationen. Gesellschaftliche Subsysteme in Ostmitteleuropa und in der DDR*. Köln: Böhlau 2008, S. 139–155.

der ostdeutschen Gerätschaften konnte in Polen auch die Lizenzvertragsproblematik umgangen werden. Der Wissensaustausch mutet zudem rege und vielschichtig an, insofern man die zahlreichen dokumentierten Besuche und Gegenbesuche als Kriterium nimmt. In Bezug auf die Erforschung der WBS-70 spielten die polnischen Experten sogar offensichtlich eine größere Rolle, als ihnen bisher allgemein zuerkannt wurde. Nicht zuletzt werden herrschende Asymmetrien von den polnischen Experten als Forschungsantrieb gewertet. Überraschenderweise werden nicht Sprachbarrieren als hindernd für die Zusammenarbeit gesehen, sondern unterschiedliche Maße und Normen. Ob im weiteren Verlauf der Zusammenarbeit die Fragen der Standardisierung in den Laboren synchronisiert und somit gelöst werden konnten, wird Gegenstand weitergehender Untersuchungen sein.

Zusammenfassung

Das Ungleichgewicht zwischen den (Handels-)Partnern der RGW spiegelt sich auch in der bilateralen Kooperation zwischen DDR und VRP wider. Die wissenschaftlich-technische Zusammenarbeit blieb dadurch hinter ihrem Potential zurück. Die Nachteile des RGW wurden in Polen schon früh erkannt, dennoch profitierte die VRP von der RGW-Politik und der Kontakt zu Forscherkollegen im Westen bestand trotzdem. Es gab nachweislich eine europaweite Vernetzung von polnischen Experten im Bau- und Betonforschungsbereich – bis hin zu persönlichen Briefkorrespondenzen.

Durch eine herrschende Asymmetrie im Entwicklungsfinanzierungsbudget, im Zugang zu patentierten Gerätschaften und in der Ausbildung von hochspezialisiertem Fachpersonal der DDR im Unterschied zur VRP blieb der synergetische Nutzen relativ gering. Erschwerend wirkten sich auf die Situation die mangelnden Lizenzen und unterschiedlichen Maße aus. Die Synchronisation im Bereich der Normung war nur sehr schwer umsetzbar und langwierig. Aus diesen Gründen funktionierte die Arbeitsteilung zwischen den Vertragspartnern nicht immer. Doch die neue Entspannungspolitik der 1970er Jahre in Polen barg viel Veränderungspotential, was beispielsweise im Laufe der Jahre im Bereich des Porenbetons ausgeschöpft wurde. Auch an der Erforschung des WBS-70 waren die polnischen Forscher erwiesenermaßen beteiligt.

5.
Historizität & Autonomie

Die folgenden Beiträge spiegeln anhand ausgewählter städtebaulicher Prestigeprojekte und interner Architekturdiskussionen mehrere miteinander verwobene städtebauliche und architektonische Prinzipien in der DDR im Zeitraum zwischen 1960 und 1980 wider. Sie verweisen auf die die Spätzeit der DDR prägende Konsenssuche nach neuen baukünstlerischen und ingenieurtechnischen Lösungen, die einerseits durch das Unbehagen mit dem nachkriegsmodernen Städtebau und baulicher Monotoniekritik, andererseits durch ein zunehmend offensichtlich werdendes Missmanagement hinsichtlich bestehender Bausubstanz ausgelöst worden war. Die Spezifik dieser Suche im Kontext eines sozialistischen Staates basiert auf einem technokratischen Fortschrittsglauben, der in der rigorosen Festlegung auf industrielle Fertigung im Bauwesen mündete. Eine weiterhin strenge politische und ökonomische Regulierung auch in planerischen Fragen und die Trägheit eines planwirtschaftlich organisierten Systems erschwerten zusätzlich individuelle Lösungsansätze. Stadtplanung und Entwurfsarbeit changierten in der Folge zwischen informeller Autonomie und Weisungsgebundenheit. Zugleich stehen die Ergebnisse als gebaute Proklamationen zwischen ästhetischer Autonomie und einer ambivalenten Haltung in Bezug auf Geschichtlichkeit.

Diese Problematik manifestiert sich exemplarisch anhand der Erneuerung alter Stadtzentren in einer Reihe von Widersprüchen: Die geplante Integration von Neubauten in historische Raumstrukturen kollidiert mit dem rational-funktionalistischen Impetus der technokratischen Moderne. Das Bauen in

Typenserien lässt sich nur schwer mit dem Bedürfnis nach Einzigartigkeit vereinbaren. Die Schaffung von Orten mit sozialistischer Identitätsstiftung erschwert eine primär lokale Verortung und steht darüber hinaus auch der Anknüpfung an die globale Architekturentwicklung im Weg. Das Narrativ einer unaufhaltbaren Modernisierung kollidiert mit dem Wunsch nach sozialer Stabilität und Geborgenheit. Der unbedingte Leistungswille trifft auf wirtschaftliche Zwänge. Die intern ausgetragenen und öffentlich sichtbaren Aushandlungsprozesse um diese Widersprüche, lassen Architektur und Städtebau somit als gebaute Manifestation der Suche nach zustimmender Akzeptanz und politischer Legitimation durch die Staatsführung deuten. Darauf verweist die programmatisch und zugleich doppelschneidig gewählte Überschrift.

Katharina Sebold stellt drei Experimentalplanungen innerstädtischer Stadterneuerungen vor. Paul-Friedrich Walter analysiert die Neubebauung der Nördlichen Altstadt von Rostock anhand eines zeittypischen Gebäudes. Der Beitrag Kirsten Angermanns zur Diskussion um postmoderne Architektur behandelt die Frage nach gesellschaftlichen Zielen, ideologischen Zuschreibungen und Deutungsversuchen einer neuen Architekturgestaltung auf einer abstrakteren Ebene. Am jeweiligen Untersuchungsgegenstand werden die gesellschaftlichen Wertmaßstäbe im Hinblick auf die Gleichzeitigkeit verschiedener Haltungen und interner Differenzierungen untersucht. Dabei soll die teils nur vorgeschobene ideologische Argumentation innerhalb der Diskussion außen vor gelassen werden.

Pilotprojekte der Altstadtsanierung kleiner DDR-Städte

Geschichtsaneignung und visuelle Erinnerungskultur im diachronen Vergleich

Katharina Sebold

Die Stadtplanung kleiner und mittelgroßer Städte wurde lange Zeit aufgrund der Fokussierung auf den Wiederaufbau der Groß- und Aufbau der Industriestädte zunächst von der DDR-Regierung und später von der historischen Städtebauforschung vernachlässigt. Die Gründe liegen in der hierarchischen Planungsstruktur der DDR, im generellen Fokus der Städtebauforschung auf Großstädte sowie in der teils berechtigten Annahme, es hätte bis in die 1980er Jahre für die meisten kleineren Städte keine städtebaulichen Entwicklungskonzepte gegeben, die es zu erforschen galt. Diese Annahme wurde durch den flächenhaft desaströsen Zustand der Altstadtbereiche kleinerer Städte, die den Zweiten Weltkrieg überdauert haben, nach 1990 scheinbar bestätigt. Indem die technologische Spezialisierung politisch evoziert und alle finanziellen, personellen und materiellen Mittel auf die industrialisierte Bauweise konzentriert wurden, wurde der Sanierungs- oder Modernisierungsrückstand des verfallenden Altbaubestandes ab den 1970er Jahren sichtbar. Es blieb bislang aber wenig beachtet, dass im Hintergrund sehr wohl Pläne zur Altstadterneuerung geschaffen wurden.

Der vorliegende Text reflektiert Planungen und Sanierungsmaßnahmen für Altstädte kleinerer und mittlerer Städte an drei planerischen Pilotprojekten, in denen verbindliche Lösungen im Umgang mit dem langsam verfallenden

Altbaubestand durch großflächigen Abriss und Neubau mit Mitteln des industrialisierten Bauens gefunden werden sollten. Als Prestigeprojekte für ähnliche Sachlagen in Städten von vergleichbarer Größe zeigen sie exemplarisch die Leitbilder der jeweiligen Zeit im Umgang mit der alten Stadt, vor allem in Bezug auf den Machtanspruch der SED. Es handelt sich um die Planungen des Instituts für Gebiets-, Stadt- und Dorfplanung in Gotha 1959–1961 und seiner Nachfolgeinstitution, dem Institut für Städtebau und Architektur, in Greifswald 1970–1972 und Bernau 1973–1976 sowie deren Realisierungen. In dieser Zeitspanne lässt sich ein Wandel im Umgang mit der alten Stadt nachzeichnen, der im Folgenden anhand wichtigster Punkte skizziert wird.

Planungsprozesse und -resultate der Altstadtsanierung werden als kulturelle Praxen verstanden, die sinngebende Wahrnehmung und Bedeutungszuschreibungen in Handlungsrepertoires vorgaben und strukturierten. In Planungsprozessen werden die Narrative ostentativer Politik, die zugleich Ziel und Ausgangspunkt sind, sichtbar: die Argumentation für die Notwendigkeit des städtebaulichen Eingriffs, politische Legitimation und eine Machtdemonstration gegen den baulichen Verfall. Diese reziprok aufgestellten Zielsetzungen politisch intendierter Identitätskonstruktionen mit normativen Anordnungen wurden nach vier Aspekten aufgeteilt:

1. der sozio-normativen Raumorientierung (Gleichheitspostulate sozialistischer Lebensweise und Narrative sozialistischer Heimat),
2. der funktional-räumlichen Differenzierung (politische Ansprüche an Wohnumwelt und Wohnbedürfnisse),
3. der sozial-instrumentellen Implementierung (planerische Öffentlichkeitsarbeit, Partizipation an Sanierungsmaßnahmen, Eingaben, Bürgerinitiativen und Proteste) und
4. der symbolischen Differenzierung und Raumorientierung (gestalterische Ansprüche im Stadtbild und an Architektur, mediale Vermittlung politischer Legitimationsnarrative durch Heimatpflege).

Durch diese Anordnung kann rekonstruiert werden, wie der Altbausubstanz ein Wert für die kollektive Identität im gesellschaftlichen Kontext zugeschrieben wurde. Die Untersuchung antizipiert die konfliktbesetzte Dichotomie zwischen axiomatischer Unterstellung zentralistischer Wirkungsmacht des Staates einerseits und entwicklungsoffener Geschichtlichkeit einer selbstreferenziellen Gesellschaft andererseits, die bis heute eine Blaupause in der Forschung zu bilden scheint.[1] Damit werden die institutionalisierten Zwänge der planerischen

1 Siehe bspw. Andreas H. Apelt / Robert Grünbaum / Jens Schöne (Hrsg.): *Erinnerungsort DDR. Alltag – Herrschaft – Gesellschaft*. Berlin: Metropol 2016.

Akteur*innen nicht geleugnet, sondern auf einer höheren Ebene der moralischen Konditionierung der gemeinsamen Wertebasis betrachtet. Gerade in kleineren Städten waren und sind die Ortsbindungen größer, die stadtpolitische Arbeit direkter und offener ausgetragen als in Großstädten. In diesem Sinne ist der vorliegende Text Teil einer Revision der bisherigen für Kleinstädte probabilistischen Postulate eines planerischen Wertewandels. Dafür werden die planerischen Normen, Pflichten und Praktiken einer genaueren Analyse kontingent verlaufender Modernisierungsdiskurse unterzogen.

Die Forschungsfragen in diesem Aufsatz zielen auf die politischen Strategien der visuellen Erinnerungsarbeit und architektonischer Historizität in Bezug auf Konstruktionen kollektiver Stadtidentität: Wie sollte sich das konkrete Bauen auf die politische, soziale und kulturelle Verfassung der Stadt auswirken? Welche Zuschreibungen symbolischer, politischer und sozialer Art erfuhren die Stadtkerne im kleinstädtischen Kontext? Und konkreter: Wie wurde der Konflikt zwischen der Bewahrung und der Aufhebung der historischen Stadt entschieden und wie wurde die Entscheidung begründet? Wie wurde der Umgang mit der alten Stadt, ihr Verfall konkret thematisiert und verwaltet, erklärt oder verborgen?

Postulate sozialistischer Gesellschaftserneuerung

Alle drei Umgestaltungsplanungen wurden als sozialpolitische Aufgabe definiert. Ihr erklärtes Ziel war es, in den Altstädten wichtige soziale und kulturelle Aktivitäts- und Regenerationsvalenzen des Raumes für die Entfaltung „einer neuen, dezidiert nichtbürgerlichen Gesellschaft“[2] einzuführen.

In der Gothaer Planung 1959–1961 sah der für die Planung allein verantwortliche Peter Doehler vom Institut für Gebiets-, Stadt- und Dorfplanung der Deutschen Bauakademie die Überwindung der Klassenunterschiede und moderne Wohnbedingungen als Voraussetzung für die Entfaltung sozialistischer Lebensformen als Ziel der sozialistischen Umgestaltung.[3] Im Planungsdiskurs der 1960er Jahre verschmolz das menschliche Grundbedürfnis nach angemessenem Wohnraum mit dem Ideal einer modernen Konsumgesellschaft und dem Ideologem der „sozialistischen Lebensweise“, die alle Kategorien stadt- und

2 Jochen Guckes: *Konstruktionen bürgerlicher Identität. Städtische Selbstbilder in Freiburg, Dresden und Dortmund 1900–1960.* Paderborn: Schöningh 2011, S. 291.

3 Vgl. Peter Doehler: Sozialistische Umgestaltung der Städte unter besonderer Berücksichtigung ihrer alten Wohngebiete. In: *Deutsche Architektur* 12,8 (1963), S. 457–458, hier S. 457.

wohnsoziologischer Theorien in sich aufnahm bzw. ersetzte.[4] Um sozialistische Lebensformen zu entwickeln, bedurfte es nach der Ideologie des marxistischen Geschichtsmaterialismus der Erschaffung ebensolcher Bedingungen,[5] die in Verbindung von Produktionsweise und Produktionsverhältnissen gesehen wurden. Kurz nach der Einführung der industriellen Bauweise sollte die sozialistische Lebensweise nur in einer industriell errichteten Wohnumwelt möglich sein. Bauwerke aus der kapitalistischen Vergangenheit durften nur dann saniert werden, wenn ihnen ein außerordentlicher kulturhistorischer Wert beigemessen wurde. Die meisten drei- bis vierstöckigen, aber bauzeitlich stark heterogenen Häuser der ehemaligen Ackerbürgerstadt entsprachen nicht der gewünschten Form des politisch gewünschten gesellschaftlichen Bewusstseins.

Auch die ersten baulichen Planungen von 1968/69 in Greifswald und Bernau hatten den grundlegenden Anspruch, mit der technischen Weiterentwicklung der Plattenbauweise nicht nur ästhetische und bautechnische Produktionsprobleme zu lösen, sondern auch die sozialistische Gesellschaft zu entwickeln. Doch selbst in einem langwierigen Prozess schien die komplette Änderung der Stadtstruktur allein schon aus wirtschaftlichen Gründen illusorisch. Die Protestbewegungen der späten 1960er Jahre stellten auch in der DDR die Frage nach politischer Legitimation, die schnell zu beantworten war. Zunächst änderte die Parteispitze ihren Kurs: Statt weiterhin zu fordern, für eine sozialistische Gesellschaft erst die Verhältnisse zu schaffen, erklärte sie den Sozialismus für real existierend und deutete das Bestehende zum sozialistischen Erbe aus. Nun galt es, Bestehendes symbolisch zu besetzen und sich in die Kontinuität der Geschichte einzuschreiben. Es ging nicht mehr darum, politische Legitimation durch Willenskraft und Stärke zu zeigen, indem das Bestehende in einer machtvollen Geste weggräumt wurde, sondern sich als rechtmäßiger Nachfolger der Geschichte zu etablieren, indem das Wertvolle im Sinne und als Zeichen staatlicher Fürsorge geschützt wurde. Die Planer*innen kehrten zur Erbe- und Traditionsdiskussion der frühen 1950er Jahre zurück, deuteten hierbei die Altbaustrukturen jedoch nicht mehr als Artefakte feudaler, kapitalistischer und imperialistischer Gesellschaftsordnung als antisozialistisch, sondern kulturhistorisch

4 Vgl. Christine Hannemann: *Industrialisiertes Bauen: Zur Kontinuität eines Leitbildes im Wohnungsbau der DDR*. Dissertation, Technische Universität Berlin. Selbstverlag 1994, S. 131. Siehe ebenso Kühnes Darlegungen zum Begriff und Erforschung „sozialistischer Lebensweise" bei Lothar Kühne: *Haus und Landschaft*. Dresden: VEB Verlag der Kunst 1985, S. 87–118. Zu den angestrebten gesellschaftlichen Verhältnissen siehe ebd., S. 119–146.

5 Für eine kritische Betrachtung der städtebaulichen Ideologeme siehe Bruno Flierl: *Zur sozialistischen Architekturentwicklung in der DDR. Theoretische Probleme und Analyse der Praxis*. Berlin: Bauakademie der DDR 1979.

differenzierter als kulturelles Erbe und für die nationale Identität bedeutsame Elemente. Das Ziel der Planungen war es nun,

> die historisch entstandenen sozialen und territorialen Unterschiede in den Wohnverhältnissen Schritt um Schritt abzubauen. Das entspricht dem grundlegenden sozialen Prozess der weiteren Gestaltung der entwickelten sozialistischen Gesellschaft. Wir streben in den Städten und Dörfern Wohnverhältnisse an, die den Stolz der Werktätigen auf ihre sozialistische Heimat festigen und die Entwicklung ihrer sozialistischen Lebensweise fördern.[6]

In den aus der Aufklärung stammenden Gleichheitspostulaten bedeutete das Ziel der egalitären Sozialstruktur eine Angleichung der Wohnverhältnisse aller Bevölkerungsmilieus und den Bau gleicher Häuser mit adäquaten Wohnungen – mit dieser Prämisse wurde das Bauen mit Großtafeln gefordert und zugleich legitimiert. Um dem repräsentativen Standort in der Innenstadt gerecht zu werden, sollten die Bauten weder bautechnisch noch von ihrer Ausstattung, sondern sich lediglich in der Gestaltung von jenen im übrigen Stadtgebiet hervorheben. Denn in den neuen Stadtzentren sollten „städtebauliche Ensembles entstehen, die einmalig in ihrer Art, einprägsam in ihrer Gestaltung, bedeutsam in ihrem Inhalt, eindrucksvoll in ihrer Wirkung und von bleibender Lebendigkeit sind."[7]

Der politisch angestrebte Gesellschaftswandel ließ sich städtebaulich über die räumlich tradierte soziale Kontinuität nicht verwirklichen. Stattdessen bewirkte der lange prokrastinierte Umgang mit der historischen Substanz einen massiven Wegzug arbeitender Bevölkerung in Neubaugebiete an den Stadtrand. Die Auswirkungen beschleunigten den ohnehin materiellen Bauverfall und gingen mit der Zunahme sozialer Unsicherheiten einher. Die Abriss- und Neubaumaßnahmen im Altstadtbereich konnten diese Entwicklung nur teilweise aufhalten, denn nur selten wurden sie im vollen Planungsumfang durchgeführt. Als Inseln der Modernisierung konnten sie den physischen und moralischen Verfall der Altstädte im gesamten Staatsgebiet nicht verhindern.

Die Folgen der beabsichtigten Industrialisierung und der daraus resultierenden Kritik am unökologischen Wachstum, der Deurbanisierung durch evozierte städtische Binnenwanderung, des zugelassenen kulturellen Austauschs

6 Wolfgang Junker: Das Wohnungsbauprogramm der Deutschen Demokratischen Republik für die Jahre 1976 bis 1990. Referat auf der 10. Tagung des Zentralkomitees der SED. In: *Neues Deutschland*, 04.10.1973, S. 5–7, hier S. 5.

7 Gerhard Kränz / Walter Stiebitz / Claus Weidner (Hrsg.): *Städte und Stadtzentren in der DDR. Ergebnisse und reale Perspektiven des Städtebaus in der DDR*. Berlin: VEB Verlag für Bauwesen 1969, S. 18–19.

mit dem kapitalistischen Ausland, den wirtschaftlichen Belastungen durch Verteidigungsausgaben und nicht zuletzt aufgrund des Drucks durch die Bevölkerung ließen die Pläne der Stadtbaupolitik in ihrem gesellschaftsverändernden Anspruch nichtig werden.[8]

Funktional-räumliche Differenzierung

Alle drei Beispielprojekte hatten zum Ziel, die Wohnverhältnisse zwischen Alt- und Neubaugebieten anzupassen, neuen Wohnraum zu schaffen und die Altstadt, durch Neubaugebiete an den Rand verschoben, wieder funktionell und räumlich ins Stadtgefüge einzugliedern. In Gotha sah der verantwortliche Planer Peter Doehler die Notwendigkeit der Umgestaltung darin gegeben,

> dass die Städte, deren Anlage in der Regel auf das Mittelalter zurückgeht und die sich in der Periode des Kapitalismus in meist planloser, chaotischer Form ausgebreitet haben, nicht mehr den materiellen und kulturellen Lebensbedürfnissen unserer Gesellschaft entsprechen [...] [und] eine maximale Steigerung der Arbeitsproduktivität in vielen Bereichen der Industrie, des Verkehrswesens und der Versorgung [behindern].[9]

Ökonomische Kennziffern für Abriss- und Baukosten sowie die Kosten für nötige Arbeitskräfte bildeten Doehlers Grundlage für eine optimale Stadtstruktur. Die Berechnungen stellte er so auf, dass sich eine Haussanierung auf lange Sicht nur bei Baudenkmälern lohnte. Die restliche Bausubstanz würde im Erneuerungsprozess durch eine funktional und ästhetisch moderne Stadtanlage ausgetauscht werden.

Diese Überlegungen für einen Rahmenentwicklungsplan kritisierte das Bezirksbauamt 1970. Nach Ulrich Hugk waren sie „nicht Resultat ausschließlich wissenschaftlicher Argumentation, sondern auch in hohem Maße Ausdruck oft nicht abgesicherter Auffassungen des Bearbeitungskollektivs“[10]. Für die weitere Planung sollte daher, neben gebäudeimmanenten Kriterien, das Stadtbild des umzugestaltenden Stadtteilgebietes analysiert und bewertet werden. Dafür gab das Institut für Städtebau und Architektur (ISA) 1970 „Empfehlungen für ein Bewertungsverfahren zur stadtstrukturellen Entwicklung von Mittelstädten in der DDR“[11] heraus.

8 Vgl. die Feststellungen in genereller Auseinandersetzung mit den Gründen für das Scheitern der Sozialpolitik bei Mary Fulbrook: *Ein ganz normales Leben. Alltag und Gesellschaft in der DDR*. Darmstadt: WBG 2008, S. 22.

9 Doehler: Sozialistische Umgestaltung der Städte, S. 457.

10 Ulrich Hugk: Stadtbildanalyse – Vorschlag zur Methode am Beispiel Greifswald, 1975. Bundesarchiv Berlin (BArch), DH 2/21458.

11 BArch, DH 2/21320.

Abb. 1: Greifswald, Blick von der Marienkirche in westliche Richtung, 1988.

Das funktional-räumliche Ziel der Greifswalder Planung für „die Gestaltung der Stadtzentren als Mittelpunkte des gesellschaftlichen Lebens und Höhepunkt [der] architektonisch-künstlerischen Gestaltung [war] die Erhöhung des Wirkungsgrades seiner Funktionen“[12], wobei die Umgestaltung als „eine dem historischen Vorbild verpflichtete Rekonstruktionsmaßnahme“ verstanden wurde, „die trotz eines erheblichen Anteils von Neubauten wesentliche Elemente der historisch überlieferten Bebauungs- und Raumstruktur bewahrt“[13] hatte. Das Resultat der Umgestaltung erlaubte eine räumlich zweiseitige Erschließung des Stadtraums mit modernen und modernisierten Wohnungen in Gebäuden variabler Länge, dazu Versorgungs- und Gemeinschaftseinrichtungen in unmittelbarer Nähe sowie größere Flächen für ruhenden und fließenden Verkehr und Naherholung.
Der große Bruch in der mit dem wirtschaftspolitischen Kurs verbundenen Bedürfnisargumentation vollzog sich durch das Wohnungsbauprogramm 1973 „zur Lösung der Wohnungsfrage“.[14] Hierbei wurde das Bauen vor allem auf eine Erhöhung der Wohnungszahl – bis dato zumeist am Stadtrand – ausgerichtet. Der Abriss bewohnbarer Häuser erschien bei einem eklatanten Wohnungsmangel als unverantwortliche Verschwendung. Daher geriet die Umgestaltung der gebauten Stadt in der Praxis zunächst in den Hintergrund. Die Wohnqualität in den Altstadtgebieten sank aber im Zuge der baulichen Standortverlagerung an den Stadtrand, sodass der Begriff „Altstadt“ nach Klaus Andrä, Renate Klinker und Rainer Lehmann „zum Synonym für ungesunde Wohn- und Arbeitsbedingungen, soziale Benachteiligung, unzureichende sanitärtechnische Ausstattung und schlechten Bauzustand wurde.“[15] Deshalb reduzierte sich in Bernau die funktional-räumliche Neuorganisation fast ausschließlich auf innerstädtischen Wohnungsbau. Der Städtebau formierte sich über die paternalistische Verbesserung der elementaren Verhältnisse im Wohn- und Arbeitsumfeld Mary Fulbrook zufolge im Bestreben, „dass es eine [...] mehr

12 Prognose Bauwesen. Teil 3: Entwicklungstendenzen in Städtebau und Architektur, unter der Leitung von Hans Gericke. ISA, November 1969. BArch, DH 2/21310.

13 Experiment Greifswald. Umgestaltung von 6 Altstadtquartieren. Auswertung Gestaltung, September 1980. Institut für raumbezogene Sozialforschung, Wissenschaftliche Sammlungen Erkner (IRS, Wissenschaftl. Samml.), WA 556, S. 40.

14 Dazu paradigmatisch Horst Gräfe: Untersuchungen zur Umgestaltung der Altbausubstanz in Städten des Bezirks Rostock. In: *Architektur der DDR* 25,12 (1976), S. 754–755, hier S. 754: „Die langfristige Vorbereitung künftiger Entscheidungen zur Umgestaltung der Altbaugebiete ist untrennbarer Bestandteil der sozialpolitischen Aufgabe, die Wohnungsfrage bis zum Jahr 1990 in der DDR zu lösen.“

15 Klaus Andrä / Renate Klinker / Rainer Lehmann: *Fußgängerbereiche in Stadtzentren*. Berlin: VEB Verlag für Bauwesen 1981, S. 8.

Abb. 2: Bernau, Innenhof in der östlichen Innenstadt, 1982.

Gleichheit und Gerechtigkeit verwirklichende Gesellschaft sein würde“[16], die sich in diesen Städten herausbilden sollte. Auch Christine Hannemann sieht im Anspruch auf „schrittweise Verringerung von sozialen Unterschieden [...] das grundlegende Gesetz in der Sozialstruktur von Städten“ durch „gleiche und komfortable Wohnbedingungen“.[17] Doch reduzierte sich die Verwirklichung dieser Sozialpolitik fast ausschließlich auf die Wohnungspolitik.[18]

16 Fulbrook: *Ein ganz normales Leben*, S. 24. Vgl. ebenso kommunistische Theorien zur Stadtlandschaft bei Kühne: *Haus und Landschaft*, S. 9: „Mit der Verwirklichung der entwickelten sozialistischen Gesellschaft gewinnt die fortschreitend dem Wesen des Kommunismus entsprechende Gestaltung der Lebensbedingungen der Menschen für die Veränderung ihrer Lebensweise unmittelbar dringliche Bedeutung.“

17 Hannemann: *Industrialisiertes Bauen*, S. 114.

18 Vgl. ebd., S. 154.

Die medialen Implementierungen der Beheimatungsprozesse

Gerade in Bezug auf Klein- und Mittelstädte wirkt sich die Ortsbindung als spezifische soziokulturelle Ressource auf Stadtentwicklungsprozesse aus. Die Verbindungen zwischen politischen Organen und Bevölkerung waren deutlich enger und häufig informell. Dadurch war die Arbeit der lokalen Politik deutlich stärker als in Großstädten auf die Zustimmung der Bevölkerung angewiesen. Bei allen drei Planungsprozessen gab es Informationsstellen für Bürger, um sich vor Ort über das Planungskonzept und den Bauprozess zu informieren. Auch wurden Informationsbroschüren gedruckt, die jedoch im zentralistischen Planungsimpetus der für kleinere Städte typischen direkten Teilhabe an Stadtentwicklungsprozessen nicht Rechnung trugen. Dennoch gibt es weder auf der Bezirks-, Kreis- oder Stadtebene archivierte Dokumente über Eingaben oder Beschwerden über Abrisse. Vielmehr gab es symbolische und handfeste Protestaktionen, die sich gegen die Verwahrlosung der Altbausubstanz richteten. Es zeigt, dass nicht die Umgestaltungspläne an sich, sondern vielmehr das Fehlen alternativer und erhaltender Planungen für gesellschaftliche Unzufriedenheit sorgte.

Wurden die ersten Abrissarbeiten in Gotha 1979 noch in lokalen Zeitungen abgelichtet, finden sich in offiziellen Publikationen ab den 1980er Jahren keine Baustellenbilder mehr. Alle Bauvorgänge wurden als große und fertiggestellte Leistungen des gesamten Staates präsentiert. Die Bevölkerung, durch aktive Teilnahme an Mach-mit-Wettbewerben angeregt, kümmerte sich in dieser Auslegung genauso wie der Staat um das kollektive Wohl der Stadtgemeinschaft.[19]

Die immanenten Implementierungsgrenzen der Planungen wurden vor allem in Gotha offenkundig, als Versuche der Bürger*inneneinbindung in die Umgestaltungen immer mehr in Wut seitens der Bürger*innen und informeller Verweigerung der Planumsetzung seitens der Verantwortlichen übergingen. In der thüringischen Stadt vertraten besonders viele Akteur*innen die Vorstellungen bürgerlicher Stadttraditionen. Umgestaltungspläne verkamen zu Handlungsorientierungen, die ab Mitte der 1980er Jahre vom Stadtarchitekten Roland Adlich nicht immer mitgetragen wurden. Die strukturellen Vorgaben führten in seinen Augen zum Verlust urbaner Qualitäten. Sich selbst sah er als Sachwalter der Stadt, der den „stadtzerstörerischen Abriss“ der östlichen Altstadt

19 Vgl. Thomas Kristen: *Stadtplanung und Stadterneuerung in der DDR*. Überarbeitete Studienarbeit. Druck der Gesamthochschule Kassel, Fachbereich 13 Stadt- und Landschaftsplanung 1988, der von der „Beteiligung der Bürger, vor allem der Bewohner der Rekonstruktions- und Umgestaltungsgebiete, positive Folgen auf die Akzeptanz sowie auf den wirtschaftlichen und organisatorischen Erfolg der Umgestaltungsmaßnahme“ erwartet: „So werden von Bürgern, die aktiv am Prozeß der Umgestaltung beteiligt wurden, mehr Leistungen z. B. im Rahmen des ‚Mach-mit‘-Wettbewerbs der Nationalen Front […] erwartet“ (ebd., S. 70).

durch eine komplexe Strategie in lokalpatriotischer Manier zu verhindern wusste, indem er die gelieferten Platten am Stadtrand errichten ließ.[20]
Auch in Greifswald und Bernau setzte die bauliche Vernachlässigung nachbarschaftliche Bindungskräfte und im klassischen Sinne bürgerliche Vereine in Gang, die sich in sachorientierter Identitätsbildung für den Erhalt der Altstadt engagierten. Auf offizieller Planungsebene konnte die ideologisch gefärbte Debatte über vernachlässigte Altbausubstanz lediglich stellvertretend geführt werden. Vom historischen Inhalt entkleidet offenbarte die Auseinandersetzung anhand der Erbe- und Traditionsdiskussion am Beispiel der Altstadtkerne dennoch die Haltung der Staatspartei zur Geschichte. So bedeutete die Wiederverwendung alter Haustüren in Greifswald „einen der vielen ‚kleinen' Beiträge", durch „gewohnte Erscheinungsbilder die erneuerte Umgebung" den Menschen wieder vertraut zu machen, sie in der neuen städtebaulichen Umgebung durch historische Rekurse zu beheimaten.[21]
Das Hauptproblem dieser Planungsprozesse war nicht die ideologische Borniertheit oder persönliche Verweigerung der Planer, am dialektisch-historischen Materialismus mitzuwirken. Die Streitfragen ergaben sich vielmehr aus den fehlenden General- und Spezialplänen, im überzogenen Planungsverfahren, bei ungenügender Koordinierung der Stadt- und Gebietsplanung mit der Volkswirtschaftsplanung, in der Überschätzung von Lenkungsmöglichkeiten der Stadtentwicklung und mangelnder wissenschaftlicher Grundlagenarbeit.

Gestalterische Differenzierung der raumzeitlichen Orientierung

Städtische Bilder wirken in gesellschaftlicher Entwicklung nach innen, indem sie Orientierung geben, Gemeinschaft stiften und so diskursive Ordnungen konstituieren. Zugleich verhelfen sie zu machtpolitischer Stabilität und nützen, die herrschende Ordnung zu legitimieren und zu stützen. Alle drei Projekte waren in einer Mischung aus großflächigem Abriss und Neubau, Instandsetzung, Modernisierung, Sanierung und Rekonstruktion geplant und ausgeführt. Bei allen drei Vorhaben wurde die nicht denkmalgeschützte Bausubstanz großflächig abgebrochen, die Innenhöfe entkernt und der Neubau im erweiterten modulierten Bauelementesystem ausgeführt. Doch änderte sich bei der Realisierung in den 1980er Jahren im Verhältnis zu den Planungen der 1960er Jahre die vorgesehene Zahl der abgebrochenen oder sanierten Häuser, der Grad der Anpassung an den Stadtgrundriss und an die historische Bausubstanz.

20 Nach Aussagen im Interview mit Roland Adlich, geführt am 14.08.2014.

21 Experiment Greifswald. Umgestaltung von 6 Altstadtquartieren. Auswertung Gestaltung, September 1980. IRS, Wissenschaftl. Samml., WA 556, S. 11.

In seiner Planung verstand Peter Doehler Städtebau als eine kulturelle Praxis, in der sich im Modernisierungsimpetus ein verändertes Verhältnis zur Stadt und ihrer Geschichte ausdrückte. Die alten Zentren „der schmalen, wenig-geschossigen, auf ein kleines Grundstück zugeschnittenen Bürgerhäuser" sollten durch „neue zentrale Ensembles" ersetzt werden, statt den „engen Gassen, den kleinen verstreut liegenden gesellschaftlichen Einrichtungen sollten sie „Mittelpunkte für das Leben der Bevölkerung und Höhepunkte der architektonischen Komposition der Stadt" werden.[22] Den Besonderheiten der neuen Bauten in der Altstadt schenkte er jedoch keine besondere Aufmerksamkeit: Er betrachtete sie als Versorgungsarchitektur, die „in technischer Hinsicht [...] die Vorzüge industriellen Bauens voll [auszunutzen hatte]"[23] – ein nach dem Prinzip der industriellen Serialität entwickelter Zeilenbau.[24] Bei der Ausführung der Pläne würde Doehlers Überlegung nach ein aktueller Wohnhaustyp verwendet werden. Sein eigentliches Interesse an der Stadterneuerung galt – das war typisch für die Anfänge der Industrialisierung des Bauens in der DDR – dem Potential zur Kostenreduzierung.[25] Ausgehend von steter Verbilligung des industrialisierten Bauens erschien ihm die Sanierung des Altbaubestands teurer als der Neubau. Allemal wurde es in einem politischen System sinniger, dessen Verständnis von Gesellschaft im evolutionär-marxistischen Erneuerungsmodell fortschrittliche Entwicklung nach Alexander Schacht „als ‚gesetzmäßig' vorgezeichnet deklariert[e]"[26], den Altbaubestand im Laufe der Zeit auszutauschen. Ideologische Formatierungen stellten für Doehler nur eine Legitimation der technischen und ökonomischen Überlegungen dar.

Nach jahrelangen Verzögerungen wurden das Umgestaltungsgebiet im Bereich der Blumenbachstraße 1980–1984 in Gotha mit vier- bis fünfgeschossigen Wohnhäusern der Wohnungsbaureihe (WBR) 80 Erfurt und das südlich gelegene Areal Nonnenberg mit Häusern der WBR 85 Erfurt mit traditionell gemauerten Hauseingängen und gezimmerten Scheinmansardendächern verbaut. Während im ersten Gebiet die Quartierstruktur zwar aus der vorhandenen

22 Experiment Greifswald, S. 11.

23 Ebd., S. 250.

24 Vgl. die kommunistische Ablehnung dekorativer Architektur als „kultischen Fetischismus", die auf Loos' „Ornament und Verbrechen" beruht (Kühne: *Haus und Landschaft*, S. 47–86, hier S. 47–48).

25 Hannemann: *Industrialisiertes Bauen*, S. 73.

26 Alexander Schacht: Retrospektive Tendenzen in Architektur und Städtebau seit 1975 an Beispielen aus Mecklenburg-Vorpommern. In: Bernfried Lichtnau (Hrsg.): *Architektur und Städtebau im südlichen Ostseeraum von 1970 bis zur Gegenwart*. Berlin: Lukas 2007, S. 281–305, hier S. 285–286.

Abb. 3: Gotha, Umgestaltungsgebiet Blumenbachstraße, 1985.

übernommen, aber deutlich aufgelockert wurde, folgten die gekrümmten Wohnzeilen am Nonnenberg hingegen den bisherigen Straßenverläufen. Die Freiflächen wurden jeweils als Wohnhöfe und großzügige, abwechslungsreiche Fußgängerverbindungen konzipiert. Zeitgleich wurde der denkmalgeschützte Hauptmarkt saniert. Seine Rekonstruktion ist auch als Kompensation für die Vernichtung historischer Zeugnisse in unmittelbarer Nachbarschaft zu verstehen.

In Greifswald wurde die „Erhaltung von Struktur und Maßstab der Altstadt wegen des historischen Wertes als typisches Beispiel mittelalterlicher Kolonialstadtgründungen“[27] zur städtebaulichen Prämisse. Berücksichtigt werden sollte allerdings die räumliche Ordnung von Straßen und Plätzen, der städtebaulich-räumliche Maßstab, das städtebaulich-funktionelle Orientierungssystem sowie „stadttypische Erlebnisbereiche“, damit „das Einmalige und Unverwechselbare [...] durch Nachempfinden charakteristischer Straßenräume

27 Studie zur Umgestaltung von sechs Altstadtquartieren im Stadtzentrum von Greifswald von der Bauakademie der DDR, ISA, Experimentalwerkstatt und Büro für Stadtplanung Greifswald, November 1973. IRS, Wiss. Samml., WA 272.

und Platzsituationen gewahrt bleibt [...] [und] denkmalgeschützte Substanz ind [*sic*] das neu Entstehende eingebunden wird".[28]
Der Einsatz industrieller Bauelemente wurde in Greifswald nicht an sich, sondern in seinen ästhetischen und städtebaulichen Folgen diskutiert. Die Veränderung der Stadtgestalt sei

> ein Prozess, der durchaus der geschichtlichen Kontinuität der Stadtentwicklung entspricht. [...] Wenn mancherorts Architekten, die sich als Anwalt des kulturellen Erbes empfinden, einen Eingriff in das historisch überlieferte Stadtbild als Makel ansehen, dann scheint das weniger an einem innigen Verhältnis zum Alten zu liegen als vielmehr an einem gestörten Verhältnis zum Neuen.[29]

Die Planungsverantwortlichen warnten sogar in der „gleichermaßen wichtige[n] Besinnung auf die Nutzung und Weiterentwicklung der in den Städten vorhandenen Werte" vor „einer Überschätzung der überlieferten stadtgestalterischen Qualitäten im Vergleich zum manchmal noch unvollkommen Neuen."[30] An keiner Stelle lässt sich eine ernste Diskussion über praktische Alternativen zum Abriss finden. Stattdessen waren die Planer bestrebt, die Neubebauung im ersten Umgestaltungsgebiet mit WBS 70 und in zwei weiteren mit WBR 85 AR „durch kleinteilig strukturierte Bauten mittels differenzierter Geschosshöhen, Ausbildung von Steildächern, Giebeln, Erkern sowie Ausschmückung mit regional typischen Motiven [...] zu gestalten."[31] Denn: „Die Furcht vor dem Neuen kann [...] nicht Motivation für die Erhaltung der Stadtgestalt sein."[32]
Anders in Bernau: Während der Bauabschnitt 1 von 1979 bis 1980 den ehemaligen Stadtgrundriss nach dem konzeptionell überholten Flächenabriss stark überformte und architektonisch mit WBR 3600 SL nur in der Farbgestaltung auf die Altstadtsubstanz einging, wurden im Bauabschnitt 2 bis 1989 sowohl architektonischen Details als auch städtebaulich die alte Quartierstruktur angedeutet. Im Bauabschnitt 3 wurden die Abrisspläne vom Rat der Stadt 1985 verworfen. In diesem schmalen Gebiet mitten im Stadtzentrum fanden nach einem städtebaulichen Wettbewerb nur Sanierungen und Modernisierungen statt.
Bei allen drei Realisierungen treten somit unterschiedliche Strategien der identifikatorischen Vermittlungsfunktion hervor, die über räumliche Konstitution eine

28 Studie zur Umgestaltung von sechs Altstadtquartieren im Stadtzentrum von Greifswald.

29 Experiment Greifswald. Umgestaltung von 6 Altstadtquartieren. Auswertung Gestaltung, September 1980. IRS, Wissenschaftl. Samml., WA 556, S. 24.

30 Ebd.

31 Schacht: Retrospektive Tendenzen, S. 285–286.

32 Experiment Greifswald. Umgestaltung von 6 Altstadtquartieren. Auswertung Gestaltung, September 1980. IRS, Wissenschaftl. Samml., WA 556, S. 24.

lebensweltliche Verbindung zur Bevölkerung aufbaute. In stark gekürzter Form wurden in diesem Text die jeweiligen planungspolitischen Ziele und gestalterischen Vorsätze dargelegt, während bauliche Bedingungen, technische Voraussetzungen und ökonomische Möglichkeiten aus Platzgründen nur am Rande angesprochen werden konnten.

Wie eine Gebäudegestaltung niemals allen ästhetischen Forderungen entsprechen kann, sind auch innerstädtische Umgestaltungen als irreversible Eingriffe in historische, materielle und soziale Gebilde hochgradig kontrovers. Das Wissen über ursprüngliche Prämissen und Zielsetzungen ist daher essentiell für eine ernsthafte Auseinandersetzung und vorurteilsfreie Beurteilung des Gebauten. Jede städtebauliche Erneuerung wird in dem Maße unbefriedigend beurteilt, in welchem eine Einschätzung nach Kriterien erfolgt, die weder Bestandteil der Zielstellung waren, noch die technischen Voraussetzungen oder die ökonomischen Möglichkeiten berücksichtigen. Indem man die Implementierungen nach ihren eigenen Konzepten analysiert und auswertet, können aussagekräftige Erkenntnisse für zukünftige Stadtsanierungsprogramme gewonnen werden. Dieser Kerngedanke bildet die Grundlage der weiteren Forschungsarbeit.

Schnickmannstraße 11

Ein Haus in Rostocks Nördlicher Altstadt

Paul-Friedrich Walter

Einleitung

Ausgehend von der Analyse eines Gebäudes wird in diesem Artikel ein Planungsgebiet vorgestellt, das sich als ein dem Zeitgeist der 1980er Jahre entsprechendes Phänomen beschreiben lässt und trotzdem eigene Spezifika aufweist. Es ist ein Beispiel für die intensive Stadtentwicklung – also die Erweiterung bzw. Umgestaltung und Verdichtung der Stadt auf bereits bebauten Flächen – im Norden der ehemaligen Deutschen Demokratischen Republik. Anders als beispielsweise die von Katharina Sebold in diesem Kapitel vorgestellten Klein- und Mittelstädte stand Rostock als Aufbau- und Bezirksstadt während der gesamten DDR-Zeit im Fokus des Baugeschehens. Die Notwendigkeit des Aufbaus eines Umschlaghafens, einer Werft- und Schiffbauindustrie sowie einer Fischereiflotte führte schon kurz nach der Staatsgründung zu einem Bedeutungsgewinn der Stadt. In den darauf folgenden Jahrzehnten kam es zu enormen Bauleistungen im Industriebereich und einem Zuzug von Arbeitskräften, dem mit einem ebenso umfangreichen Wohnungsbauprogramm vor allem entlang der Warnow in nordwestlicher Richtung gen Warnemünde begegnet wurde. Neben dieser dauerhaften extensiven Stadterweiterung wurde in den 1980er Jahren auch die Innenstadt als Baugrund (wieder) fokussiert.

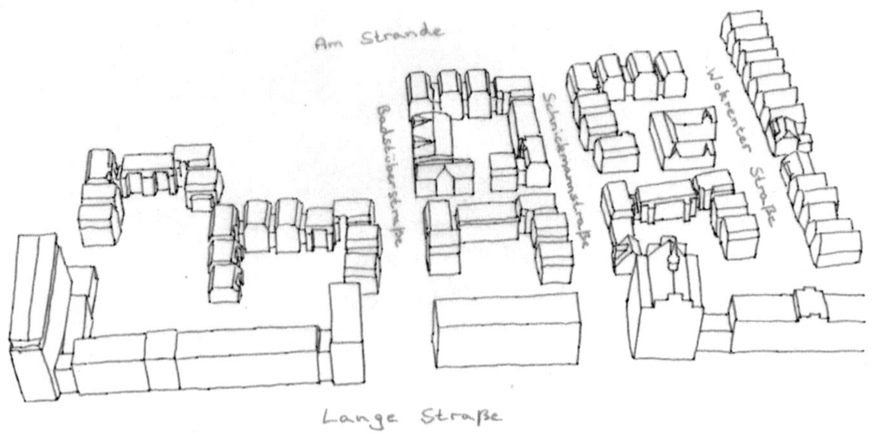

Abb. 1: Vereinfachte Übersicht über das Viertel im Zustand von 2010, 2016.

Die Nördliche Altstadt

So entstand von 1983 bis 1987 unter der Leitung des Rostocker Chefarchitekten Rolf Lasch die sogenannte Nördliche Altstadt. Die städtebauliche Planung oblag Michael Bräuer, Walter Sieber, Ulrich Hammer und Detlef Grund. Für die Projektierung zeichnete das Wohnungsbaukombinat (WBK) Rostock unter der Leitung des Chefarchitekten Erich Kaufmann und seinen Mitarbeitern Rainer Grebin, Fred-Hannes Kadgien und Detlef Grund verantwortlich.[1]

Es entstand ein Viertel mit 4- bis 6-geschossiger Bebauung, das auf die Stadtgestalt und den historischen Ort Bezug nimmt. Dieser Effekt wird mit mehreren Mitteln erreicht: Die einzelnen als ‚Segmente' bezeichneten Bautypen nähern sich in ihrer Kubatur Gebäuden von der Größe einer ursprünglichen Parzelle an, die Haustypen zitieren giebel- und traufständige – also in diesem Kontext übliche – Haustypen, und die Gestaltung nimmt mit Spaltklinkerplatten und weiß getünchten Betonflächen regionale Dekorationsprinzipien auf.

Der Terminus Nördliche Altstadt bezeichnete als Planungsgebiet eigentlich ein Areal, das im Westen durch die (heutige) Straße Am Kanonsberg, im Norden durch die Straße Am Strande, im Osten durch die Grubenstraße und im Süden durch den Straßenzug Lange Straße/Vogelsang/Krämerstraße begrenzt wird. In diesem Artikel ist im engeren Sinne nur der in den 1980er Jahren fast vollständig mit Neubauten gestaltete westliche Abschnitt dieses Gebiets gemeint, der östlich bis zur Wokrenter Straße reicht.

1 Erich Kaufmann: Gedanken zum innerstädtischen Bauen in der nördlichen Altstadt von Rostock. In: *Architektur der DDR* 33,11 (1984), S. 647–653, hier S. 647.

Die Nördliche Altstadt ist als exemplarisch für den sich in den 1970er Jahren konstituierenden Prozess einer Hinwendung auf die historische Altstadt zu bezeichnen. Dieser wird in der Regel ‚Stadterneuerung' oder ‚intensive Stadtentwicklung' genannt, was darauf hindeutet, dass es sich um Umgestaltungsmaßnahmen im bereits bebauten (Innen-)Stadtbereich handelt. Dabei ist besonders, dass die Neubauten kleinteiliger ausfallen und Bezug auf den überkommenen Stadtgrundriss nehmen. Denn Bauen im Innenstadtbereich ist in Rostock – wie in anderen Städten der DDR und auch im Hinblick auf einen gestalterischen Ortsbezug – kein Novum der 1980er Jahre. Seit den frühen 1950er Jahren wird in Rostocks Kern gebaut und mit dekorativen Mitteln Bezug auf lokale Architekturtraditionen genommen. Allerdings sind die großen Pläne der 1950er Jahre, die die Lange Straße als Magistrale hervorbrachten, sowie die der 1960er Jahre, die größtenteils nicht umgesetzt wurden, auch umfassende ideologische Pläne gewesen, die mit der alten Stadtstruktur bewusst brechen wollten. Dies lässt sich thesenartig subsumieren als Überformen des Alten zur Schaffung einer neuen Idee von Stadt für eine andere Gesellschaftsordnung. Dieser Ansatz einer radikalen Neugestaltung verliert Ende der 1970er Jahre aus mehreren Gründen an Strahlkraft und wird durch eine verstärkte Beschäftigung mit der historischen Stadtgestalt ersetzt. Unter dieser – in der DDR auch „Einheit aus Neubau, Modernisierung und Erhaltung"[2] genannten – Devise wurde das Projekt Nördliche Altstadt in Rostock angegangen. Dazu wurden in den 1970er Jahren zuerst sämtliche Altbauten westlich der Wokrenter Straße bis auf vier denkmalgeschützte Speicher abgetragen und anschließend neue Gebäude in Plattenbauweise errichtet – darunter das Haus Schnickmannstraße 11. Die östliche Seite der Wokrenter Straße stellt heute mehrheitlich eine Mischung aus Modernisierungen und freien Rekonstruktionen dar. Dort findet sich Neubau nur als Lückenschließung. Nach Abschluss der Neugestaltung des Viertels gab es dort insgesamt 2.050 Wohnungen, von denen mit einer Anzahl von 692 aber nur etwa ein Drittel Neubauwohnungen sind, der weitaus größere Teil wurde durch Modernisierungsmaßnahmen „geschaffen".[3] In diesem städtebaulichen Kontext müssen die in Plattenbauweise neu errichteten Gebäude gesehen werden.

2 Z. B. Rat des Bezirkes Rostock / Bezirksbauamt: *Bauen im Ostseebezirk*, Bd. 8: Wohnungsbau zwischen dem X. und XI. Parteitag der Sozialistischen Einheitspartei Deutschlands. Rostock: Selbstverlag 1986, S. 6.

3 Werner Rietdorf: *Stadterneuerung. Innerstädtisches Bauen als Einheit von Erhaltung und Umgestaltung*. Berlin: VEB Verlag für Bauwesen 1989, S. 143.

Lage- und Baubeschreibung

Das Gebäude Schnickmannstraße 11, Ecke Beim Hornschen Hof 5 liegt im Nordwesten des Untersuchungsgebiets, welches nach Norden zum Hafen hin abschüssig verläuft. Die Schnickmannstraße fungiert als Verbindung vom Stadthafen zu der Magistrale Lange Straße. An der dortigen Einmündung steht ein in den 1950er Jahren errichtetes Hochhaus, das als verbindendes Gelenk zur Breiten und letztlich zur Kröpeliner Straße – der traditionellen Haupt(einkaufs)straße der Stadt – verstanden werden kann. Die Schnickmannstraße war von Beginn der Maßnahme an als Fußgängerzone vorgesehen, obwohl der Hafen in den 1980er Jahren noch gar nicht öffentlich zugänglich war. Mit einem Wasserspiel, Kunstobjekten und zahlreichen Bepflanzungen verzeichnet sie zudem eine hohe Aufenthaltsqualität und ist als Raum klar definiert. Der Straßenzug Beim Hornschen Hof/Auf der Huder/Aalstecherstraße erschließt das Viertel in Ost-West-Richtung. Durch ein gepflastertes Kreuz, das an eine Kompassrose erinnert, ist die Kreuzung dieser ‚Hauptstraßen' als wichtige Schnittstelle gestalterisch hervorgehoben. Hier steht – leicht aus der Straßenflucht nach Osten versetzt – das Haus Schnickmannstraße 11. Es ist das letzte Haus in diesem Block an der Schnickmannstraße und mit den anderen Neubauten baulich verbunden. Nach Osten schließt sich der denkmalgeschützte ‚Hornsche Hof' an, zu dem eine Sichtbeziehung, aber keine bauliche Verbindung besteht. In unmittelbarer Nachbarschaft befinden sich drei weitere unter Denkmalschutz stehende ehemalige Speicher: Auf der Huder 1a/1b, Badstüberstraße 4a–6 und der ‚Wittespeicher' in der Schnickmannstraße 14.[4]

Das hier untersuchte Haus zeichnet sich weniger durch seine Individualität als durch seine Typenhaftigkeit aus, denn es wurde – wie alle Häuser des Viertels – in der vom WBK Rostock neu entwickelten Wohnungsbaureihe (WBR) 83 errichtet, die eine Weiterentwicklung der Wohnungsbauserie (WBS) 70 darstellt und nach Komplexarchitekt Erich Kaufmann einen besonders vielfältigen Einsatz auch in Hanglagen erlaubt.[5] Das Haus ist im Typ eines ‚Eckgiebelsegments' errichtet worden. Es hat mit dem Untergeschoss insgesamt sechs Geschosse, von denen sich die oberirdischen durch die Fassadengestaltung in drei klassische Ebenen gliedern lassen. Das Erdgeschoss als Sockelzone, drei Obergeschosse als Hauptkörper und ein Dachgeschoss als Abschluss. Letzteres ist als Mansarde mit starker Dachneigung ausgebildet. Damit wird nicht nur eine Nutzung zu Wohnzwecken möglich, sondern auch die Bildung einer

4 Denkmalliste der Hansestadt Rostock. Stand Januar 2016.

5 Kaufmann: Gedanken zum innerstädtischen Bauen, S. 651.

Giebel- und einer Traufseite, was letztlich die Einbindung in die Umgebung begünstigt. Durch seine Ecklage verfügt das Gebäude über zwei ‚Schaufronten': die als Giebelseite ausgebildete Schmalseite zur Schnickmannstraße und die traufständige Längsseite zur Straße Beim Hornschen Hof. Zur Straßenseite ist der Giebel als Schildgiebel ausgeführt, was auf der gegenüberliegenden Seite nicht der Fall ist. Dies ist ein Merkmal des ‚Eckgiebelsegments'. Beim ‚Reihengiebelsegment' ragt der Giebel sowohl auf der Schauseite als auch auf der Hofseite über den Drempel hinaus.

Die zum historischen Speicher gerichtete zweite Schmalseite des Gebäudes weist keine Fenster auf und offenbart dadurch, dass es sich um einen Typenbau handelt, an den an dieser Stelle ein weiteres ‚Segment' ansetzen könnte. Die zweite Längsseite ist sowohl Teil des Anschlusses an die nördlich folgenden Gebäude als auch der Hoffront. Dieser hofseitige Teil des Gebäudes ist gestalterisch schlichter gehalten als die sichtbaren Seiten und weist wie alle Bauten des Typs ‚Eckgiebelsegment' eine Gaube auf.

Die Giebelfassade des Gebäudes ist 3-achsig – was sowohl für die Fenster als auch für die Plattenstruktur gilt. Die traufständige Fassade ist in den Normalgeschossen aus einer Reihe aus sechs Platten zusammengesetzt, von denen vier Fenster aufweisen. Das Erdgeschoss besteht aus sieben Platten, von denen eine ein Fenster und zwei eine Tür beinhalten. Das Haus verfügt über drei Eingänge – einen zur Schnickmannstraße (Nr. 11) und zwei zur Straße Beim Hornschen Hof (Nr. 5). Nach Chefarchitekt Erich Kaufmann sind die Funktionsunterlagerungen im Erdgeschoss der ‚Eckgiebelsegmente' sehr variabel – es sind bis zu zehn verschiedene Lösungen entworfen worden.[6]

Vom Haus zum Viertel – Ausweitung des Untersuchungsgegenstandes

Die Analyse des Gebäudes lässt sich unter technischen, stadträumlichen und gestalterischen Aspekten zu einer Untersuchung des Viertels ausweiten. Das ‚Eckgiebelsegment' des oben beschriebenen Hauses findet sich verschiedentlich gedreht 13 Mal in der Nördlichen Altstadt. Ebenfalls häufig ist seine Gruppierung mit zwei Häusern des Typs ‚Reihengiebelsegment'. Sie kommt sieben Mal zur Anwendung. Insgesamt gab es vier ‚Segmente' genannte Typen. Neben den genannten – ‚Eck-' und ‚Reihengiebelsegment' – sind es zwei traufständige Typen, die als ‚12-m-Reihensegment' und ‚26,40-m-Reihensegment' bezeichnet werden.[7] Eine Besonderheit ist die Planung von barrierefreien Wohnungen im

6 Ebd., S. 652.
7 Ebd.

Abb. 2: Das Haus Schnickmannstraße 11, Ecke Beim Hornschen Hof 5, August 2015.

Abb. 3: Die Schnickmannstraße vom Hochhaus in der Langen Straße, leicht eingerückt das Haus Schnickmannstraße 11, Juni 2016.

Erdgeschoss der ‚Reihengiebelsegmente' – dem am häufigsten verwendeten Typ – und einer gesellschaftlichen Einrichtung in den ‚Eckgiebelsegmenten'.[8] Letzteres bildete somit das soziokulturelle und ökonomische Rückgrat des Viertels. Bei einer konsequenten Verwendung von ‚Eckgiebelsegmenten' an Blockecken – so wie es in diesem Viertel mehrheitlich geschehen ist – wird zudem durch Läden und Gaststätten die besondere Rolle von Straßenkreuzungen für das öffentliche Leben unterstrichen.

Die Orientierung an der Blockrandbebauung zeigt eine Qualität des Viertels auf, das sich stadträumlich überwiegend am historischen Straßenraster orientiert. Die alten Verläufe der Schnickmann- und der Wokrenter Straße blieben erhalten, hinter der Badstüberstraße lösten sie sich allerdings auf. Die südlichen Blöcke sind nach Süden – also zur Langen Straße hin – offen, sodass sich eine U- bzw. Hufeisenform ergibt. Die beiden nördlichen Blöcke formen sich um die erhaltenen historischen Speicherbauten, binden diese aber baulich nicht in eine geschlossene Blockstruktur ein, sodass auch hier keine vollständig abgeschlossenen Innenhöfe entstehen. Das Haus Schnickmannstraße 11 bildet den Abschluss eines ‚Blocks', da es nicht an den direkt angrenzenden ‚Hornschen' Hof angeschlossen ist. Dieser stand der L-förmigen Struktur der Neubauten über 20 Jahre als Einzelbau gegenüber, wodurch Einblicke in den Hof möglich waren. In den 2010er Jahren wurde die Blockstruktur durch einen Neubau an der Wokrenter Straße im Osten geschlossen, sodass einzig die bereits erwähnte Lücke zwischen dem hier untersuchten Haus und dem historischen Speicher bestehen bleibt.

Die stadträumliche Struktur schlägt sich auch in der Gestaltung nieder. So sind die Häuser, die die U- oder Hufeisenform bilden und nach Süden einen offenen Hof schaffen, auch auf der Rückseite mit Spaltklinkern, Putzflächen und teilweise sogar mit Formsteinen gestaltet. Bei diesen Höfen handelt es sich zwar um von den dort lebenden Personen privat genutzte Hofflächen, aufgrund ihrer Einsehbarkeit sind sie aber trotzdem repräsentativer gestaltet worden. Von dieser Situation unterscheiden sich die beiden nördlichen Blöcke. Von diesen ist vor allem der geschlossene Block zwischen Schnickmann- und Badstüberstraße wesentlich schlichter gehalten. Dort finden sich – ebenso wie in den geschützten Bereichen der Gruppe um den ‚Hornschen Hof' – vielfach unbehandelte Betonflächen an den rückseitigen Hauswänden.

Bezüglich der Gestaltung der Frontseiten fällt das Haus vor allem durch den Wechsel von weiß getünchten Betonflächen und Spaltklinkerplatten auf. Der

8 Kaufmann: Gedanken zum innerstädtischen Bauen, S. 652.

jeweils differierende Anteil beider Gestaltungsmöglichkeiten zeichnet das Viertel generell aus und lässt Raum für vielfältige Variationsmöglichkeiten. Auch alle weiteren Gestaltungsmöglichkeiten der WBR 83 finden sich am Haus Schnickmannstraße 11. So ist das leicht nach innen versetzte Untergeschoss am oberen Plattenrand mit dunkel glasierten Klinkern versehen, wodurch das darüber liegende Erdgeschoss zusätzlich abgesetzt wird. Dieses ist bis auf die äußeren Plattenränder an den Hausecken und am oberen Plattenrand vollständig mit Klinkern belegt. Weitere dunkel glasierte Klinker an den Fenstern und an der Längsseite des Hauses gliedern das Geschoss horizontal, während Formsteine an der Schauseite eine vertikale Ordnung unterstreichen. Dadurch wirkt das Erdgeschoss massiver und ruhiger als die darüber liegenden Geschosse. Diese wirken durch ein Wechselspiel aus weiß getünchten Betonflächen und Spaltklinkern leichter und offener. In diesen drei Normalgeschossen wird die Vertikale betont, was durch Formsteine noch unterstützt wird, die eine fast lisenenartige Gliederung erzeugen. Auf der Seite zur Schnickmannstraße setzt sich diese Einteilung über das Dachgeschoss bis in den Drempel fort, was den Eindruck einer einheitlichen Giebelfassade unterstützt. Darüber hinaus wird der Giebelbereich durch den vermehrten Einsatz von Spaltklinkern hervorgehoben, weil eine stärkere Flächigkeit hervorgerufen wird.

Dieses Wechselspiel aus geklinkerten und getünchten Flächen sowie die Verwendung von glasierten und speziell geformten Backsteinen sind durch die Geschichte inspiriert. Sie sind als lose bzw. abstrakte Zitate zu bezeichnen, denn es wird lediglich auf eine Materialität und höhere Gestaltungsidee zurückgegriffen, nicht aber auf spezielle Formen. Dadurch bleiben sie eigenständig und sind eindeutig als zeittypisch zu erkennen.

Aus dem schematischen Aufbau des Hauses ergibt sich dessen Vergleichbarkeit mit anderen innerhalb des Viertels, der Stadt, des Bezirks und letztlich auch über diesen hinaus, da die im WBK Rostock entwickelte WBR 83 nicht nur in der Nördlichen Altstadt und als ‚Sonderlösung' am ‚Fünfgiebelhaus' am Universitätsplatz, sondern auch in Rostock-Dierkow, in Greifswald sowie in Berlin an der Stralauer Allee und in Hohenschönhausen Verwendung fand.[9] Eine eingehende Vergleichsuntersuchung bleibt allerdings weiteren Forschungen vorbehalten.

9 Erich Kaufmann: Gedanken zur Erzeugnisentwicklung im Wohnungsbaukombinat Rostock. In: *Architektur der DDR* 36,12 (1987), S. 40–45, hier S. 40.

Zur Denkmalpflege

Hinsichtlich der Frage nach der Schutzwürdigkeit der innenstädtischen, DDR-zeitlichen Bauten sind hauptsächlich zwei Problemfelder zu benennen. Das erste ist der Veränderungsdruck, der auf Bauten in zentralen Lagen lastet, und das zweite ist eine vorurteilsbehaftete Bewertung der baulichen Hinterlassenschaften der DDR.

Der Investorendruck, der beispielsweise in Berlin-Mitte schon länger als Trend zu beobachten ist, wird auch in Rostock spürbar, obwohl dort der Fokus bisher auf den noch vorhandenen Freiflächen in der Innenstadt liegt. Ein Blick in den Gestaltungsplan des Stadtzentrums Rostocks zeigt, dass nahe der Nördlichen Altstadt Veränderungen anstehen.[10] Mittlerweile wurde der ‚Hornsche Hof' unter denkmalpflegerischen Auflagen modernisiert und – wie erwähnt – ein Neubau zur Wokrenter Straße angefügt. Im Sommer 2015 wurde die Schnickmannstraße erneuert und verlor teilweise ihre bauzeitliche Straßenpflasterung. Im Sommer 2016 folgten dann Sanierungsmaßnahmen in der Badstüberstraße. Es bleibt abzuwarten, ob und wann die im Gestaltungsplan verzeichnete Bebauung nördlich und westlich der Nördlichen Altstadt kommt und ob ihre Gestaltung Auswirkungen auf die Integrität des Viertels haben wird.

Die bisher oft negative Konnotation von DDR-Bauten in Teilen der Bevölkerung erklärt sich wahrscheinlich durch einen noch relativ geringen zeitlichen Abstand zu den jeweiligen Gebäuden. Dazu kommen die Typenhaftigkeit und die Massenanwendung des Plattenbaus, der bei den Wohnbauten jener Zeit quantitativ überwiegt und das Bild des Bauens in der DDR generell dominiert. Erschwerend kommt hinzu, dass die Bauten der Nachkriegszeit allgemein noch oft mit den für sie abgerissenen Vorgängerbauten verglichen werden. Das aktuelle ästhetische Empfinden und das bewusst und unbewusst tradierte politische Bild des Staates DDR beeinflussen die Bewertung seiner baulichen Hinterlassenschaften zusätzlich. Solche Wahrnehmungen ernst zu nehmen, ist hinsichtlich der Vermittlung des architektonischen Werts der Nachkriegsbauten wichtig. Für die Denkmalpflege bedeutet das einen Spagat zwischen Öffentlichkeit und Wissenschaft, zwischen Tagesaktualität und historischer Dimension. Dies ist der Institution allerdings nicht unbekannt und sie erhält in letzter Zeit Unterstützung von Interessensgruppen, die für die Anerkennung der baulichen Leistungen der DDR eintreten. Dies lässt hoffen, dass eine zunehmend breitere

10 Rostocker Gesellschaft für Stadterneuerung, Stadtentwicklung und Wohnungsbau mbH: Gestaltungsplan Stadtzentrum Rostock. http://www.rgs-rostock.de/ fileadmin/seiteninhalte/download/Gestaltungsplan%20Stadtzentrum%20Rostock.jpg (Zugriff am 14.07.2016).

gesellschaftliche Basis den Wert der Bauten erkennt und Vorurteile in Zukunft ausgeräumt werden können.
Diese Entwicklungen antizipierend hat die Rostocker Denkmalschutzbehörde Ende 2015 die gesamte Rostocker Innenstadt als Denkmalbereich festgeschrieben.[11] Bewusst wurde damit die Gesamtheit der baulichen Vielfalt zum Erbe erhoben, was alle Phasen des Bauens in der DDR einschließt, denn die „einander überlagernden Phasen der Stadtentwicklung und die Heterogenität der Bebauung beeinträchtigen nicht den Wert des Denkmalbereichs, sondern machen ihn aus."[12] Neben dominanten und eindrücklichen Einzelbauwerken sowie der Östlichen Altstadt, die schon vorher unter Schutz standen, gehören nun auch alle anderen Viertel und Straßenzüge der Innenstadt zum Denkmalbereich. Damit wird dem eigenen Charakter dieser ‚Einheiten' Rechnung getragen. Die Nördliche Altstadt ist als Bereich B 3 gelistet, in dem hauptsächlich die Bebauung vom Typ 7 zu finden ist – für welchen das hier untersuchte Haus Schnickmannstraße 11 ein Beispiel ist.[13] Neben der Einzigartigkeit dieses Viertels wird demnach auch (an)erkannt, dass Wandel, Entwicklung und die Lösung zeittypischer Probleme etwas den Städten immanentes ist, das es zu würdigen gilt.

Fazit

Die Bauten der Nördlichen Altstadt sind ein Beispiel dafür, wie die Architekten und Städtebauer in einem lokalen Rahmen versuchten, der im Kern zur Monotonie tendierenden Typisierung im Bauwesen der DDR trotz allem ein Maximum an vielfältiger Erscheinung angedeihen zu lassen. Dies wurde durch den Entwurf relativ kleiner Einheiten erreicht, die in ihren Proportionen an einzelne Häuser erinnern und die verschiedentlich gedreht, gruppiert und gestaltet werden konnten. In der Folge ist ein Viertel entstanden, das eine Kleinteiligkeit suggeriert und abwechslungsreiche und vielfältige Ansichten und Einblicke ermöglicht. In diesem Zusammenhang nicht zu verkennen ist aber auch die relativ überschaubare Ausdehnung des Viertels, die den gegebenen Variationsmöglichkeiten entsprach. Darüber hinaus zeichnet der vergleichsweise hohe Anteil an Sonderlösungen für gesellschaftliche Einrichtungen sowie Kunst im öffentlichen Raum das Viertel aus. Damit ist es vor allem ein Beispiel für die

11 Hansestadt Rostock: Verordnung der Hansestadt Rostock über die Ausweisung des Denkmalbereiches „Innenstadt" (Denkmalbereichsverordnung Innenstadt). In: *Amts- und Mitteilungsblatt der Hansestadt Rostock* 25 (2015), S. 1. https://ksd.rostock.de/bi/vo020.asp?VOLFDNR=1011496#allrisSV (Zugriff am 01.08.2016).

12 Ebd.

13 Ebd., S. 7.

gestalterische Diversität der ‚Platte'. So lässt sich zusammenfassend feststellen, dass von Historizität im Sinne eines Eingehens auf Geschichte gesprochen werden kann. Sowohl abstrakt für die architektonische Gestaltung der Segmente als auch hinsichtlich der Stadtstruktur stand die Historie dem Umbau Pate. Die Gebäude sind dennoch in mehrfacher Sicht in ihrer Entstehung und Ästhetik autonom: Die für ihren Bau verwendeten speziellen Platten wurden vor Ort entwickelt und produziert. Obwohl diese auch andernorts zum Einsatz kamen, wurden sie nur in der Nördlichen Altstadt auf die beschriebene Weise angewandt. Die Architekten wollten eigenständige, zeittypische Bauten entwerfen, die sich harmonisch in das bestehende Stadtbild einfügen. So entstand letztlich ein Genius Loci, eine Unverwechselbarkeit, wie sie im typisierten Massenwohnungsbau selten vorkam. In Rückwirkung steht das Viertel damit sogar für Rostock und bereichert die Stadt ganz selbstbewusst um eine weitere Traditionslinie – die der DDR.

„Schnickschnack“ oder „Historizissimus“

Architekten und Theoretiker diskutieren die Postmoderne in der DDR[1]

Kirsten Angermann

Postmoderne Architektur[2] wurde lange Zeit als ein ursprünglich westliches Phänomen betrachtet und rezipiert. Postmoderne Gestaltung in den ehemaligen Ostblockstaaten Europas wurde hingegen zum einen als reine Übernahme westlicher Architekturmoden und zum anderen als etwa ein Jahrzehnt verspätet wahrgenommen.[3] Mit kritischerem Blick – und dieser bezieht sich im

1 Grundlage des Beitrags ist ein Vortrag der Autorin, der unter dem Titel „‚Schnickschnack‘, ‚Historizissimus‘ oder ‚neue Architekturauffassung‘. Architekten und Theoretiker diskutieren die Postmoderne“ am 22.01.2016 auf dem 14. Werkstattgespräch zur DDR-Planungsgeschichte am Leibniz-Institut für raumbezogene Sozialforschung (IRS) in Erkner gehalten wurde.

2 Postmoderne Architektur ist kein eindeutig bestimmter Stilbegriff. Unter postmoderner Architektur sollen hier als Arbeitsdefinition alle Gestaltungen subsumiert werden, die eine Abkehr vom bis dahin verfolgten Funktionalismus, also einer schlichten, funktionalen und auf das Neue Bauen der 1920er Jahre rekurrierenden Gestaltung darstellen und dabei überwiegend auf ein historisches Formenvokabular zurückgreifen. Diese historischen Zitate sind bei postmoderner Gestaltung in Abgrenzung zum Neo-Historismus so verwendet, dass sich das Gebäude eindeutig als zeitgenössisch bestimmen lässt, was vorrangig durch die Verfremdung, Collage und Neukomposition der historischen Motive erzielt wird.

3 Die Sichtweise, die DDR-Architekturentwicklung allgemein sei im Vergleich zum Westen verzögert, wird zum einen begründet mit der erst ab der Mitte der 1950er Jahre, nach dem Kurswechsel in der Sowjetunion unter Nikita Chruschtschow, vollzogenen Hinwendung zum modernen Bauen, von Thomas Topfstedt als „nachgeholte Moderne“ bezeichnet (Thomas Topfstedt:

Folgenden ausschließlich auf die Deutsche Demokratische Republik (DDR) – ist allerdings festzustellen, dass die Kritik an der Moderne und die Diskussionen um die Postmoderne, oder zumindest um eine neue Art der Gestaltung, in der Architekturdebatte seit den 1970er Jahren auch auf der Ostseite des ‚Eisernen Vorhangs' virulent waren.
Der folgende Beitrag beschäftigt sich mit der in diesem Kontext entbrannten Diskussion um Postmoderne und Neo-Historismus in den 1980er Jahren in der DDR. Als Quelle dienen die Protokolle der „Seminare Architekturtheorie", die zwischen 1968 und 1989 jährlich stattfanden und deren Auswertung die Grundlage für die folgenden Ausführungen darstellt.[4]

Die „Seminare Architekturtheorie"

Die „Seminare Architekturtheorie" waren eine jährlich vom Bund Deutscher Architekten (ab 1971 Bund der Architekten der DDR (BdA)) und dem Institut für Städtebau und Architektur (ISA) an der Deutschen Bauakademie (ab 1973 Bauakademie der DDR) veranstaltete Tagung. Sie fanden bis auf eine

Die nachgeholte Moderne. Architektur und Städtebau in der DDR während der 50er und 60er Jahre. In: Gabriele Dolff-Bonekämper / Hiltrud Kier (Hrsg.): *Städtebau und Staatsbau im 20. Jahrhundert.* Berlin: Deutscher Kunstverlag 1996, S. 39–54). Zur Wende im Bauen siehe Werner Durth / Jörn Düwel / Niels Gutschow: *Architektur und Städtebau der DDR. Die frühen Jahre.* Berlin: Jovis 2007, insbes. S. 462–487. Zum anderen wird häufig auf den Großwohnsiedlungsbau in Plattenbauweise verwiesen, der in den späten 1970er Jahren in der DDR einen Höhepunkt erreichte, als die Kritik an dieser Form des Wohnungsbaus in der Bundesrepublik längst zu deren Rückgang geführt hatte. Differenzierter wurden nicht-gleichzeitige Architekturentwicklungen in DDR und BRD von Hartmut Frank und Simone Hain betrachtet: Die Ausstellung *Zwei deutsche Architekturen* zeigte eine typologische bzw. nach Architekturdiskursen geordnete Gegenüberstellung des Bauens in beiden deutschen Staaten, die zwar eine Ungleichzeitigkeit der Konzepte, jedoch nicht unbedingt eine allgemeine Verspätung der DDR belegen (Hartmut Frank / Simone Hain (Hrsg.): *Zwei deutsche Architekturen 1949–1989.* Ausstellungskatalog Institut für Auslandsbeziehungen e. V. in Kooperation mit der Föderation Deutscher Architektursammlungen. Stuttgart: Ifa 2004). Die Sichtweise, dass postmoderne Architektur in der DDR nur übernommen wurde, wird meist bereits durch Formulierungen kolportiert, beispielsweise bei Joachim Palutzki, der für die 1980er Jahre der DDR-Architektur von einer „Übernahme postmoderner Tendenzen" spricht, ohne dies näher zu erläutern (Joachim Palutzki: *Architektur in der DDR.* Berlin: Reimer 2000, S. 425).

4 Die Auswertung ist ein Zwischenergebnis der in Entstehung begriffenen Dissertation der Autorin mit dem Arbeitstitel *Die ernste Postmoderne. Architektur und Städtebau im letzten Jahrzehnt der DDR*. Darin wird in einem ersten Teil die vorrangig unter Architekturtheoretikern und -historikern geführte Diskussion um postmoderne Gestaltung untersucht. In einem zweiten Teil der Arbeit folgt die Analyse gebauter und geplanter Projekte, vorrangig der 1980er Jahre. Zugrundeliegende Fragen sind, ob es eine genuine Genese postmoderner Architektur auch in der DDR gab und ob sich in der Folge DDR-spezifische Charakteristika der Architektursprache herausgebildet haben, die sie innerhalb des gesamteuropäischen Kontextes auszeichnet.

Ausnahme (1986, Cottbus) in Berlin statt. Anhand der Organisatoren, dem Berufsverband der Architekten auf der einen und der wissenschaftlichen Institution Bauakademie auf der anderen Seite, lässt sich bereits der interdisziplinäre Ansatz der Veranstaltung erkennen. Vermutlich gab es keine weitere Plattform in der DDR, in deren Rahmen sich praktisch arbeitende Architekt*innen mit Architekturtheoretiker*innen und -historiker*innen in dieser Regelmäßigkeit austauschen konnten. Die Tagungsleitung und wesentliche Organisation oblag seit 1968 Alfred Hoffmann vom ISA. Hoffmann war Gesellschaftswissenschaftler und als Jungfunktionär zunächst in der Abteilung Bauwesen beim Zentralkomitee der SED tätig gewesen, bevor er in der Bauakademie eingesetzt wurde.[5] Er war Leiter der Abteilung Theorie und Geschichte des ISA an der Bauakademie und als Parteisekretär des BdA auch im Architektenverband aktiv.

Unter einem jeweils vorgegebenen Thema kamen anfänglich 20, später über 100 Teilnehmer*innen zusammen, die sich vorrangig aus Architekt*innen, oftmals den Bezirks- bzw. Stadtarchitekt*innen, Wissenschaftler*innen von Hochschulen und der Bauakademie sowie Funktionär*innen des Zentralkomitees der SED (ZK), Abteilung Bauwesen oder auch des Bauministeriums zusammensetzten. Die Seminarbeiträge waren etwa zu gleichen Teilen wissenschaftliche Vorträge und Werkberichte zu Baumaßnahmen. Ergänzend kamen Vorstellungen von anstehenden Forschungsvorhaben, Baustellenführungen und Reiseberichte hinzu. Einige Male wurden Wissenschaftler*innen anderer Fachrichtungen eingeladen, so etwa aus der Psychologie und Soziologie.[6]

Die Seminare wurden seit dem dritten Seminar 1970 stenographisch protokolliert. Die daraus erstellten stenographischen Niederschriften sind als Typoskripte erhalten. Zumeist wurden sieben Exemplare erstellt, die innerhalb der organisierenden Institutionen und beim ZK verteilt wurden.[7] In den Typoskripten ist das gesprochene Wort, nicht nur der Vorträge, sondern auch der

5 Bruno Flierl: Löcher im Bauch. Bruno Flierl im Gespräch mit Nikolaus Kuhnert und Philipp Oswalt. In: *Arch+* 103 (1990), S. 74–76, hier S. 74.

6 So sprach die Psychologin Renate Schrickel auf dem Seminar 1972 zu „Beziehungen zwischen Städtebau und Psychologie“. Bundesarchiv Berlin (BArch), DY 15/439, 4. Seminar „Aktuelle Probleme der Entwicklung des Wohnungsbaus“ vom 6. bis 7. Apr. 1972 in Berlin.– Stenographisches Protokoll.

7 BArch, DY 15 / 452, 17. Seminar „Innerstädtisches Bauen als Beitrag zur Entwicklung der Kultur“ vom 25. bis 26. Sept. 1986 in Cottbus.– Stenographisches Protokoll. Ein kompletter Satz der Typoskripte ist im Bundesarchiv im Bestand der Stiftung Parteien und Massenorganisationen der DDR (SAPMO) am Standort Berlin-Lichterfelde erhalten, welche das Archivgut des BdA aufbewahrt. Einige Exemplare befinden sich zudem in den Wissenschaftlichen Sammlungen zur Bau- und Planungsgeschichte der DDR am IRS in Erkner.

anschließenden Diskussionen protokolliert. Da in der DDR aufgrund staatlicher Zensur eine eher restriktive Publikationspraxis herrschte, sind insbesondere kritische Fachdiskurse häufig nur oral überliefert. Die Protokolle, die nie zur Veröffentlichung bestimmt waren, können somit einen vergleichsweise authentischen Eindruck der Diskussion geben und Informationen liefern, die in der publizierten Literatur fehlen.

Es ist unklar, ob auch die Typoskripte einer Zensur unterlagen. Mit Sicherheit kann dies nicht ausgeschlossen werden. An einigen Stellen scheint der sonst minutiös wiedergegebene Tagungsverlauf Fehlstellen zu enthalten, setzen Beiträge ohne Anmoderation ein oder gab es nach kontrovers anmutenden Vorträgen keine Diskussion oder Fragen im Anschluss. Festzuhalten ist jedoch, dass durchaus sehr kritische Redebeiträge protokolliert wurden, die in dieser Form selten in offiziellen Publikationen zu finden sind.

Durch die regelmäßige jährliche Durchführung der Seminare von 1968 bis 1989[8] kann der inhaltliche Verlauf architekturtheoretischer Diskussion in der DDR nachvollzogen werden. Zumeist gibt schon das ausgegebene Tagungsthema einen Hinweis auf die behandelten Aspekte. Darin spiegeln sich politische Kurswechsel, städtebauliche Leitbildwandel, aber auch der internationale Architekturdiskurs. Zu Beginn der 1970er Jahre lässt sich beispielsweise die Einführung des Wohnungsbauprogramms mit Seminaren zu „Aktuelle[n] Probleme[n] der Entwicklung des Wohnungsbaus“[9] (1972) oder zur „Erfüllung des Wohnungsbauprogramms in hoher städtebaulich-architektonischer Qualität“[10] ablesen. Die Häufigkeit, mit der Kevin Lynchs 1965 erschienener Band *Das Bild der Stadt* zitiert wird,[11] gibt Aufschluss darüber, ab wann das Buch in der DDR verfügbar war. Auch die erstarkte Bauhaus-Rezeption seit Mitte der 1970er Jahre spiegelt sich in den Beiträgen. Seminare anlässlich von Jubiläen wie der 750-Jahr-Feier Berlins 1987 (Titel: „750 Jahr Berlin – Baugestaltung in Vergangenheit, Gegenwart und Zukunft“[12]) und ein retrospektives

8 Mit einer Ausnahme im Jahr 1981, in dem kein Seminar stattfand.

9 BArch, DY 15 / 439, 4. Seminar „Aktuelle Probleme der Entwicklung des Wohnungsbaus“ vom 6. bis 7. Apr. 1972 in Berlin.– Stenographisches Protokoll.

10 BArch, DY 15 / 441, 6. Seminar „Erfüllung des Wohnungsbauprogramms in hoher städtebaulich-architektonischer Qualität“ vom 4. bis 5. Apr. 1974 in Berlin.– Stenographisches Protokoll.

11 Insbesondere auf dem 10. Seminar mit dem Titel „Architekturanalyse“ (BArch DY 15 / 445, 10. Seminar „Architekturanalyse“ vom 6. bis 7. Apr. 1978 in Berlin.– Stenographisches Protokoll).

12 BArch, DY 15 / 453, 18. Seminar „750 Jahr Berlin – Baugestaltung in Vergangenheit, Gegenwart und Zukunft“ vom 9. bis 10. Apr. 1987 in Berlin.– Stenographisches Protokoll.

Seminar zu „40 Jahre[n] Städtebau und Architektur in der DDR“[13] 1989 waren ebenso programmatisch besetzt.

Die Protokolle der Seminare stellen einen wertvollen Fundus für die Forschung zu Architekturgeschichte und -theorie der DDR, aber auch für institutionengeschichtliche und biografische Zugänge zur Architektur- und Planungsgeschichte sowie zum Stellenwert architekturtheoretischer Forschung dar. Die Tatsache, dass die Seminare protokolliert und immer auch an Funktionäre des Zentralkomitees der SED zur Kenntnis gebracht wurden, spricht für die mögliche Brisanz oder zumindest für ein seitens der Staatsführung vermutetes Streitpotential von architekturtheoretischer Forschung. In Anbetracht der Verquickung ideologischer Ziele der Gesellschaftsbildung mit deren baulicher Manifestierung durch die verbreitete Auffassung, mit der Gestaltung der gebauten Umwelt die sozialistische Gesellschaft wie den sozialistischen Menschen formen zu können, ist dies nachvollziehbar und erscheint ob der während der Seminare geäußerten Zweifel an eben jenem Zusammenhang auch berechtigt.

Diese Aspekte sollen hier jedoch nicht weiter untersucht werden. Im Bezug auf das Thema postmoderne Architektur in der DDR standen bei der Auswertung der Protokolle andere Fragen im Vordergrund: Wie wurden aktuelle Bauvorhaben der 1980er Jahre aus Ost und West auf den Seminaren rezipiert? Gab es ein theoretisch formuliertes architektonisches Leitbild? Wurde eine DDR-eigene Theorie der Postmoderne entwickelt?

Debatten um Postmoderne und Neo-Historismus auf den Seminaren Architekturtheorie

Der Verlauf der Diskussion um aktuelle Bauvorhaben und um Fragen ihrer stilistischen Einordnung lässt sich schlaglichtartig mit Hilfe der Protokolle nachvollziehen und durch Zitate illustrieren.

Das Seminar, auf dem die Diskussion um die Postmoderne kulminierte, fand bereits 1982 unter dem Titel „Tendenzen der nationalen und internationalen Architekturentwicklung“ statt.[14] Herausragend in dieser Hinsicht war zum einen der Beitrag von Christian Schädlich, Professor für Theorie und Geschichte der Architektur an der Hochschule für Architektur und Bauwesen

13 BArch, DY 15 / 455, 20. Seminar „40 Jahre Städtebau und Architektur in der DDR“ vom 9. bis 10. März 1989 in Berlin.– Stenographisches Protokoll.

14 BArch, DY 15 / 448, 13. Seminar „Tendenzen der nationalen und internationalen Architekturentwicklung“ vom 11. bis 12. März 1982 in Berlin.– Stenographisches Protokoll.

in Weimar (HAB). Schädlich lieferte eine präzise und treffende Genealogie der westlichen postmodernen Architektur. In seinem offensichtlich reich bebilderten Vortrag[15] zeigte er viele der bis zu diesem Zeitpunkt vorrangig in den USA und in Frankreich errichteten Landmarken der postmodernen Architektur, die er teils auf eigenen Reisen besichtigt hatte. Er begann ganz klassisch mit der Sprengung der Siedlung Pruitt-Igoe in St. Louis und zeigte im Anschluss unter anderem ein Wohnhaus Richard Meiers, Charles Moores Kresge College in Santa Cruz, eine Arztstation von Charles Jencks, ein Hochhaus von Philipp Johnson in der 5th Avenue in New York, die Piazza d'Italia in New Orleans von Moore sowie Entwürfe der Gebrüder Léon und Rob Krier und von Oswald Mathias Ungers.

Sein Vortrag war angereichert mit Zitaten der jüngsten Publikationen von Kevin Lynch, Robert Venturi und Peter Blake. Zum Schluss stellte er die Frage, ob postmoderne Architektur auch Antworten auf die aktuellen Probleme in der DDR – Forderung nach individuelleren Gebäuden und nach mehr Ausdruck in der Architektur – liefern könne. Er zog folgenden Schluss:

> Die formalistischen und gegen den wissenschaftlich-technischen Fortschritt gerichteten Positionen sowie die eklektische und sozial passive schöpferische Methode sind für die Lösung unserer eigenen Architekturprobleme untauglich.[16]

Weiterhin sagte er:

> Ich glaube, unübersehbar ist die Tatsache, daß dieser Postmodernismus mit den Krisenerscheinungen in der spätbürgerlichen Gesellschaft [...] verbunden ist.[17]

Seine Äußerungen machen deutlich, dass zum einen das Architekturkonzept der DDR immer noch stark an den Fortschrittsglauben, der vorrangig die Nachkriegsmoderne der 1960er Jahre prägte, gekoppelt war und dass zum anderen postmoderne Architektur als kapitalistisch und bourgeois wahrgenommen wurde. Somit stellte sie keine sinnvolle Herangehensweise für die DDR als ‚klassenloser Gesellschaft' auf dem Weg zum Kommunismus dar. Die vehemente Ablehnung erklärt sich des Weiteren aus dem eng mit dem Funktionalismus verbundenen Selbstverständnis von Architekt*innen und Theoretiker*innen. Dieses wies einen starken Bezug zum Neuen Bauen der 1920er Jahre und zu

15 Die zu den Vorträgen gezeigten Dias sind in den Protokollen nicht überliefert, ihre Motive lassen sich nur anhand der Beschreibungen durch die Referent*innen nachvollziehen.

16 BArch, DY 15/448, 13. Seminar „Tendenzen der nationalen und internationalen Architekturentwicklung" vom 11. bis 12. März 1982 in Berlin.– Stenographisches Protokoll, S. 30.

17 Ebd., S. 27–28.

den sozialen bis sozialistischen Tendenzen des Bauhauses auf und wurde vor allem von Lothar Kühne und Karin Hirdina theoretisiert.[18]

Zur von Schädlich angesprochenen Interpretation postmoderner Architektur als Krisensymptom lieferte ein nicht namentlich genannter Teilnehmer einen höchst interessanten Beitrag in der anschließenden Diskussion:

> Die Frage ist für mich, ob nicht trotzdem im Ansatzpunkt, schon in der Theorie des Funktionalismus die Postmoderne enthalten ist, wenn man so will, also in der Sache selber begründet ist, und ob diese Postmoderne nicht auch darin begründet ist, daß die Moderne in der Weise bei uns einfach nicht bewältigt war, so daß jetzt doch grundsätzlich die Frage steht, wie stehen wir bei uns, unter unseren Bedingungen zur Postmoderne? Wie ist unsere Krise, die bei uns zur Postmoderne geführt hat oder führen könnte?[19]

Der Beitrag ist insofern bemerkenswert, als dass die These, die Postmoderne sei der Moderne immanent, eine Position darstellt, die in der DDR zwangsläufig abgelehnt werden musste. Zudem entspricht sie einer Sichtweise, die sich bei westdeutschen Philosophen findet, etwa bei Albrecht Wellmer und Wolfgang Welsch, die diese jedoch erst später publizierten.[20] Der Diskutant muss sich insofern schon eingehender mit postmoderner Philosophie beschäftigt und dabei mit großer Wahrscheinlichkeit Zugang zu westlicher Fachliteratur gehabt haben. Leider wurde der Diskussionsbeitrag im Weiteren nicht kommentiert und blieb somit für sich stehen.

Auf dem Seminar 1982 wurden jedoch nicht nur theoretische Fragestellungen diskutiert. Günther Stahn, Komplexarchitekt beim Bau- und Montagekombinat Ingenieurhochbau Berlin, stellte in seinem Beitrag das Projekt „Umbaugebiet Poststraße" vor, hinter dem sich das Nikolaiviertel in Ost-Berlin verbarg. Dieses im Zweiten Weltkrieg nahezu vollständig zerstörte Quartier sollte als Prestigeobjekt anlässlich der 750-Jahrfeier Berlins wieder erstehen. Die Planungen zeichneten sich durch die Rekonstruktion historischer Bauten und den Neubau von Wohnbauten in industrieller Fertigung entlang des

18 Insbesondere in Lothar Kühne: *Gegenstand und Raum. Über die Historizität des Ästhetischen.* Dresden: Verlag der Kunst 1981; Karin Hirdina: *Pathos der Sachlichkeit: Tendenzen materialistischer Ästhetik in den zwanziger Jahren.* Berlin: Dietz 1981.

19 BArch, DY 15 / 448, 13. Seminar „Tendenzen der nationalen und internationalen Architekturentwicklung" vom 11. bis 12. März 1982 in Berlin.– Stenographisches Protokoll, S. 33–34.

20 Vgl. Albrecht Wellmer: Kunst und industrielle Produktion. Zur Dialektik von Moderne und Postmoderne (Vortrag aus Anlass des 75-jährigen Bestehens des Deutschen Werkbundes, 1982). In: Ders.: *Zur Dialektik von Moderne und Postmoderne. Vernunftkritik nach Adorno.* Frankfurt am Main: Suhrkamp 1985, S. 115–134; Wolfgang Welsch: *Unsere postmoderne Moderne.* Weinheim: VCH 1991. Beide beschreiben die Postmoderne als ein Phänomen, das nicht grundsätzlich in Opposition zur Moderne steht, sondern der Moderne immanent ist, sich aus ihren Fehlern ergibt und daher eher als eine weitere Form des Modernismus gelten kann.

Abb. 1: Das Nikolaiviertel in Berlin kurz vor der Fertigstellung, 1986.

historischen Stadtgrundrisses aus. Stahn zeigte in seinem Vortrag aktuelle Fotos von der Baustelle und wohl auch Zeichnungen des Projekts. Es schloss sich eine hitzige Debatte an. Viele Teilnehmer*innen waren ob der Gestaltung der Neubauten mit Arkaden, Erkern und Dekoration äußert erregt und hegten Zweifel daran. Der Tagungsleiter Alfred Hoffmann fragte: „Wo steht denn, daß man mit diesen Elementen, mit diesen formalen Mitteln nicht sozialistische Architektur machen kann? Wo steht denn das?“[21]

Die Forderung nach einer Art Anleitung für die Gestaltung der Architektur erscheint in Anbetracht des Kontexts nicht abwegig. Die Diskussion wurde vor dem Hintergrund eines sozialistischen Staates geführt, in dem das Bauwesen zentralisiert und weitgehend reguliert war. Es wurden Grundsätze, Prinzipien und Leitlinien für Architektur und Städtebau ausgegeben, die aber in erster Linie städtebauliche Vorgaben machten und keinen Architekturstil vorgaben. Es herrschte eine weitgehende Klarheit darüber, was ‚sozialistischen' Städtebau ausmachte und wohin sich die ‚sozialistische' Stadt entwickeln sollte. Die Frage, welche Stilmittel bzw. welcher Ausdruck jedoch ‚sozialistische

21 BArch, DY 15/448, 13. Seminar „Tendenzen der nationalen und internationalen Architekturentwicklung“ vom 11. bis 12. März 1982 in Berlin.– Stenographisches Protokoll, S. 140.

Architektur‘ konstituierte, blieb die gesamte DDR-Zeit über ohne zufriedenstellende Antwort.[22] Die Unsicherheit in der Frage, welche architektonische Gestaltung die ‚richtige‘ sei, um den sozialistischen Staat, zumindest jedoch den sozialen Anspruch an das Bauen, der der größere gemeinsame Nenner unter Architekt*innen war, zu repräsentieren, zieht sich durch die Debatten der nächsten Jahre.

Während des folgenden Seminars 1983 stellte Walter Schwarz, Generalprojektant beim BMK Ingenieurhochbau Berlin, das im Bau befindliche Projekt Friedrichstadtpalast, ein Revuetheater an der Berliner Friedrichstraße, vor. Hierbei entbrannte eine angeregte Diskussion um die Gestaltung des Gebäudes, das mit einer elementierten Betonfassade und einem Dekor mit deutlichen Art déco-Anleihen aufwartete. Die Ablehnung des Dekors kam in der Diskussion zum Ausdruck: „Aber in dieser Anwendung von Ornament und Gips, Schnackels möchte ich sagen, die tragende Architekturidee der achtziger und neunziger Jahre zu sehen, davor möchte ich nur warnen.“[23] Der Kommentar stammte von Olaf Weber, einem Architekturtheoretiker der HAB Weimar, dessen Forschungsschwerpunkt zu dieser Zeit in der Semiotik lag und der ein regelmäßiger Teilnehmer und Referent der Seminare war. Die Wertung der dekorierten Fassade des Friedrichstadtpalastes wird dabei ebenso deutlich wie die West-Konnotation solcher Gestaltungen in der Antwort von Alfred Hoffmann: „Was den Schnickschnack angeht, der Direktor vom Friedrichstadtpalast wollte so ein kleines Las Vegas haben.“[24]

Im Verlauf der 1980er Jahre kristallisierte sich unter den Referent*innen der Seminare eine Haltung heraus, nach der postmoderne Architektur als westliches, kapitalistisches Phänomen und die zeitgenössische Architektur in der

22 Diese Lesart bestimmt sich vor allem durch die höhere Anzahl an Publikationen, Forschungsprojekten und Richtlinien zu Stadtplanung und Städtebau in der DDR im Gegensatz zu Architektursprache und Stil. Vgl. die sogenannten Komplexrichtlinien, beispielsweise: Ministerrat der Deutschen Demokratischen Republik, Ministerium für Bauwesen (Hrsg.): *Komplexrichtlinie für die städtebauliche Planung und Gestaltung von Wohngebieten im Zeitraum 1986–1990*. Berlin: Bauinformation 1986. Forschungsvorhaben waren zumeist an der Bauakademie/ISA angesiedelt, etwa die „Städtebauprognose DDR“. Vgl. Bernd Hunger / Dieter Bock / Christiane Meier: *Städtebauprognose DDR. Städtebauliche Grundlagen für die langfristige intensive Entwicklung und Reproduktion der Städte*. Berlin: Universitätsverlag der TU Berlin 1990. Inwieweit bei planenden Architekt*innen eine gemeinsame gestalterische Vorstellung von „sozialistischer Architektur“ bestand, ist noch zu erforschen.

23 BArch, DY 15 / 449, 14. Seminar „Soziale und baukünstlerische Probleme des innerstädtischen Bauens“ vom 17. bis 18. März 1983 in Berlin.– Stenographisches Protokoll, S. 113.

24 Ebd., S. 180.

Abb. 2: Die Baustelle des Friedrichstadtpalastes, 1983.

DDR hingegen als neo-historisch betrachtet wurde.[25] Hermann Wirth, Assistent im Lehrgebiet Denkmalpflege an der HAB Weimar, argumentierte in seinem Beitrag mit dem Titel „Architektonischer Historismus in der Gegenwart – schöpferischer Impuls oder regressive Tendenz?" (1984) im Sinne des wissenschaftlich-technizistischen Selbstverständnisses der DDR:

> Man wünschte sich mehr Historismus statt Historizismus. [...] [V]on der Position des gediegenen, des wissenschaftlich begründeten Historismus läßt sich sicher auch der Feldzug gegen den Postmodernismus erfolgreich führen.[26]

Die Unterscheidung in postmoderne Westarchitektur und neo-historische Ostarchitektur war eine zweckmäßige Strategie, um sich über phänomenologische Ähnlichkeiten in Städtebau und Architektur in Ost und West hinwegzusetzen. Diese sozialistische Reinterpretation postmoderner Gestaltungsansätze

25 Dies entspricht der Auffassung, die Bruno Flierl zu dieser Zeit vertrat und auch außerhalb der Seminare publizierte. So wurde laut Flierl „für den innerstädtischen Wohnungsbau eine Art neo-historistischer Kontextualismus auf der materiell-technischen Basis des industriellen Bauens bevorzugt – kein Postmodernismus!" (Bruno Flierl: 1. Zur Genealogie der Postmoderne in der Architektur. In: Ders. / Heinz Hirdina: *Postmoderne und Funktionalismus. Sechs Vorträge*. Berlin: Verband Bildender Künstler 1985, S. 65–94, hier S. 93.)

26 BArch, DY 15 / 450, 15. Seminar „Dialektik von Tradition und Fortschritt in der Architektur" vom 22. bis 23. März 1984 in Berlin.– Stenographisches Protokoll, S. 48.

im Osten stützte sich auf die Argumentation, dass in der DDR ein sozialer Anspruch an das Bauen bestand und die Architektur einen sozialistischen Inhalt besaß. Auch der Neo-Historismus war in diesem Sinne eigentlich keine gewünschte Architekturform, da sich auch darin ein Widerspruch zum fortschrittsorientierten Selbstverständnis der DDR-Architekten auftat. Es erschien jedoch immer noch als das kleinere Übel, sozialistisch-neo-historisch anstatt kapitalistisch-postmodern zu bauen. Olaf Weber antwortete auf Wirths Ausführungen jedoch in einer Weise, die ihn eher auf die Seite der Befürworter einer ironischen, verfremdenden Postmoderne stellt: „[I]ch finde eigentlich den Historismus noch zu wenig, auch der Historizismus ist noch zu wenig. Ich finde, wir müßten kommen zu einem Historizissimus.“[27]

Mit dieser Aussage zeichnet sich eine Art Wende ab. Westliche postmoderne Architektur wurde seit 1984 kaum noch besprochen und auch die verschiedentlichen Gestaltungsansätze in der DDR wurden nicht mehr ausschließlich vor diesem Hintergrund betrachtet. Die Seminare in der Mitte des Jahrzehnts zeichnen sich größtenteils durch eine Versachlichung der Debatte aus. Die offenbaren Herausforderungen der Zeit – Lösung der Wohnungsnot, Sanierung der desolaten Altstädte, Abkehr vom randstädtischen und Hinwendung zum innerstädtischen Bauen – standen im Mittelpunkt der Diskussionen und der Beiträge auf den Seminaren. Die wesentliche Kritik konzentrierte sich dabei auf das Diktat des industriellen, insbesondere des typisierten Bauens. Die Plattenbauweise wurde als unbrauchbar für das kontextuelle Bauen in den Innenstädten erachtet, musste aber, weil politisch gewollt und vorerst alternativlos, weiterhin betrieben werden. Das Paradoxon, mit industriellen Mitteln nun traditionelle Handwerkstechniken zu imitieren und dekorierte Fassaden mit Giebeln und Erkern zu errichten, wurde häufig deutlich angesprochen. Das Wort Postmoderne fiel jedoch vorerst nicht mehr.

Die Wandlung der Haltung gegenüber der neuen Gestaltung in der Architektur lässt sich insbesondere in der Auswertung der Einführungsrede zu Beginn und der Schlussworte am Ende der zweitägigen Seminare belegen, die jeweils von Alfred Hoffmann gehalten wurden. Darin stellte er 1987 fest: „daß wir es in der Tat mit unterschiedlichen architektonischen Handschriften zu tun haben, Kollegen, einer Forderung, die unsere Gesellschaft schon seit Jahren stellt“[28]. Weiterhin musste er zugeben, dass die anfangs noch vehement verteidigten

27 Ebd., S. 49.

28 BArch, DY 15 / 453, 18. Seminar „750 Jahr Berlin – Baugestaltung in Vergangenheit, Gegenwart und Zukunft“ vom 9. bis 10. Apr. 1987 in Berlin.– Stenographisches Protokoll , S. 157.

Ideale des Funktionalismus und der fortschrittsgläubigen Moderne zwar in die Zukunft gerichtet, mit den Mitteln der DDR jedoch nicht entwicklungsfähig waren: „Wir merkten bald, Ende der siebziger Jahre, daß auch die Moderne sich in eine Richtung entwickelt, die keine große Perspektive hat“[29].
Die seit dieser Erkenntnis vollzogene Entwicklung in der DDR bezeichnete er 1988 resümierend als „Herausbildung einer neuen Architekturauffassung“.[30] Was genau mit dieser neuen Auffassung gemeint sein kann, zeigte Olaf Weber in seinem Vortrag mit dem Titel „Die Funktion der Form in der Architektur“:

> Zum Schluß zeige ich Ihnen noch ein Foto von dem neuen Bowling-Zentrum in Leipzig. Ich finde, es ist eine ganz interessante Architektur, wo eine ganze Menge gelernt worden ist aus diesen internationalen Erfahrungen.[31]

Das gezeigte Gebäude war der 1987 eröffnete Bowlingtreff Leipzig, ein zunächst ohne staatliche Plangenehmigung und mit Hilfe vieler Freiwilligenstunden von Bürger*innen, Schüler*innen und Studierenden Leipzigs errichteter Gesellschaftsbau. In die unterirdischen Hallen des ehemaligen Umspannwerkes unter dem Leuschnerplatz wurden zwei Bowlinghallen eingebaut, deren Erschließung über ein imposantes Eingangsbauwerk auf achteckigem Grundriss erfolgte. In der Eingangshalle dieses Gebäudes wurde von Winfried Sziegoleit ein postmodernes Feuerwerk gezündet: rosa Stützen mit lotusblütenartigen, gesprengten Kapitellen enden optisch kurz unter den Unterzügen, die sie tragen sollen; aus den über eine Wendeltreppe erschlossenen oberen Etagen schauen polygonale, schmale Fenster, denen Zierbalkone mit Grünpflanzen vorgehängt sind; in die Halle und mittig erstreckt sich über die gesamte Halle hinweg eine passagenartige Dachverglasung.[32] Dass dieses Gebäude, das auch den internationalen Vergleich mit westlicher postmoderner Architektur der Zeit nicht scheuen brauchte, auf dem Seminar so wohlwollend besprochen wurde, zeigt den Wandel der Haltung gegenüber dieser Art der Gestaltung auf.
Diese neue, grundsätzlich positive Bewertung der zeitgenössischen Architektur wird auch auf dem letzten Seminar 1989 deutlich, das sich bereits einer historiografischen Aufarbeitung von „40 Jahre[n] Städtebau und Architektur in der

29 BArch, DY 15 / 453, 18. Seminar „750 Jahr Berlin – Baugestaltung in Vergangenheit, Gegenwart und Zukunft“ vom 9. bis 10. Apr. 1987 in Berlin.– Stenographisches Protokoll , S. 157.

30 BArch, DY 15 / 454, 19. Seminar „Städtebau und Architektur in den 80er Jahren – der ideelle Gehalt der architektonischen Form“ vom 17. bis 18. März 1988.– Stenographisches Protokoll, S. 7.

31 Ebd., S. 34.

32 Zum Bowlingtreff erschien 2015 ein Dokumentarfilm, der viele Zeitzeug*innen zum Bau befragte: *Bowlingtreff* (D 2015, R: Thomas Beyer / Adrian Dorschner). Vgl. http://beyerdorschner.de/bowlingtreff (Zugriff 11.08.2016). Eine begleitende Buchpublikation ist in Vorbereitung.

Abb. 3: Eingangshalle des Bowlingtreffs Leipzig, 2015.

DDR“ widmete.[33] Carl Krause vom ISA führte die „jüngsten Ergebnisse der Architekturentwicklung in der DDR anhand von Lichtbildern“ vor. In diesem Vortrag betrachtet er die Phase des innerstädtischen Bauens fast schon als eine abgeschlossene, zumindest aber etablierte Epoche und stellt sie der vorangegangenen als positive Weiterentwicklung gegenüber. Die von ihm gezeigten Projekte präsentierte er als Gegenüberstellung von positiv und negativ. So stellte er der in den 1970er Jahren entstandenen Hochhausbebauung auf der Fischerinsel das Nikolaiviertel in Berlin gegenüber und betonte dabei die besser gelungene Trennung öffentlicher und privater Räume, die höhere Fußgängerfrequenz und die allgemein höhere städtische Qualität des Nikolaiviertels.[34]

Fazit

Als Indikator einer Spannungskurve in der Auseinandersetzung mit neuen Tendenzen der architektonischen Gestaltung ist die Auswertung der Seminare Architekturtheorie sehr hilfreich. Der Verlauf der Diskussion lässt sich von einer vehementen Ablehnung über eine Versachlichung der Debatte bis hin zur Akzeptanz postmoderner Gestaltung belegen. Evident wird auch der Versuch einer Umdeutung bzw. Legitimation offensichtlicher formaler Gemeinsamkeiten zwischen Ost und West. Dies wurde zunächst mit der nur teilweise zutreffenden Unterscheidung neo-historischer Ost- und postmoderner Westarchitektur versucht. Letztlich spielte dabei die erfolglose Suche nach dem Aussehen der ‚sozialistischen Architektur‘ eine Rolle. Die aus heutiger Sicht selbstverständliche Auffassung, dass sich ein politisches System nicht unmittelbar durch einen bestimmten architektonischen Stil repräsentieren lässt, entwickelte sich innerhalb der auf den Seminaren geführten Diskussionen erst im Verlauf der 1980er Jahre. Spürbar sind die Unsicherheit im Umgang mit den Veränderungsprozessen in Architektur und Gesellschaft, die Ausdruck einer allgemeinen Krise und aus heutiger Sicht vielleicht sogar Vorboten des Endes der DDR waren. Einige Seminarbeiträge beinhalten spannende Ansätze einer DDR-eigenen Evolution postmoderner Architekturtheorie, die im Weiteren noch eingehender zu untersuchen sind. Eine weitere offene Frage bleibt zunächst, welchen Wirkungsradius die Seminare hatten und ob sie mithilfe der Teilnehmer als Botschafter und Katalysatoren tatsächlich das Baugeschehen beeinflussen konnten.

33 BArch, DY 15 / 455, 20. Seminar „40 Jahre Städtebau und Architektur in der DDR“ vom 9. bis 10. März 1989 in Berlin.– Stenographisches Protokoll.

34 Ebd., S. 65–66.

6.
Zeugnis Großsiedlungen

Die Mehrheit der heute in Deutschland existierenden Wohnungen entstand in der Nachkriegszeit. Nach der Erhebung *Zuhause in Deutschland. Ausstattung und Wohnsituation privater Haushalte* des Statistischen Bundesamtes von 2009 bewohnten fast die Hälfte der ostdeutschen und über 60 Prozent der westdeutschen Haushalte Häuser, die in den Jahren von 1949 bis 1990 erbaut wurden. Ein nicht unerheblicher Anteil des aus dieser Zeit stammenden Bestands befindet sich in einheitlich geplanten, weiträumigen Stadterweiterungsgebieten, die gemeinhin als Großsiedlungen bezeichnet werden. Zwar hatte sich der Wohnungsbau in Form von Siedlungen bereits seit 1900 verstärkt durchgesetzt, historisch ohne Vorbild war jedoch die Größe der nach dem Zweiten Weltkrieg verwirklichten Neubaugebiete. Während die bis dahin realisierten Siedlungen meist nur mehrere hundert Wohneinheiten umfassten, wurden nach 1945 vor allem in den Agglomerationsräumen Siedlungsstandorte mit mehreren tausend, teilweise sogar mehreren zehntausend Wohnungen errichtet. Diese bis dahin unbekannte Dimension hatte den Bau zahlreicher sogenannter Wohnfolgeeinrichtungen wie Schulen, Ladengeschäften oder Sportstätten zur Folge, weshalb mit Ilse Irion und Thomas Sieverts vom Aufbau *Neuer Städte* als Experimentierfelder der Moderne gesprochen werden kann. Deren Errichtung war ein gesamtdeutsches Phänomen und stellte, unter maßgeblicher Beteiligung des Staates, eine der wichtigsten Bauaufgaben in beiden deutschen Teilstaaten dar. Dafür stehen solch bundesweit bekannten Großprojekte wie Köln-Chorweiler (ab 1961), Frankfurt-Nordweststadt (ab 1962) und München-Neuperlach (ab 1967) im westdeutschen sowie Halle-Neustadt (ab 1963), Rostock-Lütten Klein (ab 1965) und Berlin-Marzahn (ab 1977) im ostdeutschen Teilstaat. Eine von Manfred Fuhrich und Harald Mannert 1994 zusammengestellte Übersicht über die geographische Verteilung zeigt, dass bis zur Wiedervereinigung in der Bundesrepublik 95 und in der Deutschen Demokratischen Republik 144 Siedlungen mit mehr als 2.500 Wohnungen ausgeführt wurden. Angesichts dieser Zahlen schlussfolgert Thomas Knorr-Siedow in seinem Beitrag im 1994 erschienenen Sammelband *Großsiedlungen in Mittel- und Osteuropa* zu Recht:

> So ist es mehr als ein Bonmot, daß die bauliche Realität des 20. Jahrhunderts, bezogen auf die industrialisierte Welt, zukünftig weniger durch sakrale oder öffentliche Großprojekte in den Innenstädten oder durch Industriebauten erinnert werden wird als durch diese einheitlich erscheinenden Großformen des Wohnungsbaus. (S. 116)

Schon allein aufgrund seines Alters ist der Großsiedlungsbau im geteilten Deutschland inzwischen als historisch einzustufen. Seine Geschichtswerdung macht ihn auch zu einem wichtigen Thema der Architektur- und Stadtbaugeschichtsforschung, nicht zuletzt deswegen, da für eine sinnvolle Weiterentwicklung die genauen Kenntnisse der ursprünglichen Intentionen unabdingbar und zudem auch Fragen des Denkmalschutzes zu beantworten sind. In diesem Kontext sind die folgenden Beiträge von Mark Escherich und Jascha Philipp Braun zu sehen, die sich mit den historischen und künstlerischen Werten von Großsiedlungen befassen.

Zurück zur Stadt

Die Zentrumsbereiche der Berliner Großsiedlungen Märkisches Viertel und Marzahn als Planungsbeispiele spätmoderner Urbanitätsdiskurse

Jascha Philipp Braun

Etwa ab 1960 geriet die Zunft der Architekten und Städtebauer in der BRD wie in der DDR in eine rege Diskussion über die bis dahin gültigen Prinzipien im Städtebau.[1] Anlass war der Umstand, dass die seit Kriegsende neu errichteten Wohnstandorte zunehmend als monoton und leblos empfunden wurden und als Konsequenz das bis dahin dominierende antistädtische Leitbild der „gegliederten und aufgelockerten Stadt" ins Kreuzfeuer der Kritik geriet.[2] Das

1 Eine konzentrierte Darstellung der allgemeinen Umorientierung der damaligen Zeit findet sich im Hinblick auf die Bundesrepublik in Tilman Harlander: Wohnen und Stadtentwicklung in der Bundesrepublik. In: Ingeborg Flagge (Hrsg.): *Geschichte des Wohnens*, Bd. 5: Von 1945 bis heute: Aufbau, Neubau, Umbau. Stuttgart: DVA 1999, S. 287–291. Für weiterführende Ausführungen siehe außerdem Dieter Hanauske: *„Bauen, bauen, bauen ...!" Die Wohnungspolitik in Berlin (West) 1945–1961*. Berlin: Akademie 1995, S. 377–381; bezogen auf West-Berlin ebd., S. 406–412. Eine fokussierte systematische Aufarbeitung der Entwicklungen in der DDR fehlt bisher. Zahlreiche wertvolle Hinweise liefern allerdings Thomas Hoscislawski: *Bauen zwischen Macht und Ohnmacht. Architektur und Städtebau in der DDR*. Berlin: Verlag für Bauwesen 1991; Achim Palutzki: *Architektur in der DDR*. Berlin: Reimer 2000.

2 Als Inbegriff der „gegliederten und aufgelockerten Stadt" gelten die Ausführungen im gleichnamigen Buch von Johannes Göderitz, Hubert Hoffmann und Roland Rainer: *Die gegliederte und aufgelockerte Stadt*. Berlin: Wasmuth 1957.

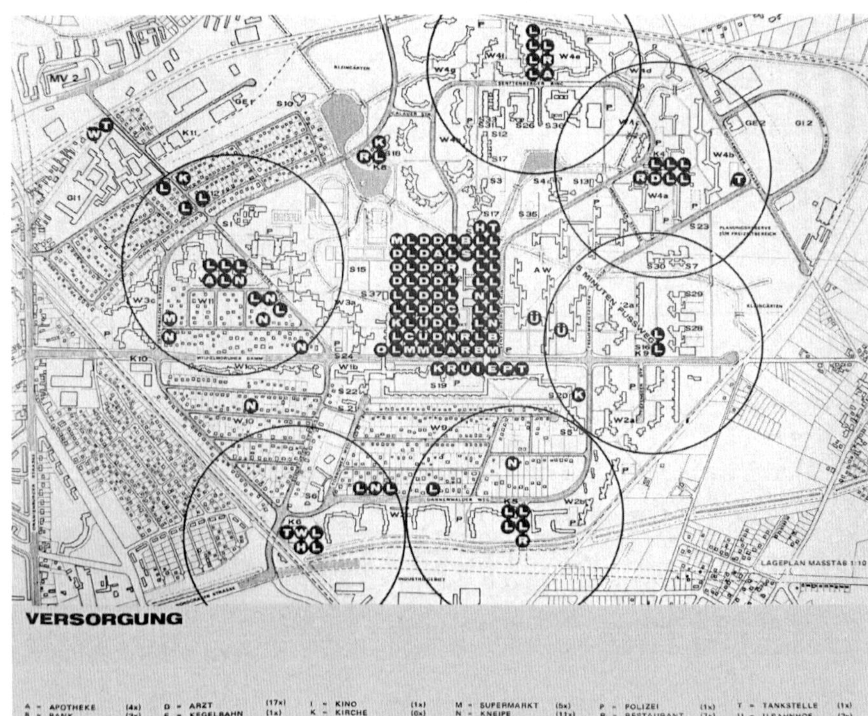

Abb. 1: Übersicht zur räumlichen Konzentration von Versorgungsangeboten im Märkischen Viertel.

entscheidende Stichwort lieferte Edgar Salin, der auf der 11. Hauptversammlung des Deutschen Städtetags 1960 die Forderung nach Urbanität in den Mittelpunkt seiner Ausführungen stellte.[3] Fortan ging es im Städtebau – ohne die Prämissen der Moderne wie Funktionstrennung und Durchgrünung völlig aufzugeben – verstärkt darum, ein urbanes Umfeld zu entwickeln. Die bedeutendsten Schlagworte waren nun, quasi als Gegenentwurf zum vorangegangenen Wohnungsbau der 1950er Jahre, Verflechtung und Verdichtung.

Ein Resultat der veränderten Einstellung sind die Kerngebiete der Berliner Großsiedlungen Märkisches Viertel und Marzahn.[4] An beiden Orten

3 Vgl. Edgar Salin: Urbanität. In: Deutscher Städtetag (Hrsg.): *Erneuerung unserer Städte. Vorträge, Aussprachen und Ergebnisse der 11. Hauptversammlung des Deutschen Städtetages Augsburg 1.–3. Juni 1960.* Stuttgart: Kohlhammer 1960, S. 9–34.

4 Das Märkische Viertel wurde unter der Leitung des Berliner Senats ab 1963 auf einem rund 390 Hektar großen, teilweise schon besiedelten Areal im West-Berliner Bezirk Reinickendorf bis 1976 erbaut. Für den städtebaulichen Gesamtentwurf zeigten sich der Senatsbaudirektor Werner

konzentrierten die Planer zahlreiche Wohnfolgeeinrichtungen für die Bewohner.[5] Im Märkischen Viertel waren dies über mehrere Gebäude verteilt zwei Kaufhäuser sowie zahlreiche Einzelhandelsgeschäfte, Dienstleistungsbetriebe und Arztpraxen (das sogenannte Märkische Zentrum). Westlich davon platzierten die Planer auf engem Raum außerdem kulturelle und soziale Anlaufpunkte, darunter das Mehrzweckgebäude Fontane-Haus, u.a. mit Veranstaltungssaal, Ausstellungshalle, Bücherei und Gaststätte, die Thomas-Mann-Oberschule und die katholische Kirche St. Martin mit angeschlossenem Gemeindezentrum, Kindergarten und Altenwohnheim. Der Entwurf des wichtigsten Zentrumsareals in Marzahn – zwei weitere bedeutende Kernbereiche wurden im Süden am Springpfuhl und im Norden (Ringkolonnaden) des langgestreckten Wohngebiets entwickelt – umfasste den Bau der Einkaufsstraße Marzahner Promenade. An ihrem südlichen Ende entstand, zentral am S-Bahnhof Marzahn gelegen, das Marzahner Tor, ein mehrteiliges Handelszentrum mit Hauptpost, einem Bekleidungskaufhaus, einem Handelshaus für Haushaltswaren und Technik und einem Haus der Dienste mit Werkstätten und Dienstleistungseinrichtungen. Als funktionales Gegenstück wurde dazu das Freizeitforum am anderen Ende der Promenade entworfen, wo Kultur- und Sporteinrichtungen wie die Hauptbibliothek Marzahns, ein großer Veranstaltungssaal, eine Studiobühne, vier Klubräume sowie eine Schwimm- und eine Sporthalle unterkamen.

Die auffällige Zusammenfassung von kommerziellen, kulturellen und sozialen Angeboten in Marzahn und im Märkischen Viertel kam nicht von ungefähr. Wie diverse Aussagen von Planungsbeteiligten belegen, ging es zunächst darum,

Düttmann sowie die freiberuflich tätigen Architekten Georg Heinrichs und Hans Christian Müller verantwortlich, die architektonische Ausarbeitung der einzelnen Bauabschnitte mit insgesamt fast 17.000 Wohnungen für rund 45.000 Menschen übernahmen zahlreiche in- und ausländische Architekten. Die Bebauungskonzeption für die Ost-Berliner Großsiedlung Marzahn, welche die Aufteilung des etwa 560 Hektar großen, größtenteils unbebauten Baugebiets in drei Wohngebiete vorsah, wurde maßgeblich von Roland Korn, Chefarchitekt von Berlin, und Peter Schweizer, Mitarbeiter im Büro für Städtebau des Berliner Magistrats, entwickelt. Ihre Umsetzung und weitere Ausarbeitung erfolgte unter der Aufsicht Heinz Graffunders, der ab Juli 1976 als Chefarchitekt der Aufbauleitung Marzahns tätig war. Nach Abschluss des Wohnungsbaus im Jahr 1989 umfasste das etwa zwölf Kilometer vom zentralen Alexanderplatz entfernte Stadterweiterungsgebiet, welches 1980 nochmals um zusätzliche Baugebiete erweitert worden war, fast 60.000 Wohneinheiten.

5 Der Zentrumsbereich des Märkischen Viertels entstand auf einer klar umgrenzten rechteckigen Fläche unmittelbar nördlich der wichtigsten Erschließungsstraße Wilhelmsruher Damm. In Marzahn entwickelt sich das übergeordnete Zentrumsareal zwischen dem S-Bahnhof Marzahn in nördliche Richtung bis zur heutigen Raoul-Wallenberg-Straße entlang der Marzahner Promenade, einem rund 700 Meter langen Straßenzug nördlich der Magistrale Leninallee (heute wieder Landsberger Allee).

über die gesamte Großsiedlung hinweg ausstrahlende Anziehungspunkte zu schaffen, die einen regen Publikumsverkehr erzeugen und somit lebendige Quartiere hervorbringen sollten. Über die am Marzahner Tor konzentrierten Angebote hieß es in der *Dokumentation komplexer Wohnungsbau* ganz in diesem Sinne beispielsweise:

> Vielfältige Erlebnis- und Bewegungsmöglichkeiten werden sich hier entwickeln. Eine Post, zwei Warenhäuser mit großen Schaufenstern und Cafés im Erdgeschoß, dazwischen ein Gaststättengebäude mit Eiscafé und Tanzcafé sowie eine Nachtbar werden städtisches Leben ermöglichen.[6]

Ziel war es, auf diese Weise an die Lebensqualitäten anzuknüpfen, die die Ost-Berliner Planer beispielsweise in der traditionellen Einkaufsstraße Schönhauser Allee im Altbaugebiet Prenzlauer Berg vorfanden.[7] Ganz ähnlich waren die Motive beim Bau des Zentrumsbereichs am Wilhelmsruher Damm im Märkischen Viertel. Demnach informierte beispielsweise eine Broschüre über das in Planung befindliche Märkische Zentrum:

> Gaststätten, Kaffee [*sic*] und sonstige Orte der Geselligkeit, die in das Hauptgeschäftszentrum eingestreut sind, ein Kino und eine Bowlingbahn werden dafür sorgen, daß das Zentrum [...] auch nach „Geschäftsschluß" lebendig bleibt.[8]

Ausschlaggebend waren soziologische Sichtweisen

Die sowohl in West wie Ost angestrebte lebhafte Atmosphäre hatte wichtige Gründe. Aus Ausführungen Wolf-Rüdiger Eisentrauts über seinen städtebaulichen Entwurf für das Zentrum rund um die Marzahner Promenade geht hervor, dass soziologisch geprägte Sichtweisen eine derartige Vorgehensweise nahelegten.[9] Tatsächlich lässt sich dies bereits in den überlieferten Planungsunterlagen aus der sehr frühen Planungsphase Marzahns nachweisen. Eine von Roland Korn und einer Arbeitsgruppe des Instituts für Städtebau und Architektur der Bauakademie der DDR im Oktober 1973 fertiggestellte Diskussionsgrundlage zu städtebaulichen Anforderungen an den neuen Stadtteil hielt fest:

6 Bund der Architekten der Deutschen Demokratischen Republik, Bezirksgruppe (Hrsg.): *Dokumentation komplexer Wohnungsbau 1971–1985*. Berlin: Selbstverlag 1986, S. 40.

7 Vgl. VEB BMK Ingenieurhochbau Berlin Betrieb Projektierung (Hrsg.): *Wettbewerb Berlin-Marzahn. 5 Studien. Wohngebiet 3, 7. und 9. Bauabschnitt*. Berlin: Selbstverlag o. J., Studie A, Bl. 12.

8 Werner Limberg: *Neubau der Geschäftszentren in Berlin-Reinickendorf Wilhelmsruher Damm (Märkisches Viertel). Raumprogramm für das Hauptgeschäftszentrum und die Nachbarschaftszentren im Märkischen Viertel*. o. O.: Selbstverlag 1963, S. 10.

9 Wolf-Rüdiger Eisentraut: Der gesellschaftliche Hauptbereich in Berlin-Marzahn. Ein neuer Stadtbezirk erhält seinen Mittelpunkt. In: *Architektur der DDR* 37,12 (1988), S. 9–19.

> Bei der Planung der Gemeinschaftseinrichtungen der Stadt ist viel stärker davon auszugehen, daß es hier nicht nur um die technische Bewältigung einer Versorgungsbeziehung vom Produzenten zum Konsumenten geht. Es gilt zu erkennen, daß das *Einkaufs-, Dienstleistungs-, Bildungs- und Erholungszentrum* gleichzeitig und oft in erster Linie *Sozialraum der Stadt* ist: öffentlicher Raum, in dem sich die Bürger der Stadt begegnen, versammeln, kennenlernen, „kommunizieren", städtischer Raum, von dem gemeinschaftsfördernde Impulse ausgehen sollten.[10]

In diese Richtung gingen auch Äußerungen von Experten aus dem Fachgebiet Soziologie selbst, die sich von Anfang an in die Entwurfsfindung der Bebauungskonzeption für Marzahn einbrachten. In der schon drei Jahre vor Baubeginn vorgelegten *Studie über soziologische und umweltgestalterische Probleme der städtebaulichen Planung des neuen Stadtteiles in Biesdorf-Marzahn* wurde die bereits in den ersten Entwürfen vorgeschlagene räumliche Zusammenfassung von Einkaufs- wie Kultureinrichtungen gelobt, da sie verspreche, ein sehr lebendiges, interessantes und stark frequentiertes Zentrum hervorzubringen.[11] Drei Jahre später schrieb der mit einer gutachtlichen Stellungnahme über die sozialkulturelle Qualität des Lebens im Wohngebiet 3 beauftragte Soziologe Fred Staufenbiel etwas konkreter:

> Hervorzuheben ist u. E., daß versucht wird, durch die Verteilung der kulturellen Einrichtungen sowie der für Gastronomie und Dienstleistungen in den Zentren die sozialen Kontakte zwischen Bewohnern verschiedener Wohnbereiche anzuregen, ihre Geselligkeit und Begegnung zu unterstützen und eine lebendige Kommunikation im gesamten Wohngebiet zu stimulieren.[12]

Vor dem Hintergrund dieser Ausführungen wird auch verständlich, warum die Planungsverantwortlichen die in Marzahn projektierten Zentrumsbereiche als „gesellschaftliche Zentren" und „hochrangige Kommunikationspunkte"[13] bezeichneten.

10 Diskussionsgrundlage zu städtebaulichen Anforderungen an die Planung des Stadtteils Biesdorf/Marzahn. Bundesarchiv (BArch), DH 2 / 21389, S. 7.

11 Studie über soziologische und umweltgestalterische Probleme der städtebaulichen Planung des neuen Stadtteiles in Biesdorf-Marzahn. Ausgearbeitet von einer zeitweiligen interdisziplinären Arbeitsgruppe des Arbeitskreises Kultursoziologie im wissenschaftlichen Rat für soziologische Forschung in der DDR und des Rates für Umweltforschung der Akademie der Wissenschaften der DDR, bestehend aus Fritz Böhme, Bruno Flierl, Siegfried Grundmann, Heinz Kroske, Harry Wersenger, Fred Staufenbiel. Berlin, Oktober 1974. Archiv des Bezirksmuseums Marzahn-Hellersdorf (BMH/Archiv), S. 18.

12 Leben und Lebensumwelt im Wohngebiet 3 des 9. Stadtbezirkes der Hauptstadt der DDR, Berlin. Gutachtliche Stellungnahme zu sozial-kulturellen und baulich-räumlichen Problemen nach dem Stand der städtebaulichen Planung, März 1977. BMH/Archiv, S. 7.

13 Vgl. u. a. Information zur Bebauungskonzeption im Maßstab 1:2000 für den neuen Stadtteil in Biesdorf-Marzahn. Arbeitsergebnis der im Anschluss an den städtebaulichen

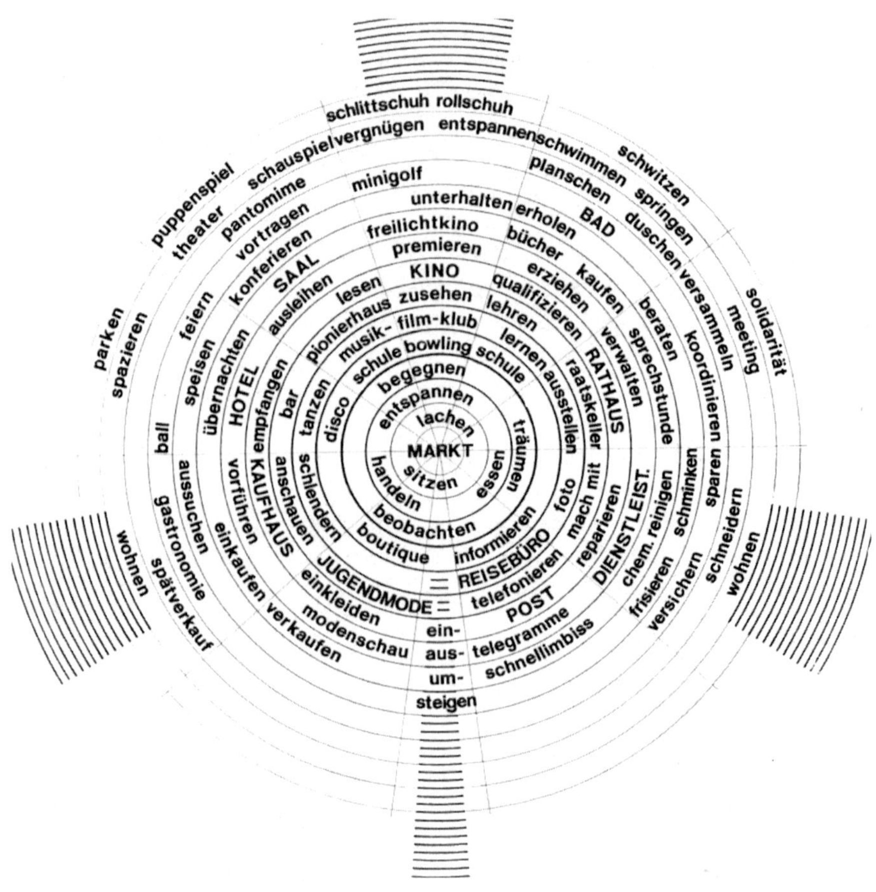

Abb. 2: Von Planern Marzahns zusammengestellte Begriffssammlung zu den Ansprüchen an das Hauptzentrum.

Im Hinblick auf die Planung des Märkischen Viertels ist eine direkte Zusammenarbeit mit Soziologen nicht dokumentiert. Dass zwischenmenschliche Kontaktbildung und kommunikativer Austausch dennoch auch dort angeregt werden sollten, verdeutlichen die Ausführungen zum Raumprogramm des Einkaufszentrums, dessen gestalterische Durchbildung nicht nur die Schaffung eines lebendigen Zentrums der neuen Stadt, sondern eines echten gesellschaftlichen

Ideenwettbewerb von einer Arbeitsgruppe des Büros für Städtebau vom Bezirksbauamt Berlin unter Mitwirkung der Bauakademie der DDR und der Berliner Baukombinate vorgenommenen Präzisierung der Bebauungskonzeption für Marzahn. Beschlussvorlage für die Magistratssitzung am 10. Juli 1974. Landesarchiv Berlin (LAB), C Rep. 100, Nr. 1561, S. 3.

Kerns intendierte.[14] In diesem Zusammenhang ist weiterhin die Anlage eines nahezu quadratischen Platzes in der Mitte des Zentrumsgevierts zu nennen, auf den alle umliegenden kommerziellen wie nicht-kommerziellen Einrichtungen ausgerichtet wurden. Wenn dieser die Bezeichnung Marktplatz erhielt, war der Name Programm, sollte er doch die Funktion eines zentralen Begegnungsortes übernehmen. So äußerte der an der Planung des Märkischen Zentrums beteiligte Waldemar Poreike: „Ein Marktplatz als räumliches Bindeglied zwischen Kultur- und Geschäftsbauten soll die Kommunikationsmöglichkeiten in diesem Bereich aktivieren und anregen."[15] Ähnlich sah es Werner Düttmann, der von einem Ensemble sprach, „dessen Vielfalt auf Betrieb und Getriebe, auch Begegnung und Aktionen jeglicher Art angelegt ist"[16].

Verdichtung statt Auflockerung

In enger Beziehung zur angestrebten Urbanität stand neben der Ansiedlung vielseitiger Angebote auch die Absicht, in den Zentrumsbereichen eine ausdrucksstarke Raumbildung zu erreichen. Wenn die Bebauungsstrukturen zum Zentrum hin eine vertikale Steigerung aufweisen, dann weil der vor allem an dieser Stelle vorgesehene urbane Charakter hierdurch eine Stärkung erfahren sollte. Aus Äußerungen Werner Düttmanns über den Entwurf zur späteren Gropiusstadt im Südosten Berlins lässt sich ableiten, dass es den städtebaulichen Entwurfsverfassern darum ging, das Kerngebiet der Großsiedlung nach dem Vorbild der turmreichen historischen Stadt durch eine hohe Wohnbebauung visuell zu betonen.

> Das Zentrum heute, erklärte der Senatsbaudirektor, [...] besteht eigentlich aus lauter Dingen, die sich sinnvollerweise in der Ebene abwickeln. Wenn man das Zentrum jetzt also sichtbar machen will, muß man wohl oder übel auf Funktionsteile zurückgreifen, die eigentlich dem ganzen Gebiet eigen sind, nämlich Wohnungen. Das heißt also, ich stapele die Wohnungen nicht flach nebeneinander, sondern, um zu einer Zentrumsbildung zu kommen, stapele ich sie hoch.[17]

14 Werner Limberg & Co. KG (Hrsg.): *Märkisches Zentrum im Märkischen Viertel*, 2., erw. Ausg. Berlin: Selbstverlag 1967.

15 [Vermutl. Waldemar Poreike]: Die Bauherren stellen ihr MZ vor. In: *Der Nord-Berliner*, 08.09.1967, S. 8.

16 Werner Düttmann: Der andere Raum. In: *Werner Düttmann. Verliebt ins Bauen. Architekt für Berlin 1921–1983*, bearb. v. Haila Ochs. Berlin: Birkhäuser 1990, S. 158.

17 Zit. n. Demokratisches Wohnen? Ausschnitte aus Diskussionen und Vorträgen auf einer Tagung der Evangelischen Akademie Berlin, November 1961. In: *Bauwelt* 53,1 (1962), S. 7–22, hier S. 10.

Abb. 3: Blick in eine Einkaufsstraße des Märkischen Zentrums, 1973.

An dieses Bild dürfte auch Hans Christian Müller gedacht haben, der zurückschauend von der Zielsetzung sprach, eine imposante Stadt zu errichten und einen Ausdruck großstädtischer Monumentalität zu finden.[18] Eine bauliche Betonung des Zentrumsbereichs als urbaner Mittelpunkt des neuen Stadtteils lässt sich vor allem an der dramaturgisch angelegten Gestaltung des Wilhelmsruher Damms ablesen, dessen südliche Einfassung mit Wohnbauten die Bezeichnung ‚Citybebauung' erhielt.[19]

Die Bebauung des eigentlichen Zentrumsbereichs des Märkischen Viertels innerhalb des von Packereigraben, Senftenberger Ring, Wilhelmsruher Damm und Königshorster Straße umschriebenen Areals wurde aus den zitierten Gründen hauptsächlich niedriggeschossig ausgeführt. Die Schaffung von raumbildender Dichte war dennoch auch hier ein wichtiges Planungsziel:

18 „Es ist unglaublich, ein solches Viertel gebaut zu haben." Ein Gespräch mit Hans Christian Müller im Juli 2004. In: Brigitte Jacob / Wolfgang Schäche (Hrsg.): *40 Jahre Märkisches Viertel. Geschichte und Gegenwart einer Großsiedlung*. Berlin: Jovis 2004, S. 162, 170.

19 Vgl. Senator für Bau- und Wohnungswesen (Hrsg.): *MV Plandokumentation*. Berlin: Kiepert 1972, S. 42.

> Der traditionellen menschlichen Attitüde im Rahmen eines echten Marktgeschehens folgend, informierte eine Broschüre über die Bebauungsstrukturen des ein- und zweigeschossig ausgeführten Märkischen Zentrums, sind die an den Marktplatz grenzenden Gebäudegruppen durch Einkaufsgassen verbunden, welche bewußt eine räumliche Enge anstreben. Jeder Durchgang öffnet dem Besucher einen neuen Innenraum, unter jeder Passage wird ein neuer Eindruck vermittelt.[20]

Außer visuellen Akzentsetzungen sollten die auffällig verdichteten Bebauungsstrukturen eine hohe Einwohnerdichte generieren, die ebenfalls im Zusammenhang mit der anvisierten städtischen Atmosphäre gesehen wurde. So kam dem zentral gelegenen, direkt östlich an das Märkische Zentrum anschließenden „Allgemeinen Wohngebiet“ mit bis zu 18 Geschossen auch die Aufgabe zu, „als dichteste Bebauung zur Belebung des Zentrums“[21] beizutragen. Dicht bedeutete in diesem Fall eine hohe Geschossflächenzahl (GFZ). Eine Übersicht über die geplanten Dichten von 1963 weist für diesen Bereich eine Fläche von 8,7 Hektar und eine Wohnungsanzahl von 1.000 aus. Damit war dort mit einem Wert von 1,1 die höchste GFZ im gesamten Märkischen Viertel vorgesehen, die im Zuge der Erhöhung der Wohnungszahl während des Bauprozesses sogar noch auf einen Wert von bis zu 2,26 steigen sollte.[22]

Die Verwirklichung einer gewissen baulichen Dichte spielte auch bei der Planung der Großsiedlung Marzahn, wo nach Fertigstellung der Wohngebiete 1 bis 3 eine Einwohnerdichte von rund 290 Einwohnern pro Hektar erreicht wurde,[23] eine wichtige Rolle. Nach Auffassung Heinz Graffunders war dies eine wesentliche Voraussetzung für die beabsichtigte Stadtwerdung der Großsiedlung:

> Jede Diskussion über Gartenstadt oder so, oder daß viele Bürger sich fragen, das ist ja hier so eng und dicht, oder manche beschweren sich, daß so unmittelbar vor ihrem eigenen Wohnzimmerchen nun noch ein Haus ist, müssen wir einfach damit beantworten, daß wir hier Stadt bauen, ein Stück Berlin, und das unterliegt allen städtischen Ansprüchen.[24]

20 Werner Limberg & Co. KG (Hrsg.): *Märkisches Zentrum im Märkischen Viertel Berlin. Die neue Wohnstadt im Norden Berlins und ihre Versorgung.* Berlin: Selbstverlag o. J. [vermutl. 1963].

21 Werner Düttmann / Georg Heinrichs / Hans Christian Müller: Märkisches Viertel, Berlin-Reinickendorf. In: *Bauwelt 54*,14–15 (1963), S. 390–393, hier S. 392.

22 Vgl. dazu die Übersicht über die GFZ auf den bis 1968 bebauten Grundstücken in Dieter Voll: *Von der Wohnlaube zum Hochhaus. Eine geographische Untersuchung über die Entstehung und die Struktur des Märkischen Viertels in Berlin (West) bis 1976.* Berlin: Reimer 1983, S. 105.

23 Wohngebiet 1 wies nach Einzug der Mieter 293, Wohngebiet 2 rund 285 und Wohngebiet 3 etwa 292 Einwohner pro Hektar auf. Vgl. dazu die Angaben in Günter Peters: *Hütten, Platten, Wohnquartiere. Berlin Marzahn – ein junger Bezirk mit altem Namen.* Berlin: MAZZ 1998, S. 188.

24 Graffunder in einem Vortrag auf dem 12. Seminar der Zentralen Arbeitsgruppe „Architektur und bildende Kunst“ des Bundes Deutscher Architekten der DDR und des Verbands Bildender Künstler der DDR im November 1980 (BArch, DY 15 / 364, S. 19).

Der Entwurf der Bebauungsstrukturen war jedoch auch in Marzahn nicht nur von dem Wunsch nach einer vergleichsweise hohen Einwohnerdichte bestimmt. Wie eine 1983 vorgelegte Studie des Volkseigenen Betriebs (VEB) Bau- und Montagekombinat (BMK) Ingenieurhochbau Berlin betonte, wurde an das Hauptzentrum entsprechend seiner übergeordneten gesellschaftlichen Funktion die Anforderung gestellt, eine städtebaulich-architektonische Fassung zu erschaffen, welche dessen Bedeutung als Mittelpunkt des Stadtbezirks unterstreicht.[25] Das Grundgerüst der realisierten Bebauung bildeten (modifizierte) sieben- bzw. elfgeschossige Wohnhäuser der Wohnungsbauserie 70 entlang der Marzahner Promenade. Straßenbegleitend ausgeführt erzeugten diese eine an keinem anderen Ort der Großsiedlung erreichte bauliche Geschlossenheit. Auffällig an der zur Ausführung gekommenen architektonischen Gestaltung des Stadtbezirkszentrums war weiterhin die Bebauung des als Marzahner Tor bezeichneten Areals zwischen dem S-Bahnhof Marzahn im Südwesten und dem Beginn der Ladenstraße im Nordosten. Auf der von drei Seiten durch vielgeschossige, zum Teil abgestufte Wohnhäuser eindeutig definierten Fläche wurde in niedriggeschossiger und verschachtelter Bauweise eine Gruppe von mehreren, zum Teil miteinander verzahnten Gebäuden errichtet, so dass an verschiedenen Stellen platzartige Aufweitungen entstanden. Wie Eisentraut erläuterte, habe die dichte und auf Stärkung der Räume abzielende städtebauliche Gestaltung, in der *Dokumentation komplexer Wohnungsbau* als enger städtischer Maßstab beschrieben,[26] der Absicht gedient, städtische Qualität zu erzeugen.[27] Ähnlich äußerte sich auch der Chefarchitekt Marzahns. So seien die entstehenden charakteristischen Plätze und Promenaden als unmittelbare Erlebnisbereiche konzipiert worden.[28]

Wie im Märkischen Viertel sollten auch die Kerngebiete Marzahns nach außen hin weithin sichtbar sein:

> [Die vertikalen Dominanten], hieß es über die städtebauliche Zielsetzung des Hochhausbaus, dienen der Markierung dieser gesellschaftlichen Höhepunkte und der entsprechenden Orientierung, die auch für die Silhouettenbildung von Belang ist.[29]

25 VEB BMK Ingenieurhochbau Berlin Betrieb Projektierung (Hrsg.): *Studie Berlin-Marzahn. 3. Wohngebiet. Gesellschaftlicher Bereich*. Berlin: Selbstverlag 1983, S. 3.

26 Bund der Architekten der Deutschen Demokratischen Republik (Hrsg.): *Dokumentation komplexer Wohnungsbau 1971–1985*, S. 40.

27 Eisentraut: Der gesellschaftliche Hauptbereich in Berlin-Marzahn, S. 11.

28 Heinz Graffunder: Berlin-Marzahn – Gebaute Wirklichkeit unseres sozialpolitischen Programms. In: *Architektur der DDR* 33,10 (1984), S. 506–603, hier S. 603.

29 Gesellschaftspolitische und volkswirtschaftliche Zielstellung für den komplexen Wohnungsneubau im Stadtteil Biesdorf/Marzahn. LAB, C Rep. 100, Nr. 1576/1577, S.43.

In diesem Kontext ist der Bau von zwei 18-geschossigen Wohnhochhäusern des Sondertyps Ernst-Thälmann-Park nahe dem Handelszentrum Marzahner Tor zu sehen. Die mit bis zu 25 Geschossen höchsten Gebäude der gesamten Großsiedlung wurden in Form von drei Doppelwohnhochhäusern in der Nähe des zentralen Helene-Weigel-Platzes am Springpfuhl erbaut.

Neue Ansprüche auch an die Außenraumgestaltung

Neben multifunktioneller Verflechtung und baulicher Verdichtung sollte auf die Erzeugung von Urbanität im Sinne eines kommunikationsfördernden Umfelds mittels einer attraktiven Außenraumgestaltung Einfluss genommen werden.[30] Demnach galt es durch entsprechende Maßnahmen die Zentrumsbereiche als zum Verweilen einladende Orte zu konzipieren. Dieses Bemühen zeigt sich zunächst darin, dass die Kerngebiete auffällig fußgängerfreundlich gestaltet wurden. Der motorisierte Verkehr wurde aus dem Zentrumsgeviert des Märkischen Viertels größtenteils verbannt, so dass autofreie Straßen und Plätze zum Bummeln und Flanieren entstanden. Außerdem erhielt der Wilhelmsruher Damm besonders breite, alleeartig mit breitkronigen Platanen bepflanzte Bürgersteige, wodurch das Planungsziel, den zentralen Straßenzug als Boulevard auszugestalten,[31] eine zusätzliche Stärkung erfuhr.

Anders als im Märkischen Viertel setzten sich in Marzahn nicht die Begriffe Marktplatz und Boulevard zur Kennzeichnung der zentralen Kernbereiche, sondern das Wort Promenade durch. Inhaltlich implizierte freilich auch dieser Begriff das Anliegen, eine für Fußgänger angenehme Umgebung zu schaffen. So erfolgte die Ausführung der Marzahner Promenade als höher angelegte Fußgängerzone, die durch Baum- und Strauchpflanzungen zusätzlich von der nördlich verlaufenden Franz-Stenzer-Straße abgeschirmt wurde. Fußgängern vorbehalten blieben außerdem die von der verschachtelten Bebauung des Marzahner Tors gebildeten Plätze.

Einen wichtigen Stellenwert bei der Außenraumgestaltung der Zentrumsbereiche nahm ferner die künstlerische Ausgestaltung ein, durch welche die Konzeption der Kerngebiete als Treffpunkte eine entsprechende Betonung und

30 Dieser Anspruch lässt sich den grundlegenden Ausführungen zur Gestaltung der Freiräume entnehmen. Vgl. dazu in Bezug auf das Märkische Viertel die Äußerungen der mit der Freiraumgestaltung beauftragten SAL-Planungsgruppe in: *Sal-Planungsgruppe e Astra Zarina a Berlino.* Rom: IN/ARCH e Officina Edizioni o.J. [vermutl. 1969]; und bezogen auf Marzahn die unter der Leitung Rolf Walters ausgearbeiteten Gestaltungskonzeptionen für die einzelnen Wohngebiete aus den Jahren 1975, 1976 und 1979 (BMH/Archiv).

31 Vgl. Lothar Juckel: MV – Märkisches Viertel in Berlin-Reinickendorf. In: *Baumeister* 66,1 (1968), S. 59–61, hier S. 60.

Abb. 4: Entwurfsskizze zur Gestaltung der Marzahner Promenade.

Unterstützung erfahren sollte.[32] Die Planungsgrundlage bildete hierfür eine unter der Mitarbeit der Künstler Rolf Walter, Peter Hoppe, Ingeborg Hunzinger und Wolfgang Weber speziell für die Marzahner Promenade erstellte Gestaltungskonzeption, welche die Ausschmückung mit zahlreichen Kunstwerken festlegte, von denen u.a. zwei großformatige Außenwandbilder von Walter Womacka oder die auf den Treppenpodesten mit pflanzlichen Motiven aus Sandstein geschmückten Brunnen verwirklicht wurden.[33]

Für das Märkische Zentrum entwarf der Maler und Bildhauer Joe Tilson 1967 ein Programm zur künstlerischen Ausgestaltung. Da Tilsons Konzeption nicht realisiert wurde und fast keine Informationen über die Ausarbeitung aufzufinden sind,[34] ist die in der West-Berliner Großsiedlung der Kunst zugedachte

32 Vgl. u.a. VEB Projektierung im VEB WBK Berlin (Hrsg.): *Investitionsgebiet Berlin-Marzahn. Gesellschaftlicher Hauptbereich BA 7.2. Dokumentation zur Aufgabenstellung.* Berlin: Selbstverlag o.J. [um 1981], S. 5.

33 Rolf Walter / Peter Hoppe / Ingeborg Hunzinger: *Berlin-Marzahn, 3. Wohngebiet Gesellschaftlicher Bereich. Gestaltungskonzeption Architekturbezogene Kunst.* Berlin: Selbstverlag 1984.

34 Die einzigen Hinweise zur Beteiligung Tilsons an der Gestaltung des Märkischen Viertels finden sich in einem *Baumeister*-Artikel von Lothar Juckel, wo der Name allerdings nur kurz erwähnt wird (Juckel: MV – Märkisches Viertel in Berlin-Reinickendorf, S. 60), sowie in Senator für Bau- und Wohnungswesen: *MV Plandokumentation*, S. 146. In welchem

Rolle nicht ganz so eindeutig wie in Marzahn zu ermitteln. Doch auch wenn konkrete Aussagen fehlen, liegt es nahe, dass es den Planern in Ost wie West im Kern um dieselbe Sache ging: Die Kunst (und die Außenraumgestaltung im Allgemeinen) wurde vornehmlich eingesetzt, um den jeweiligen Ort zu akzentuieren und zu individualisieren. Auf diese Weise versuchte man, stadträumliche Bezüge herzustellen, um die Wahrnehmung des Ortes im Sinne der Planer zu beeinflussen. Beispielhaft dafür steht die Aufstellung eines historischen Brunnens auf dem nach diesem benannten Brunnenplatz inmitten des Märkischen Zentrums, der sich schnell zu einem beliebten Treffpunkt entwickelte. Noch eindeutiger lassen sich die Intentionen der Planer am vom Künstler Utz Kampmann ausgearbeiteten Farbprogramm ablesen. Ähnlich der großzügigen künstlerischen Ausgestaltung der Zentrumsbereiche in Marzahn sollte es das zentrale Kerngebiet entlang des Wilhelmsruher Damms visuell deutlich wahrnehmbar markieren. Konkret ging es darum, auf Grundlage einer aufeinander abgestimmten Farbgebung vor allem die zentrale, als Boulevard konzipierte Erschließungsstraße zu inszenieren. Georg Heinrichs und Hans Christian Müller erklärten diesbezüglich:

> Die sogenannte „Straßenrandbewegung" des Gebietes W 1 mit den Bauten der Architekten Fleig, Leo, Gagès, einschließlich der Schule und Kirche von Plessow sowie das nördlich anschließende allgemeine Wohngebiet – AW – soll zusammen mit dem Zentrumsbereich stark farbig gestaltet werden, um die Intensität und damit die Anziehungskraft dieses Bereiches zu verstärken.[35]

Was bleibt?

Wie die Farbgebung von Kampmann sind heute viele Bemühungen um eine urbane Stadt sowohl im Märkischen Viertel als auch in Marzahn nicht mehr sichtbar. Sanierungen, Abrisse und Neubauten haben das Erscheinungsbild der beiden Großsiedlungen inzwischen stark verändert. Dies ist umso bedauerlicher, da einige Maßnahmen geradezu konträre Wirkungen hervorgerufen haben. So wurde durch das 2005 anstelle des Marzahner Tors eröffnete, hermetisch von der Umgebung abgeriegelte Einkaufscenter Eastgate jegliche Stadtöffentlichkeit in der Umgebung zerstört und somit ein Stück Urbanität vernichtet – eine Entwicklung, die auch deshalb wenig rühmlich ist, da Großsiedlungen immer wieder die Nichtbeachtung urbaner Qualitäten vorgeworfen wird, die an dieser Stelle allerdings gezielt geplant und ausgeführt waren.

Zusammenhang der dort abgebildete gestalterische Entwurf für das Märkische Zentrum entstand, war nicht festzustellen.

35 Zit. n. Berlin, Märkisches Viertel – Ein Zwischenbericht. In: *Bauwelt* 58,46–47 (1967), S. 1189–1211, hier S. 1193.

Großräumige Spätmoderne

Ermittlungen zu Erhaltungswürdigkeit und -möglichkeit – Ein universitäres Lehrprojekt zu Halle-Neustadt

Mark Escherich, unter Mitarbeit von Kerstin Vogel

In der aktuellen Auseinandersetzung mit dem baulichen Erbe der 1960er bis 1980er Jahre zeigt sich ein bedenkenswerter Widerspruch: Einerseits sind gerade die großräumigsten städtebaulichen Hinterlassenschaften dieser Zeit im Hinblick auf damalige Lebens- und Stadtvorstellungen sowie planerische Leitbilder besonders zeugnishaft und manchmal auch stadtbaukünstlerisch von herausragender Bedeutung, andererseits gibt es für den bewahrenden Umgang mit ihnen kaum Erfahrungen. An den europaweit bisher wenigen geschützten Großsiedlungsensembles der Spätmoderne lässt sich gut beobachten, wie schwierig die Verankerung und die Realisierung der Erhaltung umfangreicher städtebaulicher Strukturen sind.[1]

Zu solchen und ähnlichen Fragen besteht an der Professur Denkmalpflege und Baugeschichte der Bauhaus-Universität Weimar seit vielen Jahren eine intensive Forschungstätigkeit, die im Rahmen verschiedener Projekte, Tagungs- und

1 Als eines der wenigen gelungenen Beispiele sei auf den Umgang mit der ‚Karl-Marx-Allee, zweiter Bauabschnitt' verwiesen. Vgl. Kristina Laduch: Planungsrechtliche Instrumente zur Sicherung erhaltenswerter, nicht denkmalgeschützter städtebaulicher Strukturen der Nachkriegsmoderne – Berlin, Karl-Marx-Allee, zweiter Bauabschnitt. In: Mark Escherich (Hrsg.): *Denkmal Ost-Moderne II – die denkmalpflegerische Praxis der Nachkriegsmoderne*. Berlin: Jovis 2016, S. 114–128.

Schriftenreihen erfolgt.[2] Gleichzeitig sind Themen des jungen Erbes regelmäßig auch Gegenstand von Studienprojekten in der universitären Lehre. Das ist einerseits anspruchsvoll, andererseits ist es notwendig, solche Themen mit Studierenden zu betrachten; gerade wenn in der denkmalpflegerischen Praxis eine Tendenz zum Ausweichen vor dieser Aufgabe zu beobachten ist. Ähnlich der positiven Wirkung, die häufig Bürgerinitiativen für das spätmoderne Erbe entfalteten, können sich auch Studienprojekte zuweilen als Katalysator auf die Planungswirklichkeit vor Ort auswirken.

Dabei sollte nicht der Eindruck entstehen, es gehe hauptsächlich um Erhaltung im Sinne des Denkmalschutzgesetzes. Städtebauliche Denkmalpflege hat immer ein Spektrum an Instrumenten und Strategien im Blick, das fast ausschließlich in den Händen der Stadtplanung liegt. Für die Ermittlung und Definition des Erhaltungswürdigen allerdings bietet die Denkmalpflege weiterhin ein unverzichtbares Instrumentarium.

Warum Halle-Neustadt?

Beim Blick auf die ehemaligen Ostblockstaaten Europas fällt die fast ausnahmslose Verbindung der Plan- bzw. Neustädte zu Industriekonzentrationen auf. Halle-Neustadt gehört zur zweiten Generation solcher Stadtprojekte. Während die erste – zeitlich bis in die 1950er Jahre reichend – von Hüttenansiedelungen und Schwerindustrie ausgelöst wurde und stadtbaukünstlerischen Prinzipien des Sozialistischen Realismus folgte, entstanden in den 1960er Jahren Wohnstadtgründungen in den Zentren der Rohstoff- und Chemieindustrie sowie unter dem Dogma einer Industriemoderne, die sich auch auf die Ästhetik der Lebensumwelt bezog. Das Motto des sogenannten Chemie-Programms der Sozialistischen Einheitspartei Deutschlands (SED) war „Chemie gibt Brot, Wohlstand und Schönheit".

Halle-Neustadt war die größte Stadtneugründung und Planstadt der DDR. Waren Hoyerswerda und Schwedt gewissermaßen noch Stadterweiterungen älterer städtischer Siedlungen und boten etwa 60.000 bzw. 45.000 neuen Bewohnern Platz, so scheint man hier voraussetzungslos neu gebaut zu haben. In Halle-Neustadt lebten 1990 etwa 90.000 Menschen. Von den west- und ostdeutschen Trabantenstädten sowie von Hoyerswerda und Schwedt unterschied es sich auch durch seine städtebauliche Eigenständigkeit.[3] 1964 wurde

2 *Forschungen zum baukulturellen Erbe der DDR*, 5 Bde., hrsg. v. Hans-Rudolf Meier. Weimar: Bauhaus-Universitätsverlag 2013–2016; *Denkmal Ost-Moderne*, 2 Bde., hrsg. v. Mark Escherich. Berlin: Jovis 2012 und 2016.

3 Vgl. auch die vergleichenden Ausführungen von Lena Kuhl: Zwischen Planungseuphorie und Zukunftsverlust. Städtebau in Ost und West am Bsp. von Halle-Neustadt und Wulfen. In:

Halle-Neustadt als Chemiearbeiterstadt Halle-West drei Kilometer vom Stadtrand Halles entfernt begründet; 1967 bekam es Stadtrecht. Städtebaulich betrachtet fällt beim weitgehend realisierten Plan des Kollektivs unter Richard Paulick auf, dass in Abgrenzung zur westlichen Moderne weiterhin stadtbaukünstlerische Inszenierungen als Wirkungsmittel staatlicher Selbstdarstellung zum Tragen kamen:[4] Allein die Magistrale ist ein Beleg. Desweiteren sprechen die achsenbetonten Freiraumgestaltungen, die räumlich mit einer opulenten bildkünstlerische Ausstattung (u. a. Monumentalwandbilder von José Renau und Erich Enge sowie zahlreiche bildplastische Werke) verwoben sind, dafür. Neben der baulichen Anlage spiegelt die soziale Infrastruktur (Kindereinrichtigen, Spiel- und Sportplätze, Turnhallen, Wohnheime, Mensen, Gaststätten, Erholungsbereiche usw.) bis heute das Konzept der sozialistischen Lebensweise eindringlich wider – bis hin zum damaligen Anspruch ein ‚Muster', ein Modell der sozialistischen Stadt zu sein. Im Sinne der angedeuteten ‚industriemodernen Ambitionen' war das ‚Muster' zwangsläufig auch Experimentierfeld und dies in einem komplexen Sinn. Allein auf dem stadttechnischen, baukonstruktiven und -technologischen Feld wurden zahlreiche Innovationen erprobt. Manches davon begann hier seinen Siegeslauf durch die DDR, wie die ‚Monolith-Beton-Bauweise' der Hochhausscheiben des Stadtzentrums[5] oder die in allen erdenklichen Formationen angewenderten HP-Schalen des Ingenieurs Herbert Müller. Anderes wie der Versuch, möglichst ganze Gebäude aus ‚Plaste' zu bauen, hinterließ Zeugnisse heute als absurd geltender Irrwege der Baugeschichte, mit hohem technik- und wirtschaftsgeschichtlichem Dokumentarwert. (Abb. 1–3)

Bedeutung hat Halle-Neustadt auch durch seine medialen und rituellen Präsentationen. Durch die „Vorzeigestadt"[6] wurden nationale und internationale Politiker, Prominente und Fachleute geführt, beispielsweise Fidel Castro und Aldo Rossi; sie hat auch eine entsprechende Rezeption erfahren. Erwähnenswert, wenn auch im Vergleich nicht herausragend, war die Umsetzung der sehr

Thomas Großbölting / Rüdiger Schmidt (Hrsg.): *Gedachte Stadt – Gebaute Stadt. Urbanität in der deutsch-deutschen Systemkonkurrenz 1945–1990.* Wien / Weimar: Böhlau 2015, S. 85–118, hier S. 86.

4 Ulrich Hartung: Funktions- und Gestalttypen in der DDR-Architektur der sechziger Jahre. In: Christoph Bernhardt / Thomas Wolfes (Hrsg.): *Schönheit und Typenprojektierung. Der DDR-Städtebau im internationalen Kontext.* Erkner: Selbstverlag des IRS, 2005, S. 181–208.

5 Dabei handelte es sich um eine Importtechnologie, die später zur sogenannten Halleschen Monolithbauweise weiterentwickelt wurde.

6 Ausstellung *BIG HERITAGE. Welche Denkmale welcher Moderne?* des gleichnamigen BMBF-Forschungsprojektes der Bauhaus-Universität Weimar und der Technischen Universität Dortmund, Sept.–Dez. 2016 in Halle-Neustadt und Marl.

Abb. 1–3
Oben: Die Hochhausscheiben des Stadtzentrums – unter Verwendung der schwedischen Allbeton-Technologie – im Bau.
Mitte: Errichtung einer Kuppelschale aus Polystyrolschaum für einen Pavillon – ein Experimentalbau des Kombinat VEB Chemische Werke Buna.
Unten: Werkseitig vorgefertigte doppelt gekrümmte HP-Schalen auf einem Lagerplatz der Baustelle Halle-Neustadt.

anspruchsvollen städtebaulich-bildkünstlerischen Konzeption Halle-Neustadts. Wenn es nun darum ginge, dass städtebauliche Ensembles der Spätmoderne nicht nur aus wirtschaftlichen, wohnpolitisch-sozialen und ökologischen, sondern auch aus kulturellen Gründen dauerhaft erhalten bleiben sollen und eine entsprechend Auswahl vorgenommen werden müsste, wäre Halle-Neustadt sicherlich ein aussichtsreicher Kandidat.

Halle-Neustadt 1990–2014

1990 verlor Halle-Neustadt seine kommunale Eigenständigkeit und ist seitdem ein Stadtteil von Halle. Die Einwohnerzahl hat sich halbiert. Im Jahre 2014 – nach mehr als zwei Jahrzehnten, die vor Ort zumeist als Niedergang wahrgenommen wurden – wurde das 50-jährige Bestehen Halle-Neustadts gefeiert. Die damit einhergehende Aufmerksamkeit und die vielfältigen Aktivitäten dieses Jubiläumsjahres zeigen einen Wendepunkt in der Wahrnehmung an: Von nun an wurde der Stadtteil nicht mehr grundsätzlich in Frage gestellt. Stattdessen ging man von seinem dauerhaften Fortbestehen aus. Momentan werden sogar zunehmend die Chancen, die sich mit Halle-Neustadt als ‚Zukunftsstadt' verbinden, betont.[7]
In der durchaus breit geführten Diskussion über die Möglichkeiten des Stadtteils wurde beiläufig auch die Frage nach der Denkmalwürdigkeit der ehemaligen sozialistischen Planstadt bzw. von Teilen derselben gestellt und Positionen bezogen. Sie sollen im Folgenden angedeutet werden: Bereits im Rahmen der zweiten Weimarer *Denkmal-Ostmoderne-Tagung* Anfang 2014 wurde auf die grundsätzliche Erhaltungswürdigkeit und dezidiert auf den herausragenden stadtbaukünstlerischen Rang des Stadtzentrums hingewiesen. Später hat sich der Gestaltungsbeirat der Stadt sogar mehrheitlich für die Option des Denkmalschutzes ausgesprochen.[8] Auch der Anfangspunkt dieser Diskussion lag außerhalb der behördlichen Denkmalpflege: Die Frage kam erstmals in den ‚Denk-Labors' der Internationalen Bauausstellung IBA Stadtumbau Sachsen-Anhalt 2010 auf, wo die Geschichte der Neustadt inspirativ und auch in einer internationalen Perspektive aufgefasst wurde. Als „urbanes Museum" oder als „städtebauliches Monument" könne sie zum „ausbalancieren" der

7 http://halle.neu.stadt-2050.de/ (Zugriff am 16.07.2016).

8 *Denkmal Ost-Moderne II – denkmalpflegerische Praxis der Nachkriegsmoderne*, Symposium der Professur Denkmalpflege und Baugeschichte der Bauhaus-Universität Weimar gemeinsam mit der Wüstenrot Stiftung, Ludwigsburg, 31.01. u. 01.02.2014, Weimar; „Keine Angst vor diesen Häusern". In: *SUPERillu*, 18/2014, S. 18–20, hier S. 20; Gestaltungsbeirat in Halle. Denkmalschutz für die Neustadt? In: *Mitteldeutsche Zeitung*, Ausg. Halle/Saalkreis, 29.09.2014.

Doppelstadt Halle/Halle-Neustadt beitragen.[9] Im Jahr 2006 gab es Überlegungen und Gespräche mit dem Landesdenkmalamt über die Eintragung einzelner Gebäude und Anlagen, allerdings hauptsächlich mit der Folge von ‚Aufschreien' entrüsteter Gegner, die Denkmalpflege mit einer Veränderungssperre gleichsetzten. Auch den Überlegungen des Sozialwissenschaftlers Peer Pasternack, der im Jubiläumsjahr ein sehr umfangreiches und populäres Halle-Neustadt-Buch herausgab, lag ein veralteter Denkmalbegriff zugrunde, der sehr vom einzelnen Architekturdenkmal ausging. Nur an einer Textstelle, wo er über „die im gesamten Stadtgebiet verteilte Kunst [...] als dezentrales [schutzwürdiges] Gesamtensemble" sinniert,[10] touchiert Pasternack den Gedanken der städtebaulichen Denkmalpflege, den zentralen Ansatz des Weimarer Projektes. Tatsächlich sind es in Halle-Neustadt bisher lediglich solche Werke der bildenden und angewandten Kunst, die in das Denkmalbuch des Landes eingetragen wurden – es umfasst mittlerweile 58 Objekte. Den geschichtlichen, sozialräumlichen und künstlerischen Bedeutungsebenen von Bauwerken und Freiräumen sowie den bereits angedeuteten größeren räumlichen Zusammenhängen wird also weder im Sinne des Denkmalschutzes noch auf anderem Wege Rechnung getragen.[11] Was genau an Halle-Neustadt erhaltenswert sein könnte, dazu liegen momentan allerdings kaum Erkenntnisse vor.[12] Dementsprechend fehlt es auch an Überlegungen zu fachlichen Formaten, Konzepten und Instrumenten, die eine Erhaltung im Sinne von Kulturwerten ermöglichen könnten.[13] Zuletzt

9 Sonja Beeck und Elke Mittmann von der damaligen IBA-Leitung, zit. n. Peer Pasternack: Denkmalschutzwürdig? In: Ders. (Hrsg.): *50 Jahre Streitfall Halle Neustadt. Idee und Experiment. Lebensort und Provokation*. Halle: Mitteldeutscher Verlag 2014, S. 238–243, hier S. 238. Vgl. Elke Mittmann: Stadt und Musealisierung. Halle-Neustadt als Museum des sozialistischen Städtebaus?. In: Markus Bader / Daniel Hermann (Hrsg.): *Halle-Neustadt Führer*. Halle: Selbstverlag o. J. [2006], S. 28–29.

10 Pasternack: Denkmalschutzwürdig?, S. 242–243.

11 Der oft angeführte Denkmalstatus der großen Schalen-Sporthalle im Bildungszentrum existiert nicht. Die Behauptungen lassen sich ausschließlich von dem dort in einer ‚Guerilla-Aktion' angebrachten Denkmalschild irreleiten.

12 Landeskonservatorin Ulrike Wendland hat allerdings im Rahmen eines Vortrags auf der Zukunftswerkstatt Halle-Neustadt am 08.10.2014 die Erstellung eines „baukulturellen, stadtbaugeschichtlichen und denkmalpflegerischen Werteplans" für den Stadtteil Halle-Neustadt angeregt. Der Fachbereich Planen der Stadt Halle (Saale) hat sich daraufhin dieser Aufgabe gestellt und einen solchen Werteplan für den Stadtteil in Auftrag gegeben. Das Gutachten sollte ursprünglich Ende 2016 fertig gestellt. Nach Fertigstellung soll in einem Dialogprozess zwischen Stadtverwaltung, dem Landesdenkmalamt, den Wohnungsunternehmen, der Politik, den Bürgern und anderen Beteiligten nach geeigneten Instrumenten gesucht werden, die vorhandenen Werte bewahren zu können, ohne die Lebensfähigkeit und die Weiterentwicklung des Stadtteils in Frage zu stellen.

13 Während des Projektsemesters gab es eine Willensbekundung des Stadtrates, der sich erstmals seit 1990 für die grundsätzliche Erhaltung des engeren Bereichs der Hochhausscheiben im

hat Ulrike Wendland, die Landeskonservatorin Sachsen-Anhalts, ins Spiel gebracht, dass der Denkmalstatus „selbst schon die Inwertsetzung befördern [könnte], wenn Bewohner [...] feststellen, dass ihre Stadt ja nicht so schlecht sein kann, wenn sie denkmalwert ist."[14]

Das Studienprojekt[15]

Bereits 2013 führte eine Exkursion einige Mitarbeiter und Studierende der Architekturfakultät der Bauhaus-Universität nach Halle-Neustadt. Wir sahen uns hinsichtlich der Planungsgeschichte mit einer Reihe klangvoller Namen der Weimarer Hochschulgeschichte konfrontiert: Joachim Bach, Siegbert Fliegel und Horst Siegel. Harald Zaglmaier – der letzte Stellvertreter des einstigen Chefarchitekten Richard Paulick – führte die kleine Gruppe durch die einzelnen Wohnkomplexe.

Nachdem sich dann im Sommersemester 2015 bereits drei Architekturstudierende mit städtebaulich-denkmalpflegerischen Fragen von Halle-Neustadt auseinandergesetzt hatten,[16] entschieden wir uns für eine intensive Bearbeitung des Themas im Rahmen des dritten Kernmoduls des Studiengangs Urbanistik.[17] Es umfasste zunächst einen dreigliedrigen analytischen Part, in dem u.a. die geschichtliche, städtebauliche und (bau)künstlerische Bedeutung Halle-Neustadts und eine daraus abzuleitende Erhaltungswürdigkeit

ehemaligen Stadtzentrum aussprach und der Verwaltung die Vorbereitung einer Sanierungssatzung auftrug. Vgl. Vorlage VI/2015/01130, „Grundsatzbeschluss zum Erhalt des Scheibenensembles im Zentrum des Stadtteils Neustadt", die am 25.11.2015 mehrheitlich zum Beschluss geführt wurde.

14 Bisher nicht publizierter Vortrag von Ulrike Wendland: „Werteplan Halle-Neustadt. Ermittlungen zu einer Großstruktur", zit. n. Gudrun Escher: „Rückblick auf die Jahrestagung Städtebauliche Denkmalpflege 2015 am 28. Oktober 2015 in Dortmund". http://staedtebaudenkmalpflege.de/veranstaltungen/ (Zugriff am 12.07.2016).

15 Folgende Studierende waren beteiligt: Johanna Bänsch, Leo Bockelmann, Anna Brückmann, Nina Christ, Florian Dossin, Jan Rick van der Fecht, Jens Feierabend, Caroline Herbst, Jolande Kirschbaum, Sophie Knoop, Juliane Lenz, Marieke Licht, Sven Lindemann, Hannah Müller, Clemens Olesch, Ada Partsch, Max Pradel, Roman Rafalson, Johannes Schaller, Anna Leena Wacker, Leonard Weiss, Immo Worreschk, Pia Zieren. Den beteiligten Studierenden, mit denen zusammenzuarbeiten anregend und spannend war, sei herzlich gedankt. Besonderer Dank gebührt Dr. Kerstin Vogel, mit der ich im Wintersemester 2015/16 das diesem Bericht zugrundeliegende Semesterprojekt betreut habe.

16 Folgende Studierende waren beteiligt: Clara Landwehr, Andrea Crusco, Anna Luise Schuchardt.

17 Neben Kerstin Vogel waren der Lehrstuhlinhaber für Denkmalpflege und Baugeschichte, Hans-Rudolf Meier, sowie Kirsten Angermann an der Durchführung bzw. Vorbereitung des Semesterprojekts „Was bleibt von Halle-Neustadt?" wesentlich beteiligt.

im Blickpunkt standen. Erbebezogene Wertekonzepte sollten diskutiert, hinterfragt und angewendet werden. Darauf aufbauend ging es abschließend um städtebauliche Instrumente und Konzepte, die geeignet sein könnten, die zuvor beschriebenen Werte zu tradieren und zu stärken. Nachfolgend werden die einzelnen Projektphasen kurz beschrieben:

1. Evaluierung von Erhaltungsbemühungen

Der grundlegenden Auseinandersetzung mit dieser speziellen und immer noch ungewohnten Thematik diente die Evaluierung von Erhaltungsbemühungen bei mit Halle-Neustadt in etwa vergleichbaren Großwohnanlagen in Deutschland, den Niederlanden, Frankreich, der Schweiz und Großbritannien. Die eine Hälfte der Referenzbeispiele wurde im Rahmen einer dreitägigen Exkursion durch Berlin vor Ort besucht, die anderen sechs Siedlungen wurden in Form von Referaten in der Universität vorgestellt und diskutiert.[18] Die Beispiele zählen zu den größten Anlagen ihrer Art und sind zudem schon seit langem Gegenstand der städtebaulichen Diskussion. In sehr unterschiedlichem Maße wird über ihre Erhaltungswürdigkeit reflektiert. Während beispielsweise in Bezug auf Berlin-Marzahn und Köln-Chorweiler soziologische Betrachtungen weit mehr Raum einnehmen als kulturwissenschaftliche oder gar denkmalpflegerische, gibt es für andere Siedlungen – beispielsweise dem Hansa-Viertel und der Thälmannpark-Siedlung in Berlin – teils intensive staatliche Erhaltungsbestrebungen. Anhand solcher Beispiele konnten neben der Wertzuschreibung, -begründung und -kommunikation auch Ergebnisse eines reflektierten praktischen Umgangs besichtigt und diskutiert werden.

2. Synchrone Diskursanalyse

Im zweiten Schritt wurde Halle-Neustadt als Studienobjekt in den Blick genommen. Neben der Auseinandersetzung mit der Planungs- und Baugeschichte wurde ein gemeinsamer Vor-Ort-Besuch zum eigentlichen Startpunkt der Arbeit. Einen topographischen Überblick verschafften wir uns in der Geschichtswerkstatt Halle-Neustadt am historischen Stadtmodell, mit dem die Planer einst gearbeitet hatten. Harald Zaglmaier stand uns als einer der damals maßgeblichen Akteure Rede und Antwort. Darüber hinaus halfen die Ausführungen von Torsten Böger von der Geschichtswerkstatt Halle-Neustadt und von

18 Ernst-Thälmann-Park, Marzahn-Hellersdorf, Hansa-Viertel, Karl-Marx-Allee, Märkisches Viertel, Gropius-Stadt (alle in Berlin) sowie Eisenhüttenstadt, Hoyerswerda, Köln-Chorweiler, Le Mirail in Toulouse, Hoogvliet in Rotterdam, Park Hill in Sheffield und Göhner-Siedlung Sonnhalde in Regensdorf (Schweiz).

Andre Stettin vom Bürgerverein Stadtgestaltung Halle dabei, uns mit der sozialen und kulturellen Verfasstheit des heutigen Stadtteils von Halle vertraut zu machen. Eine Fülle an Informationen und Einschätzungen wurde der Gruppe durch Detlef Friedewald im Rahmen eines Besuchs im Stadtplanungsamt vermittelt. Ihm und seiner Kollegin Kerstin Hoffmann gilt darüber hinaus unser Dank für die Überlassung zahlreicher Unterlagen und Kartenmaterialien. Ausgehend von der Annahme, dass vielschichtige Deutungs- und Interessenkonflikte Einfluss auf die Zukunft des Stadtteils haben werden, wollten wir die Frage nach der Erhaltungswürdigkeit nicht von vornherein allein auf klassische denkmalkundliche Perspektiven verengen. Daher setzten sich die Studierenden im Rahmen einer Diskursanalyse mit sehr unterschiedlichen Vorstellungen und Sichtweisen auf die einstige Planstadt auseinander. Heike Oevermann gab als Gastreferentin eine instruktive Einführung in derartige Forschungen. Die Anwendung der synchronen Diskursanalyse erlaubte es den Studierenden, eine enorme Informationsfülle zu strukturieren und auszuwerten.[19] Aus Artikeln in Tageszeitungen, in populären Zeitschriften, in Fachzeitschriften, aus Internet- und Radiobeiträgen, Monografien und Aufsätzen in Sammelbänden, literarischen und filmischen Quellen, künstlerischen Projekten, Umfragen und schließlich aus Planungsunterlagen arbeiteten die Studierenden fünf wesentliche Diskurse heraus, die hier nur schemenhaft angedeutet werden können:

(1) Halle-Neustadt als sozialistische Idealstadt
  a) als Zeugnis sozialistischer Idealstadtvorstellungen
  b) als Zeugnis der Divergenz zwischen Ideal und Lebenswirklichkeit

Hierbei muss die Rezeption jeweils zwingend im Zeitkontext gesehen werden. Der Schwung der Anfangsjahre von Halle-Neustadt steht im Kontrast zum kontinuierlichen Utopieverlust seit den späten 1970er Jahren – von der Nachwendezeit und den 2000er Jahren ganz zu schweigen. Besonders plakativ, aber wirkmächtig wurde schließlich die Vorstellung von:

(2) Halle-Neustadt als Problemstadt, die
  a) gescheitert ist (Halle-Neustadt als städtebauliches Negativbeispiel, ‚Halle-Neustadt hat keine Perspektive‘)
  b) Potentiale hat (Potentiale für die Stadtentwicklung, ‚Halle-Neustadt ist besser als sein Ruf‘)

19 Heike Oevermann / Harald Mieg: *Planungsprozesse in der Stadt. Die Synchrone Diskursanalyse. Forschungsinstrument und Werkzeug für die planerische Praxis*. Zürich: vdf 2015.

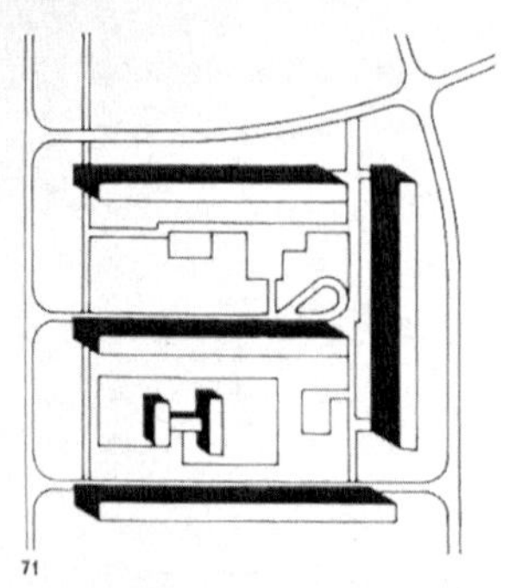

71

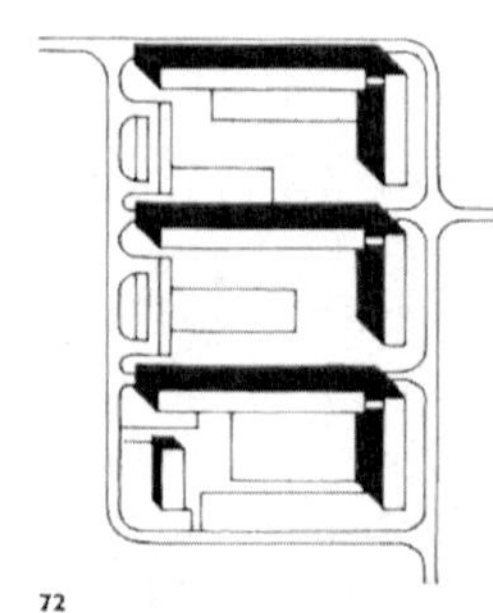

72

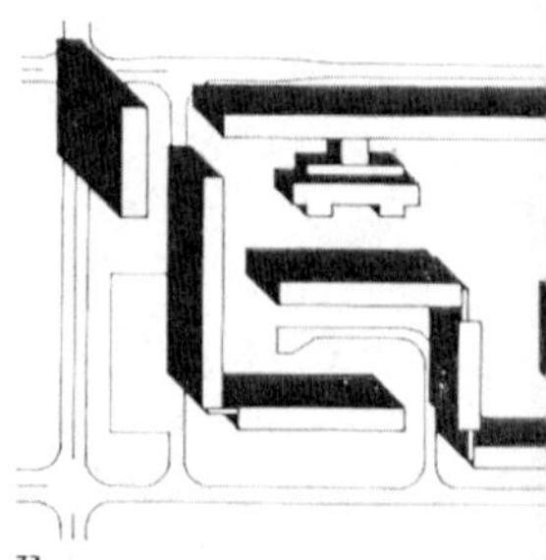

73

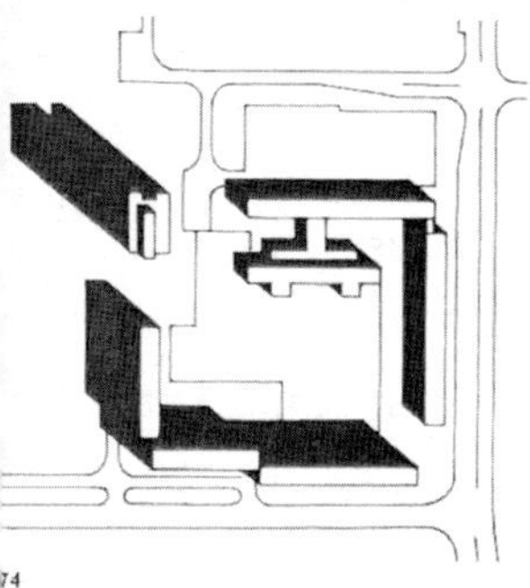

74

Abb. 4
Beispiele ‚Städtebauliche Elemente‘ auf verschiedenen Maßstabsebenen (Zeilen von oben nach unten: Ortsgrundriss, räuml. Struktur/Ortsgestalt, Ortsbild, Fassadenbild).

Neben die ‚Problemstadt', die noch in den 1990er Jahren dominierte, trat im Zuge der erwähnten Normalisierung zunehmend die Vorstellung von einem selbstverständlichen Stadtteil Halles, der hauptsächlich ein

(3) ‚Wohngebiet' ist, das zum einen sozial, zum anderen baulich definiert ist.

Endzeitstimmung und konkreter Niedergang, einschließlich zahlreicher Abrisse, zeitigten auch regelrechte Gegenreaktionen, die der vermeintlichen Wirklichkeit die Chancen des Ortes unter Verweis auf seine experimentelle Vorgeschichte entgegenhielten. Das ‚Krise-als-Chance-Credo', der meist künstlerischen Interventionen der 2000er Jahre, wird aktuell von den offiziellen Aufwertungsstrategien des Zukunftslabors halle.neu.stadt 2050 aufgenommen und bestätigt erneut die Vorstellung von:

(4) Halle-Neustadt als Experimentierfeld
   a) Utopien
   b) realistische Experimente
   c) Freiheiten/Spielräume/Möglichkeiten

Nicht in der öffentlichen Debatte, aber für unseren Projektzusammenhang war das Denkmal-Thema natürlich wichtig. Die Analyse kam nicht umhin, sich mit der Unschärfe des Denkmalbegriffs auseinandersetzen: Scheinbar existieren nur innerhalb der behördlichen, lehrenden und forschenden Denkmalpflege engere Übereinkünfte über den Begriff. Bei Ehrenamtlichen und Vertretern anderer Disziplinen gibt es erhebliche Varianzen hinsichtlich der Begriffsbedeutung. Die Auseinandersetzung mit Halle-Neustadt als Denkmal erfolgt eindeutig im Rahmen eines Expertendiskurses mit begrenzter Teilnehmerzahl. Recht deutlich bilden sich die Positionen der Experten in deren Äußerungen ab und reichen von kategorischer Ablehnung bis zu euphorischer Zustimmung.[20]

(5) Halle-Neustadt als Denkmal
   a) keine Erhaltung (Abriss, Vernachlässigung)
   b) Erhaltung (andere Erhaltungswege, Denkmalschutz)

Als Projektbetreuer erhofften wir uns von der Analyse der Diskurse zwei Nebeneffekte: einerseits eine Vertiefung des grundsätzlichen Verständnisses für den Gegenstand Halle-Neustadt und für die sich um ihn rankenden gedanklichen

20 Neben bereits erwähnten beispielsweise: Dankwart Guratzsch, Harald Kegler, Joachim Bach, Jörg Springer, Elisabeth Merk, Karlheinz Schlesier, Knut Mueller, Günter Kowa, Frank-Torsten Böger, Kai Vöckler, Wolfgang Kil, Antje Osterwold.

Konstruktionen, andererseits einen Impuls für die Auseinandersetzung mit implizit kulturellen Wertvorstellungen. Denn im Diskurs offenbaren sich nicht nur die Ziele, Strategien und Grundannahmen von Akteuren, sondern stets auch deren Wertekonzepte. Die mittels der Diskurse gewonnenen Erkenntnisse über die kursierenden Werte Halle-Neustadts, konnten später gewinnbringend mit den klassisch-denkmalpflegerisch gewonnenen Ergebnissen verglichen werden.[21] Nachdem die Studierenden in das Wertekonzept der Denkmalpflege eingeführt wurden, haben sie entsprechende denkmalwertliche Analysen in der Großsiedlung Halle-Neustadt durchgeführt.

3. *Wertkategorien als Untersuchungsmatrix im städtebaulichen Maßstab*

Im Landesdenkmalamt Sachsen-Anhalt geht man aufgrund „der starken Veränderungen und der schon eingetretenen Verluste davon aus, dass eine Unter-Denkmalschutzstellung der ‚Stadt als Ganzes' nicht möglich ist"[22]. Vermutet wurde bisher allerdings auch, dass sich in Halle-Neustadt Objekte und Bereiche feststellen lassen, denen mehr oder minder facettenreiche Werte zugeschrieben werden können, aus denen eine Erhaltenswürdigkeit abzuleiten wäre. Im Rahmen denkmalwertlicher Analysen waren von den Studierenden daher Vorschläge zu erarbeiten, welchen Gegenständen welche kulturellen Werte zugeschrieben werden können. Dabei ging es um einen explizit städtebaulich-denkmalpflegerischen Blickwinkel, das heißt die Betrachtung der miteinander verschränkten städtebaulichen Elemente Ortsgrundriss, Ortsgestalt und Ortsbild, die wiederum von Gegenständlichem (Straßentrassen, Gebäuden, Freigestaltungen, Bildwerken, Fassaden usw.), aber auch stark von deren räumlichen Strukturen ‚getragen' werden. (Abb. 4)

Auf der Basis der etablierten Denkmalwertkategorien wurde dafür ein in Halle-Neustadt handhabbares Kategorien-Setting herausgearbeitet, das den Gruppen (die jeweils einzelne Teilbereiche Halle-Neustadts untersuchten) als einheitliche Untersuchungsmatrix diente.[23] Fragen der Auswahl, der Differenzierung sowie der Abgrenzung und des (räumlichen und/oder strukturellen) Zusammenhangs standen im Mittelpunkt der Diskussionen. Die Ergebnisse wurden in einer kombinierten Darstellung aus Karten, Fotografien und textlicher

21 Anke Binnewerg: Denkmal Buchenwald – kursierende Werte. In: Birgit Franz / Gerhard Vinken (Hrsg): *Denkmal – Werte – Bewertung. Denkmalpflege im Spannungsfeld von Fachinstitution und bürgerschaftlichem Engagement*. Holzminden: Selbstverlag 2014, S. 160–169.

22 Landeskonservatorin Ulrike Wendland im Rahmen ihres Vortrags auf der Zukunftswerkstatt Halle-Neustadt der Stadt Halle (Saale) am 08.10.2014.

23 Hauptsächlich Quellenwert, historischer Zeugniswert, Erinnerungswert, Identifikationswert, ästhetischer Wert, Kunstwert.

Abb. 5: Städtebaulich-denkmalpflegerisch erhaltungswürdiger Bereich. Kartierung ohne Umgebungsschutzbereiche.

Erläuterung zur Anschauung gebracht. Durch gruppenübergreifende Diskussion der Wertzuschreibungsvorschläge konnte eine Objektivierung der Einschätzungen erreicht werden. Die wichtige Arbeit des Zusammenführens der Ergebnisse aus den einzelnen Untersuchungsbereichen wurde dann im Rahmen der Vertiefungsphase in die Hände einer Nachbearbeitungsgruppe gelegt. (Abb. 5)

Vertiefungsphase ‚Instrumente' und ‚Städtebauliche Konzepte'

Was als erhaltungswürdig erkannt und beschrieben ist, wird in der Praxis nicht zwangsläufig tradiert. Hier sollte die abschließende, handlungsorientierte Vertiefungsphase ansetzen. Den Studierenden waren Aufgabe und Gruppenbildung für diese Projektphase freigestellt. Sie entschieden sich dafür, diese Fragen zunächst im Plenum zu diskutieren. Schließlich wählten sie aufeinander abgestimmte Themenbereiche, die ihrer Meinung nach das Projekt am besten abrundeten.

Die Themen lassen sich grob mit den Stichworten ‚Instrumente' und ‚Städtebauliche Planungskonzepte' umreißen. Eine Vertiefung in Richtung ‚Vermittlung und Kommunikation' wurde ebenfalls für wichtig erachtet, doch aufgrund des Zeitmangels nicht umgesetzt.

Zwei Gruppen widmeten sich den Möglichkeiten der Erhaltung mit den Mitteln des Denkmalschutzgesetzes. Die eine Gruppe erarbeitete eine Liste der potentiellen Einzeldenkmale in Halle-Neustadt (einschließlich Kurzcharakterisierung zu jedem Objekt), die andere definierte sieben engere Ensemblebereiche, die nach dem Denkmalschutzgesetz Sachsen-Anhalts als Denkmalbereiche gefasst werden könnten. Beide Gruppen haben je drei ihrer Vorschläge denkmalkundlich ausformuliert und in der Art der Denkmalausweisungen der Denkmalfachbehörden nachvollziehbar begründet. Eine weitere Gruppe, die sich exemplarisch mit dem Teilensemble Magistrale/Hochstraße beschäftigte, fasste die Diskussion von geeigneten Erhaltungsinstrumenten deutlich weiter und bezog die diversen kommunalen Planungswerkzeuge ein. Ihren Vorschlag, eine Kombination von Einzeldenkmalschutz, Sanierungs- und Erhaltungssatzung zu verwirklichen, vertieften sie durch die Formulierung eines musterhaften Erhaltungssatzungstextes einschließlich eines ausführlichen Begründungsteils. Schließlich entwickelten zwei Studierendengruppen städtebauliche Konzepte, wobei sie gegensätzliche Entwicklungsszenarien von Halle-Neustadt als Ausgangspunkt definierten. Die optimistische Betrachtung geht von einer weiteren Stabilisierung aus, welche u. a. in einer allgemeinen Aufwertung der ‚Platte' sowie in einer (beispielsweise migrationbedingten) Nachfragesteigerung begründet ist. Diese Gruppe entwarf zahlreiche Vorschläge für eine städtebauliche Reparatur der (historischen) Stadtgestalt und skizzierte damit ein Alternativkonzept zur bisherigen städtebaulichen Praxis, die Abbrüche und Neubebauungen ohne Rücksicht auf die städtebauliche Logik der Siedlung in Kauf nimmt. Dabei konzentrierte sich die Gruppe auf den als städtebaulich-denkmalpflegerisch besonders wertvoll erachteten Kernbereich, der von den ersten vier Wohnkomplexen sowie dem Bildungs- und Stadtzentrum konstituiert wird. Das zweite Szenario ging von der Tatsache aus, dass Halle-Neustadt immer noch eine schrumpfende Stadt mit erheblichem Leerstand ist. Dementsprechend beinhaltete das zugehörige studentische Konzept einen Rückbau-Vorschlag für das gesamte Halle-Neustadt. Er ist einerseits durch einen verantwortungsvollen Umgang mit den städtebaulich-denkmalpflegerisch erhaltungswürdigen Bereichen charakterisiert, andererseits wurde Wert auf eine Abrundung und die Gestaltqualität der neu entstehenden Ränder sowie auf Nutzungsoptionen für die abgeräumten Flächen gelegt. (Abb. 6)

In dieser vierten, eigentlich nur sehr kurzen Arbeitsphase wurde besonders deutlich, wie intensiv sich die Studierenden mit ihrem Projektgegenstand auseinandergesetzt und verbunden hatten. Allein die entstandene Ortskenntnis war beeindruckend: Man kannte Halle-Neustadt schließlich wie

Abb. 6: ‚Entwicklungskonzept'. Erhaltungsbereich (Grüntöne) als Überlagerung der ‚Magistrale' (einschließlich deren Umgebungsschutzbereich) und des ‚städtebaulichen Kerns'. Im Ostteil bürgt der ausstrahlende Einfluss Alt-Halles und eines Universitäts-Campus für gute Erhaltungs- und Entwicklungsmöglichkeiten.

seine sprichwörtliche Westentasche. Es gelang den Studierenden, nicht nur eine umfangreiche Analyse vorzulegen, sondern auch noch – kurz vor Schluss und gleichsam als Fazit – handlungsorientierte und realitätsbezogene Vorschläge zu entwickeln und diese mit sorgfältig durchdachten Begründungen zu untermauern. Im Juni 2016 wurde die Projektdokumentation an die Denkmalfachbehörde und die Stadtverwaltung übergeben. Wir hoffen, dass diese Vorschläge samt der ihnen zugrunde liegenden Analysen zur Diskussion um die Erhaltenswürdigkeit von Halle-Neustadt beitragen werden.[24]

24 Dokumentation *Was bleibt von Halle-Neustadt? Deutungen, Wertungen und Erhaltungsstrategien aus denkmalpflegerischer Perspektive*. Bauhaus Universität Weimar, Fakultät Architektur und Urbanistik, 3. FS B. Sc. Urbanistik WS 2015/16, 166 Seiten. Den beteiligten Studierenden, mit denen zusammenzuarbeiten anregend und spannend war, sei herzlich gedankt.

7.
Bau, Bild & Sprache
Mediale Architektur-(Re)Präsentationen der Nachkriegsmoderne

Die Fotografie des Werkstattgebäudes des Dessauer Bauhauses mit seinem markanten Markenschriftzug hat sich als ein Sinnbild der Moderne tief in das kollektive Gedächtnis eingebrannt. Nach dem Zweiten Weltkrieg erhöhte sich die Bedeutung dieser bewusst gesteuerten medialen Wertschöpfung von Architektur mit der zunehmenden Vielfalt medialer Repräsentationsmöglichkeiten sowie durch eine gesamtgesellschaftlich gestiegene Bildaffinität. Die Autor*innen in diesem Kapitel beobachten die mediale Kontextualisierung von Architekturproduktion und Architekturrezeption zur Zeit der Nachkriegsmoderne und deren Etablierung als ein wesentliches Vermittlungsinstrument. Besonders augenfällig erscheint das Ineinandergreifen mehrerer, für die Entwicklung und Vermittlung nachkriegsmoderner Architektur wichtigen Medienarten. Hierbei ist nicht nur die visuelle Wiedergabe von Architekturkonzepten zu beachten, sondern auch ihr Zusammenspiel mit dem beschreibenden, architekturkritischen oder affirmativen Text. Die Dichotomie von Zukunftsversprechen und Wirklichkeitsinszenierung besticht in besonderer und vielschichtiger Weise. Sie kann weiterhin als ein ‚Zeichen der Zeit' gedeutet werden. Die Autor*innen in diesem Kapitel fokussieren unterschiedliche Aspekte der Architekturpräsentation und -repräsentation, die sich über die medialen Kanäle ausdifferenzieren.

Lea Horvat widmet sich der ästhetischen Beurteilung der ersten jugoslawischen Plattenbauten und zeichnet die Rolle des Mediums der Architekturzeitschrift als Diskussionsarena für die ersten Plattenbauentwürfe und -verwirklichungen nach. Felix Richter beschreibt in seinem Aufsatz die Repräsentation von Hoyerswerda in den ostdeutschen Medien und stellt dabei insbesondere die Bedeutung inszenierter städtischer Narrative als Legitimationsquelle der SED heraus. Maike Streit beschreibt die Entwicklung und Bedeutung der Architekturfotografie für die Vermittlung und Wahrnehmung der Architektur der frühen Nachkriegsmoderne. Anna Kloke beschreibt Funktion, Bedeutung und Entwicklung des Mediums ‚Manifest' als Instrument der Rezeptionssteuerung im Architekturdiskurs an ausgewählten Beispielen der 1940er bis 1960er Jahre.

„Man soll schöne Montagebauten schaffen"

Eine kunsthistorisch-architektonische Debatte zur Ästhetik der ersten Plattenbauten in Jugoslawien

Lea Horvat

Einleitung

Unmittelbar nach dem Zweiten Weltkrieg war das 1945 gegründete, sozialistische Jugoslawien sowohl politisch als auch kulturell auf die Sowjetunion ausgerichtet. Es wurde als ihr Ebenbild modelliert und näherte sich dem sowjetischen Vorbild schneller an als alle anderen (mittelost-)europäischen Länder.[1] Auch sowjetisches Wohnen wurde zum Ideal erklärt. Was konkret unter ‚sowjetischem Wohnen' zu verstehen war, erfuhr dabei in der Regel keine Präzisierung. So wurden in der Fachzeitschrift *Arhitektura* 1947 sowjetische Wohnexperimente – Wolkenkratzer, „kollektives Wohnen und Wohnkollektiv und Hauskommune und Kommunalhaus"[2] – angepriesen, ohne diese teilweise vagen Begriffe näher zu bestimmen. Der Bruch mit Josef Stalin 1948 bedeutete das Ende der engen, exklusiven Verbindung zur Sowjetunion. Er öffnete den ‚dritten Weg', die jugoslawische Doktrin des Oszillierens zwischen Westen und Osten. So wurde Jugoslawien nie Teil

1 Richard J. Crampton: *The Balkans since the Second World War*. London: Longman 2002, S. 26.

2 Kazimir Ostrogović: Arhitektura SSSR 1917–1947 Povodom 30. godišnjice Oktobarske revolucije. In: *Arhitektura* 1,4–6 (1947), S. 3–8, hier S. 7.

des Warschauer Pakts und unterhielt Verbindungen zu kapitalistischen Ländern wie den USA.[3] Diese Doktrin wurde in den 1960ern im Zuge der Bewegung der Blockfreien Staaten weiterentwickelt und beeinflusste auch die Architekturtheorie und -praxis.[4] Die akute Wohnkrise nach dem Zweiten Weltkrieg war in Jugoslawien ebenso ausgeprägt wie in den meisten sozialistischen und nichtsozialistischen Ländern Europas. Zu den Kriegszerstörungen der Wohnbestände kamen die intensive Industrialisierung in den 1950er und 1960er Jahren, welche zu verstärkter Landflucht in die urbanen Industriezentren führte und den Mangel an Wohnraum in den Städten intensivierte. Der Plattenbau – eine Bauweise, die auf der Montage industriell vorgefertigter Elemente basiert – sollte eine schnelle und effiziente Lösung des Problems bieten und wurde auf beiden Seiten des ‚Eisernen Vorhangs' entwickelt.[5]

Der vorliegende Aufsatz setzt sich mit der Expert*innendebatte über die Ästhetik und Gestaltung der Plattenbauten im Zeitraum zwischen der Entscheidung für den Plattenbau als Dominante im Wohnbau (Erklärung der Massenherstellung der Montagebauten aus typisierten und standardisierten Elementen zu einem der Ziele des ersten Fünfjahreplans 1947–1951)[6] und dessen ersten Umsetzungen (Ende 1950er und Anfang 1960er Jahre) auseinander.[7] Da in dieser Zeit die Plattenbauten noch einen experimentellen Charakter hatten, fand eine Beteiligung der breiten Öffentlichkeit an der Diskussion – im Unterschied zu den 1960er Jahren, der Zeit ihrer „flächendeckenden Einführung"[8] – nur eingeschränkt statt. Im Folgenden werden drei Linien der Reflexion zur Gestaltung und Ästhetik von Plattenbauten untersucht. Zunächst werden die Positionen zur Gestaltung der Platte in den Kontext des Modernismus gesetzt. Auf welche Diskurse und Vorläufer (Traditionen) stützten sich (implizit oder explizit) die Diskutant*innen und weshalb? Darauffolgend wird der explizit ideologische Subtext – die

3 Vgl. Tvrtko Jakovina: *Socijalizam na američkoj pšenici: 1948–1963*. Zagreb: Matica hrvatska 2002.

4 Vgl. Dubravka Sekulić: Constructing Non-aligned Modernity. The Case of Energoprojekt. In: Maroje Mrduljaš / Vladimir Kulić (Hrsg.): *Unfinished Modernisations. between Utopia and Pragmatism*. Zagreb: Udruženje hrvatskih arhitekata 2012, S. 122–133.

5 Robert Liebscher: *Wohnen für alle. Eine Kulturgeschichte des Plattenbaus*. Berlin: Vergangenheitsverlag 2009, S. 61–62.

6 Graditeljstvo u petogodišnjem planu. In: *Arhitektura* 1,1–2 (1947), S. 5.

7 Jelica Jovanović / Jelena Grbić / Dragana Petrović: Prefabricated Construction in Socialist Yugoslavia. From 'System' to 'Technology'. In: Mrduljaš / Kulić (Hrsg.): *Unfinished Modernisations*, S. 404–420, hier S. 406.

8 Philipp Meuser: *Die Ästhetik der Platte. Wohnungsbau in der Sowjetunion zwischen Stalin und Glasnost*. Berlin: DOM 2015, S. 32.

Artikulationen des Sozialistischen im Plattenbau – analysiert. Wie wurde die politische Lage Jugoslawiens mit Ästhetik in Zusammenhang gebracht? Abschließend wird auf den Einfluss der Praxis (Bauindustrie) auf die Debatte in den frühen 1960er Jahren eingegangen. Wie sollte die industrielle Bauweise in ästhetische Begriffe gefasst werden? Warum kam es zum Wechsel der Schlüsselpersonen in den 1960er Jahren, zum Ersetzen von Architekt*innen durch Ingenieur*innen und Vertreter*innen der Baufirmen? Diesen Fragen wird unter Berücksichtigung ausgewählter Primärquellen nachgegangen – vorwiegend Artikeln aus den jugoslawienweit zugänglichen Fachzeitschriften zur Kultur und Architektur, die in der Nachkriegszeit gegründet wurden.[9]

Plattenbau und Funktionalismus

Nach der Errichtung des sozialistischen Regimes am 29. November 1943 und nach dem Ende des Zweiten Weltkriegs stellte sich die Frage, wie die neue jugoslawische Architektur aussehen sollte. Vor allem wurden monumentale, ausgeprägt repräsentative Projekte für staatliche Organe priorisiert, darauf folgte der Wohnbau wegen des akuten Mangels an Wohnraum. Der sozialistische Realismus und der Funktionalismus bildeten zwei sich gegenüberstehende Optionen. Der Architekturhistoriker Adrian Forty warnte, die (modernistischen) Begriffe seien nicht eine einfache Reflexion der Wirklichkeit, sondern historisch aufgeladene, neue Bedeutungen akkumulierende Konstrukte: Um diese zu entziffern, müsse ein kritischer Wortschatz entwickelt werden.[10] Die beiden Richtungen sollen im Folgenden also kontextualisiert und ihre Bedeutung für die Plattenbauten anhand einer vierteiligen Debatte in der Zeitschrift *Arhitektura* zwischen 1947 und 1950, in der Andrija Mohorovičić (Architekturprofessor an der Universität Zagreb) Funktionalismus und Branko Maksimović, Professor an der Technischen Universität Belgrad, die Doktrin des Sozrealimus vertrat, herausgearbeitet werden.

9 Besonders die Zeitschriften *Čovjek i prostor* (dt.: Mensch und Raum, gegr. 1954) der Gesellschaft der Architekten Kroatiens und *Arhitektura* (gegr. 1947) der Gesellschaft der Ingenieure und Techniker Jugoslawiens waren an der Debatte beteiligt. In den 1960er Jahren kam die Zeitschrift *Jugomont* der gleichnamigen Firma hinzu, die sich ausschließlich mit Montagebau beschäftigte. Berücksichtigt werden auch die Baupläne und archivalisches Material zu den ersten bedeutenden Plattenbausystemen: Blok 1 und 2 in Neu-Belgrad sowie JU-59, JU-60 und JU-61 in Zagreb.

10 Adrian Forty: *Words and Buildings. A Vocabulary of Modern Architecture*. London: Thames & Hudson 2000, S. 12–15.

Ein Beispiel für die profunktionalistische Position und gleichzeitig den Anfang der Diskussion bildete der Artikel „Theoretische Analyse der architektonischen Gestaltung“ von Andrija Mohorovičić.[11] Mohorovičić schlug vor, einen Weg des „ästhetisch inhaltlichen Funktionalismus“ zu gehen, der sich zwischen zwei Entgleisungen positioniere: dem „engen, mechanischen Funktionalismus“ und dem „Formalismus“ (Eklektizismus).[12] Während die erstgenannte Richtung zwar technisch zeitgemäß sei, fehle ihr die künstlerische Schöpfung. Die zweitgenannte „Entgleisung“ wurde von ihm wesentlich schärfer kritisiert. Diese sei im Historismus des 19. Jahrhunderts (und, implizit, im Sozrealismus) zu finden.

Der Begriff ‚Funktionalismus‘ bezeichnete im modernistischen Diskurs die von Adolf Loos geäußerte Kritik des funktionslosen Ornaments,[13] die von Louis Sullivan geprägte Phrase „Form Follows Function“ (jedes Bauelement weist auf seine Funktion in der Konstruktion hin) sowie den Aspekt der Funktionstrennung[14] (artikuliert 1933 während des CIAM 4 an Bord der Patris zwischen Marseille und Athen mit dem Thema ‚Die funktionale Stadt‘).[15] Es war zwischen 1930 und 1960 durchaus üblich, diesen Begriff als Synonym für moderne Architektur zu verwenden.[16] Alle diese Konnotationen finden sich in Mohorovičićs Artikel. In dieser Zeit stand das modernistische Erbe wegen seiner historischen Kollaboration mit dem Kapitalismus unter einem Fragezeichen und wurde dem sozialistischen Realismus gegenübergestellt. Demnach bestand sein verbales Manöver darin, die modernistische Architektur mit dem Sozialismus zu versöhnen.

Nach Branko Maksimovićs Schmähkritik[17] an Mohorovičić und dem Funktionalismus positionierte sich die Redaktion auf der Seite Mohorovičićs.[18] Die Verteidigung des Funktionalismus stützte die Redaktion auf Zitate von Autoritäten aus dem sowjetischen Diskurs wie Grigori Alexandrowitsch Simonov, dem Präsidenten des Architekturkomitees der UdSSR.

11 Andrija Mohorovičić: Teoretska analiza arhitektonskog oblikovanja. In: *Arhitektura* 1,1–2 (1947), S. 6–8.

12 Ebd., S. 6.

13 Adolf Loos: Ornament und verbrechen. In: Ders.: *Sämtliche Schriften in zwei Bänden*, hrsg. v. Franz Glück. Wien / München: Herold 1962, S. 276–287.

14 Forty: *Words and Buildings*, S. 187.

15 Meuser: *Die Ästhetik der Platte*, S. 60.

16 Forty: *Words and Buildings*, S. 174–180.

17 Branko Maksimović: Ka diskusiji o aktuelnim problemima naše arhitekture. In: *Arhitektura* 2,8–10 (1948), S. 73–75.

18 Napomene redakcije uz članak prof. B. Maksimovića „Ka diskusiji o aktuelnim problemima naše arhitekture“. In: *Arhitektura* 2,8–10 (1948), S. 76–80.

Maksimović wurde vorgeworfen, seine Kenntnisse im Bereich des sozialistischen Realismus seien überraschend unzureichend und lückenhaft. Die funktionalistische Strömung unter jugoslawischen Architekt*innen hatte schon vor 1948 und im Konflikt mit der UdSSR eine prominente Stelle im Diskurs inne. Dies kann teilweise der Kontinuität der Akteure zugeschrieben werden: Die in den 1940er und 1950er Jahren aktiven Architekt*innen waren in vielen Fällen bereits in der Zwischenkriegszeit tätig und wurden daher im Sinne des modernistischen Ethos ausgebildet.[19] So wurde das Nationale aus der sozrealistischen Parole „national in der Form, sozialistisch im Inhalt“[20] implizit durch das ‚Internationale‘ (wie im Internationalen Stil der Zwischenkriegszeit) oder das ‚Funktionalistische‘ ersetzt. Dennoch wurden sowjetische Autoritäten bis Ende der 1940er Jahre als Legitimation dieses Hybrids benutzt.

1950 antwortete Mohorovičić selbst auf die Kritik Maksimovićs und verteidigte noch einmal den Funktionalismus im Sinne der Nutzung der modernsten Materialien, aus denen neue Formen entstehen sollten.[21] Vor allem wollte er herausstellen, dass Beton, Stahl und Glas kein Spezifikum der kapitalistischen Gesellschaft, sondern ein universelles Bauerbe darstellten. Obwohl in der Diskussion vor 1950 konkrete Referenzen an jeweilige modernistische Akteure, sowohl der internationalen als auch der jugoslawischen modernen Zwischenkriegsarchitektur, in der Regel nicht gegeben wurden, ist deren Einfluss zwischen den Zeilen zu finden. In den 1950er Jahren wurde der „institutionelle Modernismus“[22] zum unbestreitbar vorherrschenden Paradigma in der jugoslawischen Architekturtheorie und -kritik. In dieser Zeit wurde in der Architekturpublizistik ausgiebig über die internationale modernistische Nachkriegswohnarchitektur berichtet – unter anderem über das Hansaviertel in West-Berlin[23] und Le Corbusiers Plattenbauvorläufer Unité d’Habitation in Marseille.[24] Damit koinzidierte

19 Dies war der Fall bei den Herausgebern der Zeitschriften *Arhitektura* und *Čovjek i prostor*, aber auch bei den Kontrahenten im Mohorovičić-Maksimović-Streit.

20 Vgl. Christian Mehrmann: *„National in der Form, sozialistisch im Inhalt“. Volks- und Nationsbegriffe in der SBZ und in Polen 1944–1949.* Berlin: WVB 2012.

21 Andrija Mohorovičić: Prilog teoretskoj analizi problematike arhitektonskog oblikovanja. In: *Arhitektura* 4,1–2 (1950), S. 5–12.

22 Ljiljana Kolešnik: *Između Istoka i Zapada: hrvatska umjetnost i likovna kritika 50-ih godina.* Zagreb: Institut za povijest umjetnosti 2006, S. 18.

23 Sena Gvozdanović: Interbau Berlin – četvrt Hansa. In: *Čovjek i prostor* 4,68 (1957), S. 3.

24 Polemički izvatci o Le Corbusierovoj Unite d’Habitation. In: *Čovjek i prostor* 1,15 (1954), S. 8; Branko Petrović: Bio sam posjetilac broj 81562. In: *Čovjek i prostor* 2,44 (1955), S. 3, 8.

die politische Öffnung Jugoslawiens: 1953 besuchte Josip Broz Tito London erstmals einen westlichen Staat.[25]

Die funktionalistischen Ideale haben ihren Weg in den Diskurs über den Plattenbau gefunden. Dies wurde im präskriptiv ausgerichteten Text „Man soll schöne Montagebauten schaffen“[26] vom Ingenieur Igor Blumenau exemplarisch umgesetzt. Der Autor schlägt sechs Regeln für einen schönen Montagebau vor: Es solle keine ‚Lügen' bezüglich des Materials geben (das Material solle nicht ein anderes Material nachahmen); die Funktion solle aus der Form ablesbar sein; den Abschlussarbeiten solle besondere Aufmerksamkeit geschenkt werden; es sollen neue Materialien genutzt und sekundäre (dekorative) Effekte in der grundlegenden Gestaltung vermieden werden; Montagebausiedlungen sollen auch urbanistisch überlegen sein.[27] Diese ‚Anleitung' für ästhetisch gelungene Plattenbauten kann in einzelne funktionalistische Ideen gegliedert werden. Das funktionalistische Schimpfwort ‚Lüge' bezüglich der architektonischen Elemente und Materialien wird bereits in Loos' *Ornament und Verbrechen* gebraucht. Die eponymische Ableitung des Begriffs ‚Funktionalismus' ist in der Parole „Form Follows Function“, die Sullivan und das Bauhaus nutzten, zu finden. Die Bevorzugung der industrialisierten Bauweisen und der neuen Materialien ist für die modernistische Architektur fast allgemeingültig. Die Trennung der Funktionen ist ein Widerhall der Ideen Le Corbusiers. Die ästhetischen Normen für Plattenbauten wurden also von Blumenau mit funktionalistischen Prinzipien verflochten.

Plattenbau, Sozialismus und jugoslawischer ‚Exzeptionalismus'

Der Ausdruck des Sozialistischen in der jugoslawischen Nachkriegsarchitektur wurde zuerst in der Formel des sozialistischen Realismus gesucht. Trotz des verbreiteten Mythos einer Nicht-Existenz des Sozrealismus in der jugoslawischen Nachkriegsarchitektur[28] wurde dieser Begriff sowohl von Funktionalisten als auch von ‚reinen' Sozrealisten genutzt. Branko Maksimović, Mohorovičićs Kontrahent, näherte sich in seinem Gegenartikel „Zur Diskussion über aktuelle Probleme unserer

25 Igor Duda: Uhodavanje socijalizma. In: Jasmina Bavoljak (Hrsg.): *Refleksije vremena 1945–1955.* Zagreb: Galerija Klovićevi dvori 2012, S. 9–39, hier S. 23.

26 Igor Blumenau: Treba dati lepe montažne zgrade. In: *Urbanizam i arhitektura* 4,5–6 (1950), S. 63–64.

27 Ebd., S. 64.

28 Leonida Kovač: Jesmo li još uvijek moderni? In: Bavoljak (Hrsg.): *Refleksije vremena 1945–1955*, S. 260–287, hier S. 265.

Architektur"[29] dem Sozrealismus im konventionellen Sinne als einem Hybrid aus bürgerlichen Formen (Realismus) und neuen Inhalten.[30] Seine Argumentation richtete sich gegen „vereinfachte Konzeptionen, auf schlichteste konstruktive Formen"[31] reduziert, die er als mechanisches Produkt der Krise der bürgerlichen, dekadenten Architektur interpretierte. Besonders die Ursprünge der Moderne in Mietshäusern sieht er als ein „problematisches Instrument der kapitalistischen Ausbeutung".[32] Neue, sozialistische Wohnungen sollten dem Konzept des Existenzminimums ein Ende setzen – ihre Gestaltung näherte sich eher dem Konzept eines Arbeiterpalastes als Würdigung der Arbeiterklasse. Der sozialistische Ansatz zur Wohnungsfrage – Recht auf Wohnung statt Wohnung als Ware[33] – kann als eine weitere Form der ethischen Schönheit und der sozialistischen Moralität[34] verstanden werden.

Obwohl beide Seiten den Begriff ‚sozialistischer Realismus' in den späten 1940er und frühen 1950er Jahren aufnahmen und positiv aufluden, war er unterschiedlich konnotiert. Während Maksimovićs Interpretation den Schwerpunkt auf ‚Realismus' und die ‚erfolgreichsten' Formen der Architekturgeschichte setzte, war für Mohorovičić der Teil ‚sozialistisch' von größerer Bedeutung. Stichwörter wie „Leben in Bewegung und Entwicklung", „neue, sieghafte sozialistische Gesellschaft" und „Lebenspotential des Kollektivs des arbeitenden Volkes" implizieren,[35] dass das Sozialistische vor allem in den abstrakten Formen des Kollektiven – verbunden mit dem Neuen – zu finden war. Historische Dimensionen des Funktionalismus wurden dabei ignoriert.

Obwohl die von den Funktionalisten befürwortete Industrialisierung zur Homogenität und Typisierung wesentlich beitrug, traten sie auch für kleinere Variationen ein. Die übrigen Vorwürfe hinsichtlich der Ästhetik des Plattenbaus – Hässlichkeit und Monotonie – wurden schon damals als potentielles Problem betrachtet.[36] Wie sollten aber Änderungen aussehen? Ein Ansatz basierte in diesem Zusammenhang auf abstrakten Dekorationsformen. So setzte sich Blumenau für eine individualisierte Dekoration von

29 Maksimović: Ka diskusiji o aktuelnim problemima naše arhitekture, S. 73.

30 Jasmina Bavoljak: Između diktata i savjesti. In: Ebd., S. 72–105, hier S. 79.

31 Maksimović: Ka diskusiji o aktuelnim problemima naše arhitekture, S. 73.

32 Ebd., S. 75.

33 Miro Čepič: Stan i kritika. In: *Čovjek i prostor* 1,16 (1954), S. 1.

34 Vgl. Rory Archer: Imaš kuću, vrati stan. Housing Inequalities, Socialist Morality and Discontent in 1980s Yugoslavia. In: *Godišnjak za društvenu istoriju* 20,3 (2013), S. 119–139.

35 Mohorovičić: Teoretska analiza arhitektonskog oblikovanja, S. 7.

36 Blumenau: Treba dati lepe montažne zgrade, S. 63.

Gebäuden ein, die, gemäß dem modernistischen Ethos, den Baukörper nicht dominieren sollte.[37] Ein weiterer Vorschlag bestand in der Betonung der regionalen Unterschiede, die auf das Klima und die lokalen kulturellen Traditionen gestützt war. Im Vergleich zur UdSSR, wo Mohorovičić zufolge Unterschiede zwischen dem Wohnbau in Sibirien und dem in der Ukraine notwendig waren, sollte der Wohnbau in Jugoslawien den regionalen Merkmalen angepasst werden. So forderte er, dass in Dalmatien Stein und Jalousien verwendet und in Slawonien die intime Inneneinrichtung eines Dorfhauses übernommen werden sollten.[38] Dieser Vorschlag stützte sich auf die volkstümliche Architektur, die im Unterschied zu historischen, kanonisierten Formen umgewertet (ästhetisch legitimiert) und mit dem Funktionalismus in Einklang zu bringen war. Als die Verbindung zur Sowjetunion problematisch und ambivalent wurde, suchte Jugoslawien einen Weg, sich von diesem Erbe zu distanzieren. So gab es kurz nach dem Bruch mit Stalin in Architekturzeitschriften eine Vielzahl von Texten zu volkstümlichen Traditionen jugoslawischer Regionen.[39] Die rurale Architektur der unterprivilegierten Schicht wurde im Verlauf der politischen Identitätssuche nach dem Konflikt mit der UdSSR zur zentralen Inspiration.

Während die Sowjetunion im Mohorovičić-Maksimović-Streit von beiden Seiten zur Stärkung der eigenen Position benutzt wurde, wurde in den 1950er und 1960er Jahren vorwiegend ein neuer, einzigartiger Weg befürwortet. So schrieb Blumenau in seinem Artikel „Man soll schöne Montagebauten schaffen“:

> Das erste Scheitern sollte nicht entmutigen. Dieses ganze Problem wird erst geboren. Keine große Nation kann sich damit rühmen, befriedigende Lösungen zu geben, aber alle arbeiten intensiv daran, so hoffen wir auch, dass wir unseren Teil beitragen werden. Wir hoffen sogar, dass unser Beitrag beträchtlich wird, da die Gelegenheiten, unter denen wir jetzt schöpfen, solche sind, dass sie dies ermöglichen.[40]

Obwohl jugoslawische Expert*innen in den 1950er Jahren die Präfabrikationsmodelle aus Finnland, Frankreich und der Sowjetunion untersuchten,[41] gibt es im Text keine expliziten Angaben zu Vorbildern, weder aus dem Osten noch aus dem Westen. Stattdessen wird ein Mythos des ‚frischen Starts‘, des jugoslawischen ‚Exzeptionalismus‘ formuliert.

37 Blumenau: Treba dati lepe montažne zgrade, S. 64.

38 Mohorovičić: Prilog teoretskoj analizi problematike arhitektonskog stanovanja, S. 9.

39 Vgl. Dušan Gabrijan: Arhitektonsko naslijeđe naroda Jugoslavije. In: *Arhitektura* 6,5 (1952), S. 4–10.

40 Blumenau: Treba dati lepe montažne zgrade, S. 64.

41 Jovanović / Grbić / Petrović: Prefabricated Construction in Socialist Yugoslavia, S. 409.

Baupraxis und ihre Auswirkung auf Ästhetik

In den 1960er Jahren konnte die Plattenbaugeschichte bereits das erste Mal rekapituliert und aus ihr gelernt werden. Nach der Verwirklichung der ersten Plattenbausysteme wie YU-59, YU-60 und YU-61 in Zagreb oder Blok 1 und Blok 2 in dem neu entstandenen Stadtteil Belgrads Neu-Belgrad wurden einige Faktoren zur Ästhetik erneut überdacht. Besonders die Zeitschrift *Jugomont* (1961–1962) aus Zagreb hat sich mit dem Thema auseinandergesetzt. *Jugomont* hat versucht, den Montagebau zu entstigmatisieren, seine Attraktivität zu steigern und die Bevölkerung über dieses Thema aufzuklären.

Die Forderung nach industrieller Herstellung erhielt in dieser Zeit Vorrang. So schrieb die Architektin Tea Furman Altaras in ihrem Artikel „Einige architektonisch-bildliche Probleme bei Montagebauten“, die strikte, vollständige Typisierung sei nicht nur wesentlich für den reibungslosen Herstellungsprozess, sondern auch für die visuelle Qualität der Gebäude.[42] Die Privilegierung einer industriellen, ingenieurtechnischen Logik für das architektonische Schaffen kann einerseits mit dem modernistischen Kult der Technik und Maschinen erklärt werden. Andererseits war diese Entscheidung ein Symptom der Kluft zwischen den Ideen und der Realität sowie ein Anzeichen für die partielle Aufgabe der architektonischen Visionen.[43]

Wie die ersten Beispiele gezeigt haben, mussten die Bauelemente und -verfahren möglichst vereinfacht werden, unter anderem aufgrund der vorwiegend unqualifizierten Arbeitskräfte, die nicht kompetent genug waren, um komplexere Bauten zu erstellen. Schon vor dem Bau machten Revisoren des Projekts für achtgeschossige Plattenbauten im Belgrader Blok 1 auf die nötige Präzision sowohl bei der Vorfertigung als auch bei der Montage der Bauelemente aufmerksam.[44] Bogdan Budimirov, ehemaliger Ingenieur der Firma Jugomont und einer der Pioniere des Montagebaus in Jugoslawien, erinnerte sich an Probleme mit den ersten Bausystemen, die auf komplexen, mehrschichtigen ‚Sandwichplatten‘ mit eingebauten Installationen

42 Tea Furman Altaras: Neki arhitektonsko-likovni problemi montažnih zgrada. In: *Jugomont* 1,4 (1961), S. 10–11.

43 Die sukzessive Vereinfachung des Entwurfs durch bürokratische Verfahren der Baubehörden, im sowjetischen Film *Ironie des Schicksals oder Genieße Dein Bad!* (1975, R: Eldar Rjasanow) parodiert, stellt ein analoges Narrativ der Realitätsprüfung dar (Meuser: *Die Ästhetik der Platte*, S. 32).

44 TEHNIČKI IZVEŠTAJ o pregledu statičkog proračuna za opitne stanbene zgrade P+8+P na teritoriji opštine ‚Novi Beograd‘, sastavljen na osnovu od tri izveštaja revidenata – Ka br. 258/37, ing. Gendrih Ridelj (na osnovu izveštaja inž. P. Ivkovića, inž. H. Erića i inž. G. Ridelj), 08.05.1958, Archiv der Stadt Belgrad, Blok 1 i 2, Kiste 1, S. 2–3.

beruhten.[45] Die Arbeiter der Baustelle haben sie oft falsch montiert. Dadurch entstanden immer wieder finanzielle Verluste. Die Lösung lag in der maximalen Vereinfachung der Platte und der Reduzierung der Variationen auf nur einen Typ.[46] Ein weiterer Realitätseinfluss ist in der veränderten Materialwahl zu finden, wie das Beispiel der ersten Belgrader Plattenbau-Ensembles im Blok 1 zeigt. Die ursprünglich geplante Fassade aus hochwertigem Mörtel wurde durch eine günstigere, ‚ökonomischere' Variante ersetzt.[47] Solche Ersatztaktiken sowie die Einführung neuer synthetischer Materialien wurden zur üblichen Praxis in sozialistischen Ländern Europas[48] und sollten die Diskrepanz zwischen Konsumverlangen und Wirtschaftsmöglichkeiten schließen.

Neben der Eignung der Systeme für eine industrielle Vorfertigung war das wesentliche Kriterium der ästhetischen Beurteilung von Plattenbauten weiterhin im modernistischen Formalismus angesiedelt. Die Architekturkritiker*innen nutzten überwiegend Kategorien, die oftmals im Diskurs der visuellen Künste auftauchten – wie Form, Komposition, Rhythmus und Farbe –, um die visuelle Qualität der Gebäude einzuschätzen. So kritisierte Furman Altaras die ersten Jugomont-Systeme wegen ihrer ungeschickten Proportionen und ihrer Schablonenfassade. Das kritisierte System JU-59 ähnelte mit einem Steildach und wenigen Etagen eher einem traditionellen ein- bis zweistöckigen Familienhaus als einem urbanen Wohnungsbau. Es bildete eine Übergangsform und stellte einen Kompromiss zwischen dem Ruralen und Urbanen, dem traditionellen Familienhaus und dem mehrstöckigen Wohnhaus, dar. Solche stufenweisen Transformationen wurden von allen an der Debatte beteiligten Expert*innen abgelehnt – ein typischer modernistischer Reflex der Feindlichkeit gegen die Tradition und ein Ausdruck des Kults des Neuen.

Obwohl die modernistische Ästhetik in den 1960er Jahren noch präsent war, spielte die ingenieurtechnische Perspektive eine immer größere Rolle. Diese Verschiebung vom architektonischen und abstrakten hin zum pragmatischen Diskurs ist in einer von Bogdan Budimorov erzählten Anekdote

45 Bogdan Budimirov: *U prvom licu*. Zagreb: UPI-2M plus 2007, S. 15–17.

46 Ebd., S. 21.

47 Aneks uz investicioni program izgradnje I stanbenog rejona na Novom Beogradu, 22.04.1958. Archiv der Stadt Belgrad, Blok 1 i 2, Kiste 1, S. 3.

48 Vgl. Raymond G. Stokes: Plastics and the New Society: The German Democratic Republic in the 1950s and 1960s. In: Susan E. Reid / David Crowley (Hrsg.): *Style and Socialism. Modernity and Material Culture in Post-War Eastern Europe.* Oxford / New York: Berg 2000, S. 65–80.

bildhaft dargestellt. Er erinnerte sich daran, wie die renommierten Architekten immer wieder in ihr Büro gekommen seien, um dabei zu helfen, die Grundrisse der Plattenbauten zu modernisieren. Budimirov und sein Kollege Željko Solar haben demnach geantwortet: „Jungs, wir wissen, wie die modernen Grundrisse aussehen, aber für unsere Umstände ist nur dies möglich und, außerdem, dies ermöglicht uns Serialität“.[49] Nach den ersten Umsetzungen ihrer Projekte waren einige berühmte Architekt*innen desillusioniert und die Plattenbauten wurden, mit einigen Ausnahmen, zunehmend ein Tätigkeitsfeld für Ingenieure und weniger renommierte Architekt*innen.

Die erwähnten Kriterien, die Kompatibilität des Designs mit industrieller Vorfertigung und mit modernistischen Ansätzen, wurden in der Argumentation gegen den Haushaltskitsch benutzt – eine Kampagne, die besonders durch die Texte von Andrija Mutnjaković geführt wurde. Die Annahme war, dass die neuen Wohntypen auch ein neues Inventar (Möbel, Haushaltsgüter) fordern würden, das den Plattenbaulebensstil prägen sollte. Eines der größten Probleme in diesem Zusammenhang war das Fehlen solcher Produkte auf dem jugoslawischen Markt und im Sortiment der jugoslawischen Firmen. So kritisierte Mutnjaković das ‚sozialistische Rokoko‘ – keramische Gegenstände mit Blumenmuster und goldfarbigen Ornamenten – in den Produkten der Firma Jugokeramika.[50] Er forderte eine neue Umgebung für den neuen sozialistischen Menschen und kritisierte die Massenware als bürgerliches, kapitalistisches Überbleibsel. Der Autor bediente sich dabei derselben rhetorischen Mittel wie die bereits vorgestellten Funktionalisten in Bezug auf die Architektur. Die implizit modernistischen Werte und ästhetischen Kriterien werden als essenziell sozialistisch und antikapitalistisch dargestellt und somit legitimiert. Gleichzeitig bildeten die ‚breiten Volksmassen‘ in den 1940er und Anfang der 1950er Jahre eine zentrale Legitimationsquelle für das Regime. Das Massenhafte und Populäre beinhaltete vorwiegend positive Konnotationen, während diese Begrifflichkeiten in den späten 1950er und in den 1960er Jahren von Intellektuellen zunehmend als Schimpfwörter benutzt und einer intensiven ‚Aufklärungspropaganda‘ unterworfen wurden.[51] Mit der Einführung der Plattenbauwohnungen wollten die Expert*innen die Gelegenheit nutzen,

49 Budimirov: *U prvom licu*, S. 27.

50 Andrija Mutnjaković: „Socijalistički rokoko“ – o proizvodima Jugokeramike. In: *Čovjek i prostor* 2,33 (1955), S. 6.

51 Maša Kolanović: *Udarnik! Buntovnik? Potrošač... Popularna kultura i hrvatski roman od socijalizma do tranzcije*. Zagreb: Ljevak 2011, S. 73–74.

die Lebensstile und Inneneinrichtung zu purifizieren, aber auch dazu, eine gewisse Art von Paternalismus, Modernisierungsgewalt und Autorität auszuüben. Die Gründung des Zentrums für industrielle Gestaltung 1963 in Zagreb sollte das zeitgemäße Möbel entwickeln, die Kooperationen zwischen Herstellern und Designern steuern und die Jugoslaw*innen ästhetisch bilden. Die Versuche der Umsetzung der modernistischen Ästhetik verschoben sich in den 1960er Jahren hin zur Inneneinrichtung.

Fazit

In vorliegendem Beitrag wurde der Versuch unternommen, die drei für die ersten Plattenbauten bestimmenden Faktoren aufzugreifen: Modernismus (vor allem Funktionalismus), Sozialismus und Bauindustrie. Funktionalistische und modernistische Ideen waren vom Anfang der Diskussion an zwischen den Zeilen zu finden, häufig aber ohne ausdrücklichen Verweis auf ausländische (westliche) modernistische Architekten und Theoretiker. Die Situation veränderte sich in den 1950er Jahren, als Jugoslawien seinen ‚dritten Weg' entwickelte und sich auch explizit nichtsozialistischen Einflüssen öffnete. Das Echo der funktionalistischen Ästhetik ist in fast allen Überlegungen zum Plattenbau zu finden. Die Übersetzung des Sozialistischen in die Architektur wurde unter dem Oberbegriff ‚sozialistischer Realismus' zusammengefasst, dem unterschiedliche Bedeutungen zukamen – von historischen Formen, gefüllt mit sozialistischen Inhalten, bis hin zum abstrakten Fokus auf die Menschenmasse. Die Integration des Sozialistischen in die Plattenbauten zielte vor allem auf eine moralische Schönheit und die Entwicklung einer Wohnform, die in der Theorie Ungleichheiten verhindern sollte. Der Widerhall des hybriden sozialistisch-modernistischen Ethos ist seit den späten 1950er Jahren in der Kritik am Haushaltskitsch zu finden. Die neue Wohnform sollte vom neuen Lebensstil begleitet werden. Die rasche Entwicklung der Bauindustrie und der Vorfabrikation der Bauelemente machte die Baufirmen zu entscheidenden Faktoren hinsichtlich der Bestimmung der Plattenbaugestaltung. Um die reibungslose Herstellung zu gewährleisten, mussten aufwändige Details und Grundrisse vereinfacht werden. Daraus entwickelte sich die industriell bedingte Vision der Schönheit.

Die Überlegungen zur Projektierung und Gestaltung der Plattenbauten in Jugoslawien haben gezeigt, dass der Plattenbau nicht als ein monolithisches, ahistorisches Konzept verstanden werden kann, sondern ein höchst dynamisches und facettenreiches Kapitel der Architekturgeschichte darstellt.

Von Zukunftsträumen und Geborgenheitsversprechen

Zum Verlust des Utopischen in der medialen Repräsentation der „zweiten sozialistischen Stadt“ Hoyerswerda

Felix Richter

„Diese Stadt ist ein Stück unserer Zukunft“[1] – kaum eine andere Formel war in der Öffentlichkeit Hoyerswerdas in den Anfangsjahren präsenter als diese, die Otto Grotewohl bei einem Besuch der werdenden Stadt im Spätsommer 1959 verkündete. Die „Zukunft“ wurde seitens der SED zum Versprechen des Stadtaufbaus erkoren. Die Euphorie über das Morgen, über eine kommende glückliche Zeit gehörte in Reportagen, Ausstellungen, Gedichten, in Reden, Zeitungsartikeln und der bildenden Kunst zu den bestimmenden Themen. Nach Rainer Gries lässt sich hier der unmittelbare Versuch der Staatspartei erkennen, dem Herrschaftssystem durch Ausblicke in das Utopische eine nachträglich notwendige Legitimation zu verschaffen.[2]

Hoyerswerda – die apostrophierte „zweite sozialistische Stadt der DDR“ – bildete in dieser parteipolitischen Repräsentationsabsicht einen scheinbar austauschbaren lokalen Bezugsrahmen. Auf der Basis hoffnungsvoller Erwartungen

1 Otto Grotewohl zit. n. Redaktion: Diese Stadt ist ein Stück unserer Zukunft. In: *Lausitzer Rundschau*, 08.08.1959, S. 3.

2 Rainer Gries: Die runden „Geburtstage“. In: Monika Gibas et al. (Hrsg.): *Wiedergeburten. Zur Geschichte der runden Jahrestage der DDR.* Leipzig: Leipziger Universitätsverlag 1999, S. 285–304, hier S. 285.

Mitte der 1950er Jahre ins Lebens gerufen, stand das Projekt – ganz im Zeichen der ‚Ost-Moderne' – für den ambitioniert technokratischen Versuch des DDR-Bauwesens, erstmalig ein städtebaulich-architektonisches Gesamtkonzept nach den Richtlinien der industriellen Konstruktionsmethodik zu gestalten. Die werdende Stadt erfuhr eine Inwertsetzung erstens Ranges, wurde zur Referenz des neuen baupolitischen Kurses erhoben und im Jahr 1966 rückblickend zum „Symbol des Aufbaus der DDR"[3] erklärt. Angesichts der veränderten baupolitischen Prioritäten verlor das Projekt Hoyerswerda jedoch schnell seine städtebauliche und städtebildliche Vorzeigefunktion und geriet zusehends in den Windschatten der prestigeversprechenderen Neubauvorhaben in Halle/Saale, Schwedt/Oder und Rostock.

Vor diesem Hintergrund thematisiert der Aufsatz unter dem Begriff Repräsentation die ‚offizielle', von Seiten der SED getragene Darstellung der Stadt in den ostdeutschen Medien von Mitte der 1950er bis zum Anfang der 1980er Jahre. Ziel ist zum einem, analog zu dem Werdegang des Standortes und zu den sozialkulturellen Veränderungen der DDR-Gesellschaft auf einen Wandel der ‚offiziellen' Berichterstattung über die Stadt zu verweisen, zum anderen aber auch die Bedeutung der städtischen Repräsentation für die Legitimation der SED aufzuzeigen. Welche formulierten Ansprüche und Erwartungshaltungen, aber auch suggestiven Verheißungen lassen sich in den SED-Systemmedien über das ‚Neue Hoyerswerda' finden? Welche Bedeutung sollte dieser vermittelte Wertehorizont hinsichtlich der politischen, sozialen und kulturellen Verfasstheit der DDR-Bevölkerung besitzen? Und inwiefern änderte sich diese medial projizierte Narration der Stadt von den 1950er bis zu den 1980er Jahren? Lässt sich auch in der Repräsentation Hoyerswerdas eine Entwicklung erkennen, die Philipp Springer bereits mit Blick auf die 1970er und 1980er Jahre in Schwedt als ein „Verschwinden von Zukunft"[4] herausstellte?

Anhand ausgewählter Berichterstattungen diskutiert der Artikel die Bedeutung des Utopischen in der medialen Repräsentation Hoyerswerdas. Damit kann er als Beitrag einer gesellschaftsgeschichtlich orientierten Stadtgeschichte verstanden werden, die den Gegenstand Stadt als identitätsstiftenden Ort und

3 Redaktion: Hoyerswerda – Symbol des Aufbaus der DDR. In: *Berliner Zeitung*, 09.10.1966, S. 1.

4 Philipp Springer: Vom Verschwinden der Zukunft. Stadthistorische Überlegungen zum Utopieverlust in der sozialistischen Stadt Schwedt. In: Christoph Bernhardt / Thomas Wolfes (Hrsg.): *Schönheit und Typenprojektierung. Der DDR-Städtebau im internationalen Kontext*. Erkner: Leibniz-Institut für Regionalentwicklung und Strukturplanung 2005, S. 451–464, hier S. 451.

die Lebenswelt strukturierenden Bezugspunkt begreift – eine Perspektive, die seitens der DDR-Stadtforschung erst in den letzten beiden Jahrzehnten stärker in den Blick genommen wurde. Konzentrierten sich die früheren Arbeiten noch stark auf die Bau- und Planungsgeschichte und fokussierten in diesem Kontext die Akteursperspektive auf zentralstaatlicher, bezirklicher und kommunaler Ebene sowie die Rollen von Partei und Betrieben, folgten neuere Forschungen oftmals dem wissenschaftlichen Trend, städtische Eigenlogiken oder auch Spielräume lokaler Entwicklungen anhand einzelner Biografien zu begründen.[5] Die Analyse von Alltags- und Lebenswelt der Stadt als Ort der gesellschaftlichen Aneignung und Aushandlung stellt gewissermaßen eine notwendige Ergänzung der aufgezeigten Zugänge dar, eignet sich doch die Stadt als ‚Mikrokosmos der DDR' insbesondere, die Mechanismen der parteilichen Legitimationsbestrebungen und Herrschaftssicherung, aber auch deren Auswirkungen und Grenzen am konkreten Gegenstand zu untersuchen. Auch lassen sich in dieser Arena des zeitgenössischen Diskurses Ansprüche, Erwartungen und Kritik des Realsozialismus identifizieren und auf diese Weise ein seismografisches Abbild des sozialkulturellen Wandels der DDR-Gesellschaft zeichnen. Ein Blick auf den Forschungsstand lässt zudem erkennen, dass eine Vielzahl neuerer Untersuchungen auf bereits bekannte Stadthistorien rekurriert, wodurch weniger prominente Bauprojekte oftmals im Schatten von Eisenhüttenstadt, Schwedt oder Halle-Neustadt zurückbleiben.[6]

Im vorliegenden Beitrag rückt mit Hoyerswerda eine der beinahe ‚vergessenen' Stadtbiografien in den Mittelpunkt, die ebenso wie die drei aufgeführten sozialistischen Stadtneugründungen der DDR als Annex einer Industrieanlage zu verstehen ist: Mit den Planungen des Ministeriums für Schwerindustrie, die Braunkohlevorkommen im Bezirk Cottbus zu erschließen, fiel auch der Beschluss, für die 12.000 Arbeiter des zukünftigen Kombinats Schwarze Pumpe eine eigene Stadtanlage zu errichten. Am 31. August 1955, einen Monat nach der endgültigen Bestätigung des Standorts am nordöstlichen Rand der 7.500 Einwohner zählenden Kleinstadt Hoyerswerda, wurde der Grundstein für die ersten Neubauwohnungen gelegt. Nach den Rand- und Lückenbebauungen der Kernstadt in den Jahren von 1955 bis 1958 begann der Aufbau der Planstadt, der eigentlichen neuen Stadtanlage, in drei Phasen: In einer ersten Etappe wurden bis zum Jahr 1966 die Wohnkomplexe I bis VII errichtet.

5 Zur Diskussion des Forschungsstandes vgl. exemplarisch Thomas Großbölting / Rüdiger Schmidt (Hrsg.): *Gedachte Stadt – Gebaute Stadt. Urbanität in der deutsch-deutschen Systemkonkurrenz 1945–1990*. Köln: Böhlau 2015.

6 Vgl. Springer: Vom Verschwinden der Zukunft, S. 452–453.

Abb. 1: Hoyerswerda Mitte der 1970er Jahre.
Im Hintergrund die Wohnkomplexe der zweiten Aufbauphase.

Um den erhöhten Wachstumsprognosen des Kombinats nachzukommen, fiel in den 1960er Jahren zudem der Beschluss, in einer zweiten Aufbauphase von 1966 bis 1979 die bestehenden Wohnkomplexe zu verdichten, das Stadtzentrum mit Wohnbebauung funktional und räumlich neu zu gestalten und im Norden die Wohnkomplexe VIII und IX anzuschließen. Die Rekonstruktionen im Bereich der Altstadt, der Bau von Eigenheimen und die Errichtung des zehnten Wohnkomplexes komplettierten den weiteren Stadtaufbau bis ins Jahr 1990. Zum Ende der DDR zählte Hoyerswerda mehr als 70.000 Bewohner und damit fast das Zehnfache seiner ursprünglichen Einwohnerzahl.[7]

Projektion einer verheißungsvollen Zeit – die Stadt der Zukunft

Gerade in den Anfangsjahren wirkte die neue Stadt wie ein Magnet: Wohnungssuchende, junge Familien, sozial Benachteiligte, aber auch Abenteuerlustige und

7 Vgl. Peter Biernath: *Architektour Hoyerswerda, Stadt – Bau – Kunst*. Hoyerswerda: Kulturbund e.V. Hoyerswerda 2005, S. 13–38; Peter Biernath: *Anspruch und Wirklichkeit. 40 Jahre Hoyerswerda-Neustadt 1955–1995*. Hoyerswerda: Kulturbund e.V. Hoyerswerda 1995, S. 30–46.

Hoffnungsvolle kamen nach Hoyerswerda. Und sie kamen mit optimistischen Zukunftserwartungen, die sie in der medialen Repräsentation der werdenden Stadt bestätigt fanden. Kurt W. Leucht, Direktor des Instituts für Städtebau und Hochbau am Ministerium für Aufbau, eröffnete im Oktober 1955:

> Mit diesem gewaltigen Bau beweist unsere Deutsche Demokratische Republik erneut ihre ständig wachsende Stärke […,] die städtebauliche Planung von Hoyerswerda hat als Grundlage ein höchstes Maß von industriellem Bauen. Vorherrschend wird die Großplattenbauweise mit einem dafür errichteten Großplattenwerk am Rande der neuen Stadt sein […,] ganz Deutschland wird durch […] diese Stadt reicher und glücklicher werden.[8]

Die *Neue Zeit* berichtete im Juli 1956:

> Noch nie hat die Schwarze Elster so ein Leben über ihre Brücken fluten sehen! Und die alte Stadt an diesem Fluss, Hoyerswerda, […] weiß noch gar nicht so recht, was hier geschieht. Nähert man sich ihrer Peripherie, wird gebaut, im Weichbild wird gebaut, in der nahen und weiten Umgebung wird gebaut! […] Im Stadtinneren reiht sich Gerüst an Gerüst. Wenn diese Verschalungen fallen, leuchten helle Neubauten darunter hervor […] Hier gähnen die künftigen Dampfkammern, dort klatscht der Regen auf die betonierte Grundfläche des Heißdampfkanals. Beton, wohin man sieht! Beton, Beton![9]

Aufbaupathos und Euphorie bestimmten die Berichte der Anfangszeit. Im Besonderen waren diese aber auch von der Motivation getragen, den Blick vorausahnend auf das Kommende zu lenken – eine Form der Repräsentation, die in den Folgejahren prägend werden sollte. Konkrete Ausblicke auf die ‚Stadt von Morgen' wurden vorzugsweise im Rahmen von Bauausstellungen und den dazugehörigen Werbeoffensiven sichtbar. Im November 1956 warb eine Zeitungsanzeige der Deutschen Bauausstellung noch in nüchterner Sachlichkeit dafür, die Ergebnisse des städtebaulichen Wettbewerbs zur zukünftigen Gestalt Hoyerswerdas zu besichtigen.[10] Das Werbeplakat hingegen, das die Ausstellung *Unsere Stadt* im Heimatmuseum Hoyerswerda im Juni 1957 ankündigte, zeigte bereits ein überhöhtes Bild der neuen Stadt: Vor dem Hintergrund einer beengend gezeichneten Altstadtsilhouette, die in altdeutscher Schrift mit „gestern" betitelt war, kündete ein freistehendes Punkthochhaus in funktionaler Ästhetik, unterlegt von einem „morgen" in serifenlosen Lettern, von den großzügigen Wohnvisionen einer verheißungsvoll beglückenden architektonischen Moderne.[11]

8 Kurt W. Leucht: Die neue Stadt für den Industrie-Giganten „Schwarze Pumpe". Entwurf für einen Zeitungsartikel der Berliner Zeitung vom 8. Oktober 1955. Bundesarchiv (BArch), DH 2/21713.

9 Redaktion: Eine Wohnstadt baut sich nicht von selbst. In: *Neue Zeit*, 25.07.1956, S.7.

10 Vgl. Werbeanzeige der Deutschen Bauausstellung. In: *Neues Deutschland*, 22.11.1956, S. 6.

11 Ausstellungsplakat Unsere Stadt. Stadtarchiv Hoyerswerda, Aktenbündel 3168.

Mit der Fertigstellung der ersten Wohnkomplexe der Neustadt verfestigte sich das medial projizierte Bild – die Zukunft als in Kürze realisierte Utopie, als die bedingungslose Euphorie über das Morgen war jetzt endgültig in den Berichterstattungen angekommen. Das *Neue Deutschland* schrieb über eine „Neue Stadt in der alten Lausitz", die angesichts der gesammelten Erfahrungen auf der Großbaustelle zukünftig immer schneller wachsen werde.[12] Die *Hoyerswerdaer Volksstimme* sprach von den Baumaßnahmen als „Schmiede der Zukunft"[13] und sah in Hoyerswerda bereits eine „neue Stadt für neue Menschen"[14].
Um den von Ausfällen und Verzögerungen geprägten Bauprozess von der Last der sozialen Erwartungen zu befreien, wurde zusehends auch versucht, Zukunft als emotionalen, zutiefst subjektiven Wert zu vermitteln. Unter dem Titel „Junge Leute in junger Stadt"[15] findet sich in der *Hoyerswerdaer Volksstimme* eine Fotoreportage über das junge Ehepaar Ellen und Wolfgang Sander. Auf den Bildern begleitet der Leser die zwei Protagonisten durch das Hoyerswerda im Jahr 1962, sieht das Paar vor den modernen Wohnhochhäusern Richard Paulicks spazieren, die Skulptur *Trompeter* Jürgen von Woyskis bestaunen, dem Betrachter abgewandt mit einem hoffnungsfrohen Lächeln über die Schwarze Elster blicken, zum Tag ihrer Hochzeit vor dem Standesamt posieren oder sich genussvoll bei einem Glas Sekt in das Jahr 1963 zuzwinkern.[16] Zukunft war in dieser Bilderserie vor allem durch Symbole und Gesten codiert – die Hochzeit, das Anstoßen oder der weitgewandte Blick in die Ferne über den Fluss versinnbildlichen allesamt Konnotationen einer kommenden Zeit. Die dazugehörigen Ausführungen verstärkten noch einmal die visuelle Suggestion:

> Wir haben sie beobachtet, auf ihrem Bummel durch unsere junge zukunftsfrohe Kreisstadt[,] als sie sich des guten [...] erinnerten, um so den Weg für ein klares neues Jahr zu finden. Wer sollte deshalb auch nicht verstehen, daß unsere beiden jung Vermählten die letzten Tage des scheidenden Jahres benutzten, um an die Stätten zurückzukehren, die für sie mit lieben und schönen Erinnerungen verbunden sind. [...] Hoyerswerda ist eine junge Stadt voller junger Leute die mit Herz und Verstand [...] für den sozialistischen Aufbau streiten. [...] Ellen und Wolfgang Sanders als Jungvermählte sind nicht ohne Grund besonders glücklich. Dort, wo ihre Träume, all ihre Pläne heute schon ranken, werden sie sicher morgen schon sein.[17]

Der Faktor Zukunft wurde in den frühen 1960er Jahren zur eigentlichen Identifikation mit der Stadt ausgebaut. Fotografien von spielenden Kindern,

12 Vgl. Redaktion: Neue Stadt in der alten Lausitz. In: *Neues Deutschland*, 29.04.1959, S. 4.
13 Redaktion: Schmiede der Zukunft. In: *Hoyerswerdaer Volksstimme*, 06.07.1962, S. 1.
14 Redaktion: Neue Stadt – Neue Menschen. In: *Hoyerswerdaer Volksstimme*, 04.10.1963, S. 1.
15 F. Schulz: Junge Leute in junger Stadt. In: *Hoyerswerdaer Volksstimme*, 28.12.1962, S. 6–7.
16 Vgl. ebd.
17 Ebd.

Jugendlichen oder jungen Paaren vor neu errichteten Wohnblöcken, vor Einkaufszentren oder vor den markanten achtgeschossigen Wohnhochhäusern der Magistrale dominierten die Berichte der Zeit. Unterlegt waren die Bilder mit Unterschriften: „Das ist das neue Hoyerswerda, schmucke Häuser, Grünanlagen und zukunftsfrohe Kinder“[18], „Die neuen Hochhäuser längs der Magistrale sind kaum so alt wie die fröhlichen Kinder, die sich in ihrer jungen Stadt wohlfühlen“[19] oder auch „Hoyerswerda ist eine kinderreiche Stadt. Der Kleine hier im Wagen kann bestimmt jetzt schon laufen, denn er wächst mit der neuen Stadt um die Wette“[20].

Diese stereotyp präsentierten Fotoserien sollten in Verbindung mit gebetsmühlenartig wiederholten Affirmationen der Projektion eines besseren, lebenswerteren Morgen dienen. Der Ungewissheit unmittelbar zurückliegender Nachkriegsjahre wurde auf diese Weise eine hoffnungsvolle Perspektive gegeben, dem Zweifel am jungen deutschen Staat ein Aufbaumythos entgegengestellt. Das ‚Neue Hoyerswerda‘ sollte beispielhaft für den Aufbruch in ein sozialistisches Zeitalter stehen. In der gebauten Proklamation der Existenz einer neuen Gesellschaft zeigte sich aber auch der öffentlich ausgetragene Kampf um Akzeptanz und Anerkennung der neuen politischen Führung, die stets versuchte, dem Stadtaufbau einen politischen Überbau zu geben. So stand auch der eingangs erwähnte Besuch Otto Grotewohls ganz im Zeichen einer dezidiert sozialistischen Zukunftsperspektive:

> Ich habe bei Ihnen den Anfang einer neuen Stadt gesehen [...,] das wird eine glückliche Stadt sein. Was hier wächst[,] ist auch der Anfang eines neuen menschlichen Glücks. Für dieses Glück gemeinsam zu arbeiten, ist ein schönes Ziel für alle.[21]

Auf Veranlassung der SED wurde das Werden Hoyerswerdas auch musikalisch verarbeitet. In der Kantate *Jung, voll Leben, lichtersatt*, die Max-Hans Fischer dem Aufbau der Stadt im Jahr 1963 widmete, finden sich in den Allegorien Licht und Gold weitere Verweise einer positiven Zukunftsdarstellung:

> Und Licht hüllt die Altstadt mit jungem Gewande, verknüpft sie der Neustadt mit leuchtendem Bande, wird heller und dehnt sich hinauf: Die Sonne zieht über der Neustadt herauf. Sie wird ihre tägliche Lichtbahn beschreiben. Sie hebt sich und bricht in vergoldeten Scheiben.[22]

18 Redaktion: Das ist das neue Hoyerswerda. In: *Hoyerswerdaer Volksstimme*, 10.05.1963, S. 1.

19 Redaktion: Die sozialistische Wohnstadt. In: *Neues Deutschland*, 23.08.1964, S. 8.

20 Redaktion: Hoyerswerda ist eine kinderreiche Stadt. In: *Lausitzer Rundschau*, 27.08.1963, S. 6.

21 Otto Grotewohl zit. n. Redaktion: Diese Stadt ist ein Stück unserer Zukunft.

22 Max-Hans Fischer: Jung, voll Leben, lichtersatt. In: *Hoyerswerdaer Volksstimme*, 21.06.1963, S. 1.

Insbesondere vor dem Hintergrund der einsetzenden Kritik an der mangelnden städtebaulichen Verbindung der beiden Stadtteile, Altstadt und Neustadt, zeichnete Fischer hier ein stark überhöhtes Bild. Gleichwohl waren die Ausführungen zu einem Zeitpunkt entstanden, der als Höhepunkt der medialen Zukunftsrhetorik beschrieben werden kann – vor der Veröffentlichung von Brigitte Reimanns Artikel „Bemerkungen zu einer neuen Stadt", der gewissermaßen einen Wendepunkt in der öffentlichen Diskussion über das Werden der Stadt darstellte. Reimann, die der „Stadt aus dem Baukasten" einen Mangel an Atmosphäre, ein kaum vorhandenes kulturelles Niveau und nicht zuletzt eine kleinbürgerliche Enge attestierte,[23] löste mit ihrer Bewertung eine Welle der Stadtkritik, gleichzeitig aber auch eine politisch zumindest geduldete Debatte aus, die in der Folgezeit erstaunlich offene Einsichten von verantwortlichen Architekten und Stadtplanern zu erkennen gab.

Ankunft im Alltag – Die Stadt der Gegenwart

Als Reaktion auf die einsetzenden Misstöne konzentrierten sich die ‚offiziellen' Berichterstattungen zunehmend auf das ‚Erreichte' und das ‚tatsächlich Errichtete', um auf diese Weise die größte an den sozialistischen Städtebau gerichtete Kritik des Unfertigen in ein positives Gegenbild zu verkehren. So forcierte die *Lausitzer Rundschau* parallel zur Veröffentlichung von Leserbriefen, die als Reaktion auf den Artikel von Brigitte Reimann den Aufbau von Hoyerswerda hinterfragten – jedoch völlig konträr zu ihren Inhalten unter den Überschriften: „Die neue Stadt wächst"[24], „Die neue Stadt soll blühen"[25] oder „Die neue Stadt wächst weiter"[26] gedruckt wurden – eine mediale Kampagne unter dem Titel: „Worauf wir stolz sind"[27]. Der erste Teil der Serie thematisierte den Wohnungsbau. Unter dem Bild des fertiggestellten Wohnkomplex IV – einer Luftbildaufnahme die in Richtung Westen fotografiert wurde, um so die Baumaschinen, Gerüste und Kräne der Großbaustelle auszublenden – findet sich die Unterschrift:

> Hoyerswerda-Neustadt – einst Felder und Wiesen, heute Brennpunkt des sozialistischen Aufbaus. Moderne Wohnblocks prägen das neue Gesicht. 1957 wurde der Grundstein gelegt. Seitdem sind rund 5.000 Wohnungen bezugsfertig übergeben worden.[28]

23 Vgl. Brigitte Reimann: Bemerkungen zu einer neuen Stadt. In: *Lausitzer Rundschau*, 17.08.1963, S. 8.

24 Redaktion: Die neue Stadt wächst. In: *Lausitzer Rundschau*, 27.08.1963, S. 6.

25 Redaktion: Die neue Stadt soll blühen, In: *Lausitzer Rundschau*, 10.09.1963, S. 8.

26 Redaktion: Die neue Stadt wächst weiter. In: *Lausitzer Rundschau*, 19.09.1963, S. 8.

27 Redaktion: Worauf wir stolz sind. In: *Lausitzer Rundschau*, 23.08.1963, S. 5.

28 Ebd.

Deutlich zeigt sich hier der Versuch, die Aufbauleistungen historisch einzuordnen, der werdenden Stadt eine Geschichte zu geben. Beobachten lässt sich in diesem Zusammenhang auch, dass bis in die 1970er Jahre Eröffnungen von Konsum- und Kulturstätten, von Schulen, Kindergärten und Kinderkrippen stärker medial begleitet wurden als noch in den Anfangsjahren. Im Weiteren wurde angestrebt, den Aufbau der Stadt verstärkt aus einer persönlichen Perspektive der Bewohner darzustellen. Diese als Leserbriefe oder Schüleraufsätze deklarierten „Zeitzeugenberichte" überhöhten das Erreichte auf immer gleiche Weise. Hierzu der Aufsatz der Schülerin Karola Reindke, veröffentlicht in der *Hoyerswerdaer Volksstimme* im Oktober 1963:

> In den vergangenen fünf Jahren ist die sozialistische Wohnstadt Hoyerswerda weitergewachsen. Ihr Gesicht hat sich verändert zur täglichen Freude, mit gewissem Stolz aller Bewohner. Die Zuweisung für eine Neustadtwohnung kam einem Lottogewinn gleich, denn die schrägen Zimmer unterm Dach in einem kleinen Siedlungshaus am Stadtrand waren für uns zu klein geworden. [...] War rund um uns auch noch alles Baugelände, wir hatten ja unsere sonnigen Zimmer. Die Küche hatte es meiner Mutti besonders angetan. Spülbecken, Einbauschränke, Gasherd, fließend kaltes und warmes Wasser, das alles konnte uns die alte Wohnung nicht bieten.[29]

Diese Prioritätsverschiebung innerhalb der Repräsentation der Stadt, von der Utopie des Morgens zu den Leistungen der Gegenwart, kann nach Sigrid Meuschel als Versuch der Politik der SED angesehen werden, „den Sozialismus selbst mitsamt seiner mittelfristig erhofften Vorteile ins Zentrum der Legitimationsstrategie"[30] zu stellen. Im Besonderen zeigte sich dies in der übermäßigen Betonung der Zahl fertiggestellter Wohnungen.

Der Verlust des Utopischen – Die Stadt der Geborgenheit

Die Legitimationsressource Zukunft wurde in der Repräsentation der Stadt ab Mitte der 1960er Jahre hingegen nur noch selten, zu runden Geburtstagen – den Jahrestagen der Grundsteinlegung der Neustadt – und in Darstellungen von prestigeversprechenden Großbauten bemüht. Ein letztes Mal blitzte jene Euphorie über das Kommende in einem Artikel mit dem vielversprechenden Titel „Bummel durch das Schlaraffenland"[31] auf, der den Leser im Jahr 1967

29 Karola Reindke: Einem Lottogewinn gleich. In: *Hoyerswerdaer Volksstimme*, 18.10.1963, S. 2.

30 Sigrid Meuschel: Legitimationsstrategien in der DDR und in der Bundesrepublik. In: Christoph Kleßmann / Hans Misselwitz / Günter Wichert (Hrsg.): *Deutsche Vergangenheiten – eine gemeinsame Herausforderung. Der schwierige Umgang mit der doppelten Nachkriegsgeschichte.* Berlin: Links 1999, S. 115–127, hier S. 126.

31 Werner Schmidt: Bummel durch das Schlaraffenland. In: *WZet – Wochenzeitung für die Kreise Hoyerswerda und Spremberg*, 23.03.1967, S. 4–5.

auf einem fiktiven Rundgang durch das noch im Bau befindliche Centrum-Warenhaus führte:

> Wir weilten im Gestern, verharrten ein wenig im Heute, begeben wir uns noch ins Morgen, in eine nahe, sich hell abzeichnende Zukunft. Lösen Sie, lieber Leser, Ihr anfangs gegebenes Versprechen, mich bei einem Einkaufsbummel im neuen Warenhaus ‚Centrum' zu begleiten [...,] begutachten wir zunächst das attraktive Äußere des Objektes. Der flache, geradlinige Bau mit seinen blinkenden Außenfassaden, die sich um das gesamte Gebäude ziehende hell erleuchtete Fensterreihe, die pausenlos schwingenden Eingangstüren [...] bieten ein eindrucksvolles Bild. [...] Geblendet von der farbigen Pracht bleiben wir einen Augenblick stehen. Noch fühlen wir uns fremd, wissen noch nichts Rechtes anzufangen in diesem Schlaraffenland auf Erden. Doch das Gefühl des Überwältigtseins verschwindet bald, macht einem neuen des Alles-sehen-Müssens Platz. Rund 3.20 m² gibt es hier im Erdgeschoß. [...] Wir sehen und staunen: Raumtextilien, Kunstgewerbe, Schmuck, Foto und Optik [...] und eine große Lebensmittelabteilung mit einem umfangreichen Diät- und Reformangebot.[32]

Zeugen die Inhalte der Reportage über das zukünftige Centrum-Warenhaus noch von einem hoffnungsfrohen Optimismus, wird in der Gegenüberstellung der Jubiläumsreportagen aus den Jahren 1965 und 1975 ein deutlicher Wandel der Zukunftsdarstellung sichtbar. Im Artikel „Hoyerswerda – die Stadt unserer sozialistischen Gegenwart und Zukunft"[33], der anlässlich des 10. Jahrestages 1965 erschienen war, findet sich unter der Überschrift „Blick in das Morgen"[34] noch eine stark überhöhte Darstellung:

> Uns fällt es nicht schwer, in die Zukunft zu schauen. All das, was die Partei und Regierung vor zehn Jahren sagte ist Wirklichkeit geworden. [...] In wenigen Jahren wird Hoyerswerda nicht nur mehr 42.000 Einwohner zählen, sondern 60.000, 70.000, ja man spricht sogar schon von nahezu 100.000.[35]

Zehn Jahre später, in den Berichten zum 20. Jahrestag wurde die Zukunft, die große Euphorie über das Morgen jetzt auch in den ‚offiziellen' Berichterstattungen endgültig von der Gegenwart eingeholt. Im Grußwort der stellvertretenden Bürgermeisterin Christel Rudolf heißt es nur noch nüchtern:

> Die Kinderschuhe sind abgestreift. Wir müssen jetzt gemeinsam vieles, was noch zum Leben der Stadt gehört, komplettieren und ergänzen. Wir tun das mit dem optimistischen Ausblick auf die weitere Gestaltung des Stadtzentrums und eines weiteren großen Wohngebietes für das nächste Jahrzehnt.[36]

32 Schmidt: Bummel durch das Schlaraffenland, S. 4.

33 M. Bunge: Hoyerswerda – die Stadt unserer sozialistischen Gegenwart und Zukunft. In: *Hoyerswerdaer Volksstimme*, 27.08.1965, S. 6–7.

34 Ebd., S. 7.

35 Ebd.

36 Christel Rudolf: 20 Jahre Neuaufbau Hoyerswerda. In: *Architektur der DDR* 24,12 (1975), S. 713.

Insgesamt lässt sich beobachten, dass die Berichterstattungen der 1970er und 1980er Jahre zunehmend Formulierungen wie ‚sich heimisch fühlen', ‚Sorge' und ‚Fürsorge' bemühten. Im Selbstverständnis einer gebauten Rationalität, die jetzt auch emotionale Bedürfnisse bedienen sollte, wurde in der medialen Vermittlung der Stadt ein neues, subjektives Narrativ der „Geborgenheit" ausgespielt.[37] Unter der Überschrift: „Vom Jüngsten bis zu den Ältesten – umsorgt im sozialistischen Staat"[38] thematisierte die *Lausitzer Rundschau* das Miteinander und die soziale Fürsorge in Kinderkrippen, Feierabend- und Pflegeheimen. Andere Darstellungen bemühten positive Vergleiche zwischen dem Lebensstandard in Hoyerswerda und dem in der Bundesrepublik. An dieser Stelle lässt sich der Argumentation Konrad Jarauschs folgen, wonach die Deklarierung der sozialpolitischen Leistungen als „Fürsorge" eine paternalistische Bindung zwischen Staat und Bevölkerung herstellen, Loyalität erzeugen und letztendlich systemstabilisierend wirken sollte.[39]

Über die Assoziation ‚Geborgenheit durch Wohlstand und soziale Sicherheit' hinaus, wurde das Gefühl der ‚Geborgenheit als sich Wohlfühlen' in der späten Repräsentation der Stadt auch zunehmend mit dem Begriff ‚Heimat' in Verbindung gebracht. So wurden in den Lokal- und Regionalzeitungen in den 1980er Jahren vermehrt Berichte von Zeitzeugen des Aufbaus gedruckt, in denen eine persönliche Beziehung, mitunter sogar eine heimliche ‚heimatliche' Liebe zwischen den Protagonisten und ihrer Stadt herausgestellt wurde. Etwa heißt es in den Erinnerungen von J. Wiczoryk:

> Als junger Bauarbeiter begeisterte ich mich für diese Sache. Höchstens ein bis zwei Jahre sollten es werden, dann wollte ich wieder nach Erfurt zurück, [...] und mittlerweile werden es 25 Jahre, die ich in Hoyerswerda bin. [...] Da so viele Gebäude in der Neustadt auch meine Handschrift tragen, ist es nicht verwunderlich, wenn ich an dieser Stadt mit Liebe hänge.[40]

37 Vgl. hierzu exemplarisch Redaktion: Bürgerfleiß mit vielen klugen Ideen für Geborgenheit und Wohnlichkeit. In: *Neue Zeit*, 09.11.1976, S. 3.

38 Redaktion: Vom Jüngsten bis zu den Ältesten – umsorgt im sozialistischen Staat. In: *Lausitzer Rundschau*, 03.05.1984, S. 3.

39 Vgl. Konrad Jarausch: Realer Sozialismus als Fürsorgediktatur. Zur begrifflichen Einordnung der DDR. In: *Aus Politik und Zeitgeschichte* 20 (1998), S. 33–46, hier S. 33–36.

40 J. Wiczoryk in der *Lausitzer Rundschau* vom 20. August 1980, zit. n. Gerd Michel: Aufbau und Entwicklung Hoyerswerdas als zweiter sozialistischer Wohnstadt der DDR – Ausdruck der Bündnispolitik der Partei der Arbeiterklasse (von der Mitte der 50er Jahre bis zum Beginn der 60er Jahre). Diplomarbeit, Humboldt-Universität zu Berlin, 1986. Stadtarchiv Hoyerswerda, Aktenbündel 4150, S. 58.

Verfolgt man die Repräsentation Hoyerswerdas im Zeitraum von 1955 bis in die 1980er Jahre, lässt sich ein Prozess beobachten, der in den Worten Philipp Springers wohl am ehesten als „Verschwinden der Zukunft"[41] zu beschreiben ist. Die industrielle Stadt, die noch in den 1950er Jahren zum Symbol von Zukunftshoffnungen aufgebaut wurde, spielte in den Berichterstattungen der 1970er Jahre keine Rolle mehr. Das Kommende hatte in den ‚offiziellen' Darstellungen der Stadt zu diesem Zeitpunkt bereits seinen Platz verloren. An die Stelle der Zukunft trat die Gegenwart, an die Stelle der projizierten städtebaulichen Vision die Proklamation des Gebauten. Die Berichte der 1970er und 1980er Jahre sollten zudem von einer nie dagewesenen Lebens- und Versorgungsqualität zeugen, folgt man der Argumentation Stefan Wolles, dadurch „die heile Welt der Diktatur"[42] verkünden. Die Instrumentalisierung von staatlichen Fürsorgeleistungen und persönlichen Beziehungen der Bewohner zu ihrer Wohnumwelt stellten schließlich den letzten Versuch der SED dar, Hoyerswerda eine politisch wirksame Stadtidentität zu verleihen. Insgesamt lässt sich die von Brüchen und Wandel gekennzeichnete Repräsentation der Stadt auch als Barometer der sozialkulturellen Veränderungen in der DDR verstehen: Zukunft, Gegenwart und Geborgenheit wurden zu medial wirksamen Narrationen aufgebaut, die zu unterschiedlichen Zeiten gleichsam positiv auf die Legitimation der SED zurückstrahlen sollten.

41 Springer: Vom Verschwinden der Zukunft, bspw. S. 452.

42 Stefan Wolle: *Die heile Welt der Diktatur. Alltag und Herrschaft in der DDR 1971–1989.* Berlin: Links 2013.

Sehen und gesehen werden

Die Architekturfotografie als Vehikel für die Wahrnehmung von Architektur der Nachkriegsdekaden

Maike Streit

Die Medialisierung des Alltags

Dass Architektur in allen Phasen ihres Entstehungsprozesses und darüber hinaus in ein Bildernetz eingewoben ist, von der ersten Ideenskizze, den technischen Zeichnungen, den möglichst realistischen Renderings über die Dokumentation der Baustelle bis hin zu Hochglanzfotografien des „fotofertigen“[1] Baus, liegt in der Natur der Gattung. Noch bevor substanziell ein Grundstein gelegt wird, ist das Bild eines Baus schon in das Bewusstsein mehrerer Rezipient*innen – seien es die Bauherren, die Jury eines Architekturwettbewerbs oder die Öffentlichkeit – gewandert. Das Bild des Baus eilt ihm also voraus, noch bevor dieser überhaupt existiert. Nach seiner Fertigstellung sind es wieder die Bilder des Baus, die ihn in der Öffentlichkeit bekannt machen, es sind die Bilder des Baus, die als dessen Stellvertreter in der Fachpresse diskutiert werden und die darüber entscheiden, wie und ob dieser wahrgenommen wird. Ohne Bilder keine Architektur.

Mit *Bildern* sind über sämtliche Medien ausdifferenzierte Darstellungen von Architektur im Produktionsprozess und nach der Fertigstellung gemeint, in

1 Julius Shulman: Architektur und Fotografie. In: Ders. / Peter Gössel (Hrsg.): *Architektur und Fotografie*. Köln: Taschen 1998, S. 15–27, hier S. 16.

ihrer fach- und populärmedialen Inszenierung und Repräsentation. Die Bandbreite ist enorm und birgt somit viel Potenzial für Betrachtung und Analyse, für das Schaffen von Zusammenhängen und die Deutung übergeordneter Prinzipien der Architekturwahrnehmung. Am Beispiel der Architekturfotografie der Nachkriegsmoderne wird erkennbar, welchen bedeutenden Anteil die mediale Repräsentation für die Verbreitung und Ikonisierung von Architektur gespielt hat. Desweiteren wird evident, auf welche Art und Weise Architekturfotografie ein Vehikel für die Wahrnehmung von Architektur im gesellschaftlichen Bewusstsein geworden ist. Der folgende Aufsatz möchte diese Aspekte skizzieren.

Im Jahr 1967 schrieb der amerikanische Medientheoretiker Marshall McLuhan sein Aufsehen erregendes Buch *The Medium Is the Massage.*[2] Er stieß damit eine Reihe Überlegungen zum – seinerzeit noch recht neuartigen – Zeitalter der Medialisierung an.[3] McLuhan beschrieb, wie die Medialisierung den Alltag durchdrang und somit die Gesellschaft veränderte:

> All media work us over completely. They are so pervasive in their personal, political, economic, aesthetic, psychological, moral, ethical, and social consequences that they leave no part of us untouched, unaffected, unaltered.[4]

Die Beobachtungen McLuhans, dass Medien sämtliche Lebensbereiche durchdrangen, sind sicherlich nicht isoliert zu betrachten. Bereits in den 1940er Jahren wiesen Theodor W. Adorno und Max Horkheimer in *Kulturindustrie. Aufklärung als Massenbetrug*[5] auf die „unaufhaltsame Einwirkung moderner Medien- und Massenproduktion auf Kultur- und Gesellschaftsformen“[6] hin und prophezeiten somit die von McLuhan bestätigten Entwicklungen. Die 1960er Jahre gelten rückblickend als eine Dekade der Veränderungen, des Aufbruchs und des internationalen Wertewandels. So erklärt Werner Faulstich die Veränderungen in der Gesellschaft in den 1960er Jahren mit „dem Funktionswandel sich ausdifferenzierender Medienkulturen.“[7]

2 Die Schreibweise „Massage“ statt „Message“ war intendiert.

3 Marshall McLuhan / Quentin Fiore: *The Medium Is the Massage.* New York / London: Bantam 1967.

4 Ebd., S. 26.

5 Max Horkheimer / Theodor W. Adorno: *Dialektik der Aufklärung.* Frankfurt am Main: Suhrkamp 1944.

6 Marc M. Angelil: Die Architektur des Effekts. Medien und Kulturindustrie als Spektakel. In: Tipje Behrens (Hrsg.): *Transfer: Die Architektur und ihre Medien.* Zürich: Gta 2001, S. 112–117, hier S. 112.

7 Werner Faulstich: Einleitung. In: Ders. (Hrsg.): *Die Kultur der sechziger Jahre.* München: Fink 2003, S. 7–8, hier S. 8.

Weiterhin beschreibt Anette Lehmann eine Dynamisierung und Differenzierung des Verhältnisses von Kunst und neuen Medien seit den 1960er Jahren, die sie vor allem daran festmacht, dass der „traditionelle Kunstbegriff vielfach herausgefordert wurde."[8] So gab es einen längeren Prozess, in dem sich eine Akzeptanz für die künstlerische Moderne entwickelte, während sich zeitgleich ein „ästhetischer Protest gegen den Provinzialismus und den reaktionär-konservativen Geist der Adenauer-Ära" mit einer Formierung von Avantgardegruppen abzeichnete.[9]

Das von McLuhan, Lehmann und Faulstich beschriebene Phänomen der Medialisierung ist auch bei der Architekturproduktion zu beobachten. In den drei Dekaden nach dem Zweiten Weltkrieg entwickelten sich markante Wandlungen in der Architekturästhetik, welche letztendlich mit dem genannten Phänomen der Medialisierung zu Beginn der 1960er Jahre koinzidieren. Bemerkenswert ist, dass zu dieser Zeit ein enormer Reichtum an Bildmedien aufkam, der in der Geschichte medialer Repräsentation seines Gleichen sucht. Die Architekturfotografie in der Nachkriegsmoderne entwickelte sich zu einem Medium besonderen Stellenwertes. Sie war beispielhaft für den Medialisierungsprozess und zugleich Wegbereiter für dessen Höhepunkt.

Moderne Architekturfotografie

Die Fotografie gewinnt hohe Bedeutung für die Architektur an dem Punkt, an dem ein Bau fotofertig ist – er sich also auf dem Höhepunkt seines Entstehungsprozesses befindet. Sie konnte bereits mit Beginn des 20. Jahrhunderts für die Architektur fruchtbar gemacht werden.[10] Rückblickend spricht man von einer Verwandtschaft der Fotografie mit der Klassischen Moderne. Diese Verwandtschaft hat die Rezeption von Architektur seit Beginn des 20. Jahrhunderts beeinflusst und bleibt bis heute bestehen, denn immer noch ist die Architekturfotografie ein wichtiges Instrument in der Inszenierung zeitgenössischer Bauwerke. Aus der Moderne heraus vereinen sich die Fotografie und das

8 Anette Jael Lehmann: *Kunst und Neue Medien. Ästhetische Paradigmen seit den sechziger Jahren.* Tübingen: Francke 2008, S. 10. Lehmann weist auf Performance Art, Happenings, Fluxus, Pop-Art, Minimalismus und Konzeptkunst als Einflüsse auf das neue Selbstverständnis von Kunst und Ästhetik hin.

9 Knut Hickethier: Protestkultur und Alternative Lebensformen. In: Werner Faulstich (Hrsg.); *Die Kultur der sechziger Jahre.* München: Fink 2003, S. 11–30, hier S. 14.

10 An dieser Stelle sei auf die Anfänge der Fotografie hingewiesen, bei denen vor allem Architektur als beliebtes Sujet verwendet wurde. Beispiele sind die Aufnahmen von Henry Fox Talbot (Boulevard des Capucines, Paris, 1843), Louis-Jacques-Mandé Daguerre (Boulevard du Temple, Paris 1838) und Joseph Nicéphore Niépce (Maison du Gras, Chalon-sur-Saone, 1826).

Bauen mit gemeinsamen Attributen wie „Fortschritt, technische Reproduzierbarkeit und Rationalität" sowie „Sachlichkeit, [...] Direktheit ohne ästhetischen Überbau, [...] nüchterne Information"; sie machen beide zu Erkennungsparametern des Industriezeitalters.[11] Nachdem nun das Potenzial der Fotografie für das Bauen erkannt wurde, indem die gebauten Konzepte auch im Bild weitergetragen wurden, entstanden enge Beziehungen zwischen Architekt und Fotograf. Diese waren eine Weiterentwicklung der Beziehung zwischen Architekten und Zeichner (Renderer) oder Stecher. Beispiele sind die Verhältnisse von Walter Gropius und Albert Renger-Patzsch[12] sowie Le Corbusier und Lucien Hervé. Die Bilder, die dieser Zusammenarbeit entsprangen – wie beispielsweise die der *Unité d'Habitation* (1952) in Marseille, oder die der *Fagus Werke* in Alfeld an der Leine (1914) – sind ikonische Landmarken, die sich tief in das Gedächtnis der Architekturrezeption eingebrannt haben. Der visuellen Repräsentation des Baukonzepts im Bild sowie des fertigen Baus wurde enormes Gewicht gegeben.

Die Kommunikation von Architektur geschieht also überregional durch das Medium Fotografie. Seine unendliche technische Reproduzierbarkeit macht es zu einem Massenmedium, mit dessen Hilfe sich ein Bauwerk popularisieren lässt. In der Nachkriegszeit bediente man sich dieses Mediums auf verschiedenste Weise. In Europa wurden unter anderem die Zerstörungen und der Wiederaufbau dokumentiert, in den USA der Wohlstand der Nachkriegsjahre veranschaulicht.

In den 1950 Jahren etablierten sich im fotografischen Medium Darstellungscodes für die Architekturrepräsentation, welche auch in den 1960er Jahren noch Anwendung fanden. Die Darstellungsmodi veränderten sich erst mit Beginn der 1970er Jahre und der fortschreitenden Postmoderne. Die Entwicklung der Architekturdarstellung im Bild wurde von Rolf Sachsse beschrieben. Er verdeutlichte, in welcher Art und Weise die Fotografie das Bild der Zeit generierte und die Moderne Architektur durch dezidierte Visualisierung zu einem Identifikator der wirtschafts- und konsumstarken Nachkriegsmoderne machte. Beispielsweise beschreibt er das Erscheinen des Industriebaus im Bild als „ortlos und überall wiederholbar" sowie den „paradigmatischen Gebrauch von Raster- und Profilformen[,] [denen] durch perfekte Detailphotographien gehuldigt

11 Gerda Breuer: Einleitung. In: Dies. (Hrsg.): *Architekturfotografie der Nachkriegsmoderne*. Frankfurt am Main: Stroemfeld 2012, S. 11–42, hier S. 11–12.

12 Renger-Patzsch produzierte 1928 eine Bilderreihe der *Fagus Werke*. Gropius stellte sicher, dass Renger-Patzschs Fotografien des Baus die einzigen waren, die vervielfältigt wurden (vgl. Robert Elwall: *Building with Light. The International History of Architectural Photography*. London / New York: Merrell 2004, S. 128).

[wurde].“[13] Diese sinnbildliche Moderne setzte sich demnach „als Bild der Zeit durch“[14]. Neben den Industriebauten waren es vor allem Bürohäuser sowie luxuriöse Eigenheime – Traumhäuser –, welche üppig bebildert in Fach- und Publikumszeitschriften vorgestellt wurden.[15] Durch die Betonung bestimmter architektonischer Elemente und durch die durchaus vereinheitlichten Darstellungsweisen (Codes) von Architektur im Bild wurde ein *Image* verschiedener Architekturtypen – hier das Bürohaus und das Traumhaus – geschaffen. Die buchstäbliche Verbildlichung von Architektur beinhaltete zudem diverse Ansätze einer perfekten, vorteilhaften Inszenierung sowie eine Fülle von Suggestionen und Versprechungen, die durch das Image-making unzertrennlich mit den Gebäuden verbunden wurden. Eine hohe, spiegelnde und verglaste Vorhangfassade an einem Rasterbau war entsprechendes Sinnbild für den kommerziellen Erfolg des Geschäfts des Bauherrn. Fertige Bauten wurden vorteilhaft fotografisch inszeniert „in strahlendem Sonnenlicht [...] Träume aus Glas und Beton mit hellen Büros, in denen zu arbeiten eine Lust sein mußte“.[16] Gerda Breuer sieht die Landschaft an Verwaltungsgebäuden der Nachkriegsdekaden als symptomatisch für eine Zurschaustellung von Erfolg. Sie schreibt der formalen Rasterarchitektur die „Allianz von Politik, Kapital, Wirtschaft und moderner städtischer Kultur“[17] zu. Die industrielle Massenproduktion in kontinuierlicher, gleichbleibender Qualität gepaart mit der präzisen, technisch perfektionierten fotografischen Technik steht ganz im Zeitgeschmack der Nachkriegsmoderne.[18] Bei den Wohnhäusern etablierte sich die Darstellungsart eines sich in die Landschaft einfügenden Glaskubus mit transparenten, innen beleuchteten Glasflächen, abgelichtet bei Dämmerung, als ein Symbol für Glamour, Wohlstand und guten Geschmack der Bewohner – das Traumhaus.
Mit Hilfe ausführlicher Besprechungen von Bauten, inklusive ihrer Hochglanzbebilderungen in der Architekturpublizistik, wurden außerdem medienwirksam Besitzbedürfnisse generiert. Im „medial vermittelten Bau“ wurde „eine Botschaft überbracht.“[19] Sachsse weist darauf hin, dass das Vorbild des

13 Rolf Sachsse: *Bild und Bau. Zur Nutzung technischer Medien beim Entwerfen von Architektur.* Braunschweig / Wiesbaden: Vieweg 1997, S. 220.

14 Ebd.

15 Ebd.

16 Ebd., S. 221.

17 Gerda Breuer: Einleitung. In: Dies. (Hrsg.): *Architekturfotografie der Nachkriegsmoderne,* S. 11–41, hier S. 38.

18 Ebd.

19 Sachsse: *Bild und Bau,* S. 221.

Darstellungskanons aus den USA und der „dorthin emigrierten Moderne“[20] kam. Er definiert somit die Einflusschronologie der Darstellungscodes in der Architekturfotografie. Sachsse erkennt weiterhin die generelle Funktion der Fotografie als die „mediale Vermittlung visueller Inhalte“[21] an, eine dem Medium inhärente Schlüsselfunktion, die es zu einem einzigartigen Suggestionsinstrument werden lässt. Für die Architektur war die Paarung des „fotografischen [Abbildes] von Dagewesenem und von Modellhaftem“[22] und dem Bedürfnis nach Besitz und Wohlstand – bezeichnend für die Gesellschaft der Nachkriegsjahrzehnte – eine besondere Konstellation, die dazu beitrug, dass sich bestimmte Architekturästhetiken etablierten und verbreiteten.

Parallele Entwicklungen der Architekturdarstellung in Deutschland und den USA

Symbolarchitekturen zur Selbstdarstellung von Personen und Unternehmen bedienten sich des importierten amerikanischen Architekturvokabulars wie beispielsweise des zeitgenössischen Hochhauses aus Stahlskelett, Glasvorhangfassade, Aluminium und Beton; der Internationale Stil erfuhr eine Renaissance während der 1950er bis Anfang der 1960er Jahre. Dabei halfen die Baumaterialien in der Visualisierung einer als modern empfundenen Unternehmenskultur. Die fertigen Bürogebäude wurden sogleich mehrfach mit vielen Hochglanzfotografien veröffentlicht, was die Verbreitung förderte und zur Rezeption des wiederbelebten Stils beitrug. Durch den Multiplikator der Presse, gepaart mit fotografischen Bilderreihen, wurde das Gefühl eines gebauten Internationalismus aufrechterhalten.

Aus Kalifornien wurde weiterhin der bereits erwähnte Typ des Traumhauses importiert. Abgelichtet wurde der Wohnhaustyp eines eingeschossigen Flachbaus mit großflächig verglasten Fenstern und leichten Stahlträgern, mit einer enormen Transparenz – besonders bei der typischen Dämmerungsaufnahme – unter Einbeziehung der Umgebungslandschaft des freistehenden kubischen Ensembles mit Ausblick und Swimmingpool. Hier wurde ein Traum von Wohnen mit einer Akzentuierung durchlässiger Materialien suggeriert. Ein wichtiges Beispiel dieser Einflussnahme aus den USA ist die Bekanntheit der Wohnhausbauten der Architekten Richard Neutra (Kaufmann House, 1947, Palm Springs) und Pierre Koenig (Case Study House #22 oder auch Stahl House,

20 Sachsse: *Bild und Bau*, S. 221.

21 Rolf Sachsse: *Fotografie. Vom technischen Bildmittel zur Krise der Repräsentation*. Köln: Deubner 2003, S. 11.

22 Ebd., S. 10.

Abb. 1
Julius Shulman fotografiert das Case Study House No. 22 von Pierre Koenig, 1960.

1960, Los Angeles), die von dem Fotografen Julius Shulman medienwirksam inszeniert wurden. Shulman war es zu verdanken, dass diese Architekturen weltweit Anerkennung finden konnten. Die Bilder der Bauten schafften es in sämtliche internationale Fach- und Publikumszeitschriften und wurden damit von einer breiten Masse rezipiert.[23] Die Traumhaus-Flachbauten waren Teil des Case Study House Program (1945–1966) welches von John Entenza (Herausgeber der Zeitschrift *Arts & Architecture*) initiiert wurde. Nicht nur das äußere Erscheinungsbild der Bauten spielte bei der Verbreitung dieses Wohnhaus-Stils eine Rolle, sondern auch die akribisch inszenierten Interieurs, die durch das zeitgenössische Design seines Mobiliars unverkennbar wurden. Hier wurde mit der Architektur auch eine, für die damalige Zeit erstrebenswerte Lebensart vermarktet: Glamour.[24] So wurden die makellos inszenierten Bauten

23 Pierluigi Serraino: Die Fotografie und die amerikanische Moderne. Vom frühen International Style bis zu den 70er-Jahren. In: Ders. / Julius Shulman: *Modernism Rediscovered*. Köln: Taschen 2000, S. 10–13, hier S. 10; Julius Shulman: *The Photography of Architecture and Design: Photographing Buildings, Interiors, and the Visual Arts*. New York: Whitney Library of Design 1977, S. 1.

24 Alice T. Friedman geht dieser Entwicklung nach mit Hilfe einer Reihe von Fallstudien nach. Vgl. Alice T. Friedman: *American Glamour and the Evolution of Modern Architecture*. New Haven: Yale UP 2010.

durch ihre Fotografien zu „Ikonen der Lebensform der Nachkriegsmoderne in Kalifornien"[25] und beeinflussten die Wohnhausarchitekturen in Europa.
Gleichzeitig entwickelte sich ein Konsens der „neuen Formensprache der Architektur" im Zuge des Wiederaufbaus in Deutschland, der zu einem „programmatischen Modernismus" führte.[26] Zu beobachten war eine Kontinuität einer „klaren, funktionalistischen Bauweise" als Gegenmittel zur Architektur des Nazi-Regimes und gegen dessen ornamentale, monumentale Formensprache.[27] Ungeachtet dessen, dass die Traumhäuser aus Hollywood in anderem ökonomischen Umfang und in dezidiert anderer topografischer Lage gebaut wurden,[28] erfreute sich dieser Typus großer Beliebtheit in Deutschland. Parallelen in der Formsprache zeigen sich vom Haus Gold in Köln (Joachim Schürmann, 1958) bis zum Kanzlerbungalow in Bonn (Sep Ruf, 1963). Dies war ganz wesentlich den fotografischen Inszenierungen und den Bedürfnissen zu verdanken, die diese Aufnahmen erzeugten. Getragen durch einige Protagonisten der architekturfotografischen Szene, ergab sich auch in Deutschland die Applikation eines einheitlichen Abbildungskanons für das moderne Bauwesen.
Das Atelier schmölz + huth[29] konnte bis in die 1970er Jahre hinein ein umfassendes Bild der zeitgenössischen Wohnkultur abbilden, indem es aufwendige Werbefotografien herstellte. Karl Hugo Schmölz wurde zudem bekannt für seine Architekturaufnahmen – vor allem in Köln –, die durch ihre Detailtreue und Materialgenauigkeit auffielen. Stefanie Lieb sieht Schmölz' Œuvre als „Zeugnis [...] für die spezielle Formensprache und Ästhetik der 1950er Jahre-Architektur."[30] Als Auftragsfotograf für Architekten wie Gottfried Böhm, Rudolf Schwarz und Peter Baumann konnte Schmölz die Architektur der 1950er Jahre in ihrer Essenz dokumentieren. Die „typischen Charakteristika der 1950er Jahre-Architektur und ihre Inszenierung durch die Kamera von Karl Hugo Schmölz"[31] spiegeln sich beispielsweise in Aufnahmen der Ford Werke (Friedrich Schneider, 1951) oder des Schuhhauses Kämpgen (Günther und Hans Bunge, 1951). Karl Hugo Schmölz war das Äquivalent zu Julius Shulman in Deutschland. Schmölz' Allianz mit dem Architekten Bernhard

25 Serraino: Die Fotografie und die Amerikanische Moderne, S. 10.

26 Breuer: Einleitung, S. 30.

27 Ebd., S. 29–31.

28 Sachsse: *Bild und Bau*, S. 221–225.

29 1956 gründete Karl Hugo Schmölz mit seiner Frau, der Modefotografin Walde Huth, das Atelier schmölz + huth, welches sich der Werbefotografie verschrieb.

30 Stefanie Lieb: Der Fotograf Karl Hugo Schmölz und seine Inszenierung der 50er Jahre-Architektur in Köln. In: Breuer (Hrsg.): *Architekturfotografie der Nachkriegsmoderne*, S. 147–168, hier S. 147–148.

31 Lieb: Der Fotograf Karl Hugo Schmölz, S. 149.

Pfau orientierte sich an den „amerikanischen Vorgaben [...] des architekturphotographischen Kanons“[32]. In den 1960er Jahren etablierte sich zudem die amerikanische Nachtaufnahme in Deutschland. Wurden die Bauten in den 1930er Jahren noch effektvoll mit Scheinwerferlicht inszeniert, wurde nun die Beleuchtung der Innenräume gegen eine dunkle Umgebung bei Dämmerung oder Nacht zum Merkmal der Dramatik. Schmölz beherrschte diese bis zur technischen Perfektion.

In den 1960er Jahren akquirierte auch der Fotograf Hans Schafgans in Bonn gezielt Architekten als Kunden.[33] Im Fahrwasser des Bedeutungszuwachses von Fotografie für die Architektur der Nachkriegszeit baute Schafgans seinen Geschäftszweig auf. Lifestylezeitschriften und Werbung förderten den medialisierten Alltag, der durch die Fotografie genährt wurde. Tuya Roth schreibt in ihrem Artikel über Hans Schafgans: „Es entspricht dem Trend der Zeit, hervorragendes und aktuelles Bildmaterial für Anzeigen, Zeitschriften und Werbebroschüren zu verwenden.“[34] Mit dem Übergang der 1950er zu den 1960er Jahren brach sich also spürbar die Instrumentalisierung der Medienwelt durch Fotografen wie Architekten Bahn. Das Vorgehen Schafgans' war beispielhaft für diese Entwicklung der marketingstrategischen Stellung von Architekturfotografie. Weiterhin zu nennen sind Fotografen wie Heinrich Heidersberger und Ludwig Windstosser. Auch sie konnten bedeutenden Bauten zu ihrer Ikonisierung verhelfen.[35] Zudem lagen zwei Richtungen der Architekturfotografie nahe beieinander: die kommerzielle und die künstlerische Architekturfotografie. Dabei verschwammen die Grenzen zwischen Kunst und Auftrag im hohen Anspruch an die technische Perfektion und die Komposition des Bildinhalts.

Sichtbarmachen: Der Architekturfotograf an der Schnittstelle zwischen Konzept und Wahrnehmung

„Ein Projekt, das dem Auge nicht zugänglich ist, existiert nicht in den Bildwelten der Gesellschaft. Nur wenn es in relevanten Medien erscheint, bleibt ein Projekt in der Erinnerung lebendig,“[36] schreibt Pierluigi Serraino. Damit deutet

32 Sachsse: *Bild und Bau*, S. 225.

33 Tuya Roth: „Ein Architekt kann seine Arbeit nicht mit sich herumtragen ... Aber Architekturfotos von Schafgans“. In: Breuer (Hrsg.): *Architekturfotografie der Nachkriegsmoderne*, S. 169–192, hier S. 169, 171.

34 Ebd., S. 173–174.

35 Bei Heidersberger zum Beispiel die Aufnahme der Feierabendhalle Farbwerke Hoechst, Frankfurt (1963).

36 Serraino: Die Fotografie und die amerikanische Moderne, S. 13.

er auf das Bewusstsein des Architekten für eine medienwirksame Inszenierung seiner Arbeiten und die Nachhaltigkeit von Bildern für das architektonische Gedächtnis der Gesellschaft. Die Zusammenarbeit von Architekt und Fotograf war daher von großer Wichtigkeit für das Erreichen dieses definierten Ziels. Gerda Breuer stellt die Frage nach dem Verhältnis von Architekturentwicklung und Architekturfotografie der Nachkriegsmoderne. So trugen Auftragsfotografen in ihren Beziehungen zu den örtlich agierenden Architekten zu einer vergleichbaren Konstellation von Fotograf und Architekt bei, wie es einst in der Klassischen Moderne zu beobachten gewesen war:

> Insofern ist anzunehmen, dass die Fotografien jenen virtuellen Charakter der Architektur spiegelten, der der Welt der Renderings bei Entwurfs- und Wettbewerbsplänen der Architekten entspricht: Aussagenwert und Informationsgehalt der Architektur werden durch die bildnerisch-ästhetische Umsetzung in ihrer rhetorischen Wirksamkeit erhöht.[37]

Demnach war die Macht der Bilder als Wirklichkeitsersatz oder Wirklichkeitserhöhung evident. Das stellt auch Robert Elwall fest und zitiert im Hinblick darauf H. S. Goodhart-Rendel, dessen ironische Aussage von 1930: „[T]he modern architectural drawing is interesting, the photograph is magnificent, the building is an unfortunate but necessary stage between the two."[38] Dieses Verhältnis verlor nie an Aktualität.

Die Rekurse auf die Moderne, die sich im Zuge der Orientierungsschwierigkeiten nach dem Zweiten Weltkrieg ergaben, wurden mit Ende der 1950er Jahre allgemeiner Standard in der Architektur. Mit Hilfe der Architekturpublizistik und der Populärpresse wurde der moderne Ansatz vermarktet, wie Sachsse bemerkt:

> Der architektonische Kanon der Moderne aus Materialgerechtigkeit und Funktionalität, Raumdefinition und Formreduktion ist durchgesetzt. Transportmittel dieser Durchsetzung war eine breitgestreute und perfekt organisierte Architekturpublizistik aus knapper Theorie und deskriptiver Kritik einschließlich umfangreichen Anzeigenapparat.[39]

Beispielhaft zu nennen wären hier Zeitschriften wie die *Bauwelt*, *L'Architecture d'Aujourd'hui* sowie *Baukunst und Werkform*. Auch Lifestyle-Magazine wie *Film und Frau* (heute *Petra*) und *Architektur und Wohnform* publizierten Bilderreihen zeitgenössischer Architekturen und trugen die Formensprache an eine breite Masse von Rezipient*innen heran. Dass in den seltensten Fällen der Fotograf des Bildes genannt wurde, ist bezeichnend für die Dominanz des Architekten über die Bildregie. Das Bild diente dem Werk und sollte nur mit diesem

37 Breuer: Einleitung, S. 37.

38 Elwall: *Building with Light*, S. 9.

39 Sachsse: *Bild und Bau*, S. 225.

und mit dem Architekten assoziiert werden. Erst ab den 1960er Jahren wurden Foto-Credits zu den Architekturbildern angegeben.[40]
Die Fotografie wurde zum Hauptmedium architektonischer Darstellungsweise. Wo in den frühen 1950er Jahren neben kleinformatiger Bebilderung noch Stiche oder Skizzen ergänzt wurden, galt sie schnell als das Medium für die Diskursgrundlage über Architektur, das nebenbei noch allgegenwärtig geworden war. Auffällig ist die Verbindung von Publizistik, Architekturfotografie und Werbeindustrie. Aus den USA wurden Fotografien von Shulman (Los Angeles) sowie des Ateliers Hedrich Blessing[41] (Chicago) und Ezra Stollers (New York City) auch in europäischen Architekturzeitschriften abgedruckt.[42] Eine der bekanntesten Fotografien Ezra Stollers ist die ikonische Aufnahme des New Yorker Seagram Building (Ludwig Mies van der Rohe mit Philip Johnson und Kahn & Jacobs, 1958). Es vereint alle Merkmale der Darstellungscodierung wie die senkrechten Linien, die symmetrischen Fluchten und die Gesamtansicht des Gebäudes mit Umgebungskontext. Das Seagram Building steht solide aufkragend im Zentrum der Komposition, während die Spiegelung auf der Vorhangfassade die diagonale Straßenflucht akzentuiert. Im Anschnitt rechts ist eine nur wenig ältere Ikone der Vorhangfassade zu sehen, das New Yorker Lever House (Skidmore Owings & Merrill, 1952). Der wolkenlose Himmel unterstreicht die Klarheit der Komposition. Weiterhin fotografierte Stoller für Größen wie Marcel Breuer. Stollers Aufnahme des Whitney Museum of American Art in New York City (Marcel Breuer, 1966) machte das Gebäude zu einer Architekturikone. Die Ansicht, aufgenommen über einen Winkel von der gegenüberliegenden Straßenseite, sollte den skulpturalen Bau weltbekannt machen. Auch Philip Johnson, Frank Lloyd Wright, Benjamin Thompson, Le Corbusier und I. M. Pei ließen ihre Bauten von Stoller inszenieren.
Das Chicagoer Büro Hedrich Blessing etablierte sich bereits in den 1930er Jahren und konnte in der Nachkriegsära mit Kunden wie SOM, Bertrand Goldberg, Eero Saarinen, Richard Buckminster Fuller sowie auch mit Ludwig Mies

40 Diese Aussage beruht auf Stichproben der Zeitschrift *Bauwelt* von 1951–1970. Tatsächlich wurden auch nach 1961 nicht alle Fotografien mit den Angaben zu Fotografen bedacht. Auffällig ist allerdings, dass die großen Namen der Architekturfotografie-Szene der 1950er und 1960er Jahre vertreten sind und dann ab 1961 auch benannt werden.

41 Gegründet von Ken Hedrich und Bill Blessing 1929 in Chicago.

42 Hier seien nur auszugsweise folgende Beispiele aus dem Architekturteil der *Bauwelt* genannt: Ein amerikanisches Landhaus. Richard J. Neutras neuester Bau, Haus Tremaine. In: *Neue Bauwelt* 7 (1951), S. 28–32 (mit Bildern von Julius Shulman); Zum 75. Geburtstag von Mies van der Rohe 75 Jahre. In: *Bauwelt* 13 (1961), S. 365–380 (mit Bildern von Hedrich Blessing); Das „Whitney Museum of American Art" in New York, Marcel Breuer. In: *Bauwelt* 46 (1966), S. 1330–1331 (mit Bildern von Ezra Stoller).

van der Rohe seine Stellung in der Szene der Architekturfotografie behaupten. Die Aufnahme der Marina City in Chicago (Bertrand Goldberg, 1964) ging um die Welt und wurde in sämtlichen Architekturzeitschriften abgedruckt.
Bedeutend ist, dass diese Bilder eine enorme Reichweite entwickelten. Die frequente Zusammenarbeit mit Fach- und Lifestylepublikationen wie beispielsweise *Architectural Record, House & Home, arts & architecture, Los Angeles Times Home Magazine* und *LIFE* trugen national und international zur Akzeptanz des modernen Architekturstils bei. Diese Architekturpublizistik versprach aufstrebenden Architekten durch das Veröffentlichen der Bilder ihrer, durch fachmännische Fototechnik inszenierten Bauten einen Erfolgsschub. Die Auftragsfotografie diente dazu, Aufmerksamkeit der breiten Masse über die Fach- und Populärpresse zu bekommen. Dabei war es wichtig, nicht nur punktuell in einem einzelnen Magazin zu publizieren, sondern sicher zu stellen, dass die Hochglanzbilder in einem breiten Rahmen in Fach- und Populärpresse Verwendung fanden. Architekturfotografie entwickelte sich also für alle Beteiligten zu einen lukrativen Geschäftszweig. Serraino stellt fest, dass beliebte Zeitschriften als „Katalysatoren der öffentlichen Meinung [wirkten], wenn es um bestimmte Architekten oder Bauten ging[,] und sie vermarkteten die Moderne als weltweiten Architekturstil."[43] Er weist auf die besondere Rolle des *LA Times Home Magazine* in den USA hin, dessen redaktionelles Team systematisch die Konzepte modernen Wohnens an ein fachfremdes Publikum herantrug, um so das gesellschaftliche Bild dieser Wohnform zu beeinflussen.[44] Somit kann man durchaus schlussfolgern, dass neben den Architekten und Fotografen noch weitere Akteure an der Distribution bestimmter Architekturvorstellungen mitarbeiteten, wenn nicht sogar jene diktiert haben.
Der Architekturfotograf erarbeitete sich in der Nachkriegszeit seine Position an der Schnittstelle zwischen Architekt und Öffentlichkeit. Er wurde zum einen zu einem werbestrategischen Akteur für die Wahrnehmung von Architekturstilen, zum anderen interpretierte er diesen selbst über sein Medium, indem er Linienführung, Lichteinfall, Bildausschnitt und -komposition definierte und mit seinen technischen Mitteln maximal Einfluss auf die Wahrnehmung ausübte. Fest steht, die Architekten und Fotografen in den Nachkriegsdekaden hatten unzählige Möglichkeiten fotografischer Inszenierung, die sie nutzten und ausschöpften.
Es stellt sich die Frage nach den Grenzen dieser Architekturinszenierung sowie nach der Umkehrung von einer positiven Ikone – eine, die durch ihr Bild

43 Serraino: Die Fotografie und die amerikanische Moderne, S. 10.
44 Ebd., S. 10–11.

existiert – in eine negative – eine, die in der Realität ihren selbst erzeugten Versprechungen nicht gerecht werden kann. Oft blieben die Hochglanzbilderreihen der Architekturpublizistik ohne die Einbeziehung der Bewohner oder Benutzer der Gebäude und stilisierten die Architekturen zu menschenleeren Objekten, zu Ikonen, die für sich selbst standen. Dies widersprach dem Anspruch, den Mensch und die Gesellschaft in den Mittelpunkt der Architektur zu stellen. Ende der 1960er Jahre häuften sich künstlerische und wissenschaftliche Auseinandersetzungen mit Architektur, die eine Kritik an der gerade erst wieder durchgesetzten Moderne spürbar machten.[45] Haben die Bilder der Bauten einst den *Geist der Zeit* mit Suggestionen von Glamour, Eleganz, Rationalität und Sachlichkeit verdeutlichen wollen, so wurden sie in ihrem Selbstverständnis angreifbar: Diese Moderne wurde zu unmenschlicher Architektur und ihr Bild wurde zum Subjekt des Ikonoklasmus. Architekten wie Charles Jencks, Oswald Matthias Ungers, Robert Venturi und Stanley Tigerman erkannten die sich immer wiederholenden Symbole der Moderne. Sie verspotteten sie, belegten sie mit Ironie oder stellten sie zumindest in Frage.[46] Letztendlich eröffnete dieses Vorgehen Wege für eine neue Architektur. Allerdings konnte diese Entwicklung wiederum nur über weitere Bilder funktionieren. Es kam folglich zu einer Architektur kommentierenden Bilderflut, die durch eine iterierende und doppelkodierte Bilderflut der beginnenden Postmoderne überhöht wurde. Dominante Medien dafür waren wieder die Fotografie sowie Fotocollage und -montage.

Zusammenfassung

Alle genannten Entwicklungen in der Architekturfotografie der Nachkriegsmoderne ebneten den Weg zu einer Agglomeration von Bildkommentaren, die sich Anfang der 1960er Jahre kaum noch messen ließ. Was die Architekturfotografie auszeichnete, war, dass sie als Medium mit der wahrscheinlich höchsten Suggestionskraft angesehen wurde und demnach eine besondere Stellung im

45 Diese Art der künstlerischen und bildlichen Architekturkritik wurde z. B. vom Büro Coop Himmelblau vermittelt. Siehe hierzu: Coop Himmelblau: *Architektur ist jetzt. Projekte, (Un)Bauten, Aktionen, Statements, Zeichnungen, Texte. 1968 bis 1983*. Stuttgart: Hatje 1983.

46 Beispielhaft zu nennen sind hier die architekturtheoretischen Werke von Robert Venturi: *Complexity and Contradiction in Architecture*. New York: The Museum of Modern Art 1966; ders.: *Learning from Las Vegas: The Forgotten Symbolism of Architectural Form*. Cambridge: MIT Press 1972, in denen sich die Fotografie als Instrument erweist. Desweiteren bedient sich Stanley Tigerman der Fotomontage als Medium für *Sinking of the Titanic* aus dem Jahr 1979, welche die Crown Hall Mies van der Rohes zeigt, wie sie im Lake Michigan versinkt. Hierzu siehe Emmanuel Petit: „Ich und Du". In: Ders. (Hrsg) / Stanley Tigerman: *Schlepping through Ambivalence. Essays on an American Architectural Condition*. New Haven / London: Yale UP 2011, S. vii–xxiii, hier S. xv.

Mediengefüge um Architektur einnahm. Gerade durch diese Eigenschaft der Suggestion, des Realitätsanspruchs, der rasanten und massenmedialen Verbreitung, der Inszenierung entwickelte sie in Bezug auf die Architektur, die sie abbildete, eine enorme wertbildende Tragkraft. Wesentlich trug sie zur Ikonisierung von vielen Gebäuden der zeitgenössischen Architekten bei, indem sie das *Bild* eines Baus definierte, seine Wahrnehmung steuerte.

Durch ihre Allgegenwärtigkeit war die Fotografie für den Architekturdiskurs jener Jahre ein mächtiges Instrument. Hochglanzfotografien waren meist Auftragsfotografien der Architekten. Fachzeitschriften, Lokalpresse und andere Interessengruppen wurden mit ihnen ausgestattet. Gewiss waren diese Auftragsfotografien nicht nachteilig für den Bau, sondern präsentierten und inszenierten ihn in einer vom Architekten präferierten Art und Weise. Inwiefern eine gewisse Zensur der Darstellung des Baus im Bild vorhanden war, muss noch individuell erschlossen werden. Sicher ist, dass diese Art der Hochglanzfotografie immer im Hinblick auf ihre Verwendungsintention und der anvisierten Rezipientinnen und Rezipienten betrachtet werden sollte.

Desweiteren gab es einen fließenden Übergang zwischen kommerzieller Architekturfotografie und der Architekturfotografie als angewandter Kunst. So gibt es durchaus legitime Bemühungen, das Schaffen zeitgenössischer Architekturfotografen der Nachkriegsdekaden in den Stand der Kunst zu erheben und sie nachhaltig als historische Quellen dieser Epoche anerkennen zu lassen, wie es beispielsweise bei Julius Shulman, Karl Hugo Schmölz, dem Atelier Hedrich-Blessing und Ezra Stoller der Fall ist.

Gerade im Hinblick auf die Gefährdung durch den Abriss des baukulturellen Erbes ist es wichtig, sich der medialen Repräsentation von Architektur in der Nachkriegsmoderne zu widmen; denn oft ist es nur das Bild des Baus, welches von ihm erhalten bleibt. Von der Zeichnung bis hin zur fotografischen Darstellung bergen die Medien der Architektur, wie sie in der Nachkriegsmoderne Verwendung fanden, einen reichen Fundus. Sie sind historisch-qualitative Zeitzeugnisse und Schnittstellen zwischen den vielfältigen Entwicklungslinien der Epoche in Kunst, Architektur, Politik und Gesellschaft.

Wiederholt ist vom *Bild der Zeit*, vom *Geschmack der Zeit*, vom *Medium im Zeitgeist* oder *Trend der Zeit* die Rede, wenn von der Architekturfotografie der Nachkriegsmoderne gesprochen wird. Festmachen lässt sich dieser allgemeine Ausdruck am Zusammenspiel diverser Parameter aus gesellschaftlich-kulturellen, politischen und technischen Entwicklungen sowie koinzidierenden Neuerungen der Architekturauffassung. Diese Parameter sind in einem engen Netzwerk verwoben. Die wissenschaftliche Auswertung der Bilder des Netzwerkes dieser vielschichtigen Epoche bleibt eine spannende Aufgabe.

Alles ist Architektur?

Das Manifest im Architekturdiskurs

Anna Kloke[1]

1967, im selben Jahr, in dem Marshall McLuhans *The Medium is the Massage: An Inventory of Effects*[2] erschien, proklamierte der Österreicher Hans Hollein in seiner Schrift *Alles ist Architektur*, dass Architekten aufhören sollten, „nur noch in Bauwerken zu denken."[3] Schließlich sei Architektur nur ein Medium unter vielen zur Definition von Verhalten und Umgebung, eine Aufgabe, die „nur noch traditionellerweise durch Bauen"[4] gelöst werde. Da – wie im Falle der Akropolis – die physische Existenz von Architektur unwichtig sei, weil sie oftmals nur mittels Medien und nicht durch eigenes Erleben bewusst werde, könnten Gebäude ebenso gut nur simuliert werden. Diese bewusste Provokation, 1968 in der Zeitschrift *Bau* veröffentlicht, zählt zu jener Art von Schriften, die in der Rezeption – oder mitunter auch bereits explizit vom Autor – als

1 Der vorliegende Text stellt einen erweiterten Auszug aus der 2015 veröffentlichten Dissertation von Anna Kloke dar (dies.: *Das Manifest als Medium der Rezeptionssteuerung im Architektur- und Designdiskurs.* https://e-pub.uni-weimar.de/opus4/frontdoor/index/index/docId/2428 (Zugriff am 29.06.2016)).

2 Quentin Fiore / Marshall McLuhan: *The Medium is the Massage: An Inventory of Effects*. New York: Random House 1967. Die Schreibweise „Massage" statt „Message" war zunächst ein Fehler seitens der Druckerei, wurde aber dann vom Autor als eine Untermauerung der Botschaft des Textes angesehen und auch in folgenden Ausgaben so belassen.

3 Hans Hollein: Alles ist Architektur. In: *bau* 23,1–2 (1968), S. 2.

4 Ebd.

Manifest klassifiziert werden. Was genau ist jedoch ein Manifest, welche Funktion erfüllt es im Architekturdiskurs und welche Bedeutung wird ihm dort letztendlich zuteil?

In seine Sammlung von *Programmen und Manifesten zur Architektur des 20. Jahrhunderts* nahm Ulrich Conrads, von 1957 bis 1988 Chefredakteur der *Bauwelt*, nur solche Texte auf, „die einerseits Initial oder Stufe einer bestimmten Entwicklung des Bauens bedeuteten, andererseits von bestimmendem Einfluss waren auf das Baugeschehen im mitteleuropäischen Raum."[5] Diese Aussage Conrads' bietet einen Hinweis auf die historische Bedeutung des Mediums Manifest im Architekturdiskurs – vor allem zu Beginn des 20. Jahrhunderts. Titel wie Adolf Loos' *Ornament und Verbrechen* und Walter Gropius' *Programm für ein Staatliches Bauhaus*, beide Teil des Conrads'schen Kompendiums, dienen nicht nur als Spiegel, sondern auch als Wegbereiter: Sie initiieren und prägen Stilrichtungen und Bewegungen, führen zur Gründung von Verbänden oder zu deren Zersplitterung und stoßen Diskussionen; sie begründen darüber hinaus Theorien und Schulen.

Bis heute dienen Manifeste sowohl der Machtdemonstration als auch dem Machtgewinn, der Positionierung, der Definition und Erweiterung von Grenzen sowie dem Kampf um Anerkennung und Aufmerksamkeit. Bei einer Betrachtung der quantitativen Manifestproduktion entlang eines Zeitstrahls lassen sich jedoch Wellenbewegungen erkennen, deren Kämme Häufungen in Phasen gesellschaftspolitischer und entwicklungstechnischer Umbrüche anzeigen: Als „Fixsterne öffentlicher Debatte und sensible Seismographen"[6] spiegeln Manifeste gesellschaftspolitische, ästhetische sowie technische Entwicklungen und können so der Forschung als wichtige Primärquellen dienen. Daher stellen sie nicht nur Instrumente, sondern auch Dokumente bedeutender Transformationsprozesse in der Architekturgeschichte – und darüber hinaus – dar.

Ideengeschichtlicher Hintergrund

Noch zu Beginn des 19. Jahrhunderts war das Manifestieren mehrheitlich einer machthabenden Elite vorbehalten, vorwiegend zur Erläuterung und Ankündigung von Kriegshandlungen. Erst Mitte des 19. Jahrhunderts erweiterte sich der

5 Ulrich Conrads: Vorbemerkung. In: Ders. (Hrsg.): *Programme und Manifeste zur Architektur des 20. Jahrhunderts*. Gütersloh / Berlin: Bauverlag 1975, S. 8.

6 Johanna Klatt / Robert Lorenz: Voraussetzungsreiches, aber schlagkräftiges Instrument der Zivilgesellschaft. Wesensmerkmale politischer Manifeste. In: Dies.: *Politische Manifeste. Geschichte und Gegenwart des politischen Appels*. Bielefeld: Transcript 2011, S. 411–442, S. 436.

Autorenkreis und das Manifest wurde zunehmend auch abseits des unmittelbaren Machtzentrums von politischen Gruppierungen genutzt. Mit der Veröffentlichung der Manifeste des Futurismus erlebte das Medium Anfang des 20. Jahrhunderts im Kunst- und Kulturdiskurs Konjunktur. Insbesondere Filippo Tommaso Marinettis Kunst des Manifestierens, deren Kernelement ein stimmgewaltiger Forderungskatalog im Listenformat bildete, prägte den Manifestdiskurs, das Manifest entwickelte sich zum bevorzugten Mitteilungsorgan der Avantgarde.

Zum einen diente es aufgrund seiner historischen Bedeutung als Ausdruck einer Angriffshaltung sowie zur Demonstration von Macht und Stärke. Zum anderen galt es als Bedeutungsträger schlechthin, mit dem man der etymologischen Bedeutung des Wortes gemäß etwas ‚handfest', auf den Punkt gebracht, in einer eindringlichen Form öffentlich machen konnte.[7] Mit dem nachahmenden Herrschaftsgestus des Manifestierens äußerte die Avantgarde ihren absoluten Gültigkeits- sowie Führungsanspruch und versuchte als ‚Speerspitze' in ein Machtzentrum vorzudringen. Sie bedurfte dabei eines expliziten Intentionsträgers parallel zum Werk oder auch selbiges ersetzend, da ihr gesellschaftspolitisches und ästhetisches Idealbild von einer starken Neuartigkeit gezeichnet war. Weil sie dieses Bild in der Gesellschaft etablieren wollte, waren Erläuterung und Bekanntmachung erforderlich. Gemäß dem Ziel einer Vereinigung der Künste zugunsten einer Verbindung von Kunst und Leben diente das Avantgarde-Manifest von Beginn an Vertretern sämtlicher bildender Künste zur Proklamation ihrer Ideen und spiegelte so die von ihr angestrebte Auflösung der Disziplingrenzen wider.

Im Selbstverständnis einer ‚Vorhut' wurden Idealbilder entwickelt – oftmals geprägt von einer starken Fortschrittsgläubigkeit –, denen das Manifest als Übersetzer und Vermittler diente. So diagnostizierte Theo van Doesburg, „dass das Schreiben und Sprechen des Künstlers über sein Werk" vor allem eine „natürliche Folge des allgemein herrschenden Mißverstehens der modernen Kunstoffenbarungen des Laien"[8] sei. Seine erstmals 1917 zu Papier gebrachten *Grundbegriffe der neuen gestaltenden Kunst* bezeichnete er dementsprechend als „logische Erklärung wie eine Verteidigung"[9] derselben. So sind die Flut von Manifesten zu Beginn des 20. Jahrhunderts und deren Relevanz im Diskurs der

7 Vgl. Alfons Backes-Haase: *Kunst und Wirklichkeit: Zur Typologie Des Dada-Manifests.* Frankfurt am Main: Hain 1992, S. 11.

8 Theo van Doesburg: *Grundbegriffe der neuen gestaltenden Kunst.* Frankfurt am Main: Oehms 1925, S. 4.

9 Ebd.

bildenden Künste vor allem als Produkt eines alle Lebensbereiche umfassenden Umbruchs der Moderne anzusehen, nutzte sie das Manifest als eine Art Beipackzettel von dringender Notwendigkeit. Auch heute soll das Manifest als traditionell Aufmerksamkeit generierendes Medium das Neue initiieren, erläutern und bewerben. Daher zählt neben dem Vorhandensein von Öffentlichkeit und Intentionalität vor allem der Drang nach Performativität zu den wichtigsten Kriterien für die Qualifizierung einer (mündlich oder schriftlich vorgetragenen) Äußerung als Manifest.

Neben der Kommentarbedürftigkeit des Werks steigert auch dessen erhöhte Öffentlichkeit den Erläuterungsbedarf: Durch das Aufkommen neuer, multilingualer (und so dem Anspruch der Avantgarde auf Internationalität gemäßer) Publikationen erweiterte sich zu Beginn des 20. Jahrhunderts der Rezipienten*innenkreis. Auf diesem Weg kamen verstärkt Menschen unterschiedlicher Herkunft und mit divergierenden Erfahrungs- und Wissenshintergründen mit Kunstäußerungen verschiedener Art in Kontakt, denen, im Sinne Niklas Luhmanns, zudem oftmals „Verwendungserfahrungen im selben System“[10] fehlten. Darüber hinaus wurden die Werke zunehmend aus ihrem ursprünglichen Kontext, sowohl in Bezug auf Funktion, Raum und Zeit als auch auf die Gesellschaft, genommen und in einen neuen, mitunter kaum mehr steuer- und kontrollierbaren Kontext überführt. Daher veröffentlichten die neu aufkommenden Architekturmagazine nicht nur Entwürfe, sondern lieferten deren Erläuterung vor allem in Form von Manifesten gleich mit und kanalisierten so die Rezeption. Insbesondere mit Hilfe von Text-Bild-Symbiosen, bei der das Bild die Schrift illustriert und umgekehrt das Wort der Erläuterung des Werks dient, versuchten sie das Fehlen der physischen bzw. sinnlichen Erfahrung eines umgesetzten Entwurfs zu kompensieren, die oben beschriebene Dekontextualisierung auszugleichen und damit die Rezeption zu steuern. So erfuhr das Manifest mit der aufkommenden massenmedialen Verbreitung von Architekturbildern in Magazinen eine neue Bedeutung: zum einen als eine Art prothetisches Simulationsmedium, zum anderen als assistierende Leseanleitung des Werks.

In den Jahren nach dem Ersten Weltkrieg wurden Manifeste im Architekturdiskurs vor allem in Magazinen wie *G* publiziert. Nach der historischen Zäsur des Zweiten Weltkriegs übernahmen Hefte wie *bau*, *domus*, *Architectural Design* und *Casabella* im europäischen Raum diese Aufgabe und veröffentlichten in den 1960er und 1970er Jahren programmatische Texte einer Neo-Avantgarde mit Zentren in England, Italien und Österreich. Wenngleich einem

10 Niklas Luhmann: *Die Kunst der Gesellschaft*. Frankfurt am Main: Suhrkamp 1997, S. 253.

starken Wandel bezüglich der Sprache, der Öffentlichkeit und Bedeutung im Diskurs unterworfen,[11] dient das Manifest im Architekturdiskurs bis zum heutigen Zeitpunkt widerkehrend der Kanalisation der Rezeption und auch dem Ausdruck eines Selbstverständnisses als innovative ‚Vorhut'. Konnotiert als geschichtsträchtig, gilt es darüber hinaus mit seiner typischerweise deutlichen und direkten, teils sogar aggressiven Sprache als medienwirksames Instrument zur Generierung von Aufmerksamkeit.

In seiner Avantgarde-Tradition stehend, erfüllt das Manifest im Architekturdiskurs, summiert unter dem Oberthema der Rezeptionssteuerung, bis heute höchst unterschiedliche Aufgaben, die im Folgenden anhand ausgewählter Beispiele erläutert werden sollen – beginnend mit dem Manifest *Alles ist Architektur* aus der Feder Hans Holleins, einem der prominentesten Mitglieder der österreichischen Neo-Avantgarde.

Spezifische Funktionen der Rezeptionssteuerung. Das Manifest als Medium der Entwurfsvermittlung

Ein leuchtend gelber Käse, der als ikonenhafte Architektur eine Stadtsilhouette überragt, ziert, versehen mit dem Slogan „Alles ist Architektur", 1968 das Titelblatt der Zeitschrift *Bau*. Stellt diese Collage eine Illustration Holleins erweiterten Architekturbegriffs dar, so dient das gleichnamige Manifest der Erläuterung desselbigen: Da Architektur nicht nur ein Dach über dem Kopf biete, sondern generell die Konditionierung psychologischer und physiologischer Zustände bedeute und darüber hinaus ein Medium der Kommunikation darstelle, könne alles Architektur sein: eine Simulation, ein durch Käse ersetztes Gebäude oder auch eine in Tablettenform verabreichte Droge zur Regulation der Sinneswahrnehmungen. Die Fotografie einer handelsüblichen Tablette, betitelt als „non-physical-environment", illustriert dies im Bildanhang zum Manifest. Korrespondierend hierzu fordert Hollein im Text die Architektenschaft auf, nicht mehr nur in Baumaterialien zu denken. Als Praxisbeispiel dieser Haltung wird u. a. eine Fotografie seines mobilen Büros von 1968 abgebildet. Auch hier dient das Bild der Illustration der Aussage und der Text der Entwurfsvermittlung.

Das Manifest als Medium zur konkreten Entwurfsvermittlung illustriert, vermittelt, kommentiert, begründet, verteidigt und legitimiert – wie am Beispiel von Holleins Manifest dargelegt – den Entwurf. Es leistet Öffentlichkeitsarbeit,

11 Näheres hierzu bei Kloke: *Das Manifest als Medium der Rezeptionssteuerung im Architektur- und Designdiskurs*, S. 151–191.

Abb. 1
Bau. Schrift für Architektur und Städtebau 23,1/2 (1968).

indem es Intentionalität sichtbar macht und dem Autor zugleich als Sprachrohr und Argumentationshilfe dient. Gerade Holleins multidisziplinäres Œuvre wäre ohne seine Manifestationen als kongeniales Rezeptionssteuerungsinstrument seiner künstlerisch-gestalterischen Tätigkeit weit weniger greifbar. Die Radikalität und Neuartigkeit seiner Entwürfe, sowohl auf funktionaler und ästhetischer als auch gesellschaftspolitischer Ebene, begründen den Bedarf einer programmatischen, auf Eindeutigkeit bedachten Erläuterung bzw. eines Manifests.

Das Manifest als Gründungsritus

Das Manifest als Gründungsritus – zu den prominentesten Beispielen zählt sicherlich das sogenannte Bauhausmanifest – weist einen Dreiklang aus Diagnose, Auflistung der Ziele und Mobilisierung einer Anhängerschaft auf. Aus der Analyse der aktuellen Situation werden eine Aufgabe und eine grundsätzliche Zielsetzung hergeleitet. Damit wird eine Gruppe oder auch Institution

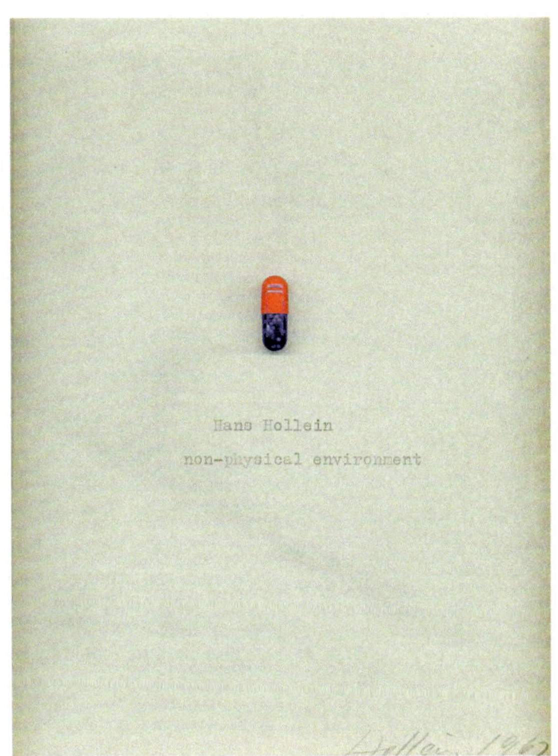

Abb. 2
Hans Hollein:
Non-physical Environment, 1967.

legitimiert und eine kollektive Identität definiert. Das Manifest als Gründungsritus hilft, eine Gruppe zu hierarchisieren und ihre Mitglieder zum Handeln entsprechend der manifestierten Leitlinien zu mobilisieren. Es erfüllt so eine Funktion der internen Gruppenstabilisierung. Nach außen dient es dazu, die Bewegung zu legitimieren, ihr Kontur zu verleihen, sie von anderen Gruppen abzusetzen und sie zu bewerben.

Ende des Zweiten Weltkriegs stand der 1938 aufgelöste Deutsche Werkbund nicht nur vor der Aufgabe einer Neugründung, sondern letztlich auch einer Neuorientierung und -legitimierung. Das *Lützelbacher Manifest* vom März 1947 diente ihm dazu, sich neu zu formieren und den „Epochenbruch von 1945 [...] zum Beginn einer radikalen Erneuerung der Gesellschaft und ihrer räumlichen Lebensbedingungen“[12] zu erklären. Der sogenannte Nachkriegsaufruf,

12 Werner Durth: Erweiterte Perspektiven – Stadt Und Landschaft. In: Winfried Nerdinger (Hrsg.): *Hundert Jahre Deutscher Werkbund. 1907–2007.* München: Prestel 2007, S. 234–236, hier S. 234.

entstanden bei einem Treffen in Lützelbach, wurde in der Erstausgabe der von Alphons Leitl „als Träger des Werkbundgedankens“[13] initiierten Zeitschrift *Baukunst und Werkform* veröffentlicht.
Der Text beginnt mit der Feststellung, dass „der Zusammenbruch [...] die sichtbare Welt unseres Lebens und unserer Arbeit zerstört“ habe und dass es nicht möglich sei, einfach „wieder ans Werk [zu] gehen.“[14] Durch die „geistige Zerrüttung“ sei man „auf den Grund der Dinge verwiesen.“ Vom Wiederaufbau hänge nicht weniger als das „Sein oder Nicht-Sein“ des ‚deutschen Volkes‘ ab. Von dieser Aussage, die der Legitimation der Zukunft des Werkbundes dient, wird die eigene Bestimmung abgeleitet, „die neue sichtbare Welt unseres Lebens und unserer Arbeit zu bauen.“ Anschließend wird – „in dieser Verantwortung“ stehend – ein Fünf-Punkte-Plan aufgestellt, der Forderungen wie die Belebung alter Stadtmitten und den „planmäßigen Aufbau“ des „deutschen Dorfs“, die Ablehnung von Rekonstruktionen und den Anspruch auf einfache und gültige Formen umfasst. Im Anschluss daran versucht sich die Vereinigung erneut zu legitimieren, diesmal mit der sinnstiftenden Aussage, dass „nur der gesammelten Mühe, nur der Arbeit in Werk und Werkstättengemeinschaft [...] der Bau gelingen“ könne. Mit einem gewissen Pathos werden „alle aus dem Geist der Opfer [...], die guten Willens sind“, zum Handeln aufgerufen. Das *Lützelbacher Manifest* vom März 1947 – wie auch das wenig später verfasste *Rheydter Manifest* – dienen sowohl der Werbung neuer Anhänger als auch der Mobilisierung ehemaliger Werkbundmitglieder, der Festsetzung von Zielen und der Legitimation einer Neugründung der Bewegung. Letztgenanntes war insbesondere im Hinblick auf die Notwendigkeit einer Genehmigung durch die Besatzungsmächte von Bedeutung.[15]

Das Manifest als kompensatorische Ersatzhandlung

Das Manifest als kompensatorische Ersatzhandlung stellt eine Art Trockenübung für Gestalter dar, deren Entwürfen aufgrund einer mangelnden technischen Durchführbarkeit oder gesellschaftlichen Akzeptanz oder infolge einer wirtschaftlichen wie politischen Krisensituation eine Realisierung zum

13 Alphons Leitl: Brief an Richard Döcker. In: Der Deutsche Werkbund / Ot Hoffmann (Hrsg.): *Der Deutsche Werkbund – 1907, 1947, 1987...* Berlin: Ernst 1987, S. 57.

14 Otto Bartning et al.: Ein Nachkriegsaufruf. Grundsätzliche Forderungen. In: Ulrich Conrads (Hrsg.): *Programme und Manifeste zur Architektur des 20. Jahrhunderts.* Gütersloh / Berlin: Bauverlag 1975, S. 141. Alle folgenden Zitate ebd.

15 Deutscher Werkbund NW: Lützelbacher Manifest. In: Ders. / Hoffmann (Hrsg.): *Der Deutsche Werkbund*, S. 48.

gegebenen Zeitpunkt verwehrt ist. Es dient dabei jedoch nicht nur der Kompensation, sondern auch der Projektion von Visionen zur Anregung eines Diskurses, der Akzeptanz fördern und Bedürfnisse wecken soll. Darüber hinaus kann das Manifest eine bewusst gewählte kompensatorische Ersatzhandlung zum eigentlichen gestalterischen Werk darstellen, die den Entwerfenden experimentieren, ausprobieren und vorbereiten lässt. Wie bereits der Titel *Projekt einer Luftarchitektur* suggeriert, diente auch das Manifest des Essener Architekten Werner Ruhnau und des Pariser Künstlers Yves Klein aus dem Jahr 1960 als Gedankenspiel für Zukünftiges. Ihr Vorschlag, „eine Stadt durch ein Dach aus bewegter Luft zu schützen", um so eine Klimatisierung und einen „neue[n] Zustand menschlicher Intimität"[16] zu erzielen, wäre unter anderem an den technischen Erfordernissen gescheitert. Darüber hinaus dürfte auch das im Manifest dargelegte Ideal einer vom „Patriarchen-System"[17] losgelösten Gemeinschaft mit freien, unbekleideten Einwohnern im Jahr 1960 an der mangelnden gesellschaftlichen Akzeptanz gescheitert sein. Ihrem Motto „Wollen heißt Ersinnen"[18] gemäß, entwickelten Ruhnau und Klein jedoch das *Projekt einer Luftarchitektur*, sowohl um eine zum Zeitpunkt der Veröffentlichung noch nicht realisierbare Vision auszumalen als auch um technische und gesellschaftliche Entwicklungen durch Anregung eines Diskurses voranzutreiben.

Das Manifest als Wertevermittler und Medium der Kritik

Das Manifest als Medium der Kritik bespricht und bemängelt von der eigenen Haltung und Produktion Abweichendes. Es dient sowohl zur Äußerung eines Protests als auch zur Aufklärung und Warnung. Es will der performativen Funktion von Manifesten gemäß zum Wandel anregen. Indem es das sich vom eigenen Werk und Verhalten Unterscheidende kritisiert, hilft es jedoch zugleich indirekt der eigenen Positionsbestimmung, Legitimation und Werbung.

Als Abrechnung mit einem dogmatisch ausgeübten Funktionalismus ist das *Manifest zu einer neuen Architektur* von Reinhard Gieselmann und Oswald Mathias Ungers zu verstehen, die sich bereits im Studium bei Egon Eiermann an der Technischen Hochschule Karlsruhe kennenlernten. Ihre 1960 gemeinsam verfasste Schrift ist geprägt von der „Überwindung der bei Egon Eiermann

16 Yves Klein / Werner Ruhnau: Projekt einer Luftarchitektur. In: Conrads (Hrsg.): *Programme und Manifeste zur Architektur des 20. Jahrhunderts*, S. 164.
17 Ebd.
18 Ebd.

gelernten Zweidimensionalität und Technikpriorität"[19]. Ungers und Gieselmann verurteilen im Manifest funktionale Architektur als materialistisch, verantwortungslos, dumm und gefährlich für die menschliche Entfaltung. Technik und Konstruktion dürften nicht formbestimmend, sondern lediglich „Hilfsmittel der Verwirklichung"[20] sein. Form entstünde als reiner „Ausdruck des geistigen Gehalts" und würde „durch die Anwendung von mathematischem, also unkünstlerischem Schematismus auswechselbar" und „Ausdruck einer materialistischen Gesellschaftsordnung." Der Gestalter müsse dagegen eine „lebendige demokratische Ordnung" verteidigen, die ihm als einzige Regierungsform Freiheit ermögliche. Fünfzehn Jahre nach dem Ende des Zweiten Weltkriegs und der nationalsozialistischen Diktatur richten sich Gieselmann und Ungers mit ihrem Manifest an alle, die „eine Erneuerung der europäischen Architektur anstreben." Diese Renovation verknüpfen sie nicht nur mit dem Ende eines in ihren Augen dogmatischen Funktionalismus, sondern auch mit einem Bekenntnis zur Demokratie. Sie werben aktiv für eine demokratische Gesellschaft, die sich auch in der Architektur wiederfinden soll. Das Manifest dient den beiden Eiermann-Schülern nicht nur als Stilkritik und Loslösung von ihrem mächtigen Hochschullehrer. Sie nutzen darüber hinaus ihr im Manifest dargelegtes gesellschaftspolitisches Ideal zur Begründung ihres eigenen Baustils fernab des Funktionalismus – und damit zur Rezeptionssteuerung ihres Werkes wie auch zur Definition eines eigenen Rollenbildes.

Das Manifest als Medium zur Definition eines Rollenbildes

Die Aufgabe der Baukunst sei „die Freiheit für die Entfaltung des schöpferischen Geistes zu hüten", die „Sichtbarmachung der Aufgabe, Einordnung in das Vorhandene, Akzentsetzung und Überhöhung des Ortes", so Ungers und Gieselmann. Aus dem „Erkennen der persönlichen inneren Verantwortung gegenüber Ort, Zeit und Mensch" würde das „Verhältnis Subjekt-Objekt" der „technisch-funktionellen ‚Architektur'" zugunsten einer Baukunst der „Einhüllung und Bergung" aufgehoben. Nicht die äußere Wahrnehmung eines Gebäudes, sondern dessen Erleben sei entscheidend. Mit harschen Worten lehnen sie eine „geistige Versklavung durch die Diktatur der Methodik" ab und ordnen

19 Mit diesem Wortlaut beschreibt Reinhard Gieselmann eines der Ziele seiner Schaffensphase der 1960er Jahre (Reinhard Gieselmann / Oswald Mathias Ungers: Manifest zu einer neuen Architektur. In: Dies.: *Architektur ist ein Element für die Sinne. Bauten und Schriften*. Stuttgart: Krämer 1960, S. 7–14, hier S. 7).

20 Ebd., S. 10. Alle folgenden Zitate ebd.

die Architektur stattdessen wieder der (Bau-)Kunst zu. Sie betonen ihre eigene Verantwortlichkeit und fordern eine Architektur zur „Erfüllung und Vertiefung des Individuums." Substantive wie Sichtbarmachung, Einordnung, Akzentsetzung und Erkennen umschreiben in diesem Manifest das Bild eines behutsamen Gestalters im Dienste des Gemeinwohls, dessen Werk sich achtsam in eine bestehende Umwelt einfügt.

Wie Ungers und Gieselmann wendet sich auch Hans Hollein in seinem Manifest *Architektur* gegen eine Technikpriorisierung und betont die geistige Leistung im Entwurfsprozess. Jetzt erst sei eine Architektur möglich, „die nicht durch die Technik bestimmt wird, sondern sich der Technik bedient, reine, absolute Architektur“[21]. Aufgrund der „ungeheuer fortgeschrittene[n] Wissenschaft und perfektionierte[n] Technologie“ entstehe die Freiheit zu bauen, „was und wie wir wollen." Der Mensch sei nun „Herr über den unendlichen Raum“. Vor allem dem Architekten schreibt Hollein eine weitreichende Gestaltungsmacht und herausgehobene Stellung in der Gesellschaft zu: Da „gemacht von denen, die auf der höchsten Stufe der Kultur und Zivilisation, an der Spitze der Entwicklung ihrer Epoche stehen“, sei Architektur „eine Angelegenheit der Eliten." Im Gegensatz zu Gieselmann und Ungers lässt Hollein hier ein Verständnis vom omnipotenten Gestalter aufleben.

Fazit

Die hier beschriebenen Manifestfunktionen sind allesamt auf den Bedarf einer Rezeptionssteuerung im Architektur- und Designdiskurs zurückzuführen und spiegeln die vielseitigen Anwendungsmöglichkeiten dieses Mediums. Manifeste dienen der Demonstration und dem Gewinn von Macht: Sie helfen ihren Verfassern bei der Positionierung im Diskurs, bei der Definition und Erweiterung von Grenzen sowie beim Kampf um Anerkennung und um Aufmerksamkeit – sowohl von Rezipienten als auch von anderen Gestaltern. Indem sie eine Art Leitbild skizzieren, haben Manifeste gemäß ihrer performativen Funktion ein erzieherisches Moment.

Alles ist Architektur? Durch ihre gattungsimmanente Intentionalität und Öffentlichkeit bilden Manifeste – parallel oder ergänzend zum gebauten Werk, mitunter auch selbiges ersetzend – bedeutende Bausteine, sowohl für das Werkverständnis einzelner Gestalter oder Bewegungen als auch für die kritische Konstruktion einer Architekturgeschichte.

21 Hans Hollein: Architektur. In: Ders. / Walter Pichler (Hrsg.): *Architektur. Work in Progress*. Wien: Galerie St. Stephan 1963, o. P. Alle folgende Zitate ebd.

Autorinnen und Autoren

Kirsten Angermann studierte Architektur in Weimar, Dresden und Rom und erhielt 2012 ihr Diplom an der Bauhaus-Universität Weimar. Ihr Promotionsvorhaben befasst sich mit postmoderner Architektur in der DDR, Arbeitstitel: „Die ernste Postmoderne. Architektur und Städtebau im letzten Jahrzehnt der DDR". Nach Promotionsstipendium und wissenschaftlicher Mitarbeit an der Professur Denkmalpflege und Baugeschichte in Weimar ist sie zurzeit wissenschaftliche Volontärin am Landesdenkmalamt Berlin.

Simone Bogner, Studium der Kunstgeschichte an der Freien Universität Berlin und der Denkmalpflege an der Technischen Universität Berlin. Derzeit ist sie wissenschaftliche Koordinatorin und Geschäftsführerin des DFG-Graduiertenkollegs „Identität und Erbe" an der TU Berlin und Bauhaus-Universität Weimar. Im Rahmen ihrer Dissertation beschäftigt sie sich mit der Aneignung von Geschichte in den Congrès Internationaux d'Architecture Moderne (CIAM) der Nachkriegszeit.

Jascha Philipp Braun studierte Neuere/Neueste Geschichte und Politikwissenschaft an der Humboldt-Universität zu Berlin sowie in Potsdam und Stockholm. Sein Studienschwerpunkt lag im Bereich Stadt- und Architekturgeschichte (Magisterarbeit über Stalinstadt als sozialistische Planstadt). In den zurückliegenden Jahren hat er sich im Rahmen seiner Doktorarbeit am Beispiel des Märkischen Viertels und Marzahns intensiv mit dem Großsiedlungsbau im geteilten Berlin befasst. Derzeit ist er wissenschaftlicher Volontär beim Landschaftsverband Rheinland, Amt für Denkmalpflege im Rheinland

Mark Escherich, Tischlerlehre, Studium Bauingenieurwesen und Architektur, 2008 stadtbaugeschichtliche Promotion; Mitarbeiter der Denkmalbehörde Erfurt und am Lehrstuhl Denkmalpflege und Baugeschichte der Bauhaus-Universität Weimar; 2011 und 2014 Tagungen „Denkmal Ost-Moderne"; Mitglied der Koldewey-Gesellschaft, des Arbeitskreis Theorie und Lehre der Denkmalpflege und von ICOMOS. Schwerpunkte: Städtebaugeschichte des 20. Jh., Denkmalpflege für Architektur und Städtebau der Moderne.

Lea Horvat, Studium der Kunstgeschichte und Komparatistik an der Universität Zagreb. Seit Herbst 2015 promoviert sie an der Universität Hamburg im Fach Geschichte. Ihr Promotionsprojekt widmet sich den Diskursen rund um den Plattenbau in Jugoslawien zwischen den 1950er und den 2000er Jahren und wird durch die Studienstiftung des deutschen Volkes gefördert. Neben Nachkriegsarchitektur und -design gehören Populärkultur, Feminismus und Food Studies zu ihren Schwerpunkten. Zurzeit wohnt sie in Berlin.

Magdalena Kamińska studierte im Bachelor Europäische Kultur- und Ideengeschichte mit Nebenfach Kunstgeschichte an der Universität Karlsruhe (KIT). Den Fachmaster Europäische Geschichte schloss sie 2013 an der Carl von Ossietzky Universität Oldenburg ab. Sie ist Stipendiatin des Deutschen Historischen Instituts in Warschau und der Wüstenrot Stiftung. Der Arbeitstitel ihrer Dissertation lautet: „Plattenbauten der 1970er-Jahre in Nowe Tychy (Polen) im Vergleich zu Marzahn-Hellersdorf".

Franziska Klemstein, Studium der Kunstgeschichte und Geschichte an der Freien Universität Berlin und der Vrije Universiteit Amsterdam sowie der Kunstwissenschaft und Kunsttechnologie an der Technischen Universität Berlin. Seit 2016 Stipendiatin der Friedrich-Naumann-Stiftung. Forschungsgegenstand des Dissertationsprojekts „Denkmalpflege zwischen System und Gesellschaft – Netzwerke der Denkmalpflege im Sozialismus" sind die Netzwerke der Denkmalpflege der DDR mit einer regionalen Schwerpunktsetzung auf Berlin. Der Untersuchungszeitraum erstreckt sich von 1952 bis 1984 und wird unter Verwendung des Akteur-Struktur-Modells erarbeitet und analysiert.

Anna Kloke, Studium der Kunst- und Designwissenschaft sowie Innenarchitektur mit Bauvorlageberechtigung im Hochbau. Promotion an der Bauhaus-Universität Weimar im Fachbereich Architektur und Urbanistik mit einer Arbeit zu Manifesten als Medium der Rezeptionssteuerung im Architektur- und Designdiskurs. Als Wissenschaftliche Mitarbeiterin der Technischen Universität Dortmund am Lehrstuhl Geschichte und Theorie der Architektur forscht sie aktuell zu den Themen Medien im Architekturdiskurs und Architektur als sozialer Kondensator.

Tino Mager, Studium der Medientechnik in Leipzig sowie der Kunstgeschichte und Kommunikationswissenschaft in Berlin, Barcelona und Tokyo; 2004 Diplom, 2009 Magister Artium. 2015 Promotion am Institut für Kunstwissenschaft und Historische Urbanistik der Technischen Universität Berlin mit einer Arbeit zum Begriff der Authentizität im architektonischen Erbe (Elsa-Neumann-Stipendiat, Tiburtius-Preisträger). Forschungsaufenthalte in Japan und an der University of California, Los Angeles; Lehrbeauftragter an der TU Berlin und der TU Istanbul. Seit 2015 Wissenschaftlicher Mitarbeiter am Lehrstuhl für Geschichte und Theorie der Architektur an der Technischen Universität Dortmund. Post-Doc Fellow der Leibniz Gemeinschaft.

Laura Nardi studierte Bauingenieurwesen und Architektur an der Universität Perugia. Gegenwärtig Doktorandin des internationalen PhD-Kurses „Civil and Environmental Engineering" an der Universität Florenz. Von 2012 bis 2014 hat sie in verschiedenen Architekturbüros an architektonischen Studien und Projekten mitgearbeitet, insbesondere in den Bereichen grafische Darstellung und Kommunikation der Konzeption. Seit 2014 ist sie an den Forschungs- und Lehraktivitäten des Lehrstuhls Bauingenieurwesen/Architektur der Universität von Perugia insbesondere im Bereich der Bauaufnahme beteiligt.

Verena Pfeiffer-Kloss studierte Stadt- und Regionalplanung an der Technischen Universität Berlin und ist Gründungsmitglied von urbanophil – Netzwerk für urbane Kultur. Sie promoviert im DFG-Graduiertenkolleg „Kulturelle und technische Werte historischer Bauten" zur Architektur der U-Bahnhöfe Rainer Rümmlers und arbeitet freiberuflich in der Stadt- und Architekturforschung als Autorin, Moderatorin und Koordinatorin von Fachveranstaltungen im Bereich der Denkmal- und Stadtentwicklungspolitik.

Felix Richter lebt und arbeitet in Leipzig, studierte zwischen 2005 und 2013 Geschichts- und Politikwissenschaften an der Technischen Universität Dresden (Magister Artium). Seit April 2014 ist er Mitglied des DFG-Graduiertenkollegs „Kulturelle und technische Werte historischer Bauten", akademischer Mitarbeiter an der Brandenburgischen Technischen Universität Cottbus-Senftenberg und assoziierter Doktorand am Institut für Raumbezogene Sozialforschung in Erkner/Berlin. Seine Dissertation schreibt er zum Thema: „Planstadt Hoyerswerda. Ideal, Realisierung und Transformation einer sozialistischen Stadtanlage".

Ute Reuschenberg, Studium der Kunstwissenschaft, Literaturwissenschaften und Geschichte an der Universität Osnabrück (1987 Magister Artium); in den 1990er Jahren Tätigkeit beim Stadtkonservator Köln (Inventarisation, Schwerpunkt Nachkriegsarchitektur); seit 2001 Redakteurin eines großen Nahverkehrsverbands in Nordrhein-Westfalen und nebenberufliche Fachjournalistin und Autorin (Architektur, Kunst, Design). Seit Wintersemester 2014/2015 Wiederaufnahme von Forschungen über die westdeutsche Nachkriegsarchitektur und das Werk von Peter Friedrich Schneider im Rahmen eines Promotionsvorhabens an der Technischen Universität Dortmund.

Christian Sander studierte von 2006 bis 2012 Kunstgeschichte, Neuere deutsche Literatur- und Medienwissenschaft sowie Philosophie in Kiel, Paris und Berlin. In seinem von der Gerda Henkel Stiftung geförderten Dissertationsprojekt, das er zurzeit an der Freien Universität Berlin verfolgt, untersucht er das theoretische und praktische Schaffen der von dem Architekten Claude Parent und dem Kulturtheoretiker Paul Virilio 1963 in Paris gegründeten Gruppe Architecture Principe vor dem Hintergrund von Parents Frühwerk und Virilios Studium der Phänomenologie.

Katharina Sebold, Kultur- und Kunstwissenschaftlerin, studierte in Bremen, St. Petersburg, Berlin und Frankfurt/ Oder. Sie ist seit April 2014 Wissenschaftliche Mitarbeiterin an der Brandenburgischen Technischen Universität Cottbus-Senftenberg und zugleich Mitglied des DFG-Graduiertenkollegs „Kulturelle und technische Werte historischer Bauten". In ihrer Dissertation untersucht sie Identitätskonstruktionen in der DDR anhand experimenteller Umgestaltungsplanungen von Stadtzentren in Gotha, Greifswald und Bernau bei Berlin.

Maike Streit hat Kunstgeschichte an der Universität zu Köln und am University College Dublin studiert. Sie arbeitet momentan an ihrer Doktorarbeit an der Universität zu Köln, welche sich mit der medialen Repräsentation zeitgenössischer Architekturkonzepte der 1960er und 1970er Jahre befasst. Sie forscht somit an der Schnittstelle zwischen Architekturgeschichte und Medienwissenschaften.

Bianka Trötschel-Daniels studierte Jura und Geschichte an der Universität Osnabrück. Sie war Wissenschaftliche Mitarbeiterin an einem juristischen Lehrstuhl an der Universität Osnabrück und arbeitete im BMBF-Forschungsprojekt „Welche Denkmale welcher Moderne?" an der Technischen Universität Dortmund. Momentan ist sie Kollegiatin im DFG-Graduiertenkolleg „Identität und Erbe" an der Bauhaus-Universität Weimar. In ihrem Dissertationsprojekt beschäftigt sie sich mit dem Denkmalpflegegesetz der DDR von 1975.

Katherin Wagenknecht studierte Kulturwissenschaften, Soziologie und Geschichte in Leipzig, Darmstadt und Budapest. In ihrer Masterthesis forschte sie zu räumlichen Ordnungsvorstellungen in Planungs- und Realisierungsprozessen einer Großwohnsiedlung in den 1960er Jahren. Ihre Forschungsschwerpunkte sind Stadt- und Raumforschung sowie Architektur- und Wohnforschung. Zurzeit arbeitet sie als Wissenschaftliche Mitarbeiterin am Seminar für Volkskunde/ Europäische Ethnologie an der Westfälischen Wilhelms-Universität Münster und promoviert in einem BMBF-Projekt zur Wohn- und Lebensform Einfamilienhaus.

Paul-Friedrich Walter studierte Altertumswissenschaften und Ägyptologie an der Freien Universität Berlin. Durch architekturhistorische Fragestellungen sowie einschlägige Praktika kam es zu einem Fokus auf Bauforschung. Anschließend widmete er sich einem Masterstudium der Denkmalpflege an der Martin-Luther-Universität Halle-Wittenberg, während dem das bauliche Erbe der DDR zu einem Schwerpunktthema wurde. Seit Anfang 2016 promoviert er an der Technischen Universität Berlin über innerstädtische Plattenbauten der 1980er Jahre in Rostock.

Abbildungsverzeichnis

Katharina Sebold: Pilotprojekte der Altstadtsanierung kleiner DDR-Städte

Abb. 1: Greifswald, Blick von der Marienkirche in westliche Richtung, 1988. Leibniz Institut für Raumbezogene Sozialforschung (IRS), Wissenschaftliche Sammlungen, Bestand digitales Fotoarchiv, D1_13_B4_001.

Abb. 2: Bernau, Innenhof in der östlichen Innenstadt, 1982. IRS, Wissenschaftliche Sammlungen, Bestand C22_Stallknecht_Wilfried_13-15_Bernau.

Abb. 3: Gotha, Umgestaltungsgebiet Blumenbachstraße, 1985. IRS, Wissenschaftliche Sammlungen, Bestand digitales Fotoarchiv, D1_4_B5_001.

Paul-Friedrich Walter: Schnickmannstraße 11

Abb. 1: Vereinfachte Übersicht über das Viertel im Zustand von 2010, 2016. © Paul-Friedrich Walter.

Abb. 2: Das Haus Schnickmannstraße 11, Ecke Beim Hornschen Hof 5, August 2015. © Paul-Friedrich Walter.

Abb. 3: Die Schnickmannstraße vom Hochhaus in der Langen Straße, leicht eingerückt das Haus Schnickmannstraße 11, Juni 2016. © Paul-Friedrich Walter.

Kirsten Angermann: „Schnickschnack" oder „Historizissimus"

Abb. 1: Das Nikolaiviertel in Berlin kurz vor der Fertigstellung, 1986. Archiv Professur Denkmalpflege und Baugeschichte, Bauhaus-Universität Weimar.

Abb. 2: Die Baustelle des Friedrichstadtpalastes, 1983. Archiv Professur Denkmalpflege und Baugeschichte, Bauhaus-Universität Weimar.

Abb. 3: Eingangshalle des Bowlingtreffs Leipzig, 2015. © Kirsten Angermann.

Jascha Philipp Braun: Zurück zur Stadt

Abb. 1: Übersicht zur räumlichen Konzentration von Versorgungsangeboten im Märkischen Viertel. Senator für Bau- und Wohnungswesen (Hrsg.): *MV Plandokumentation*. Berlin: Kiepert 1972, S. 54.

Abb. 2: Von Planern Marzahns zusammengestellte Begriffssammlung zu den Ansprüchen an das Hauptzentrum. VEB BMK Ingenieurhochbau Berlin Betrieb Projektierung (Hrsg.): *Städtebaulich-architektonische Konzeption für das Hauptzentrum des 9. Stadtbezirkes Variante „Stern"*. Berlin: Selbstverlag 1977, Bl. 3.

Abb. 3: Blick in eine Einkaufsstraße des Märkischen Zentrums, 1973. Landesarchiv Berlin. © Günther Metzner.

Abb. 4: Entwurfsskizze zur Gestaltung der Marzahner Promenade, abgedruckt in Rolf Walter: Gestaltungskonzeption architekturbezogene Kunst. In: *Bildende Kunst* 5 (1986), S. 200–202, hier S. 201.

Mark Escherich: Großräumige Spätmoderne

Abb. 1: Die Hochhausscheiben des Stadtzentrums – unter Verwendung der schwedischen Allbeton-Technologie – im Bau. Karl-Heinz Schlesier et al.: *Halle-Neustadt. Plan und Bau der Chemiearbeiterstadt*, hrsg. v. Büro für Städtebau und Architektur des Rates des Bezirkes Halle. Berlin / Halle / Leipzig: VEB Verlag für Bauwesen 1972.

Abb. 2: Errichtung einer Kuppelschale aus Polystyrolschaum für einen Pavillon – ein Experimentalbau des Kombinat VEB Chemische Werke Buna. Karl-Heinz Schlesier et al.: *Halle-Neustadt. Plan und Bau der Chemiearbeiterstadt*, hrsg. v. Büro für Städtebau und Architektur des Rates des Bezirkes Halle. Berlin / Halle / Leipzig: VEB Verlag für Bauwesen 1972.